S. FISCHER-FABIAN

DIE ERSTEN DEUTSCHEN

S. FISCHER-FABIAN

DIE ERSTEN DEUTSCHEN

ÜBER DAS RÄTSELHAFTE VOLK DER GERMANEN

tosa

Lizenzausgabe: tosa im Verlag Carl Ueberreuter Ges.m.b.H., Wien,
mit freundlicher Genehmigung der Verlagsgruppe Lübbe GmbH & Co. KG,
Bergisch Gladbach
Covergestaltung: Studio Höpfner-Thoma GraphicDesign,
München, unter Verwendung eines Bildes von Artothek
Druck: Druckerei Theiss GmbH, Austria 2008

www.tosa-verlag.com

Für Uschi,
für Thomas und Florian

Inhalt

Nicht die Samniten, nicht die Karthager, nicht die Gallier, nicht die Spanier, nicht einmal die Parther haben uns so oft herausgefordert wie die Germanen; ja, gefährlicher noch als die Macht der Arsakiden ist dieses Volk mit seinem Freiheitswillen.

Tacitus

Ein Wort zuvor ...

Auf dem Gymnasium hatten wir einen Geschichtslehrer, der gerade – man schrieb das Jahr 1934 – auf einem Schulungskurs mit neuester Geschichtserkenntnis versehen worden war und nun mit Feuereifer daranging, sie uns zu vermitteln. Es war eine einfache Erkenntnis, und manch einer von uns fand sie allein deshalb befriedigend, weil sie leicht zu lernen war. Sie bestand aus der Formel »Hochkultur, gleich *Auf*nordung – Verfall gleich *Ent*nordung«. Womit gemeint war, daß Staaten und Kulturen immer dann morsch wurden und zum Untergang reif, wenn nordisches Erbgut sich durch Vermischung verflüchtigt hatte.

Die Träger dieses »Blutes und Gutes«, die Germanen, waren blond und blauäugig, hehr und hochgemut und ständig bemüht, ihrer heldischen Gesinnung eisenklirrend zu entsprechen. In dieser Form bekamen wir unser Germanenbild geliefert.

Das Germanenbild unserer Väter und Großväter war anders, aber nicht viel besser. Germanen, das waren für sie Leute mit Rauschebart, zwei Hörnern auf dem Kopf und wild wallendem Haar, die den größten Teil des Tages damit verbrachten, am Ufer des Rheins zu liegen und immer noch eins zu trinken.

Nordische Übermenschen oder biertrinkende Bärenhäuter, so war das Bild der Deutschen von ihren Vorfahren, und es nimmt beinah nicht wunder, wenn sich bis heute daran wenig geändert hat. In den Jahren nach 1945 schien das Thema verständlicherweise suspekt, wissenschaftliche Begriffe wie »Rasse«, »Vererbung«, »nordisch« waren auf das böseste korrumpiert, Ideale wie »Vaterland« und »Volk« mißbraucht.

Das prekäre Verhältnis des Deutschen zu seiner eigenen Geschichte, das von jeher nur die Extreme von übersteigertem Nationalismus oder arger Selbstbeschimpfung kannte, war noch prekärer geworden. Die Folge war die Flucht in die Vergangenheit anderer Völker: Über die »alten« Ägypter, die »alten« Römer, die »alten« Griechen, über Azteken, Phönizier, Etrusker, über prä- und nachkolumbianische Indianer war alles zu erfahren, über die eigenen Vorfahren dagegen kaum etwas. Wir sprechen jetzt nicht von der Fachliteratur, von den Büchern der Vor- und Frühgeschichtler, der Altphilologen, der Germanisten, der Linguisten, der Archäologen. Auf diesen Gebieten sind, gerade in den letzten Jahrzehnten, hervorragende Forschungsergebnisse erzielt worden. Dem großen Publikum aber müssen solche Veröffentlichungen Bücher mit sieben Siegeln bleiben. Weil die Wissenschaft nun einmal ihre eigene Sprache spricht.

Der Verfasser war bemüht, aus den antiken Schriftstellern, den archäologischen Funden und den zahllosen wissenschaftlichen Publikationen sich »sein eigen Gebild« zu gestalten. Wobei er sich bei seinen Studien an Goethe hielt, der einmal seinen Eckermann anherrschte: »... so habt doch endlich mal die Courage, Euch den Eindrücken hinzugeben, Euch ergötzen zu lassen, Euch rühren zu lassen, Euch erheben zu lassen, ja Euch belehren und zu etwas Großem entflammen und ermutigen zu lassen, aber denkt nur nicht immer, es wäre alles eitel, wenn es nicht irgend abstrakter Gedanke und Idee wäre!«

Der Verfasser hofft, daß es ihm gelungen ist, an seine Leser weiterzugeben, was die Griechen »das große Staunen« nannten, das Staunen als Voraussetzung aller Erkenntnis. Und staunenswert genug ist die Geschichte der ersten Deutschen, voller Spannung, strotzend von Szenen, wie sie kein Dramatiker wirksamer entwerfen könnte, beherrscht von Menschen, die ihr Schicksal tapfer bezwangen oder ihm auf tragische Weise erlagen.

Doch wer weiß das alles noch?

Arminius kennen wir nur als Denkmal, Thusnelda ist zu einem Spitznamen geworden, die Schlacht im Teutoburger Wald vegetiert in Lesebüchern, und die »Germania« des Tacitus, ein Kleinod, wie sie kein anderes Volk der Erde aufweisen kann, ist zum bloßen Examensstoff für Lateinschüler herabgesunken.

Man spricht soviel von Nostalgie, von dem Heimweh nach der Vergangenheit. Wenn Nostalgie auch dazu führt, sich der eigenen Vorfahren zu entsinnen, so hat sie ihren Zweck erfüllt. Jedenfalls scheint es an der Zeit, daß die Deutschen ein Verhältnis zu ihrer Vergangenheit gewinnen, das weder von Zerknirschung geprägt ist noch von Arroganz, sondern von der schlichten Überzeugung, daß man sich seiner Urväter nicht zu schämen braucht: ein natürliches Nationalbewußtsein, wie es andere Völker seit Jahrhunderten mit Selbstverständlichkeit in Anspruch nehmen …

I Furor Teutonicus

Der wunderbare Zug der Kimbern und Teutonen

Im Jahre einhundertunddreizehn vor Christus erreichten unheimliche Gerüchte die Stadt Rom. Reisende Kaufleute brachten sie mit, die in die Urwälder zwischen Oder und Elbe vorgestoßen waren. Legionäre kolportierten sie, die an der Nordgrenze des Imperiums Wache gehalten. Auf dem Forum, im Circus Maximum, in den Mietskasernen der Stadt, im Atrium der Villen an der Via Appia diskutierte man hinter vorgehaltener Hand, mit besorgten Mienen, abschätzigem Gelächter, düsteren Prophezeiungen.

Dort oben im Norden, jenseits der Alpenpässe, sei ein Volk auf der Wanderschaft, so riesig an Zahl, wie man es noch nie gesehen. Eine Million Menschen, zusammengepfercht auf Planwagen, vor denen Ochsen gespannt, mit Kind und Hund, Frauen und Vieh, vagabundierten sie, fräßen das Land kahl wie die Heuschrecken. 300 000 Mann stark sei die Schar ihrer Krieger, furchterregende Gestalten, wahre Hünen, sechs Fuß groß die meisten von ihnen, tiefblond, blauäugig sie alle, die Kinder das Haar so weiß(-blond) wie Greise. Betagte Frauen, gekleidet in rauhes Leinen, zögen ihnen barfüßig voran, weissagten aus dem spritzenden Blut der den Göttern geopferten Gefangenen, von denen sie Tausende machten. Denn niemand, der sich ihnen entgegenstelle, habe eine Chance: So furchtbar seien sie im Kampf. Und furchtlos, ohne Todesangst. Gelte doch nur der Tod auf dem Schlachtfeld als ehrenvoll und nicht der Strohtod, das schmähliche Dahinsiechen auf der Bettstatt.

Langschwerter und Wurfspeere seien ihre Waffen, dazu eichene Buckel-Schilde, einige, die Vornehmen, trügen Helme in Gestalt aufgerissener Tierrachen, nur wenige dagegen Harnische, zögen sie es doch vor, die unbedeckte Brust dem Feind zu bieten. Vom Nordmeer herunter seien sie gekommen, dort, wo die See sich mit dem Himmel mischt. Nachdem sie in barbarischer Einfalt vergeblich versucht, die ihr Land bedrohenden Fluten mit dem Schwert zu bekämpfen, hätten sie die Heimat verlassen. Dem Volk der Kelten gehörten sie an oder auch dem der Skythen, sie selbst bezeichneten sich als Kimbern ...

In der Nähe von Noreia seien sie auf die Taurisker getroffen. »... daher lauerte ihnen«, wie der Historiker Appianus später berichtete, »der Konsul Papirius Carbo, der fürchtete, sie könnten in Italien einfallen, am Fuß der Alpen auf, dort, wo der Übergang am schmalsten ist. Als sie ihn nicht angriffen, rückte er selbst gegen sie vor, unter der Beschuldigung, daß sie in das Gebiet der Taurisker eingefallen, die aber seien Freunde des römischen Volkes! Die Kimbern schickten daher dem Konsul, als er herankam, Gesandte mit der Erklärung entgegen, daß sie von der Freundschaft der Taurisker mit den Römern nichts gewußt hätten; sie würden diese fortan in Ruhe lassen. Papirius Carbo lobte darauf die Gesandten und gab ihnen Führer mit, die ihnen die Wege zeigen sollten zu neuem Land, heimlich aber hatte er denen befohlen, sie auf einen Umweg zu bringen, während er selbst auf einem kürzeren Wege zu demselben Punkt eilte und unvermutet die Barbaren, die noch rasteten, angriff. Aber er büßte seine Treulosigkeit durch schwerste Verluste. Und vielleicht hätte er sogar seine gesamten Truppen verloren, wenn nicht während der Schlacht Finsternis, Wolkenbruch und schwere Donnerschläge hereingebrochen wären und die Kämpfenden getrennt hätten, so daß die Barbaren den Kampf infolge dieses Zeichens vom Himmel abbrachen. Die Römer flüchteten zersprengt in die Wälder und fanden sich erst am dritten Tage mit Mühe und Nöten wieder zusammen.«

An all diesen Gerüchten und Parolen stimmte nicht nur, wie sonst üblich, der Kern. Sie entsprachen in etwa der Wahrheit. Sieht man davon ab, daß die Kimbern bestimmt nicht gegen Wellen gekämpft hätten. So wie es seinerzeit der Perserkönig Xerxes tat, der sie am Hellespont von seinen Truppen peitschen ließ, um sie für den Übergang zahm zu machen. Auch waren die Kimbern nicht eine Million Mitglieder stark, denn es dürfte so gut wie unmöglich gewesen sein, so viele Menschen auf einem Wanderzug zu ernähren. Man nimmt an, daß damals die gesamte Bevölkerung zwischen Rhein und Elbe nicht viel mehr als 3 bis 4 Millionen umfaßte. Auf jeden Fall sind Zahlen von 12, ja 18 Millionen utopisch. Trotz der vielzitierten Fruchtbarkeit der frühen Völker – die Säuglingssterblichkeit war hoch und die Lebenserwartung lag zwischen 30 und 35 Jahren. Eine Kopfstärke von 100 000 bis 150 000 darf man deshalb für die Kimbern annehmen, immer noch eine ungeheure Masse, stellt man sie sich in jenem gewaltigen Wagenzug vor, der durch die Lande rollte.

»Es war ein wunderbarer Zug«, schwärmte Theodor Mommsen, der Meister der römischen Geschichtsschreibung, »dessentgleichen die Römer noch nicht gesehen hatten. Nicht eine Raubfahrt reisiger Leute, auch nicht ein ›heiliger Lenz‹ in die Fremde wandernder junger Mannschaft, sondern ein ganzes Volk, das ... auszog, eine neue Heimat sich zu suchen. Der Karren ... war hier gleichsam das Haus, wo unter dem übergespannten Lederdach neben dem Gerät Platz sich fand für die Frau und die Kinder und selbst für den Haushund ... So zogen sie hinein in das unbekannte Land ... nicht unvergleichbar den Emigrantenmassen, die in unseren Zeiten ... ins Blaue hinein übers Meer fahren; ihre schwerfällige Wagenburg mit der Gewandtheit, die ein langes Wanderleben gibt, hinüberführend über Ströme und Gebirge, gefährlich den zivilisierten

Nationen wie die Meereswoge und die Windsbraut, aber wie diese launisch und unberechenbar, bald rasch vordringend, bald plötzlich stockend oder seitwärts und rückwärts sich wendend. Wie ein Blitz kamen und trafen sie; wie ein Blitz waren sie verschwunden ...«

Nach dem gescheiterten Überfall bei Noreia aber schlug der »Blitz« nicht zu, und die Römer begannen aufzuatmen. Sie mußten bald erkennen, daß sie keinen Grund dazu hatten.

Barbaren, Menschen zweiter Güte

Mit dem dramatischen Zug der Kimbern traten die Germanen in das Licht der Geschichte. Daran ändert auch die Tatsache nichts, daß die Römer sie für Kelten hielten oder für Skythen. Erst Cäsar erkannte im Gallischen Krieg, daß zwischen Kelten (Galliern) und Germanen ein fundamentaler Unterschied bestand. Das antike Bild von den Völkern jenseits der Alpen erfreute sich einer Einfachheit, über die sich die griechischen und römischen Abc-Schützen freuen konnten: Im Westen Europas saßen »Kelten« und im Osten »Skythen«. Kam ein unbekanntes Volk aus Mitteleuropa, so nannte man es »Keltoskythen«. So einfach war das.

Der gewöhnliche Römer hielt sich nicht einmal damit auf. Für ihn waren alle Nicht-Römer, sieht man von den Griechen einmal ab, *Barbaren.* Als Barbaren galten Völker, deren Sitten bizarr, deren Gesittung minderwertig, deren Zivilisation unterentwickelt waren. Von Kultur konnte ohnehin nicht die Rede sein, und eine Sprache sprachen sie, die niemand verstehen geschweige denn lernen konnte, es sei denn, sie selbst.

Barbaren waren demnach Menschen zweiter Güte, und wenn auch einzelne Germanenvölker im Laufe der Jahrhunderte sich der Wertschätzung römischer Militärs erfreuten, weil sie so großartige Soldaten waren, an dem Urteil über sie änderte sich wenig. Wenn auch nicht alle so negativ eingestellt waren wie Quintilius Varus, der als Statthalter Germaniens die Erfahrung zu machen glaubte, daß die Bewohner des Landes »Menschen seien, die außer der Stimme und den Gliedern des Leibes nichts von Menschen an sich haben«.

Barbaren durfte man ohne jeden Skrupel hinters Licht führen, und Papirius Carbo handelte demgemäß, als er die Abgesandten der Kimbern in die Irre führen ließ und den Wagenzug aus dem Hinterhalt überfiel. Das geschah, wie erwähnt, unweit von Noreia, einer starken Alpenfestung, die in der Steiermark, vermutlich zwischen Hüttenberg und Neumarkt, lag. Das erste Zusammentreffen zwischen Römern und Germanen, das weltgeschichtlich von Bedeutung war, setzte damit Maßstäbe für viele Jahrhunderte deutscher Geschichtsschreibung: Es waren unheilvolle Maßstäbe.

»Schon dieser erste Zusammenstoß«, schreibt selbst ein so verdienstvoller Gelehrter wie der deutsche Altphilologe Wilhelm Capelle, »ist für Art und Wesen beider Völker bezeichnend: auf der einen Seite der falsche, arglistige Römer – das erste Beispiel welscher Tücke gegen Germanen –, auf der anderen die arglosen, gutmütigen nordischen Barbaren, die erst dann in alles vernichtende Wut geraten, als sie sich von den Römern meuchlings überfallen sehen.« Das ist so »arglos« gesehen, wie die Barbaren gewesen sein sollen. Abgesehen davon, daß Carbo sich Barbaren gegenüber nicht verpflichtet fühlte: Er hätte ohnehin nicht anders verfahren dürfen. Der Vertreter einer Weltmacht konnte sich keine Sentimentalitäten erlauben. Für ihn galt angesichts der Kriegerhorden aus dem Norden nur die kühle Rechnung, unter Aufwendung der geringsten Mittel die größte Wirkung zu erzielen, daß heißt, die römischen Grenzen zu schützen. Die Wörter »Arglist« oder »Tücke« kommen in solchen Fällen nicht vor im Vokabular eines Truppenführers. Allenfalls »Pragmatismus«, und das ist die Lehre von der Nützlichkeit auf Erden. Wenn man durch Wortbruch das Blut Tausender von Legionären sparen konnte, wohlan ... Daß die Rechnung im Falle Noreia nicht aufging, steht auf einem anderen Blatt. In Dutzenden von anderen Fällen ging sie auf.

Hier »welsche Tücke«, dort »germanischer Biedersinn« – dieser Dualismus der Betrachtung hat die Beschäftigung mit den Germanen seit Anbeginn beherrscht. Nicht immer zu deren Vorteil. Durch Adjektive wie »treu«, »ehrenhaft«, »bodenständig«, »keusch«, »schlicht«, mit denen man sie behängte, entstand eine Art Bilderbuch-Germane. Ein gefährlicher Germane. Denn von ihm führte der Weg zu »germanischer Rassenzucht«, »Herrenrasse und blonder Bestie«, zur »Verehrung des Nordbluts« und Rosenbergs »Mythus des 20. Jahrhunderts«.

Mit der Germanentümelei hat man unseren Vorfahren keinen Gefallen getan. Genausowenig wie sie es verdienten, als Barbaren bezeichnet zu werden, kommt ihnen die Beweihräucherung als Übermensch zu. Es bleiben noch genügend Eigenschaften, denen man Respekt, ja Bewunderung, nicht versagen kann und die es uns leicht, ja angenehm machen, sie als unsere Vorfahren anzusehen. Auf jeden Fall traten sich mit dem Römer und dem Germanen nicht Beelzebub und Erzengel gegenüber, sondern zwei benachbarte Völker auf verschiedener Entwicklungsstufe: Die Vitalität einer jugendlichen, unverbrauchten Kultur begegnete einer verfeinerten, raffinierten Zivilisation. Naivität traf auf Cleverneß, Biedersinn auf Raffinesse, Überschwang auf Kalkül, überschäumendes Temperament auf eherne Disziplin.

Der goldene Süden, Ziel germanischer Sehnsucht

Fast ein Jahrzehnt waren die Kimbern unterwegs gewesen, bevor sie bei Noreia auf die Römer trafen. Es war ein Jahrzehnt unsteter Wanderung, im ständigen Kampf mit grundlosen Wegen, unpassierbaren Urwäldern, tückischen Sümpfen und reißenden Strömen, in ewiger Sorge um das tägliche Brot. Sie zogen die Elbe aufwärts, trafen auf die keltischen Boier, die damals Böhmen und Mittelschlesien beherrschten. Die Boier wehrten sich mit dem Mut der Verzweiflung gegen die Fremden, und es gelang ihnen in erbitterten Kämpfen, sie von ihren Grenzen fernzuhalten. Sie schienen zu ahnen, daß sie im Falle einer Niederlage nicht nur ausgeplündert, sondern vertrieben worden wären.

Es war kein gewöhnlicher Beutezug, den die Kimbern unternahmen. Beutefahrten waren damals gang und gäbe. Sie dienten dazu, die Abenteuerlust der Jungmannen zu sättigen, ihre Aggressionen abzubauen und natürlich, den Überfallenen alles wegzunehmen, was nicht niet- und nagelfest war. Die Kimbern hatten wie die meisten Stämme, die stark und zahlreich genug waren, wiederholt solche Beute gemacht; diesmal aber war alles anders, diesmal stand die nackte Not hinter ihrem Aufbruch aus der Heimat.

Himmerland heißt eine bezaubernde Landschaft im dänischen Jütland. Es liegt zwischen den weiten Wassern des Limfjords und dem Mariagerfjord. Mit seinen einsamen Hochmooren ist es bei den Vogelkundlern bekannt als Brutstätte des seltenen schwarzen Storchs. Und Mariager, das kleinste Marktstädtchen Dänemarks, kennen die Touristen als die Stadt der Rosen. Himmerland – in alter Zeit »Himberland« geschrieben – heißt nichts anderes als Kimberland. Es ist dies ein Name, der die Erinnerung an den germanischen Volksstamm über zwei Jahrtausende hinweg bewahrt hat.

Die Kimbern hatten das Land verlassen, weil ihre Äcker ausgebeutet und deshalb unfruchtbar geworden waren, und weil das Meer die küstennahen Gebiete immer häufiger überflutete. Die Überlieferung spricht von gewaltigen Sturmfluten, die große Teile Westjütlands zerstörten.

Auch die Übervölkerung mit den daraus resultierenden Hungersnöten wird eine Rolle gespielt haben bei ihrem Entschluß. Jedenfalls brachen sie eines Tages auf, um – bis auf geringe Stammesreste – ein Land zu verlassen, das nach Auskunft antiker Autoren am äußersten Rande der Erde längs des äußeren Meeres liege, schatten- und wälderreich sei, sonnenarm, unter bleigrauem Himmel, während seine Tage im Winter den Nächten glichen und seine Nächte im Sommer den Tagen.

Der Weg führte sie südwärts. Der Süden muß bei ihnen etwa die Rolle gespielt haben wie im Amerika des 19. Jahrhunderts der Goldene Westen für die Siedler. Im Süden lag das Land der ewigen Sonne, des feurigen Weines, der Häuser aus Stein, der fetten Weiden, fischreichen Meere, der silberspendenden Berge. Die Sehnsucht nach diesem Land der Verheißung war geweckt worden durch die Erzählungen der ambulanten Händler. Sie waren es, die sich mit ihren ochsenbespannten Karren als einzige in das unwirtliche Land der Barbaren wagten, um ihnen im Tauschverkehr den Bernstein abzuhandeln. Das versteinerte Harz urweltlicher Nadelbäume stand bei der High-Society am Tiber hoch im Kurs. Die Frauen schmückten damit Handgelenke, Ohren und Dekolleté, die Männer benutzten es als Amulett, das gegen Halskrankheiten und andere Gebrechen gut war. Die Händler gaben dafür Seide, Wein, feines Glas, silberne Trinkgeschirre, Teppiche und – Geschichten aus Rom und über die Römer. So wurde die Sehnsucht nach dem Land, unter dessen Himmel es sich so viel leichter leben ließ, ständig wachgehalten.

Nach ihrem mehr oder weniger unfreiwilligen Sieg bei Noreia handelten die Kimbern nun keineswegs so, wie es den Erwartungen entsprochen hätte. Sie wandten sich nicht südwärts in das ihnen schutzlos preisgegebene Italien. Sie wanderten nach Nordwesten durch das Pustertal über den Brenner zu den keltischen Helvetiern, die von den Alpen bis zum

Main siedelten. Über das Warum weiß man nichts. Vielleicht, daß sie sich trotz allem, was geschehen war, noch an ihr den Römern gegebenes Versprechen gebunden fühlten, das Land der Taurisker zu meiden, vielleicht, daß ihnen der begehrte Süden erst einmal verleidet war – jedenfalls taten sie auch später immer das Unerwartete, das Ungewöhnliche.

Die Helvetier, aus denen später die Schweizer hervorgingen, müssen schon damals äußerst friedvolle Leute gewesen sein. Vielleicht war es aber auch nur Respekt. Respekt vor Leuten, die daher kamen, mit den Römern anbandelten, den Weltbeherrschenden, den Unbesieglichen, und sie mir nichts, dir nichts zu Paaren trieben. Die Helvetier betrachteten die Vorsicht als die Mutter der Weisheit, blieben neutral und nahmen die wilden Nordmänner bei sich auf. In ihrer Klugheit fühlten sie sich bald bestätigt, als sie merkten, wie zahm die Wilden sein konnten, wenn man ihnen das gab, was sie sich am meisten wünschten: Land, das man in Weiden und Äcker verwandeln konnte.

Wer bis jetzt den Namen der Teutonen vermißt hat, kann auf Verständnis rechnen. Denn den Namen Kimbern zu nennen, ohne von ihrem Brudervolk zu sprechen, ist, als würde man »A« sagen, ohne das »B« hinzuzufügen. *Cimbri Teutonique* heißen die beiden Völker in der Überlieferung, so, als handele es sich um Zwillinge, die meist gemeinsam auftreten. Dabei ist schon unklar, ob sie überhaupt gemeinsam aufgebrochen sind.

Der Teutonenstein zu Miltenberg

Auch die Heimat der Teutonen war Jütland, und zwar die Westküste bis hinunter nach Schleswig-Holstein. Der griechische Entdeckungsreisende Phytheas hatte um 325 vor Christus eine abenteuerliche Seefahrt in die nördlichen Meere unternommen. Im Auftrag der Stadt Massalia, des heutigen Marseille, sollte er die Fundstätten des Zinns und des Bernsteins aufspüren. Phytheas fand die Zinngruben in Cornwall, entdeckte die Insel Helgoland, beobachtete die hellen Nächte in der Nähe des Polarkreises und vor der friesischen Küste den unheimlichen Vorgang, daß die Inseln einmal mit dem Festland verbunden sind, bei Ebbe, ein andermal wieder von ihm getrennt, bei Flut.

Nach seiner Rückkehr schrieb Phytheas einen Reisebericht, der uns nur in Bruchstücken durch die Feder anderer Schriftsteller überliefert ist. In einem dieser Fragmente stehen jene Sätze, die zum erstenmal in der Geschichte den Namen eines germanischen Stammes erwähnen. Damit beginnt die Überlieferung über die Germanen oder, wenn man es feierlicher will, damit ist das Buch über unsere Vorfahren aufgeschlagen.

Es heißt dort: »Gegenüber einem Küstenstrich ... liegt die Insel Abalus (Helgoland) ... Im Frühling wird dort reichlich Bernstein angespült, der ein Auswurf des gefrorenen Meeres ist. Die Einwohner sammeln ihn und verwenden ihn, weil er in solchen Mengen vorkommt, anstelle des Holzes zum Heizen. Auch verkaufen sie den Bernstein den *Teutonen,* die ihnen auf dem Festlande am nächsten wohnen.«

Die Teutonen, soviel weiß man demnach, waren Nachbarn der Kimbern. Sie verließen ihre Heimat aus den gleichen Gründen, nämlich aus Landnot. Wo sie aber das Brudervolk wiedertrafen, darüber streiten sich die Gelehrten: War es noch vor der Schlacht von Noreia, weil manche Quelle sie dort schon erwähnt? War es in der Gegend von Rouen an der Seine, weil sie dorthin zu Schiff gelangen konnten? Sind sie vielleicht sogar von Jütland an zusammen gewesen? Oder traf man sich erst bei den Helvetiern?

Daß die Teutonen erst im Gebiet der Helvetier zu ihren Landsleuten stießen, dafür spricht eine ganze Menge. Ein

Stein zum Beispiel. Anhand dieses »Teutonensteins« mag gezeigt werden, mit welcher Mühe Philologen, Vorgeschichtler und Historiker ein Rätsel zu lösen versuchten. Jahrelange Arbeit, aufgewandt für die Deutung von zwei Wörtern und fünf Buchstaben, dazu bestimmt, der Geschichte der Deutschen ein winziges Mosaiksteinchen zu liefern.

Am Südhang des Greinbergs, einer 452 Meter hohen Bergkuppe am linken Mainufer unmittelbar südlich der Stadt Miltenberg – wir folgen hier der Schilderung des Altphilologen Eduard Norden –, wurde im Jahre 1878 eine etwa 5 Meter hohe Säule aus rotem Sandstein gefunden. Sie ist ungefähr vierkantig, mit 40 bis 50 cm Seitenlänge, rundet sich nach oben unregelmäßig und läuft schließlich in eine kegelige Spitze aus. Etwa 1 m unterhalb beginnt eine Inschrift in fußgroßen, derb eingehauenen Buchstaben. Die Säule lag an einer geebneten, von Felsbänken umgebenen Stelle, 90 Schritte unterhalb des Scheitels des Berges.

Die geheimnisvolle Inschrift lautete:

INTER
TOUTONES
C
A
H

Folgte noch ein Buchstabe, der so verwittert war, daß man ihn nicht mehr mit Sicherheit bestimmen konnte. Ein N kam in Frage, aber auch ein F war möglich. Zweifellos hatte man es hier mit einem jener Grenzsteine zu tun, mit denen die ordnungsliebenden Römer die Territorien der auf ihrem Staatsgebiet wohnenden Stämme markierten. Solche *termini territoriales* hat man an vielen Orten des Imperiums gefunden. Ein Vergleich mit den Buchstaben auf anderen Grenzsteinen ergab eine Datierung in das Ende des 1. Jahrhunderts nach Christus, als Kaiser Domitian regierte. Klar war auch, daß INTER TOUTONES nichts anderes hieß als »Zwischen den Teutonen (und ...«). Die lateinische Präposition *inter* mit Volks- oder Stammesnamen ist für Grenzsteininschriften typisch. »Zwischen den Bayern und den Württembergern« würde es auf einem solchen Stein heute heißen, wenn der Freistaat Bayern ihn aufstellte, um sich von den Württembergern abzugrenzen.

Danach wäre unter den Wörtern INTER TOUTONES der Name eines zweiten Stammes zu erwarten. Dieser Name verbarg sich offensichtlich hinter dem C. Wie aber lautete er? Und warum war er, im Gegensatz zu »Teutonen«, nicht ausgeschrieben? Die Frage beantwortete ein Steinmetzmeister. Es ist bei den Steinmetzen eine alte Regel, bei mehrzeiligen Inschriften zuerst die erste Zeile, dann die Anfangsbuchstaben aller folgenden einzuhauen, um sowohl die Waagerechte als die Senkrechte vor Augen zu haben. Sein römischer Kollege vor 1800 Jahren hatte das genauso gehalten und war dann aus einem Grund, den wir nicht kennen, nicht mehr zur Ausführung seiner Arbeit gekommen.

C wie Cimbros, dieser Schluß lag nahe, war aber durch nichts bewiesen. Bis man 150 Meter von dem Fundort des Steines entfernt auf einen kleinen Tempelbezirk stieß. Man entdeckte Altäre, Reliefs, die Statuette eines Gottes – und wieder eine Inschrift. Aus ihr ging der Name des Gottes hervor: *In honorem domus divinae deo Mercurio Cimbriano* – »Dem Merkur der Kimbern geweiht«. Es waren Votivgaben, gestiftet von römischen Besatzungssoldaten. Die in den Provinzen des Reichs dienenden Legionäre pflegten sich nämlich auch an die lokalen Gottheiten zu wenden. Gott bleibt Gott, dachten sie sich in schönstem Pragmatismus, und der lokale Gott war auf jeden Fall leichter zu erreichen als der im fernen Rom in seinem Tempel thronende eigene. Sie gingen aber wiederum nicht so weit, den Namen des fremden Gottes zu übernehmen, sondern setzten den des entsprechenden eigenen – Merkurs in diesem Falle – an seine Stelle. Der germanische Wodan wurde also Merkur angeglichen, was man als die »römische Lösung« eines schwierigen religiösen Problems ansehen kann.

Da die Kimbern als Germanen den Wodan verehrten, dürfte das Heiligtum auf dem Greinberg auch von ihnen benutzt worden sein. Und damit war auch das C als Cimbros hinreichend bewiesen. Das A ergab sich zwangsläufig als Ambrones. Die Ambronen, die von der Insel Amrum stammten, waren mit den Teutonen durch Bündnis und Schicksal eng verknüpft. In den Quellen werden sie grundsätzlich zusammen mit den Kimbern und Teutonen oder zumindest mit einem der beiden Völker genannt. In der Vernichtungsschlacht von Aquae Sextiae sollten sie eine tragische Rolle spielen.

Was aber war mit dem H auf dem Grenzstein? Bevor an die Deutung dieses Buchstabens herangegangen werden konnte, mußte geklärt werden, was es mit dem darunter stehenden Zeichen auf sich hatte, das durch Verwitterung unleserlich geworden war. Die Epigraphiker, die Inschriftenexperten, waren sich hier nicht einig. Und weitere Deutungsversuche scheiterten daran, daß der Teutonenstein in Privathand übergegangen war. Er stand auf dem Hof der Mildenburg, die damals der Öffentlichkeit nicht zugänglich war. Eduard Norden ließ sich dadurch nicht abschrecken. Er brach mit einigen Kollegen nach Miltenberg auf, um an Ort und Stelle eine »Autopsie« vorzunehmen.

»... abgesehen von der wissenschaftlichen Neugier«, berichtete er, »reizte es mich gefühlsmäßig, den von einer Art Geheimnis umwobenen Stein zu betrachten ... Durch Vermittlung des damaligen Bürgermeisters der Stadt Miltenberg erhielten wir die Erlaubnis der Burgherrin, die in der Mitte des Hofes aufgerichtete Stele zu besichtigen. Nachdem wir sie in ihrer Mächtigkeit auf uns hatten wirken lassen, wandten wir unsere Aufmerksamkeit, wie verabredet, dem letzten Zeichen zu. ›Weder F noch N‹, sagte Paret und bewies es uns an einer rasch vorgenommenen Zeichnung, auf der die gerade an dieser Stelle des Steins starken Erosionen ausgeschaltet waren. Unser Versäumnis, bei der geringen Wahrscheinlichkeit einer Besichtigungserlaubnis kein Pauspapier mitgenommen zu haben, machte Fabricius … gut … Er erwirkte sich ohne Schwierigkeit die Genehmigung, mit Zuhilfenahme einer Leiter einen Abklatsch der Inschrift vorzunehmen. Im Römisch-Germanischen Zentral-Museum zu Mainz ließ er aus dem Abguß einen Gipsabdruck herstellen und diesen photographieren.«

Aus der Aufnahme ergab sich für Norden, daß nur ein I in Frage kam. Und zwar ein I als Anfangsbuchstabe eines Wortes, dessen beabsichtigte Ausführung so wenig fertig geworden war wie die seiner Vorgänger, des H, des A und des C. Norden prüfte in mühseliger Arbeit Hunderte von Grenzsteininschriften aus römischer Zeit. Er fand heraus, daß eine Grenzmarkierung in republikanischer Zeit aufgrund eines Senatsbeschlusses erfolgte und in der Kaiserzeit in kaiserlichem Auftrag. Er fand aber noch eine dritte Form: die Markierung auf Befehl eines hohen römischen Provinzialbeamten, zum Beispiel eines Statthalters. In diesem Fall erschien das Wort *iussu* – »auf Befehl des« als ständige Formel auf den Steinen.

Norden: »Daraufhin äußerte ich die Vermutung …, jenes I des Teutonensteins sei der Anfangsbuchstabe des nicht ausgeführten Wortes IUSSU. Auf dieses Wort mußte der Name des Beamten folgen … daß Platz für Namen mit Titel frei ist, lehrt ein Blick …: Die Höhe des leeren Raums beträgt nach dem Originalfundbericht 2,25 m.«

Die Inschrift lautete also jetzt: »(Grenzen) zwischen Teutonen, Kimbern, Ambronen, H(…), auf Befehl des …«

Wenn hinter den T, C und A Volksnamen standen, so lag die Annahme nahe, daß es sich mit dem H genauso verhielt. Es mußte ein Stamm sein, dessen Volksverbundenheit mit den drei anderen gewährleistet war und dessen Anwesenheit auf rechtsrheinischem Gebiet sich erweisen ließ. Diesen Bedingungen entsprachen einzig und allein die Haruden. Der griechische Naturforscher Ptolemaios erwähnt sie als Bewohner Jütlands (dessen Landschaft Harthesyssel noch heute an sie erinnert). Dasselbe erfahren wir aus einem Bericht über die römische Flottenexpedition im Jahre 5 nach Christus, die zur Nordseeküste führte. Von Cäsar wissen wir, daß die Haruden seinem germanischen Gegner, dem Ariovist, 58 vor Christus 24 000 Mann Hilfstruppen sandten.

DIE UNGEHEUER AUS DEM NORDEN BESUCHEN ROM

Die von Akribie und Scharfsinn zeugende Untersuchung Nordens, die hier nur verkürzt und vereinfacht wiedergegeben werden kann, bestätigte mit an Sicherheit grenzender Wahrscheinlichkeit, daß die Teutonen im Helvetierland sich mit den Kimbern vereinten, um dann gemeinsam über den Rhein nach Gallien zu ziehen. Aber der Teutonenstein stammt doch erst aus dem Ende des ersten Jahrhunderts nach Christus, und die Kimbern zogen schon gut 200 Jahre vorher zu den Helvetiern? Eine Frage, die ihre Antwort in der Tatsache findet, daß sich den Germanen bei ihrem Wanderzug nicht nur andere Stämme anschlossen, sondern von ihnen auch immer wieder einzelne Abteilungen absplitterten. Es waren Leute, die das unstete Leben satt und den Verlockungen ungewisser Fernen zu mißtrauen gelernt hatten. Vielleicht wollten sie auch endlich wieder in einer Hütte wohnen statt in einem Wagen. Meist werden es die Älteren gewesen sein, die den Spatz in der Hand der Taube auf dem Dache vorzogen, oder, nach dem Bonmot eines Professors der Geschichte, einfach die Gruppe der »Fußkranken« dieses Völkermarsches bildeten.

Jedenfalls blieben sie damals zurück in dem Land am Main, und als die Helvetier ebenfalls abgewandert waren, nahmen sie es gänzlich in Besitz. Ihre Nachkommen gerieten dann unter die Oberherrschaft der Römer, die jenen Grenzstein setzten oder setzen wollten, der uns fast 2000 Jahre später von ihrer Anwesenheit kündete.

Das Gros der Kimbern und Teutonen aber zog weiter. Getrieben von der Unzufriedenheit mit dem bisher Erreichten. Wieder setzte sich der gewaltige Treck in Bewegung: auf den Wagen die Frauen und Kinder, die älteren Männer zu Fuß, Reiter links und rechts, die das Vieh trieben, die Scharen der Krieger zur Deckung der Flanken; die Vorhut und die Nachhut stellte die Elite.

Auf selbstgezimmerten Flößen setzten sie über den Rhein, zogen durch die Burgundische Pforte über das heutige Besançon ins Tal der Rhône. Ihr Ruf als »Römerkiller« verschaffte ihnen freie Bahn. Die keltischen Sequaner legten sich nicht mit ihnen an, sondern schlossen Durchzugsverträge – wenn auch zähneknirschend. Denn ein solcher Durchzug kam einer Ausplünderung gleich: Wo der große Treck vorübergerollt war, da wuchs kein Halm mehr, weidete keine Viehherde, waren die Scheuern und die Ställe leer. Wie auch sonst sollte die durch die Vereinigung der beiden Völker auf das Doppelte angewachsene Masse ernährt werden? Die Sequaner haben sich dafür, als die Gelegenheit nach der Schlacht bei Aquae Sextiae günstig war, auf grausame Weise gerächt.

Und wieder stoßen die Germanen auf römisches Interessengebiet. Waren es damals die Taurisker, die als sogenannte Freunde der Römer galten, so diesmal die Allobroger. Fiel ihr Gebiet in Feindeshand, so war der Westweg nach Italien frei. Junius Silanus hieß der Konsul, der den *Cimbri Teutonique* mit seinem Heer entgegentrat. Doch ähnlich wie bei Noreia versuchten sie auch diesmal, auf diplomatischem Wege zum Ziel zu kommen. Der überraschte Konsul sah sich einer Gesandtschaft hünenhafter Gestalten gegenüber, die ihm mit Hilfe eines Dolmetschers zu erklären versuchten, daß sie nicht ausgezogen seien, um fremde Völker zu unterjochen, sondern um eine neue Heimat zu finden. Sich friedlich anzusiedeln, sei ihr Ziel. Dazu aber sei Land nötig, und wer es ihnen gebe, der werde es nicht zu bereuen haben, böten sie doch dafür die Dienste ihrer Waffen.

Landzuweisung gegen Waffendienst? Wer die Germanen kannte – und man kannte sie inzwischen gut genug –, wußte, daß dieses Angebot kein schlechtes Geschäft war. Aber es überstieg bei weitem die Kompetenzen des Konsuls. Er verwies die Gesandten an den römischen Senat, und die Germanen hatten es tatsächlich so ernst gemeint, daß sie eine Abordnung ihrer Edelsten nach Rom schickten.

Sie kamen in eine Stadt, die bereits dem Hymnus entsprach, mit dem der Dichter Martial sie später feierte: »Göttin der Länder und der Völker, Rom, Stadt, der nichts gleichkommt, nichts sich nähert.« Auch wenn es noch nicht das Rom der Kaiserzeit war mit seinen Tempeln und Theatern, Bädern und Bordellen, Palästen und Parks, Läden und Lokalen, die Stadt war bereits gewaltig genug. Eine Metropole präsentierte sich, die über ein stehendes Heer von einer halben Million verfügte und ein Weltreich regierte, das – außer Italien – Sizilien, Sardinien, Nordafrika, Mazedonien, Griechenland, Spanien, Kleinasien und Südfrankreich umfaßte. Die Abgesandten der Kimbern und Teutonen sahen es mit einer Mischung aus Furcht und Staunen, kamen sie doch aus Dörfern, deren Häuser aus Holz, Lehm und Flechtwerk bestanden, und was sie an Städten kennengelernt hatten, waren ummauerte Siedlungen der Kelten gewesen. So ähnlich muß den Einwanderern aus den ländlichen Gegenden Osteuropas um die Jahrhundertwende zumute gewesen sein, als die Skyline New Yorks zum erstenmal vor ihnen auftauchte.

Für die Großstädter am Tiber waren die Germanen eine ausgesprochene Sensation. Die Ungeheuer aus dem Norden, über die man seit Noreia so viel Schreckliches gehört hatte, waren zum erstenmal außerhalb ihrer freien Wildbahn zu besichtigen. Sie waren nicht ganz so riesig, wie man sie sich vorgestellt hatte, aber immer noch größer als der größte Römer. Ihr Haar war mehr rot als blond und schien so kleidsam, daß es nicht lange dauerte, bis die römischen Händler Blondhaar aus Germanien in größeren Lieferungen importierten, um die vornehmen Damen mit Perücken zu versorgen. Unter ihren umhängeartigen Mänteln schauten lange röhrenartige Hosen hervor, worüber sich die Toga tragenden Römer mokierten.

Natürlich hatten sie auch von der Kunst keine Ahnung, die guten Leute. Einmal führte man sie vor eines jener Meisterwerke griechischer Bildhauerkunst, von denen es selbst in Rom mehr Kopien als Originale gab. Es war die marmorne Statue eines alten Hirten mit seinem Hirtenstab, sie war ein Original und ihr Wert nur mit Gold aufzuwiegen. Was zu zahlen sie dafür bereit seien, wurden sie gefragt, und einer der Barbaren sagte nach einem geringschätzigen Blick auf den versteinerten Greis: »Nicht geschenkt nähme ich ihn, selbst wenn er lebendig wäre.«

Die kleine Geschichte verdanken wir dem römischen Schriftsteller Plinius, und sie könnte durchaus stimmen, denn Plinius gilt als zuverlässig, doch ist es auch möglich, daß hier das Wort zu gelten hat: »Se non è vero, è ben trovato – Ist's nicht wahr, so ist's doch gut erfunden.« Unsere Deutschtümler nahmen sie jedenfalls bierernst, paßte sie doch zu gut in das Klischee des wacker die Kunst verachtenden Naturburschen, der den dekadenten Welschen die richtige Abfuhr erteilt.

Alles in allem hatten die Römer von den Herren Barbaren einen nicht ungünstigen Eindruck. Ihr Auftreten war würdevoll, ihre Rede gemessen, ihre Offenheit schien nicht Berechnung, sondern Naivität. Sie straften damit die amtliche Greuelpropaganda Lügen, die nicht zuletzt deshalb entfacht worden war, um die nötigen Truppenaushebungen vornehmen zu können. Man behandelte sie, nach anfänglicher Reserve, wie hohe Staatsgäste. Das aber, was sie wünschten, konnte man ihnen nicht gewähren: Land.

»... und was für Land hätte das römische Volk ihnen geben sollen, wo es selbst im Begriffe stand, sich um die Ackergesetze im Bürgerkrieg zu entzweien?« fragte der Historiker Lucius Annaeus Florus klagend. Aber es waren nicht nur die Ackergesetze, die die Senatoren zu einer ablehnenden Haltung kommen ließen. Sosehr man die Waffenhilfe einer solchen Elitetruppe, wie die Kimbern und Teutonen sie repräsentierten, auch gebraucht hätte – wer garantierte, daß man die Geister, einmal gerufen, wieder loswurde? In Südfrankreich waren die gallischen Bundesgenossen gerade abgefallen, und der Gedanke, daß die Nordleute mit ihnen irgendwann gemeinsame Sache machen könnten, war ein Alptraum.

ROMA AETERNA EST. UND UNBESIEGBAR SIND DIE RÖMER

Die Gesandten kehrten zu ihren Völkern zurück, versehen mit dem laschen Ratschlag, es doch woanders einmal zu versuchen, vielleicht in der fernen hispanischen Provinz. Sie erstatteten Bericht und wandten sich wieder an den Konsul Junius Silanus mit der Frage, was nun zu tun sei. Seine Antwort bestand darin, daß er die Germanen, ohne dazu vom römischen Senat ermächtigt worden zu sein, mit all seinen verfügbaren Truppen überfiel. Es wiederholte sich, was bereits in Noreia geschehen war, nur in viel schlimmerem Ausmaße: Vier Legionen, über 24 000 Mann, wurden vernichtend geschlagen.

Ruhelos zogen die Germanen nun durch das südliche Frankreich, leisteten gallischen Stämmen Waffenhilfe gegen deren Feinde, in der Hoffnung, dafür Land zu bekommen, plünderten, machten Beute, verjagten die Landbevölkerung in die Städte, in denen bald so furchtbare Hungersnöte ausbrachen, daß, wie wir später von Cäsar erfahren, die Eingeschlossenen zu Kannibalen wurden.

Vier Jahre dauerte die sinn- und ziellose Wanderung, dann vereinten sich die Kimbern und Teutonen, diesmal entschlossen, nach Italien zu gehen. Doch die Römer hatten die Zeit genützt. Drei starke Heere standen an der Rhônelinie bereit, den erwarteten Einfall der Barbaren abzuwehren: auf dem Westufer der Prokonsul Servilius Caepio, auf dem Ostufer der Konsul Mallius Maximum; am weitesten nach Norden vorgeschoben, etwa in der Gegend des heutigen Vienne, die Legionen des Konsuls Aurelius Scaurus.

Ihn trifft der erste Ansturm der Germanen, und es gibt keinen römischen Truppenführer, der rascher und gründlicher besiegt wurde als er. Noch bevor die Sonne gesunken ist, sind seine Legionäre gefallen, gefangen oder flüchtig. Seine flehentlichen Bitten an die Kollegen, ihm Reserven zu schicken, werden nicht erhört. Die Rivalität der drei Feldherren untereinander ist zu groß: Jeder will seine Truppen für den entscheidenden Schlag aufbewahren, um als Triumphator nach Rom heimzukehren.

Lassen wir die römischen Historiker selbst berichten: »... und die Barbaren nahmen den Konsul Aurelius Scaurus, der vom Pferde gestürzt war, gefangen. Als dieser in ihre Heeresversammlung gerufen ward, tat oder sagte er nichts, was eines römischen Mannes unwürdig gewesen wäre, der so hohe Staatsämter verwaltet hatte ... Er wollte sich auch nicht auf ihre Bitten zu ihrem Führer [in die Lager der beiden ande-

ren Feldherrn] hergeben, da er sich schämte, nach Verlust seines Heeres unversehrt zu sein.« (Licinius Macer, *Annales*)
»... und als er ... sie warnte, über die Alpen nach Italien zu gehen, wurde er, weil er behauptete, die Römer seien unbesiegbar, von Boiorix, einem ungestümen Jüngling, niedergestoßen.« (Titus Livius, *Periochae*)

Man muß diesen in ihrer lapidaren Kürze so eindrucksvollen Berichten einmal den Schwulst des Tausendjährigen Reiches gegenüberstellen, um zu erkennen, was aus Geschichte werden kann, wenn sie in die falschen Hände gerät. Dieselbe Szene wird in einer 1934 erschienenen »Germanischen Geschichte«, die Anspruch auf Wissenschaftlichkeit erhebt, folgendermaßen beschrieben: »Baugareiks [= Boiorix] mochte wohl vom besiegten Feinde Mäßigung erwarten. Aber als er, stolz über den errungenen Sieg, dem greisen Römer [Scaurus] den Entschluß verkündete, nun das Herz des Reiches in schnellem Anlauf bezwingen zu wollen, da empörte sich in diesem der hochgemute Stolz der alten Kriegerrasse, die ihr Heldentum ja auch einst aus nordischer Heimat mitgebracht hatte. ›Nie setzest du den Fuß nach Italien, Barbarenkönig! Denn unbesiegbar ist das römische Volk und wird einst aller Welt gebieten. Drum eile fort, daß nie dein Auge dieses Land erblicke, das dir verboten ist.‹ Das war zuviel selbst für die strenge Mäßigung des jungen Fürsten. Noch hielt er das blutige Siegesschwert in der Hand. Ein rascher Hieb endete des Konsulars Leben und ...«

Scaurus war tot, seine Truppen aufgerieben, die beiden anderen Heere sahen sich einer tödlichen Bedrohung ausgesetzt, doch wenn die Legionäre geglaubt hatten, daß ihre Befehlshaber ihren Streit nun begraben würden, so sahen sie sich getäuscht. Nach wie vor gönnte der eine dem anderen nicht das Fell des Bären, der noch gar nicht erlegt war. Maximum forderte den Caepio auf, unverzüglich mit seinen Truppen über die Rhône zu setzen, in der richtigen Erkenntnis, daß die

Streitkräfte nun vereint werden müßten, um dem erwarteten Ansturm des Feindes standzuhalten. Diese Aufforderung war ein Befehl, denn Maximus war Konsul und damit einer der beiden höchsten Beamten der Republik, Caepio dagegen nur Prokonsul, also Statthalter der Provinz, somit der Rangniedrigere. Dafür stammte er aber aus der besseren Familie, fühlte sich dem Parvenü weit überlegen und ließ ihm deshalb die arrogante Antwort zukommen: »Ich beschütze mein Gebiet, beschütze du das deinige.« Erst nach langem Zögern und auf Drängen seiner Unterführer bequemte er sich dann doch, über den Fluß zu gehen.

Was sich im folgenden abspielte, wuchs sich zu einer Tragödie für Zehntausende tapferer Legionäre aus. Caepio warf vor versammelter Mannschaft seinem Oberbefehlshaber Feigheit vor, weigerte sich, mit ihm ein befestigtes Lager zu beziehen, und war noch nicht einmal bereit, einen gemeinsamen Operationsplan auszuarbeiten. In dieser Situation besaßen einige Offiziere soviel Zivilcourage, die beiden Befehlshaber an den Verhandlungstisch zu zwingen. Man gab ein unwürdiges Schauspiel, beschimpfte sich und schied in noch stärkerem Haß und noch größerer Zwietracht. Inzwischen waren Abgeordnete des Senats aus Rom eingetroffen mit dem Auftrag, für einen gemeinsamen Oberbefehl zu sorgen – koste es, was es wolle. Sie wurden nicht einmal angehört.

Lösegelder, Geiseln und Verträge

Die Kimbern und Teutonen schienen nichts zu wissen von diesen Querelen im feindlichen Lager. Die Römer in einer ähnlichen Situation hätten bestimmt davon gewußt. Sie verfügten über ein gutorganisiertes Spionagenetz und hatten auch jetzt ihre Agenten in das feindliche Lager eingeschleust. Da niemand von ihnen die Sprache der Barbaren ausreichend beherrschte, traten sie als Kelten auf. Mit den Kelten waren die Germanen bei ihren jahrelangen Wanderungen so oft zusammengewesen, hatten sich mit einzelnen Stämmen sogar verbündet, daß ihnen ihr Anblick im Lager vertraut war.

»Sertorius nahm es auf sich«, berichtete Plutarch, »bei den Feinden vor der Schlacht bei Aquae Sextiae zu kundschaften. Nachdem er keltische Tracht angelegt und sich die gebräuchlichsten Ausdrücke der fremden Sprache zur Unterhaltung mit ihnen angeeignet hatte, mischte er sich unter die Barbaren. Als er hier die nötigen Erkundigungen, teils als Späher, teils als Aushorcher, eingezogen hatte, kehrte er zum Feldherrn Marius zurück. Damals erhielt er dafür höchste Anerkennung.«

Die Germanen verfügten weder über Spione noch über eine Spionageabwehr, in dieser Hinsicht waren sie tatsächlich barbarisch unterentwickelt, aber sie hätten wohl auch in Kenntnis der für sie günstigen Situation nicht angegriffen. Statt Stoßtrupps schickten sie wieder einmal Diplomaten.

Es ist die alte, fast schon rührend erscheinende Bitte um Zuweisung von Land, die ihre Gesandten vorbringen. Eine Bitte ist es und keine Forderung, obwohl sie, mit der gerade stattgefundenen siegreichen Schlacht als Rückendeckung, nachdrücklich hätten *fordern* können. Sie tun es nicht, sie verweisen lediglich darauf, daß ihr Sieg ein Gottesurteil sei. Oder hätten die Götter sie etwa die Truppen des Scaurus vernichten lassen, wenn die Sache ihres Volkes eine ungerechte Sache wäre?

Man hat viel darüber gerätselt, warum die Germanen so töricht waren, den einmal errungenen Teilerfolg nicht eiskalt auszunutzen. Schließlich kannten sie inzwischen ihren Gegner und hatten sich bei Noreia und bei dem Treffen mit Silanus als die Überlegenen erwiesen. Ihr Respekt vor dem Mythos der weltbeherrschenden Macht der Römer schien jedoch eher gewachsen. Die Mahnung des den Tod verachtenden Scaurus, die Alpen nicht zu überschreiten, da Rom unbesiegbar sei, hat dazu wohl noch beigetragen. Möglich auch, daß die Masse der (scheinbar) vereinigten feindlichen Heere auf dem linken Flußufer sie zögern ließ. Der eigentliche Grund ihrer Demarche aber war nichts weiter als Sehnsucht nach Ruhe und Frieden.

Fast zwei Jahrzehnte waren die Kimbern und Teutonen nun unterwegs. Von der Nordspitze Jütlands, die Elbe aufwärts bis zu den Alpen, durch die Alpen bis hinauf zum Main, über den Rhein bis zur Rhône war der Weg gegangen. Im Winter grub man sich Wohngruben in die Erde, nach den ersten Frühjahrsstürmen brach man wieder auf, nachdem man endlos verhandelt hatte mit den Stämmen der zu durchquerenden Gebiete über Durchzugsrechte, Geiselstellungen, Lösegelder, Schutzverträge. Solche Volkswanderungen mögen einen Hauch von Abenteuerlichkeit gehabt haben, eins waren sie gewiß nicht: frischfröhliche Reisen in ferne Lande. Und in schlechten Zeiten werden sie den Flüchtlingstrecks geglichen haben, die am Ende des Zweiten Weltkriegs die Spuren ihres Elends durch ganz Europa zogen.

Chronisten pflegen die Zahlen der auf den Schlachtfeldern Gefallenen oder bei einer Belagerung Gemordeten mit Ausführlichkeit zu vermelden, wurde doch dort »Geschichte gemacht«; über die am Wege Gebliebenen, über die uninteressanten Toten, erfahren wir im allgemeinen nichts. Dabei werden es Zehntausende gewesen sein bei beiden Völkern, die ertranken, versanken, an Krankheiten starben und, vor allem, verhungerten. Hunger war nicht selten der beste Koch bei den großen Wanderungen. Fleisch gab es in erster Linie für die Krieger, sofern das Jagdglück günstig war. Die mitgeführten Rinder waren zum Schlachten zu schade. Sie lieferten, genauso wie die Ziegen, die Milch, die man als Sauermilch trank oder in Form von Käse genoß. Hauptnahrung waren grobgemahlene Körner von Hafer und Hirse, aus denen man Brei oder Mus bereitete. Oft wird es noch frugaler zugegangen sein.

Vor diesem Hintergrund erst werden die Bitten der *Cimbri Teutonique* um Siedlungsland und Saatgut verständlich. Hier waren Menschen, die aus dem Elend herauswollten und keineswegs ein Interesse daran hatten, pausenlos als waffenklirrende Helden heroisch durch die Gegend zu stapfen – wie es unsere Teutonisten so gern gehabt hätten.

Die Delegierten der Germanen hatten sich, ganz nach dem Protokoll, beim Konsul melden lassen, der ja den Oberbefehl führte. Darüber aber war der Prokonsul in derart maßlose Wut geraten, daß er ihnen drohte, sie auf der Stelle aufzuknüpfen, wenn sie nicht sofort das Lager verließen. Die Gesandten kehrten zurück in die Wagenburg. Nachdem sie von der ehrenrührigen Behandlung berichtet hatten, waren die Würfel gefallen. Denn nichts konnte ihre Landsleute mehr kränken, als wenn es gegen die Ehre ging. Sie beschlossen anzugreifen und schworen, die Beute und die Gefangenen zum Opfer zu bringen – wenn die Götter ihnen den Sieg verliehen.

Arausio oder der Tod der Legionäre

Die Schlacht, die nun entbrannte, fand auf der Ebene zwischen der Stadt Arausio, dem heutigen Orange, und der Rhône statt. Auch das genaue Datum ist überliefert: der 6. Oktober 105 vor Christus. Um so weniger aber wissen wir von der Strategie und der Taktik, die beide Seiten anwandten. Caepio war es, der, immer noch in dem Wahn, daß ihm Maximus die Lorbeeren stehlen wollte, im Morgengrauen als erster überhastet angriff und sofort in Schwierigkeiten geriet. Als sich Maximus gegen Mittag entschloß, ihm zu Hilfe zu kommen, war es bereits zu spät.

Auch hier wollen wir wieder den Chronisten das Wort erteilen. Haftet ihnen doch noch »auf fast jeder Seite ihrer Werke etwas von dem Hauch jener längst vergangenen Zeit an, die einst unsere Vorfahren, staunend und schaudernd zugleich, auftreten sah, der Geist einer längst verklungenen ... Geschichtsperiode, ein Geist, der nur durch den Mund ihrer Zeitgenossen wieder lebendig werden kann.«

»... wurden die Legionen unter schwerer Schmach und Gefahr des römischen Volkes geschlagen ... 80 000 Römer und Bundesgenossen wurden niedergehauen, 40 000 Troßknechte und Marketender getötet, wie Antias berichtet. Daher sollen von dem ganzen Heer nur 10 Mann übriggeblieben sein, die die traurige Kunde ... heimbrachten. Die Feinde, die die beiden Lager erstürmt und riesige Beute gemacht hatten, vernichteten, gemäß einem unbekannten und ungewöhnlichen Schwur, alles, was in ihre Hand gefallen war: die Gewänder [der Gefallenen] wurden zerrissen und in den Kot getreten, das Gold und Silber in den Strom geworfen, die Panzer zerhauen, der Schmuck der Pferde vernichtet, die Pferde selbst in den Strudeln des Flusses ertränkt, die Menschen mit Stricken um den Hals an den Bäumen aufgehängt, so daß der Sieger keinerlei Beute behielt, der Besiegte kein Erbarmen erfuhr.« (Orosius, *Historiae*)

Es ist ein grausiges Bild, und doch ist es wahr und kein römisches Greuelmärchen. Die an den Bäumen aufgeknüpften Gefangenen waren dem Gott Wodan (= Odin) geweiht. Wodan, Vater aller Götter und Menschen, Kriegsgott, Totengott, trug auch den Beinamen Hangagud, Gott der Gehenkten. Um in den Besitz letzter Weisheit zu kommen, hatte er sich einst höchst eigenhändig in die Weltesche gehängt. »Ich weiß, daß ich hing am windbewegten Baum neun Nächte hindurch, verwundet vom Speer, geweiht dem Odin, ich selber mir selbst«, heißt es in der Edda. Es schien auch billig, daß ihm als Lenker der Schlachten ein Anteil an Menschenblut zustand.

Als der römische Feldherr Germanicus bei seinen Vergeltungsaktionen im zweiten nachchristlichen Jahrzehnt die Stätte der Varusschlacht aufsuchte, um den Gefallenen die letzten Ehren zu erweisen, fand er in den Baumkronen die Schädel der Geopferten und die Altäre noch, auf denen die vornehmsten Gefangenen verblutet waren. Beim Kampf zwischen Chatten und Hermunduren, zwei germanischen Stämmen, gelobten beide Parteien für den Fall des Sieges, das Heer des Feindes dem Wodan zu opfern (»... ein Gelübde, durch das Mann und Roß, überhaupt alles Lebende, dem Untergang geweiht wird.« *Tacitus*). Die Opferung von Menschen war demnach eine kultische Handlung. Wie bei den meisten Völkern in der Frühzeit ihrer Geschichte, Griechen und Römer nicht ausgenommen.

Was die Zahl der 120 000 »Niedergehauenen« betrifft, so ist sie mit Vorsicht zu behandeln. Denn der zitierte Gewährsmann, dem wir sie verdanken, Valerius Antias, ist als Übertreiber bekannt. Ähnliches gilt umgekehrt für die »10 Entkommenen«, die die Hiobsbotschaft nach Rom brachten. An der Tatsache, daß bei Arausio eine – in kriegsgeschichtlicher Bedeutung – Vernichtungsschlacht stattgefunden hat, ändert diese Einschränkung nichts. Denn die Römer hatten mit dem Rücken zum Fluß gekämpft, und es wird tatsächlich nur wenigen gelungen sein zu entkommen.

Als in Rom die ersten Nachrichten von der Schlacht eintrafen, brach eine Panik aus. Die Niederlagen, die die Konsuln Carbo und Silanus erlitten hatten, waren als die Unfälle abgetan worden, die nun einmal bei jedem Feldzug passieren. Einzelne Schlachten zu verlieren, daran war man gewohnt, aber die letzte hatte man noch immer gewonnen – und damit den jeweiligen Krieg. Rom war nicht nur ewig, sondern auch unbesiegbar. Jetzt aber schien die Lage so hoffnungslos wie in jenen Tagen, da der Schreckensruf *Hannibal ante portas* ertönt war. Und Arausio war eine weit schlimmere Katastrophe als die von Cannae. Es gab keine größeren Truppenkontingente mehr, die Alpenpässe lagen ohne Bedeckung, Italien war wehr- und schutzlos.

Gegen die allgemeine Hilflosigkeit tat man das, was man zu allen Zeiten getan hat: Man griff zu harten Maßnahmen und suchte Sündenböcke. Kein wehrfähiger Mann durfte das Land verlassen. Wer es dennoch versuchte und dabei ergriffen wurde, verlor seinen Kopf. Genauso erging es den Kapitänen, die einen Bürger unter 35 Jahren an Bord nahmen. Man verbot sogar, länger um die Gefallenen zu trauern als unbedingt nötig. Die Trauerzeit wurde durch Senatsbeschluß radikal verkürzt.

Den Prokonsul Caepio, den man für die Katastrophe in erster Linie verantwortlich machte, traf der Zorn des Volkes. Er verlor seine Ämter, sein Vermögen wurde konfisziert, man warf ihn in den Kerker, wo er umgekommen wäre, hätte ihn nicht ein einflußreicher Freund unter Opferung der eigenen bürgerlichen Existenz gerettet. Auch Maximus, der den Oberbefehl geführt hatte, traf der Bannstrahl.

Viel schwieriger, als die Unfähigen zu bestrafen, war es, einen Fähigen zu finden, um das Land vor einer endgültigen Katastrophe zu bewahren. Überraschenderweise konnte man sich bei dieser Suche Zeit lassen. Die »wunderlichen Nordmänner« vertaten ihre Chance erneut, wandten der offen daliegenden Pforte in das verheißene Land den Rücken und schwächten ihre Streitkräfte auch noch durch Halbierung: Die Kimbern zogen nach Spanien, die Teutonen nach Nordgallien. Für die Römer war es eine Art »Marnewunder«.

Keiner ihrer Historienschreiber zweifelte daran, daß Rom gefallen wäre wie eine faule Frucht. Die Gründe für dieses Wunder waren ihnen damals so unerklärlich wie uns heute. Es gab wohl auch gar keine. Naturvölker waren es, dunkel, rätselvoll in ihren Handlungen, unfähig zu Entschlüssen von politischer Tragweite, wohl auch zerstritten untereinander und ohne einheitliche Führung.

II Das Gottesurteil

Gaius Marius, Retter des Vaterlandes

Die Suche der Senatoren nach einem starken Mann war schwierig. Die Bänke des Senats wurden von Leuten gedrückt, die so feige waren wie korrupt. Rom stand im Zeichen der Restauration. Der Adel verspürte noch den Alptraum der Gracchusbrüder, die sich an die Spitze der Besitzlosen gesetzt hatten mit ihren sozialen Reformen, und versuchte, durch Tyrannei, Bestechung, Vetternwirtschaft und Erpressung seine Macht neu zu etablieren. Die Bauern verdarben, die Sklaven revoltierten gegen ein immer unerträglicher werdendes Joch, während gleichzeitig eine maßlose Verschwendung unter den Reichen wucherte.

Wer von einem dreißig Gänge umfassenden Diner etwas aß, statt nur zu kosten, war gesellschaftlich genauso unmöglich wie der Ehemann, der seiner Frau treu war. Zum Lieblingsvergnügen damaliger Playboys gehörte es, nachts auf den Straßen die Götterbilder zu demolieren, und wem es gelang, eine Vestalin in ihrem Tempel zu entjungfern, der war ausgesprochen »in«. Der Pöbel wurde nach bewährtem Muster mit Brot und Spielen eingelullt. Die Zeit schien aus den Fugen, und viele sahen in den Barbaren die verdiente Strafe des Himmels. Die Senatoren akzeptierten schließlich den Gaius Marius als neuen Oberbefehlshaber und designierten Retter des Vaterlandes, was nicht ohne Pikanterie war, entstammte er doch jenem Stand, den man zu demütigen sich befleißigte. Er war der Sohn eines Staatspächters aus einem mittelitalienschen Dorf (das sich später Casamare nannte, »Heim des Marius«) und damit ein Mann ohne Nobilität, ohne Adel. Doch in der Not frißt der Teufel bekanntlich Fliegen und die Senatoren einen *homo novus,* einen Emporkömmling. Er hatte sich auf dem afrikanischen Kriegsschauplatz durch ungewöhnliche Tapferkeit und kaltes Blut ausgezeichnet, war zum Verdruß der Patrizier zum Konsul gewählt worden und hatte schließlich als »Oberbefehlshaber Afrika« den aufsässigen Numiderkönig Jugurtha zum Triumphzug nach Rom, sprich zur Schlachtbank, gebracht.

Marius war, selbst bei Berücksichtigung der großen Zahl brillanter Militärs, die Rom hervorgebracht hat, eine Ausnahmeerscheinung. Seinen Mut bewies er nicht nur im Krieg, sondern auch im Senat und, was noch erstaunlicher war, gegenüber dem Volk, dessen Gunst er nicht, wie üblich, durch Bestechung, das heißt durch die kostenlose Verteilung von Brotgetreide, erringen wollte. Er war überhaupt unbestechlich und auch darin ein Anachronist, daß er Intrigen haßte, genügsam lebte, ja noch schlimmer, er lehnte es sogar ab, für einen guten Koch Hunderttausende zu bezahlen, gähnte gelangweilt im Theater und weigerte sich, Griechisch zu lernen, die Sprache der Gebildeten.

Um vor aller Welt seine Selbstbeherrschung zu beweisen, ließ er sich von einem Bader die Krampfadern aus den Beinen reißen, ohne sich festbinden zu lassen (was damals die Anästhesie ersetzte). Bei allem Biedersinn war er schlau genug, ein Mädchen aus dem vornehmen Haus der Julier zu heiraten, eine Schwester des Vaters von Cäsar, und Cäsar selbst war es, der sich den Marius später zum Vorbild erkor.

Marius, den man zum zweitenmal zum Konsul gewählt hatte, obwohl das Gesetz es eigentlich verbot, ging daran, eine neue Armee aufzustellen. Er verfuhr dabei nicht wählerisch, konnte es nicht, denn nichts war knapper als jene Menschen, die zum Kriegsdienst zugelassen waren, galt es doch als eine Ehre, die Waffen zu tragen, und für diese Ehre mußte man nicht nur ehrbar sein, sondern auch vermögend. Schließlich brauchte Vater Staat ein Pfand. Dem neuen alten Konsul aber waren Ehre und Vermögen total gleichgültig. Er holte sich seine Leute aus den Slums von Rom, aus den düsteren Vierteln der Hafenstädte, aus den Fabriken und Latifundien. Sklaven, Asoziale, Glücksritter, Gescheiterte, Proletarier waren es, die er um die Legionsadler versammelte. Den Kern seines Heeres, des ersten römischen Söldnerheeres überhaupt, bildeten die Veteranen vom afrikanischen Kriegsschauplatz; hinzu kamen die Reste der von den Barbaren aufgeriebenen Truppenverbände. Mit dieser bunten, notdürftig einexerzierten Schar zog Gaius Marius im Frühjahr 104 vor Christus an die Rhône.

Dort schien es, so Mommsen, als wollten die Deutschen ihr Talent, nicht zuzugreifen, gleich bei ihrem ersten Auftreten in der Geschichte beweisen: Von den Kimbern und Teutonen war nichts zu sehen.

Marius konnte aufatmend damit beginnen, aus seinem Haufen Soldaten zu machen. Wie er das tat, spricht für seinen Rang als Organisator genauso wie für seine Befähigung als Psychologe. Er beseitigte die nach Ständen gegliederte Schlachtordung. Von nun an kannte man keine Adligen, keine Bürger, keine Plebejer mehr, sondern nur noch Krieger. In diesem Geist lobte und bestrafte er. Als ein homosexueller Offizier von einem jungen hübschen Soldaten, den er verführen wollte, erstochen wurde, sah man den Mörder bereits am Galgen. Denn auf Tötung eines Vorgesetzten stand die Todesstrafe. Marius dagegen präsentierte ihn der versammelten Mannschaft als Vorbild mannhafter Zivilcourage.

Er wußte, daß jeder Legionär jedem Barbaren an Kraft und Kühnheit weit unterlegen war, deshalb kam es darauf an, aus einem wirren Haufen eine disziplinierte Truppe zu schaffen. Er erreichte es durch erbarmungslosen Drill, seine Leute wurden tagein, tagaus bis zum Umfallen geschliffen. Gewaltmärsche wechselten ab mit Schanzarbeiten. Der Feldherr selbst schonte sich dabei nicht. Das Jahr 104 verstrich und ein Teil des Jahres 103, die Legionäre wurden unruhig: Wenn schon für das Vaterland, das teure, gestorben werden sollte, dann nicht auf dem Exerzierplatz.

Marius wurde auch dieser Situation Herr. Er nahm seinen Soldaten Schwert und Lanze und drückte ihnen Schaufel und Pickel in die Hand. Ein Kanal entstand, der die Rhône mit dem nahen Meer verband und es den Schiffen ermöglichte, das versandete Delta zu umgehen. Damit schlug er zwei Fliegen auf einen Streich: Die Soldaten waren beschäftigt und der Nachschubweg von Rom bis zur Front entscheidend verbessert.

Als die Kundschafter im darauffolgenden Jahr endlich den Anmarsch der Kimbern und Teutonen aus dem nördlichen Frankreich meldeten, besaß Marius eine Truppe, die bereit war, sich für ihre Offiziere zerreißen zu lassen. »... und sie glaubten, daß sein aufbrausender Charakter, seine rauhe Stimme, sein wilder Blick, womit sie nach und nach vertraut geworden waren, nicht für sie, sondern nur für die Feinde furchtbar sei.« (Plutarch)

Man erwartete den Feind in einem stark befestigten Lager, das im Flußwinkel zwischen der Isère und der Rhône lag und damit die Pässe über den Kleinen St. Bernhard und den Mont Genèvre sperrte. Solche Lager waren es, denen Rom nicht zuletzt seinen Ruf verdankte, unbesiegbar zu sein. Und das Feldlager, *castra* genannt, sollte sich auch hier wieder bewähren. Es war nämlich mehr als eine bloße Zufluchtsstätte. Den Legionären gab es das Gefühl, ein Zuhause zu haben, ein zweites Vaterland, was ihre Moral entscheidend hob.

Die Germanen kommen!

Die Teutonen waren in den vergangenen Jahren durch den Norden Frankreichs gezogen, verwickelt in unzählige Kleinkriege und Stammesfehden, und hatten sich schließlich mit den aus Spanien zurückkehrenden Kimbern in der Normandie wieder vereint. Beide Völker hatten auf ihren Wanderungen immense Beute gemacht, ihr eigentliches Ziel aber nicht erreicht: die Landnahme. Es klingt grotesk, ist aber eine Tatsache: Europa war, schon damals, besetzt.

Zumindest was die fruchtbaren Landstriche betrifft. Und das, obwohl die Bevölkerungszahl nur ein Bruchteil der heutigen betrug – ein Widerspruch, der darin seine Erklärung findet, daß es eben sehr wenig wirklich fruchtbare Landstriche gab. In den meisten Gebieten war überhaupt kein Ackerbau möglich. Sie waren entweder von gewaltigen Wäldern bedeckt, die man in großem Umfang mit den vorhandenen Werkzeugen nicht roden konnte, oder mit Hochmooren und sumpfigen Niederungen, die ebenfalls keine Bearbeitung zuließen.

Man beschloß, nun das Äußerste zu wagen, jene Chance endlich zu nützen, die man so oft ausgeschlagen hatte: den Einfall nach Italien, den Sturm auf Rom. Um beweglich zu sein, ließ man den größten Teil des Trosses unter Bedeckung von 6 000 Kriegern in Belgien zurück (aus denen später der Stamm der Aduatuker erwuchs). Da es aus organisatorischen Gründen unmöglich war, ein so großes Heer auf dem Marsch zu verpflegen, trennte man sich. Die Kimbern gingen wieder über den Rhein und marschierten auf die Ostalpen zu, die Teutonen zogen die Rhône abwärts, um über die Westalpen nach Italien einzufallen. Das hatte zugleich den Vorteil, daß die Römer von zwei Seiten bedroht wurden.

Die Teutonen stießen als erste auf den Feind und suchten sofort die Entscheidung. Sie ordneten den Treck zu mehreren Wagenburgen, wobei die Ochsenkarren jeweils einen dreifachen Ring bildeten, schickten ihre Parlamentäre vor die Tore des Lagers des Marius und forderten ihn zum Kampf heraus. Als keine Antwort erfolgte, griffen sie an. Drei Tage lang berannten sie die Schanzen, wurden aber von den im Festungskrieg überlegenen Römern blutig zurückgeschlagen. Am Morgen des vierten Tages geschah etwas, was die Legionäre mit Grausen und Bewunderung erfüllte.

»... die Barbaren brachen auf«, berichtet Plutarch in seiner Biographie des Marius, »und zogen mit all ihrer Habe am römischen Lager vorüber. Erst jetzt konnte man an der Dauer und Länge des Zuges ermessen, wie ungeheuer groß ihre Zahl sein mußte; denn sie sollen sechs Tage lang in ununterbrochenem Marsche an den Verschanzungen vorbeigezogen sein. Sie kamen dabei dem Walle so nahe, daß sie die Römer mit lautem Gelächter fragten, ob sie etwas an ihre Weiber zu bestellen hätten, denn sie würden bald bei ihnen sein.«

Marius ließ sich aber auch durch diesen in seiner barbarischen Vitalität geradezu großartigen Ausbruch nicht provozieren. Dabei schien der Zeitpunkt des Angriffs so günstig wie nie zuvor, denn ein Treck ist schwerfällig und läßt sich nur umständlich manövrieren. Gegen jede Feldherrnvernunft griff er nicht nur nicht an, sosehr ihn seine Unterführer auch drängten, sondern tat etwas vollkommen Unverständliches: Er bemühte sich, die endlich erwachte Kriegslust seiner Leute abzuwiegeln. »... wer von den Soldaten prahlerische Reden führte, den fuhr er grob an, und wer vor unbändigem Mut überstürzt handeln und in den Kampf stürmen wollte, den nannte er einen Vaterlandsverräter. Denn nicht um Trophäen und Triumphe gehe der Kampf, sondern darum handele es sich, wie man solch ein gewaltiges Kriegsgewitter vertreiben könne, um Italien zu retten.«

Folgt das eigentliche psychologische Meisterstück dieses Haudegens aus dem Volskerland, etwas, was ihm keiner seiner berühmten Nachfolger, sei es Cäsar oder Napoleon, nachgemacht hat, was aber gleichzeitig offenbarte, wie wenig er der Kampfkraft von Söldnern traute, denen der Schrecken von Arausio noch zutiefst in den Knochen saß. »Die gemeinen

Soldaten ließ er der Reihe nach auf den Wall treten, befahl ihnen, sich umzusehen, und gewöhnte sie daran, den Anblick der Barbaren sowie ihr gräßliches wildes Geschrei ohne Furcht auszuhalten, auch ihre Waffen kennenzulernen und sich mit allem, was ihnen die Einbildung als fürchterlich vormalte, durch den Anblick nach und nach vertraut zu machen. Denn er war der Meinung, daß uns Furchtbares nur deshalb fürchterlich erscheint, weil wir es nicht kennen, hingegen bei näherer Bekanntschaft auch das, was wirklich schrecklich ist, das Schreckliche größtenteils verliert. So nahm den Truppen nicht nur der tägliche Anblick das Entsetzen, sondern durch die Drohungen und unerträglichen Prahlereien der Barbaren erwachte auch ihr Mut, und ihre Herzen entflammten zu hellem Zorne ...« (Plutarch)

Welch immensen Respekt Marius vor dem Gegner hatte, der dem Römerreich die größte Niederlage in seiner Geschichte beigebracht hatte, zeigte der weitere Verlauf der Kämpfe. Er rückte den Teutonen mit äußerster Vorsicht nach, und wenn das Nachtlager aufgeschlagen wurde, zwang er seine Truppen, es so zu befestigen, als gelte es, einer wochenlangen Belagerung standzuhalten. Trotz aller Vorsicht aber war er, weil mit der Gegend besser vertraut, schneller als der Gegner, überholte ihn auf der Flanke, und als er die Gegend von Aquae Sextiae erreichte, heute Aix-en-Provence, stieß er auf die feindliche Vorhut. Sie bestand aus den Ambronen, einem mit den Teutonen verbündeten Stamm, die in der Schlacht bei Arausio besonders fürchterlich unter den Legionären aufgeräumt hatten und denen man Rache geschworen hatte.

Was aber taten die Todfeinde? Sie badeten ...

Die Legionäre, die auf dem Montaiguet im Schweiße ihres Angesichts dabei waren, sich wieder einmal einzugraben, rieben sich ungläubig die Augen: Dort unten im Tal, am rechten Ufer des Flüßchens Arc, wo die heißen Quellen entsprangen, planschten die Barbaren, bespritzten sich gegenseitig, jubelten, kreischten, benahmen sich wie Badegäste an einem besonders schönen Urlaubstag, aber nicht wie Soldaten, denen ein paar waffenstarrende Legionen auf den Fersen waren. Die Weltgeschichte wird zur Burleske, und sie wird es noch einmal, als die Kimbern, die etwa zur gleichen Zeit über den verschneiten Brenner gehen, sich auf ihre Schilde hocken und, im Angesicht des Feindes, johlend wie bei einer Herrenpartie die vereisten Hänge hinunterrodeln. Es waren eben keineswegs nur eisenfressende Recken, die Germanen, in ihnen steckte eine gute Portion unbändigen Lausbubentums und berstenden Humors. Ein Volk in seiner Jugend steht vor uns mit allen einem solchen Alter eigenen Vorzügen und Schwächen.

Als die Römer mit den Schanzarbeiten fertig waren, hatten sie Durst. Wasser aber gab es nicht auf dem Montaiguet. An eine Quelle hatten die Feldmesser als die Verantwortlichen für die Wahl des Lagers nicht gedacht in der Eile. Marius war raffiniert genug, selbst aus dieser Not eine Tugend zu machen, indem er die durstigen Landser auf das Tal verwies und sagte: »Dort unten kriegt ihr Wasser zu kaufen. Gegen Blut.« Der Zeitpunkt schien gekommen, eine Schlacht zu wagen. Denn die Alpenpässe waren gefährlich nah und damit die Pforten nach Italien.

»... dass sie mit den Gebeinen der Erschlagenen ihre Weinberge eingehegt«

Zwischen den Ambronen und den Troßknechten der Römer, die ihren Feldherrn wörtlich genommen hatten und zum Wasserholen aufgebrochen waren, kam es zu den ersten Auseinandersetzungen. Raufereien waren es anfangs, dann Scharmützel, kleine Gefechte, die Hauptmasse der Ambronen setzte über die Arc, um ihren bedrängten Landsleuten zu Hilfe zu kommen, vom Montaiguet herab eilten daraufhin die ligurischen Elitetruppen, bald war eine Schlacht im Gange, die von keiner der beiden Seiten geplant und beabsichtigt war, die auch ohne jede taktische oder strategische Führung blieb. Das Blut vieler Gefallener färbte bald das Wasser, die Ambronen wurden über den Fluß getrieben, die Ligurier, deren Heimat ja zuerst bedroht war, fochten tollkühn und hätten auch die Wagenburg genommen, wenn ihnen nicht ein Gegner erwachsen wäre, mit dem noch kein römischer Soldat zu tun gehabt hatte: mit Frauen. Die germanischen Frauen schlugen mit Äxten und Knüppeln auf sie ein, entrissen ihnen mit bloßen Händen die Schilde, schonten auch die eigenen Männer nicht, denn wer flüchtete, hatte in ihren Augen sein Leben verwirkt.

Geben wir wieder Plutarch das Wort, der ein Bild von düsterer Pracht zeichnet, wenn er die Nacht nach der ersten Schlacht schildert. »Als aber die Römer, nachdem sie viele Ambronen getötet hatten, zurückkehrten, und die Nacht hereinbrach, da wurden sie nicht etwa, wie man doch nach einem glücklichen Erfolg erwarten konnte, von Siegeshymnen empfangen, von Trinkgelagen in den Zelten und Gastmahlen und auch nicht – was für Männer, die glücklich gekämpft, das Süßeste ist von allem – von erquickendem Schlaf, sondern sie verbrachten gerade jene Nacht voller Unruhe und Furcht. Es hatte nämlich ihr Lager noch keinen Wall und keinen Graben, und es waren noch viele Zehntausende der Barbaren am Leben ... Und die ganze Nacht hindurch tönte ein Wehklagen, das nicht dem Weinen und Stöhnen von Menschen glich, sondern einem tierisch verworrenen Geheul und Gebrüll, das, mit Drohungen und Totenklagen untermischt, von einer so ungeheuren Menschenmenge erhoben wurde, daß davon die umliegenden Berge und die Niederungen am Flusse widerhallten. Während der schaurige Klang die ganze Ebene erfüllte, waren die Römer in Todesfurcht und selbst Marius in Angst und banger Sorge ...«

Die Teutonen als die Hauptmacht griffen jedoch weder am nächsten Tag an noch am übernächsten. Sie bestatteten die Toten des Brudervolkes und veranstalteten aufwendige Leichenfeiern. Dabei entging ihnen ein Schachzug der Römer, der sich als entscheidend erweisen sollte. 3 000 Legionäre, alles ausgesuchte Leute, hatten sich unter Führung des Legaten Claudius Marcellus in ihren Rücken geschlichen, um in einem verborgenen Bergtal auf den Einsatzbefehl zu warten. Den zweiten Fehler begingen die Germanen am nächsten Tag, als sie sich von der ausgeschwärmten Reiterei des Gegners derart reizen ließen, daß sie in blinder Wut den Hügel hinan auf das römische Lager zustürmten. Ein Hagel von Wurfspießen empfing sie und brachte den Angriff auf der Stelle zum Stocken. Marius hatte befohlen, sie erst im letzten Moment zu werfen und dann mit dem Schwert in den Nahkampf zu gehen. Und sofort waren die Römer im Vorteil. Denn es kämpft sich leichter einen Hang *hinab* als einen Hang *hinauf*. Gaius Marius selbst machte ihnen vor, wie man sich auf solchem Terrain bewegen müsse. »Denn da das Gelände für die Feinde nachteilig sei, würden ihre Hiebe keine Wucht und ihre Schildfront keine Widerstandskraft haben, weil ihre Körper infolge des unebenen Geländes in Drehung und Schwankung begriffen. Während er solche Mahnungen aussandte, sah man ihn schon als ersten danach handeln, denn niemand hatte einen besser gestählten Körper als er, und er übertraf bei weitem alle an Kühnheit.« Die Teutonen wurden den Montaiguet hinabgedrückt in die Ebene, ihre Reihen lösten sich, formierten sich wieder, standen wie eine Mauer. Sie gewannen langsam die Oberhand, doch da tauchten in ihrem Rükken die Legionäre des Marcellus auf und griffen die Front von hinten an. Von beiden Seiten bedrängt, begannen die ersten zu weichen, ganze Abteilungen ergriffen die Flucht, es kam zu einer Panik, die Schlacht löste sich auf in Einzelgefechte, die sich bis in die späte Nacht hinzogen. Auch den ganzen nächsten Tag dauerten die Kämpfe an, doch es war keine Schlacht mehr – nur noch ein Schlachten.

Der Anblick, den solche Walstatt »nach getaner Arbeit« bot, muß unvorstellbar grauenhaft gewesen sein. Velleius spricht von 150 000 Toten. Eine Zahl, die bestimmt zu hoch gegriffen ist, eher darf man Plutarch glauben, der von insgesamt 100 000 gefallenen und gefangenen Teutonen spricht. Jedenfalls hat der griechische Philosoph und Historiker Poseidonios kaum übertrieben, wenn er schreibt: »Von den Marseillern erzählt man sich, daß sie mit den Gebeinen der Erschlagenen ihre Weinberge eingehegt, auch war die Erde durch die vielen verwesten Leichname so sehr gedüngt, daß sie zur Erntezeit eine überschwengliche Fülle von Früchten hervorbrachte und damit die Meinung ... bestätigt wurde, wonach von einem solchen Vorgang die Felder gemästet würden.«

Teutobod, den man »König der Teutonen« nennt (obwohl er nur ein »Oberbefehlshaber auf Zeit« war, ein Herzog, dem man die Geschicke des Volkes im Kriege anvertraute, um ihn anschließend wieder abzusetzen, denn im Frieden brauchten die Germanen keinen Obersten), Teutobod gelang es, sich mit seinem Gefolge nach Norden zu den keltischen Sequanern durchzuschlagen, bei denen er Zuflucht erhoffte. Aber den Sequanern war ein gutes Verhältnis zu den Römern lieber, außerdem hatten sie den Kimbern und Teutonen den Plünderzug durch ihr Stammesgebiet noch nicht vergessen: Sie legten Teutobod in Ketten und lieferten ihn aus. Die Römer behandelten ihn mit Vorzug und krümmten ihm kein Haar – nicht, weil sie ihn besonders mochten, sondern weil er für den Triumphzug in Rom aufgehoben werden sollte. Dort war der hünenhafte, athletisch gebaute König, der sechs nebeneinander aufgestellte Pferde spielend übersprang (was einem Hoch- und Weitsprungrekord von etwa 1,40/7,00 m entsprach), dann auch die vielbegaffte Hauptattraktion. Gaius Marius übergab die Kriegsbeute seinen Soldaten, allerdings nicht umsonst (denn alles hatte seinen Preis), und ließ den weniger brauchbaren Rest zu einem Scheiterhaufen auftürmen, um ihn den Göttern zu opfern. Was wieder für den gesunden Realitätssinn der Römer spricht – schließlich wäre es jammerschade gewesen, die kostbareren Stücke zu verbrennen, Götter hin, Götter her. Wie anders waren da doch die Barbaren bei Arausio verfahren, als sie dringend benötigte römische Helme, römische Waffen, römische Brustpanzer restlos den Himmlischen zukommen ließen. Während Marius die Brandfackel mit beiden Armen gegen den Himmel hob, näherte sich eine Reiterkavalkade, die ihm die Nachricht überbrachte, daß er zum fünftenmal zum Konsul gewählt worden sei.

Diese Sternstunde aber konnte er nicht auskosten. Denn »jene Macht, die bei keinem großen Glück die Freude rein und ungetrübt bleiben läßt, sondern durch Verquickung von Gutem und Bösem das menschliche Leben so mannigfaltig macht – man mag es Schicksal, Rache der Götter oder die Natur der Dinge nennen –, ließ wenige Tage danach dem Marius die Nachricht von seinem Kollegen Catulus zukommen, wonach ein neues fürchterliches Unwetter über Rom sich zusammenballe«.

Das Inferno von Vercellae

Weniger poetisch ausgedrückt, als Plutarch es hier tut, hieß das, daß die Kimbern über den Brenner gegangen waren und Kollege Catulus sofort Reißaus genommen hatte, was er Rom gegenüber als einen »taktischen Rückzug« bezeichnete, »um nicht seine Streitkräfte zu zersplittern und sich so seiner Widerstandskraft zu berauben«. Kampflos gab er auch eine Sperrstellung an der Etsch unterhalb des heutigen Trient auf, weil seine Soldaten in Panik geraten waren, und ließ zudem ein Kastell im Stich, dessen Besatzung die Germanen vertraglich freien Abzug zusicherten – was sie auch hielten. Worüber die Römer sich nicht genug wundern konnten. Ganz Italien nördlich des Flusses Po war jetzt den Kimbern preisgegeben und Rom wieder – die Vernichtung der Teutonen schien nichts genutzt zu haben – in höchster Gefahr.

Was die Römer diesmal rettete, war ein Phänomen, über das 2 000 Jahre später einer ihrer Landsleute sich ausführlich verbreitete: *La dolce vita* oder Das süße Leben. Die Kimbern, müde von der ewigen Wanderung, gaben sich in dem fruchtbaren Land all den Genüssen hin, von denen sie so lange hatten träumen müssen. Statt Hirsebrei und Hafermus gab es jetzt täglich gekochtes Fleisch und, besonderer Luxus, Brot. Statt Milch schweren süßen Wein. Statt eiskalter Morgenwäsche warme Bäder. Und statt ihrer so tugendsamen wie unerotischen Ehefrauen tugendlose, aber erfahrene Mädchen. Im Sommer des folgenden Jahres kam das Erwachen aus dem rosaroten Traum: Gaius Marius näherte sich mit seinen in den Schlachtgewittern von Aquae Sextiae gestählten Truppen.

Die Kimbern verspürten wenig Lust, ihr Wohlleben aufzugeben und wieder in den Krieg zu ziehen. Sie schickten eine Gesandtschaft zu Marius und forderten die Sanktionierung der stattgefundenen Landnahme. Im übrigen wollten sie erst einmal die Ankunft der Teutonen abwarten. Es erscheint unglaublich, daß sie nichts von deren Untergang erfahren hatten, schließlich war inzwischen fast ein Jahr verstrichen und Südfrankreich nicht so weltenweit entfernt von Oberitalien im Zeitalter der reitenden Boten, doch stimmen die Quellen hierin überein. Der Nachrichtendienst der Kimbern muß tatsächlich erbärmlich gewesen sein.

Das Gespräch zwischen den Gesandten und Marius war, wenn man Plutarch glaubt, und man kann es, geradezu bühnenreif, so dramatisch war der Dialog, so schlagend der Aktschluß. Wie überhaupt der Verlauf der Verhandlungen vor der Schlacht bei Vercellae aus der Feder eines phantasiebegabten Tragöden stammen könnte, und doch ist er historische Wirklichkeit.

Da ist die Erwähnung der Teutonen, »unserer Brüder«, und die zynische Antwort des Marius: »Was eure Brüder betrifft, so seid unbekümmert. Wir haben ihnen Land zugewiesen, das sie für ewig behalten dürfen.« Das Aufbegehren der Kimbern gegen den offensichtlichen Hohn und die Versicherung, daß die Teutonen Genugtuung fordern würden nach ihrer Ankunft. Wieder Marius mit seinem Zynismus: »Ankunft? Aber sie sind schon da. Es wäre gar nicht hübsch von euch, einfach wegzugehen, bevor ihr sie begrüßt habt.« Und er läßt die gefesselten Teutonenführer, darunter Teutobod, hereinbringen.

Anderntags dann der Ritt des Königs Boiorix, des ehemals ungestümen Jünglings, vor das Lager der Römer und die Aufforderung, Tag und Stätte der Schlacht zu bestimmen, denn nichts anderes bleibe nun zu tun, als sich zu schlagen. Marius, Haudegen und Landsknechtsnatur, mit allen Wassern gewaschen, Held des afrikanischen Kriegsschauplatzes, Bezwinger des listenreichen Jugurtha, ihm scheint es unfaßlich, was da von ihm verlangt wird. Dieser treuherzige Barbarenkönig, der ein 55 000 Mann starkes Heer fordert, als handele es sich um einen sportlichen Wettkampf, man weiß nicht, ob man das bewundern muß oder sich nur wundern sollte.

Er schickt schließlich einen Legaten vor das Lagertor und läßt ausrichten, die Römer hätten noch niemals den Feind zu Rate gezogen, wenn sie eine Schlacht schlagen wollten. Plötzlich ändert er seinen Entschluß, räumt großmütig eine Ausnahme ein und schlägt für den dritten Tag als Walstatt die Raudischen Felder bei Vercellae vor (dem heutigen Vercelli, Hauptstadt der italienischen Provinz Vercelli, Piemont).

Boiorix akzeptiert arglos, ohne zu ahnen, daß er soeben übers Ohr gehauen wurde. Am Tag X stellt sich heraus, daß seine Krieger gegen die sengende Sonne kämpfen müssen und ihnen der zu riesigen Wolken aufgewirbelte Staub ins Gesicht weht (infolge eines lokalen Windes, der zu bestimmten Zeiten blies – und dessen Richtung Marius natürlich gekannt hatte). Außerdem bietet die weite Ebene der überlegenen römischen Reiterei idealen Spielraum.

Über den genauen Verlauf der Schlacht wissen wir nicht genug, um sie in ihren strategischen und taktischen Operationen präzise schildern zu können. Fest steht nur, daß die Kimbern, wohl in erster Linie durch Beutewaffen, besser armiert waren als vor Jahresfrist die Teutonen. Ihre Reiter trugen Kettenpanzer und Helme, zweispitzige Lanzen und lange Schwerter, eine Ausrüstung, die für den einfachen germanischen Landser noch unerschwinglich war. Aber gerade die Reiter waren es, die von der zahlenmäßig stärkeren römischen Kavallerie geworfen wurden und auf das Fußvolk prallten, das sich eben zum Kampf aufstellte.

Die Germanen mußten sich erneut formieren, stießen nach vorn, trafen auf das römische Zentrum und drangen in einer Rechtsschwenkung in die Nahtstelle zwischen Zentrum und linkem Flügel ein. Die Römer hielten die Schwenkung für Flucht, machten sich an die Verfolgung, stiegen aber ins Leere. Ein Chaos entstand aus beißendem Staub, Sonnenglut und Waffenlärm, untermalt von dem dumpfen Getöse, das von den Wagenburgen herüberdrang, wo die kimbrischen Frauen mit Stöcken auf die Rindshäute trommelten, die über das Flechtwerk der Ochsenkarren gespannt waren.

Dieser 30. Juli 101 vor Christus wurde ein langer, blutiger Tag. Das Ende zeichnete sich erst ab, als den Römern mit ihren Flügeln die Umfassung gelungen war. Wieder war, wie bei Aquae Sextiae, Panik die Folge bei den Germanen und damit ein unsagbares Gemetzel. Der Heerkönig Boiorix fand den Tod, ein anderer Herzog, Lugius mit Namen, fiel, zwei weitere töteten sich gegenseitig mit dem Schwert, die Legionäre wateten durch ein Meer von Blut, stiegen über Reihen von Barbaren hinweg, die sich mit Stricken aneinandergefesselt hatten, um nicht zu weichen, stießen endlich auf die Wagenburgen der Kimbern, die, ähnlich wie vor zwei Jahren an der Rhône, von den germanischen Frauen verteidigt wurden.

Hier nun geschah das, was je nach Standpunkt entweder als »rasendes Megärentum« abqualifiziert oder als »Hohes Lied der germanischen Frau« gefeiert worden ist. Es war weder das eine noch das andere, sondern eine entsetzliche menschliche Tragödie, und niemand wird diesen Unglücklichen Mitgefühl und Achtung versagen können.

Etwa 300 Frauen waren es, die das Gemetzel überlebt hatten und, in der Wagenburg eingeschlossen, keinen Ausweg mehr sahen. Sie wußten aus den Kriegen, die ihre eigenen Männer in Gallien und Spanien geführt hatten, daß Frauen eine begehrte Kriegsbeute waren. Blonde Frauen erzielten auf den Sklavenmärkten ungewöhnlich hohe Preise; wenn sie überhaupt bis dahin gelangten, denn für die Soldateska aller Nationen waren sie Freiwild. Die Legionäre bildeten hier keine Ausnahme, im Gegenteil, denn letztlich handelte es sich bei dieser Beute um Barbarinnen. Die Frauen baten den Marius, »er möge sie zum Schutz ihrer Keuschheit unter die Vestalinnen, das sind die heiligen Jungfrauen, aufnehmen, wofür sie ihr Leben dem Dienst an den Göttern weihen würden«. Der Konsul lehnte diese Bitte ab, mußte sie ablehnen, er hätte sonst gegen das Kriegsgesetz verstoßen, dasselbe ungeschriebene Gesetz, das den Soldaten das Plündern erlaubte.

»... da richteten sie die Schwerter, die sie gegen ihre Feinde ergriffen hatten, gegen sich selbst und ihre eigenen Angehörigen; die einen erstachen sich gegenseitig, manche griffen sich an die Kehle und erwürgten einander, andere knüpften Stricke an die Beine der Pferde, und nachdem sie den eigenen Nacken in diese Stricke verschlungen hatten, trieben sie alsbald mit der Geißel die Pferde an, wurden von ihnen fortgeschleift und zerschmettert; andere erhängten sich mit einem Strick an der senkrecht emporgerichteten Deichsel ihres Wagens. Eine traf man gar, die die Hälse ihrer beiden Söhne mit einem Strick an ihre eigenen Füße befestigt, und nachdem sie sich selbst, um sich zu erhängen, hatte fallen lassen, ihre Kinder somit in den Tod gerissen.« (Orosius, *Historiae*)

König Teutobods Ruhm und Ende

Nach dem Sieg bei Vercellae konnte Rom aufatmen: Der Barbarensturm war abgewehrt, das Reich gerettet. Wie schwer der Alptraum gewesen sein muß, zeigt die Reaktion in der Hauptstadt. Auf den Straßen wurde getanzt, Gastmahle und Trinkgelage zogen sich wochenlang hin. Hekatomben von Tieren wurden geopfert. Man schenkte altgedienten Sklaven zu Ehren des Sieges die Freiheit, verlieh Nichtrömern das Bürgerrecht, errichtete den Gottheiten der Kriegsehre und Tapferkeit, *Honos* und *Virtus,* einen Tempel.

Ihren Höhepunkt fanden die Feiern im Triumphzug des Marius. Er, der nach Aquae Sextiae den Triumph abgelehnt hatte, weil er mit Recht glaubte, erst einen halben Sieg errungen zu haben, nahm jetzt die höchste Ehrung an, die einem Römer zuteil werden konnte.

In einem mit vier Schimmeln bespannten Wagen zog er vom Marsfeld durch die *porta triumphalis* in den *circus Flaminius,* bekleidet mit der purpurnen Tunika des Triumphators, in der rechten Hand den Lorbeerzweig, in der linken das elfenbeinerne Zepter, das Gesicht mit Mennige rot gefärbt. Ein Sklave stand neben ihm, hielt die goldene Krone des Jupiter über Marius' Kopf und rief ununterbrochen mit scharfer Stimme, um das Geschrei des Pöbels zu übertönen: »Bedenke, daß du ein Mensch bist!« Vor seinem Wagen gingen die feindlichen Heerführer in Ketten, darunter Teutobod, der Teutonenkönig. Über sein Schicksal ist nichts bekannt, doch da es Sitte war, die Vornehmeren unter den Kriegsgefangenen unmittelbar nach dem Triumphzug umzubringen, wird es ihm nicht anders ergangen sein.

Man hatte wieder einmal gesiegt, aber man konnte nicht vergessen. Seit damals gab es ein neues Wort im Vokabular der Römer, das Wort vom *furor Teutonicus,* der teutonischen Wut. Der Name »Teutonen« ist für viele Völker noch heute gleichbedeutend mit dem Namen der Deutschen. Die italienische Zeitschrift »Le Ore« versah 1962 einen Bericht über die Bundesrepublik mit dem Titel »Das teutonische Paradies«. Bei der Fußballweltmeisterschaft 1974 siegte »die Kraft und das Ungestüm der Teutonen«. Und auch in der englischen Umgangssprache ist der Deutsche ein Teutone.

Der Massenselbstmord der Frauen, der Freitod kimbrischer Herzöge, das Aneinanderfesseln der Vorkämpfer, die Aufforderung des Königs Boiorix, Zeit und Kampfplatz zu bestimmen, all das deutet darauf hin, daß die Kimbern erfüllt waren von einer gewaltigen religiösen Kraft, daß sie bereit waren, die Entscheidung auf den Raudischen Feldern als ein Gottesurteil anzusehen. Wenn die Götter gegen sie entschieden, so hatte ihr Volk nichts anderes verdient als den Untergang.

Die Angaben über die wirklichen Verluste schwanken auch hier. Der Historiker Florus spricht von 65 000 Toten, Plutarch von fast der doppelten Zahl. Einig ist man sich nur über die Zahl der Gefangenen, die 60 000 betragen haben soll. Es gab also auch Germanen, die, in Umkehrung des Spruchs »Lieber tot als Sklav'«, der Meinung waren, daß zehn Jahre Sklaverei nicht so schlimm seien wie ein Jahr Tod.

Den Germanentümlern aller Schattierungen schien das immer etwas peinlich, waren doch die Kimbern und Teutonen für sie »die ersten Deutschen« und deshalb unterschiedslos »Helden«. Es mutet geradezu makaber an, wenn man in diesem Zusammenhang liest, daß die von den Römern gefangenen Germanen »einen wichtigen Zuwachs an nordischem Blut für das italische Volkstum« bedeuteten. Rasch konstruierte man auch noch eine Dolchstoßlegende, die erste in unserer Geschichte. Das häßliche Wort »Niederlage« wurde erst einmal in das Paradoxon »Unsieg« verwandelt und dann gefragt, wer schuld war am Unsieg der beiden Heidenvölker?

Die Antwort lautete: die Hitze. Bei Aquae Sextiae »brachte die eigentliche Entscheidung ... die unerträgliche Glut des ungewohnten südlichen Sommermittags«. (Die Schlacht aber fand mit großer Wahrscheinlichkeit im Oktober/November statt.) Bei Vercellae »erlahmten die schweißtriefenden Körper der nordischen Riesen in der unerträglichen Glut des Sommermittags allzu rasch.«

Diese Version wird von der Überlieferung sogar bestätigt, und die Hitze wird, zumindest bei Vercellae, zweifellos eine Rolle gespielt haben, aber doch nur als Punkt auf dem »i«. Entscheidend war auch nicht die vielzitierte »überlegene Kriegskunst« der Römer und ihre Disziplin, beides wurde wieder wettgemacht durch die absolute Todesverachtung und wilde Kraft der Germanen, entscheidend waren *virtus, opus, arma.* Wobei *opus,* die mühselige und keinen Ruhm bringende Schanzarbeit, noch wichtiger war als *virtus,* die Tapferkeit, am wichtigsten aber waren *arma,* die Waffen, und hier vor allem das *pilum,* der Wurfspieß der Römer.

Als nach der Schlacht auf den Raudischen Feldern Marius sich mit seinem Mitkonsul Catulus stritt, wer den meisten Anteil am Sieg habe, ließ Catulus von einem Schiedsgericht die Pilen zählen, die noch in den Leichen steckten. Es stellte sich heraus, daß die meisten Wurfspieße seinen Namen trugen (den er vor der Schlacht vorsorglich hatte in die Schäfte schneiden lassen). Von dem makabren Streit abgesehen, zeigte sich bei dieser Gelegenheit, welche verheerende Wirkung diese Waffe gehabt hatte.

Das Pilum besteht aus einem etwa einen Meter langen Holzschaft und einem etwa ebenso langen in eine Spitze mit Widerhaken auslaufenden Eisen. Marius hat es nicht erfunden, aber zur Hauptwaffe gemacht und technisch so weit verbessert, daß die Holzschilde der Germanen glatt durchschlagen wurden. Leopold von Ranke bezeichnet in seiner Weltgeschichte diesen Wurfspeer sogar als eine Waffe, die zur römischen Welteroberung das meiste beigetragen habe.

Sieht man von solchen, den Blick allzusehr einengenden, rein militärischen Erwägungen ab, so findet man den eigentlichen Grund der Katastrophe am scharfsinnigsten ausgedrückt bei Poseidonios. Er war es, der das Schlachtfeld von Aquae Sextiae zu einem Zeitpunkt besuchte, als die Spuren der Schlacht noch frisch waren, und er hat mit der Exaktheit eines Reporters kriegsgefangene Germanen interviewt, Augenzeugen gesprochen, sich mit römischen Offizieren aus der Armee des Marius unterhalten. Seine Geschichte des Kimbernzugs ist, wie so vieles Unersetzliche, bis auf wenige Fragmente verlorengegangen. Der Philosoph der Geschichte, wie man den Mann aus Apameia in Syrien nennt, sieht in den nordischen Barbaren »die Seele einer niedrigeren, wohl begabten, aber ungereiften Menschheit; eine Seele, noch naturbefangen und regiert von jenen starken, wilden Kräften, deren Tugend, Pracht, Instinkte und Gefährlichkeit der Ethiker als Entladungen bloßen Zorns, kennt«. *Thymos,* der wilde Mut der Germanen, unterlag dem *logos,* der berechnenden Vernunft der Römer.

»Heute zwar ein unbedeutender Stamm, doch gewaltig sein Nachruhm«

Das erste Auftreten der Germanen in der Geschichte endete in einem blutigen Chaos. Es war eine Tragödie. Die Kimbern und Teutonen hatten ihre Heimat aus Landnot verlassen – und nicht aus Beutegier. Wie später die so grausamen wie blutrünstigen Wikinger. Ihre immer wieder vorgetragenen Bitten um Ackerland, um Saatgut beweisen es. Ihre Einfalt war dabei oft rührend, ihre Naivität grenzenlos. Insofern also waren sie Barbaren, als sie sich nicht auskannten in Taktik, Diplomatie, Verhandlungskunst, in Täuschung und Intrigen, eben in *politic affairs.*

Sie hatten das Pech, auf eine überlegene Kultur zu treffen, auf ein festgefügtes Staatsgebilde. Ihnen waren sie, losgerissen von ihren Wurzeln, unter einem ersehnten, aber fremden Himmel, nicht gewachsen. Sooft sie ihre Chance zuzugreifen ausließen, eine »weltgeschichtliche Sternstunde«, wie Mommsen das nannte, haben sie nicht versäumt. Auch wenn sie Rom erobert hätten, einen germanischen Staat auf italischem Boden hätte es nicht gegeben, dazu war das Römische Reich trotz aller Korruption und allen Sittenverfalls zu stark, die vielfältigen Reserven noch zu intakt. So wäre es im besten Fall zu einer Verschmelzung gekommen, zu einem Aufgehen in einem fremden Volk.

Ihre geschichtliche Rolle hatten sie nach Aquae Sextiae und Vercellae ausgespielt, wenn sie auch nicht, wie die Römer behaupteten, *radicitus exstirpati* waren, »mit der Wurzel ausgerottet«. Dreißig Jahre später hören wir von kimbrischen Sklaven, die sich im großen römischen Sklavenaufstand um Spartacus scharen. Der bereits erwähnte Teutonenstein bei Miltenberg und eine weitere Inschrift vom »Merkur der Kimbern« aus Heidelberg zeugen dafür, daß Reste der beiden Völker noch zu Beginn des 2. Jahrhunderts nach Christus an Main und Neckar gesessen haben. Aus den 6 000 Männern, die die Kimbern mit dem Hauptteil des Trosses in Belgien zurückgelassen hatten, erwuchs, durch Vermischung mit keltischen Nachbarn, der Stamm der Aduatuker, der zu Cäsars Zeit schon wieder 19 000 Krieger stellen konnte.

Und als die römische Flotte um die Zeitenwende die jütische Westküste bis Skagens Hornent entlang fuhr, traf sie auf die Daheimgebliebenen, besser gesagt auf deren Enkel. »... sie schickten dem Augustus«, schreibt Strabo, »den bronzenen Kessel, der bei ihnen am heiligsten war [weil darin das Blut der Geopferten aufgefangen wurde], baten um seine Freundschaft und um Verzeihung für das einst Geschehene.«

Kein Geringerer als Tacitus hat den Kimbern und Teutonen in seiner »Germania« einen Nachruf gewidmet, wie er sich schöner nicht denken läßt. Als er von den Nachkommen der damals in Jütland zurückgebliebenen Volksteile spricht, tut er es mit den Worten: *parva nunc civitas, sed gloria ingens* – »Heute zwar ein unbedeutender Stamm, doch gewaltig sein Nachruhm.«

Der Zug der beiden Völker hat den germanischen Siedlungsraum unmittelbar nur geringfügig erweitert, er hat aber, und das war für Deutschlands Geschichte bedeutsam, Bahn gebrochen für andere germanische Stämme. Vor allem für die Sweben, ursprünglich zwischen Havel, Spree und unterer Elbe beheimatet. Die Sweben drängten den in die Schweiz ausgewichenen keltischen Helvetiern allmählich nach, setzten sich am Mittelrhein fest, im Maintal, in verschiedenen Teilen Böhmens und sprengten so den Altgermanien umgebenden Keltenring.

Bleibt noch eine Pointe nachzutragen, die sich die Geschichte erlaubt hat und die beinah wie einer ihrer Treppenwitze klingt, aber sie ist wohlverbürgt. Während des Bürgerkrieges zwischen Marius und Sulla kommt es 88 vor Christus zur Ächtung des Siegers von Aquae Sextiae und Vercellae. Er flüchtet, wandert hungernd durch das Land, wird von den Häschern gejagt, die ihn schließlich in den Strandsümpfen der latinischen Hafenstadt Minturnae aufspüren und in das Stadtgefängnis einliefern. »Um ihn zu töten, wurde ein städtischer Sklave germanischer Abstammung, der von Marius im Kimbernkrieg aufgenommen worden war, mit einem Schwert abgesandt. Als dieser den Feldherrn erblickte, bekundete er laut seine Entrüstung über den Fall eines solchen Mannes, warf das Schwert fort und stürzte aus dem Gefängnis.« (Velleius Paterculus)

Römer und Germanen hatten sich zum erstenmal gegenübergestanden in einer Auseinandersetzung, die auf beiden Seiten Hunderttausende von Menschen gekostet hatte. Zwei Völker waren es, voneinander so verschieden wie Feuer von Wasser, und doch miteinander verwandt! So verwandt, wie es Stiefgeschwister sind. Hätte man versucht, das den Römern zu erklären oder den Germanen, man wäre auf ungläubiges, ja mitleidiges Kopfschütteln gestoßen. Dennoch ist es die Wahrheit. Und man muß, gemessen an der Geschichte der Menschheit, gar nicht so weit zurückgehen, um diese Wahrheit zu finden …

III Rätsel der Urheimat

Die erstaunliche Entdeckung des Franz Bopp aus Aschaffenburg

Im Herbst des Jahres 1812 verließ ein junger Mann die Stadt Aschaffenburg, um sich, teils mit der Postkutsche, teils zu Fuß, nach Paris zu begeben. Franz Bopp, wie der 20jährige hieß, hatte in der alten Stadt am Main, die für kurze Zeit Universitätsstadt war, eifrig studiert. Er hatte Natur und Völkerrecht gehört, Logik, Ästhetik, auch Geschichte und Philosophie, am meisten aber hatten ihn Sprachen interessiert, die alten Sprachen des Orients.

Ex oriente lux, die Ansicht, daß alles Licht, daß alle Weisheit aus dem Osten komme, lag im Zuge einer Zeit, die in der Geistesgeschichte die Bezeichnung »Romantik« trägt. Den göttlichen Ursprung und die wahre Bestimmung der Menschheit suchte man in der Frühzeit der Völker. Man entdeckte das *Ur*phänomen, die *Ur*pflanze, uralte Mythen, Märchen, sprach von *Ur*weisheit und stellte sich ein *Ur*volk vor, das, in den Weiten des Ostens, die *Ur*sprache gesprochen habe. Aus dem fernen Indien waren Berichte gekommen, die das Feuer fernöstlicher Begeisterung noch stärker aufflammen ließen.

Sir William Jones, renommierter Orientalist und Richter am Obertribunal zu Kalkutta, hatte eine Sprache erschlossen, »vollendeter als die griechische, reicher als die lateinische, feiner gebildet als beide« und anscheinend älter als alle bekannten Sprachen, das Hebräische eingeschlossen, das bisher dafür gegolten hatte. Es war das Sanskrit, das kultische und gelehrte Idiom der Brahmanen, in der bis zum heutigen Tage alles geschrieben wird, was Kunst und Wissenschaft betrifft, eine Sprache, die Meisterwerke hervorgebracht hat wie die beiden großen Epen Mahabharata und Ramajana und ein Kleinod wie das Drama Sakuntala.

Jones übersetzte nicht nur, ihm fiel auch als erstem eine gewisse Verwandtschaft auf zwischen dem Sanskrit auf der einen Seite, dem Griechischen, dem Lateinischen und dem Germanischen auf der anderen.

1808 dann erschien in Deutschland Friedrich Schlegels Schrift »Über die Sprache und Weisheit der Indier«. Ihm war es durch einen glücklichen Zufall gelungen, an Originalhandschriften und Übersetzungen von Sanskritliteratur heranzukommen. Was für einen Europäer unendlich schwierig war – es sei denn, man verfügte über gute Beziehungen zu den großen Sammlungen in Paris und London. Auch Schlegel schwärmte vom Sanskrit als von einer Sprache, in der Philosophie und Poesie unzertrennlich verschmolzen, die reich war an Blumenschmuck und Bilderfülle, die Frucht eines »einfachen und seligen Wandels im Lichte der Besonnenheit«.

Er sah im Sanskrit ein Sesam-öffne-dich zur Weisheit und zum Wissen des Ostens und prophezeite eine Wirkung auf Europas Geistesgeschichte, wie sie nachhaltiger und befruchtender nur in der Renaissance bei der Wiederentdeckung der antiken Autoren geschehen sei. Auch er erkannte die geheimnisvolle Verwandtschaft zwischen Indien und Europa und entwickelte eine Methode, die Sprachen miteinander zu vergleichen. Doch blieb das alles im Unbestimmbaren, im Nebulösen, die Anregung aber war gegeben, die große Aufgabe gestellt, die Sprache zur Erkenntnisquelle historischer Vorgänge zu machen.

Wer würde sie erfüllen, wer sich ihr gewachsen zeigen?

Als Franz Bopp auszog, um in Paris das Fürchten zu lernen, denn nicht anders war das Gefühl des jungen Mannes bei der Übersiedelung aus der Kleinstadt eines Duodezfürsten in die

Hauptstadt der Grande Nation, da hatte er im Sinn, seine Kenntnisse in den orientalischen Sprachen zu vertiefen und Sanskrit zu lernen. Die Voraussetzungen waren genauso ungünstig wie die Chancen, daß diese Kenntnisse einmal ihren Mann ernähren würden. Bopp war das sechste Kind eines schlechtbesoldeten Beamten des kurmainzischen Hofes, eines Futter- und Wagenschreibers, was immer das gewesen sein mag, und nur auf das dürftigste für seinen Studienaufenthalt ausgerüstet.

Paris war, trotz der Napoleonischen Kriege, eine Stadt der Lebensfreude, lockend, bunt, verführerisch, noch dazu für einen jungen Mann, der aus der teutschen Provinz kam. Das alles aber berührte ihn überhaupt nicht. Oder, wie sein Biograph das um die Jahrhundertwende so blumig wie treffend ausdrückte: »Einzig von seinem Streben erfüllt und wie gefeit vom heiligen Feuer seiner Lust, hatte er bald das Getriebe der Weltstadt außer acht, das den Fremdling da wie sinnenverwirrend umrauscht. Was da drängte und trieb, das trieb und drängte ihn zur Arbeit.«

Das längste Gedicht der Welt

Die Tage verbrachte er in den Lesesälen und Bibliotheken, die halben Nächte saß er unter der Öllampe in seiner Mansarde im Faubourg St. Germain, »fünf Stockwerke über dem Erdboden«. Selbst den hier so billigen Wein versagte er sich und trank Wasser, das er vorher mit einem Stück gut ausgebrannter Holzkohle genießbar machen mußte.

Er studierte bei Silvestre de Sacy, dem berühmtesten Orientalisten seiner Zeit, Arabisch (zusammen »mit einem Dänen und einem Mamelucken«), hörte bei Rémusat Sinologie und bei de Chézy Persisch. Nebenbei vervollständigte er seine französischen Sprachkenntnisse. Was es aber noch nicht gab in Paris, war ein Lehrstuhl für Sanskrit. Hier war Bopp auf Grammatiken angewiesen, die keine waren, sondern lediglich »Versuche zu einer Grammatik«, auf stümperhafte Übersetzungen ins Englische und auf Wörtersammlungen, die Missionare mit mehr oder weniger Sachverstand angefertigt hatten.

Unter diesen Umständen eine der schwersten Sprachen der Welt lernen zu wollen, bleibt im Grunde unfaßlich. Denn man hätte Sanskrit bereits können müssen, um diese Texte zu verstehen. Den größten Teil der Zeit verbrachte Bopp damit, »zu entziffern und zu enträtseln« und sich aus Handschriften seine eigene Grammatik und sein eigenes Wörterbuch zu erarbeiten, Handschriften übrigens, die auf Palmblättern geschrieben und allein deshalb schwer lesbar waren.

Dazu mußte man aber erst einmal erkennen, wann man es mit einem Wort zu tun hatte, denn die Texte waren ohne Worttrennung geschrieben, in Form eines riesigen Bandwurms, ohne Zwischenräume und ohne Abstände. Ein Alptraum ... Ein Alptraum schon deshalb, wenn man bedenkt, daß allein das Mahabharata aus 80 000 Doppelversen besteht und damit das längste Gedicht der Welt ist.

»Doch nachdem ich den Anfang mit viel Mühe und dem Aufwand aller Geduld überwunden«, schreibt Bopp in der für ihn typischen Bescheidenheit, »und nachdem ich viele Worte durch öfteres Vorkommen kennen und gehörig zu trennen gelernt hatte, so beendigte ich das übrige, indem der Stil an und für sich leicht und einfach ist, mit viel geringerer Mühe; ... hierdurch erwarb ich mir die Fähigkeit, das Sanskrit auch ohne Hilfe von Übersetzungen zu verstehen.«

Franz Bopp bietet in dieser Zeit das Bild des Gelehrten, um den die Welt herum versinken kann, ohne daß er deshalb mit seinen Studien aufhören würde. Ein Archimedes, der den Störenfrieden sein *Noli turbare circulos meos* – Störe meine Kreise nicht! – entbietet. Paris wird während seines Aufenthalts zweimal von deutschen, russischen und englischen Truppen erobert, unser Studiosus aber notiert lediglich: »... all dieser wichtigen Vorkommnisse ungeachtet, habe ich diesen Winter für mein Studium nicht verloren. Es lag mir zu sehr am Herzen, als daß ich mich durch die äußeren Vorfälle davon hätte abhalten lassen können.«

Über diese Art zu studieren, mag man sich lustig machen, aber eine Aufgabe, wie Bopp sie sich vorgenommen hatte, eine solche Herkulesarbeit war schwerlich anders zu bewältigen. So steht er hier stellvertretend für den oft geschmähten Stubengelehrten, ohne dessen Fleiß aber letztlich alles Geniale sinn- und fruchtlos bleiben muß. Und in diesem besonderen Fall: auch das Geniale eines Friedrich Schlegel.

Am 16. Mai 1816, nach dreieinhalb Jahre währendem Aufenthalt in Paris, erscheint ein Büchlein, das nicht nur eine neue Wissenschaft begründete, sondern eine der ganz großen Leistungen des 19. Jahrhunderts auf dem Gebiet der Geisteswissenschaft darstellt. Es trägt den umständlichen Titel »Über das Konjugationssystem der Sanskritsprache in Vergleichung mit jenem der griechischen, lateinischen, persischen und germanischen Sprache« und erregte in Europas Gelehrtenwelt riesiges Aufsehen.

Was bei Herder Gefühl war, Phantasie, was bei Schlegel von mystischem Dunkel verhüllt, wenn auch genialisch erahnt, das wurde hier durch eine kühle Analyse zur Erkenntnis verdichtet: Aus Schein wurde Wahrheit, aus Glaube Wissenschaft. Bopp hatte durch seine methodische Arbeit den Beweis für eine wissenschaftliche Sensation erbracht.

Nämlich: daß fast alle wichtigen Kultursprachen Europas nah verwandt sind mit dem Indischen und Persischen Asiens. Sie erschienen wie Geschwister, die zwar sehr verschieden voneinander sind, aber in gewissen Zügen doch eine starke Ähnlichkeit aufweisen. Diese Verwandtschaft ergab sich, als er darangegangen, war, sie miteinander zu vergleichen.

Franz Bopp verbrachte seine letzten Lebensjahre in Berlin. Er hatte es zum Professor an der Universität gebracht, war ein Freund Wilhelm von Humboldts, wurde von Jacob Grimm verehrt, von den Schlegels beneidet, von der wissenschaftlichen Welt gefeiert. Als er 1867 seine Feder für immer aus der Hand legte, fand man auf seinem Schreibtisch eine angefangene Arbeit, auf deren letzter Seite unter einigen Beispielen über den Schwund des auslautenden s im Gotischen gegenüber althochdeutscher Formen die Bemerkung stand »Man vergleiche ...«

Es waren seine letzten geschriebenen Worte. Wenn man will, eine Botschaft an seine Schüler: der Vergleich als Anfang allen Erkennens.

Das Lebenswerk, das er hinterlassen hat, trägt den Titel: »Vergleichende Grammatik des Sanskrit, Zend, Griechischen, Lateinischen, Lithauischen, Gothischen und Deutschen«. Es ist für viele Generationen seiner Kollegen vorbildlich geblieben, auch wenn manche Erkenntnisse der Überprüfung nicht mehr standhielten und einiges korrigiert werden mußte. Erst später zeigte sich, wie befruchtend die neue Wissenschaft auf andere Disziplinen wirkte, wie Anthropologie, Vor- und Frühgeschichte, Religionsgeschichte, Rechtsgeschichte.

Franz Bopp selbst wurde darüber allmählich vergessen. Die einschlägigen Werke erwähnten ihn nur noch am Rande. Selbst in jüngeren Veröffentlichungen wird ihm lediglich eine Art Reverenz zuteil als nicht zu umgehender Tribut an einen Gelehrten, dessen Verdienst unbestritten, dessen Irrtümer und Fehlschläge aber nicht zu übersehen sind. Wobei die Epigonen vergessen, daß große Männer oft dann noch segensreich wirken, wenn sie irren. Auch gehörte Bopp zu jenen Männern, die weder zu Lebzeiten noch später einen Propagandisten fanden, einen, der sie rühmte und unablässig ihren Ruhm kündete. Ein Grund mehr, sich mit ihm und seiner Methode des Sprachvergleichs ausführlich zu beschäftigen, denn letztlich war Franz Bopp es, dem wir genauere Kenntnis von unseren Urahnen verdanken.

Wie man eine Sprache ausgräbt

»Man vergleiche ...«

Man vergleiche zum Beispiel das deutsche Wort Mutter mit dem lateinischen *māter,* dem germanischen *mōthar* und dem griechisch-dorischen *mātēr*. Hier lautet also derselbe Begriff fast gleich.

Noch erstaunlicher wird es, wenn man weiter vergleicht und feststellt, daß Mutter im Altindischen *mātā* heißt, im Altiranischen *mātār,* im Neupersischen *mādār* im Lettischen *mate,* im Altbulgarischen *mati.* Was, so fragt man sich, können wir mit diesen sowohl räumlich als auch kulturell so weit von uns entfernten Völkern gemeinsam haben?

Doch vergleichen wir weiter. *Schwester* heißt im Englischen *sister,* im Französischen *sœur,* im Lateinischen *soror,* im Althochdeutschen *swester,* im Gotischen *swistar,* im Altslawischen *sestra* und im Altindischen *svasā.* Oder das Wort für Bruder. Althochdeutsch *bruoder,* altindisch *bhrātā,* altpersisch *brātar,* litauisch *broter.*

Überall geradezu frappierend ähnliche Wörter für denselben Begriff.

Die Verwandtschaft zwischen diesen Sprachen zeigt sich nicht nur im gemeinsamen Wortschatz. Sie zeigt sich auch, und das ist noch viel wichtiger, in der Grammatik. Was man beim Wortschatz noch einwenden könnte, daß nämlich die eine Sprache sich von der anderen mangels eigener Begriffe einige Worte geliehen habe, kann hier nicht zutreffen.

Wenn alle diese Sprachen miteinander verwandt waren wie Geschwister, dann mußte logischerweise angenommen werden, daß sie eine gemeinsame Mutter gehabt hatten. So wie das Latein später zur Mutter der romanischen Sprachen wurde. Die Grundsprache des Griechischen, Germanischen, Keltischen, Indischen, Slawischen, Iranischen etc. aber existierte nicht mehr. Abgesehen davon, daß sie niemand mehr sprach, sie fand sich auch auf keinem Pergament, keiner noch so alten Urkunde, auf keinem Grabstein, keiner Gedenktafel.

Die Linguisten aber wußten sich zu helfen. Wenn sie nicht mehr existierte, so konnte man sie doch, gleichsam künstlich wie in einer Retorte, neu schaffen. Oder, um ein anderes Beispiel zu wählen: So wie die Archäologen sich Schicht für Schicht in die Vergangenheit hinabgraben, so »gruben« sich die Sprachwissenschaftler zurück zu den Ursprüngen, das heißt: zu den ältesten Wortformen der einzelnen Sprachen. Dabei fanden sie ihr Troja, ihr Mykenae, *ihr* Knossos. Das waren Entdeckungen, die außerhalb ihres Fachbereichs zwar niemanden sonderlich interessierten, weil sie jedes sensationellen Anstriches entbehrten, an Rang aber und Wichtigkeit standen sie den archäologischen Funden nicht nach.

Der sprachliche Weg zu den Urformen ist überaus kompliziert. Denn es geht darum, die Gesetze der Veränderung zu erkennen. Die Laute haben sich nämlich im Laufe der Jahrhunderte verändert.

Unser *neues Haus* zum Beispiel war im Mittelalter ein *niuwes hūs.* In diesen beiden Wörtern ist ein *iu* zu einem *eu* und ein *ū* zu einem *au* geworden. Dieser Wechsel ist in der Entwicklung vom Mittelhochdeutschen zum Neuhochdeutschen regelmäßig zu beobachten.

»Lautübergänge«, sagt der Linguist Hans Krahe, »welche sich mit einer derartigen Regelmäßigkeit – natürlich ganz allmählich nur und für die sprechende Menschheit nicht spürbar – vollziehen, nennt man Lautgesetze. Sie bilden, in allen Sprachen und zu allen Zeiten wirksam, eines der wichtigsten Rüstzeuge in der Arbeit der vergleichenden Sprachforschung.«

Hat man diese Gesetze erkannt, so ist der Weg zur Rekonstruktion des betreffenden Urworts nicht mehr weit. Beim Vergleich der einzelnen Wörter für *Bruder* – *bruoder, broter, brātar, bhrātā* – ergab sich unter Heranziehung der in anderen Wörtern aufgetretenen Lautübergänge die Form *bhrātēr* als Urwort. Da es aber ein Kunstprodukt ist und nirgends in der Wirklichkeit nachweisbar, verliehen ihm die Linguisten zum Unterschied von den »wirklichen« Wörtern ein Sternchen: **bhrātēr*.

Die Ursprache, dem dieses Wort entstammt, nannten sie das Indogermanische.

Der Weg zu den Müttern

Der eigentliche Taufpate ist der Berliner Orientalist Heinrich Klaproth. Er gab der neuentdeckten Sprachfamilie die Namen ihrer östlichsten und westlichsten Mitglieder: die der Inder und der Germanen. Woraus das Kunstwort Indogermanisch entstand. Die Rekonstruktion dieser Sprache ist inzwischen weit gediehen. Allerdings nicht so weit, daß sie, ähnlich wie das Latein, richtig gesprochen werden könnte. Wie bei der Rekonstruktion von Bauten durch die Archäologen fehlt eine Vielzahl von Steinen, so daß sich mancher Eckpfeiler nicht wieder aufbauen läßt – oder wenn, dann nur mit einiger Phantasie. Das Indogermanische bleibt schemenhaft, was aber nichts daran ändert, daß der Nachweis dieser Grundsprache überzeugend gelungen ist, von der sich später die Einzelsprachen lösten und verselbständigten.

Diesen »Weg zurück« zu verfolgen, vom heutigen Begriff zum Urwort, ist für den Kenner ein ebensolcher Genuß, wie ihn der Mathematiker empfinden mag, wenn er in einer komplizierten Gleichung die Unbekannten aufspürt. Aber auch der Laie kann noch den Schauer empfinden, den eine solche

»sprachliche Formel« und ihre Auflösung vermitteln. Welche Sprachen gehören nun zum Indogermanischen, der wichtigsten Sprachfamilie der Erde?

Eine der ältesten ist das Griechische, dessen Überlieferung bis in das 15. Jahrhundert vor Christus zurückreicht. Die bedeutendste und für das Abendland folgenreichste Sprache ist das Latein. Aus ihm entwickelte sich Italienisch, Spanisch, Französisch, Portugiesisch, Rätoromanisch (heute noch von den Ladinern, Engadinern, Friaulern gesprochen) und Rumänisch. Das Baltische lebt im Litauischen und Lettischen weiter. Illyrisch und Thrakisch sind ausgestorben. Albanisch existiert noch. Sehr lebendig ist die slawische Tochter mit Tschechisch, Slowakisch, Slowenisch, Serbokroatisch, Polnisch, Bulgarisch, Weißrussisch, Ukrainisch, Russisch. Von den keltischen Sprachen wird heute noch das Irische und das Gälische (in Schottland) gesprochen, das Kymrische (in Wales) und das Bretonische (in der Bretagne). Folgen die germanischen Sprachen mit Englisch, Friesisch, Niederländisch, Isländisch, Norwegisch, Dänisch, Schwedisch, Färöisch – und Deutsch.

In Asien treffen wir auf weitere Familienmitglieder: die arischen Sprachen mit dem iranischen Zweig (der im heutigen Persischen, Kurdischen, Afghanischen, Balutschischen und in Dialekten im Pamir und Kaukasus fortlebt) und dem indischen, zu dem das Vedische (die älteste indische Sprachform) und das Sanskrit gehören. Hinzu kommt das Armenische, dessen Überlieferung mit dem 5. Jahrhundert nach Christus beginnt.

Damit glauben die Sprachwissenschaftler, alle indogermanischen Sprachen zu kennen. Bis das Jahr 1906 eine Sensation brachte. In diesem Jahr grub der deutsche Assyriologe Hugo Winckler aus den Ruinenhügeln beim türkischen Dorf Boghazköi eine komplette Bibliothek aus. Sie bestand aus Tausenden mit Keilschrift beschriebenen Tontafeln. Ihre Entzifferung gelang einige Jahre später dem Tschechen Friedrich Hrozný. Die Tafeln gaben Kunde von dem verschollenen Volk der Hethiter, das im zweiten Jahrtausend vor der Zeitrechnung in Kleinasien ein mächtiges Reich aufgebaut hatte. Und noch etwas verrieten die Tafeln: Die Hethiter sprachen eine indogermanische Sprache!

Die Indogermanen, ein Volk steigt aus dem Dunkel

Das Indogermanische war der Vergangenheit entrissen: Man hatte auf dem Wege der Rekonstruktion eine neue Sprache gefunden. Leider wußte niemand, wer diese Sprache gesprochen hatte. Doch soviel schien klar: Wenn alle als indogermanisch erkannten Idiome eine gemeinsame Grundsprache hatten, dann muß es logischerweise ein Volk gegeben haben, das sie gesprochen hat. Es muß also *Indogermanen* gegeben haben.

Wann aber haben sie gelebt? Wo war ihre Heimat? Wie sahen sie aus? Was hatten sie für eine Kultur? Wie war ihre Wirtschaftsform, was hatten sie für eine Staatsverfassung, welche Götter verehrten sie?

Fragen über Fragen, auf die niemand eine Antwort geben konnte: die Anthropologen nicht, die Archäologen nicht, auch die Vorgeschichtler, die Religions- und Rechtsgeschichtler nicht. Die Sprachforscher mußten die Suppe, die sie sich eingebrockt hatten, selber auslöffeln.

Sie gingen von der Voraussetzung aus, daß, wenn die Wörter nachweisbar waren, auch die damit bezeichneten Sachen bekannt gewesen sein müssen. Es kam nur darauf an, möglichst viele »Urwörter« zu rekonstruieren, um, wie bei einem Puzzle, allmählich ein Bild von diesem geheimnisvollen Volk zu bekommen.

Denn, so der Germanist Adolf Bach, »jede Sprache benennt in ihrem Wortschatz nur jene Dinge der Umwelt und nur jene Erscheinungen aus der Welt des Geisteslebens, die für ihre Träger von Bedeutung geworden sind. Sie ist damit nicht nur ein Spiegel des Weltbildes ihrer Träger, sondern läßt auch deren Interessenrichtung und Geisteshaltung erkennen. Indem sie den durch die Wörter versinnbildlichten Begriffen einen besonderen ... Inhalt verleiht, baut sie ein Weltbild auf, wie es nur ihren Trägern eigentümlich ist, vor allem auch deshalb, weil in den Wortinhalten jeweils Wertungen mit enthalten sind, in denen die Wesensart der Sprachgemeinschaft zum Ausdruck kommt.«

Was die Sprachwissenschaftler mit den Indogermanen vorhatten, war nichts anderes, als wenn man heute versuchen würde, allein aufgrund des bayerischen Dialektes ein Bild von den Bayern zu gewinnen oder die Schwaben lediglich aus dem Schwäbischen lebendig werden zu lassen. Ein schwieriges, doch keineswegs unmögliches Unterfangen.

Die Dinge des täglichen Lebens boten sich dabei zuerst an, die einfachen Dinge, die bekanntlich die wichtigsten sind.

Da war unser deutsches Wort *Kuh.* Althochdeutsch lautete es *chuo,* altindisch *gauh,* armenisch *kov,* lettisch *guows.* Dann das Wort *Joch:* gotisch *jug,* lateinisch *iugm,* altslawisch *igo,* neupersisch *jug,* altindisch *yugam,* althochdeutsch *joh,* litauisch *jungas.* Beide Wörter kommen in fast allen indogermanischen Einzelsprachen vor und stimmen etymologisch genau überein. Gleiches gilt für die Wörter *Achse* (lateinisch *axis,* griechisch *axon,* altindisch *aksah), Rad* (lateinisch *rota,* litauisch *ratas,* altindisch *rathas)* und *Nabe* (althochdeutsch *naba,* altpreußisch *nabis,* altindisch *nabhis).*

Daraus folgt, so wie die Nacht dem Tage, daß alle fünf Wörter schon in der Grundsprache vorhanden waren und die Indogermanen demnach – denn wo es die Wörter gibt, da gibt es auch die Sachen! – die Kuh als Zugtier kannten, die man mit Hilfe des Jochs vor den Wagen spannte. So einfach war das. Wenn man erst einmal daraufgekommen war.

Nicht immer gehen die indogermanischen Gleichungen so glatt auf wie hier. Dazu ist, wie bereits betont, zuviel verlorengegangen, außerdem muß man sich davor hüten, daß man auf Lehnwörter hereinfällt, die in viel späterer Zeit von einem Volk zum anderen gewandert sind, und darf nicht vergessen, daß Begriffsinhalte sich oft im Laufe der Geschichte wandeln, ein Wort also allmählich eine ganz andere Bedeutung bekommen kann. Die Wörter für »Brief« und »schreiben« zum Beispiel haben die Deutschen von den Römern entlehnt, da unseren Vorfahren, die weder den Brief noch das Schreiben kannten, hier notwendigerweise eigene Begriffe fehlen mußten. Unmöglich demnach, hier auf gemeinsamen Urbesitz zu schließen, kündigt doch die Ähnlichkeit nur davon, daß die Völker miteinander verkehrten.

Dem Sprachwissenschaftler aber steht genügend Rüstzeug zur Verfügung, solchen Gefahren zu entgehen. Und so läßt sich mit Hilfe der linguistisch-kulturhistorischen Methode ein einigermaßen anschauliches Bild von den Indogermanen zeichnen. Die Puzzlearbeit gedieh im Laufe der Jahrzehnte so gut, daß bereits um die Jahrhundertwende ein Reallexikon der indogermanischen Altertumskunde« erscheinen konnte, das von »Aal« bis »Zwölften« reicht und in dem der Wortschatz des Indogermanischen erklärt wird.

Die Frau hiess »die Rindererwerberin«

Wenn die Germanen unsere Ahnen sind, so müssen wir die Indogermanen als unsere Urahnen ansehen. Was wissen wir nun von den Vätern unserer Väter? Sie erscheinen als ein Hirtenvolk, das aber wohl auch einen primitiven Ackerbau kannte. Neben Rindern hielten sie vornehmlich Schafe. Entsprechend war ihre Nahrung: Fleisch, das gekocht und gebraten wurde, Milch, Käse, Molke und als Delikatesse das Mark der Knochen. Entsprechend auch die Kleidung, in der der Schafpelz und die Schafwolle vorherrschten.

Man hielt sich größere Herden, als für den Eigenverbrauch notwendig gewesen wären. Die Braut wurde mit Vieh bezahlt, man tauschte mit Vieh, rechnete danach, das Vieh wurde so zu einer Art Vorläufer des Geldes. Gerade in diesem Zusammenhang zeigt sich ein verblüffendes Ergebnis sprachgeschichtlicher Forschung. Von dem lateinischen *pecus* »Vieh« stammt *pecunia,* und das heißt nichts anderes als »Geld«. *Pekuniär* also dachte man in Rindern oder, noch früher, in Schafen, geht doch der indogermanische Sammelbegriff für Haustiere auf die Wurzel **pek* zurück in der Bedeutung »ausrupfen, scheren«, was sich nur mit Schafen machen ließ.

Wichtiger noch als Schaf und Rind schien das Pferd gewesen zu sein. Es war Reittier, wurde vor den Streitwagen gespannt, man brachte es den Göttern dar bei hohen Opferfesten, benannte Kinder nach seinem Namen, verehrte sogar ein rossegestaltiges Brüderpaar. Nicht zufällig treffen wir es bei den Germanen später als Orakeltier wieder.

Vorwiegend als Hirten lebend, waren die Indogermanen nicht seßhaft, sie wechselten den Ort je nach dem Zustand der Weide. Ein Grund, warum in ihrer Sprache kein Ausdruck für »Heimat« zu finden ist, sondern Wörter für »Geschlecht«, »Verwandtschaft«, »Familie«. Ein »Heimatgefühl« tritt erst bei den Ackerbau treibenden seßhaften Völkern auf.

Ihrem Wanderleben gemäß waren ihre Siedlungen. Sie lagen im Umkreis eigens angelegter Fluchtburgen und bestanden aus einer Ansammlung von Hütten, besser Wohngruben, deren Eckpfosten durch mit Lehm verschmiertem Flechtwerk verbunden waren. Daß sie bereits Türen hatten, erkennen wir aus der Sprachreihe, die neben altindischem *dvārah* litauisches *durys,* griechisches *thyra* und gotisches *daur* zeigt. Gewärmt und beleuchtet wurden die Hütten von einem offenen Feuer, über dem ein irdener Kessel hing. Möbel, etwa Tische und Stühle, waren unbekannt. Ihre Gesellschaftsordnung beruhte auf dem Vaterrecht, was ganz primitiv genommen tatsächlich nichts anderes heißt, als daß der »Vater immer recht hatte«. Das zeigt sich in der väterlichen Gewalt, der *patria potestas,* über Frauen, Kinder, jüngere Geschwister und Enkel, die in einer Großfamilie lebten. Beim Mutterrecht dagegen, das vor den Indogermanen in Europa herrschte, kam der Frau die bevorrechtigte soziale Rolle zu.

Wie wir schon im Zusammenhang mit den Wörtern »Schwester« und »Mutter« gesehen haben, gehen bei den verwandtschaftlichen Bezeichnungen die Sprachvergleichungen besonders glatt auf. So entspricht Sohn einem gotischen *sunus,* einem altindischen *sūnuh,* einem litauischen *sūnūs;* Tochter einem gotischen *dauthar,* einem altindischen *duhitā,* einem griechischen *thygatēr.* Und so fort.

Die Braut wurde gekauft. Und wenn noch Homer einer besonders guten Partie den Beinamen »die Rindererwerberin« zulegt, erfährt man auch den Kaufpreis. Daß man anstelle von Rindern bei anderen indogermanischen Völkern auch kostbare Felle entgegennahm, verrät uns das Slawische: Jungfrau heißt auf altrussisch *kunka,* weil man sie mit dem Pelz des *kuna,* des Marders, bezahlen mußte.

Wer seine Frau nicht kaufen wollte, mußte sie rauben. Ob Raub oder Kauf, wichtig war die Handergreifung bei der Heimführung der Braut als Bestätigung endgültiger Inbesitznahme. Was sich noch in unserem Wort »Mündel« zeigt, denn althochdeutsch *munt* heißt »Hand«.

Obwohl für die Frauen ein hoher Preis bezahlt wurde, müssen sie ansonsten niedrig im Kurs gestanden haben. Überraschenderweise ließ sich nämlich kein Wort für den Begriff »Ehe« finden. Das aber kann seinen Grund nicht darin haben, daß es die Ehe nicht gab. Man sah in ihr nur keinen Bund zweier ebenbürtiger Partner, sondern betrachtete sie völlig vom Standpunkt des Mannes aus. Heiraten hieß deshalb »in die Mutterschaft führen« oder »sich mit einem Weibe versehen« oder gar »hinter dem Manne hergehen«.

Die Pfahlbauten als Beweis

Die Indogermanen kannten das Feuer, befuhren die Gewässer mit Ruderbooten, benutzten beim Rechnen das Dezimalsystem, und da sie ein Wort für »kaufen« hatten, dürfte ihnen Handel und Wandel nicht fremd gewesen sein. Als obersten Gott verehrten sie einen Himmelsvater, was, als Angehörige einer vaterrechtlich organisierten Gesellschaft, nur logisch war. Hier findet sich die Gleichung Zeus *patēr* (griechisch), *diēspiter* »Jupiter« (lateinisch), *dyaus pitā* (altindisch).

Sie benutzten Werkzeuge aus Stein. Das althochdeutsche *sahs* »Schwert« ist verwandt mit dem lateinischen *saxum* »Stein«. *Sahs* kann also sehr wohl einmal ein Steinmesser gewesen sein. Auch das altnordische *hamarr,* das gleichzeitig »Hammer« und »Fels« bedeutet, stellt eine Verbindung zwischen Werkzeug und dem dafür verwandten Material her. Das sind zwei Wortentsprechungen, die unwillkürlich die Frage aufwerfen: Wann etwa haben sie gelebt, die Indogermanen?

Bekanntlich werden die kulturellen Entwicklungsstufen des Menschen nach dem Material benannt, aus dem sie ihre Geräte und ihre Waffen fertigten. In der Steinzeit geschah das aus Steinen, in der (nur kurzen) Kupferzeit aus Kupfer, in der Bronzezeit aus Bronze, in der Eisenzeit aus Eisen. Die Steinzeit, die uns jetzt interessiert, gliedert sich in die Altsteinzeit (das Paläolithikum, etwa 200 000 bis 10 000), in die Mittelsteinzeit (das Mesolithikum, etwa 10 000 bis 4500) und in die Jungsteinzeit (das Neolithikum), die etwa bis um 2000 vor Christus dauerte.

Bei der Datierung kamen die Archäologen den Linguisten zu Hilfe. Es ergab sich die überraschende Tatsache, daß die kulturelle Hinterlassenschaft, die sie mit dem Spaten zutage gefördert und eindeutig als Jungsteinzeitlich datiert hatten, der entsprach, die die Linguisten durch ihre Wortvergleiche ermittelt hatten. Das war ein Triumph für die von Bopp begründete Wissenschaft, die man, wie es jungen Disziplinen so geht, immer ein bißchen von oben herab angesehen hatte.

Otto Schrader, der Verfasser des bewundernswerten »Reallexikons der indogermanischen Altertumskunde«, konnte deshalb 1901 mit gutem Recht anhand eines damals aktuellen Beispiels schreiben, »daß die in den ältesten Pfahlbauten der Schweiz zutage getretene Kultur der jüngeren Steinzeit sich im großen und ganzen mit derjenigen Kulturstufe deckt, welche wir auf linguistisch-historischem Weg als die der ältesten europäischen Indogermanen erschließen können. Es zeigt sich, daß die wichtigsten Bestandteile jener ältesten Pfahlbautenkultur, also zum Beispiel die daselbst nachgewiesenen Haustiere oder Kulturpflanzen oder die von den Pfahlbauern geübten Künste des Nähens, Spinnens, Webens, sich durch urverwandte (Wort-)Gleichungen belegen lassen, während für Dinge, die bisher in der ältesten Pfahlbautenzeit nicht nachgewiesen werden konnten, also zum Beispiel für Esel, Maultiere und Katzen oder für den Roggen und Hanf, auch die sprachlichen Belege in dem Wörterschatz der europäisch-indogermanischen Urzeit in der Regel vermißt werden.«

Was die Indogermanen nicht hatten, waren Wörter für »Kupfer«, »Bronze«, »Eisen«. Hier weisen die Tochtersprachen Benennungen auf, die sich nicht zurückverfolgen lassen und nicht auf ein gemeinsames Urwort zurückgehen. Folgerichtig bedeutet das: Die Ur-Indogermanen haben bereits vor dem Beginn der eigentlichen Metallzeit angefangen, sich in

Einzelvölker aufzulösen. Womit man auf eine ungefähre Jahreszahl von 2500 vor Christus kommt. Die große Zeit dieses Volkes reicht somit weit zurück bis in das dritte Jahrtausend.

Gelehrtenstreit um die Wiege der Völker

Wo hat nun dieses durch die Sprachwissenschaft auf so scharfsinnige Weise entdeckte und geheimnisumwitterte Volk gelebt, aus dem auch die Germanen hervorgegangen sind? Über diese Frage der Urheimat der Indogermanen haben sich schon ganze Gelehrtengenerationen zerstritten. Auf Kongressen kam es zu Tumulten, die Studenten der jeweiligen Richtungen schnitten sich, und in kleinen deutschen Universitäten grüßten die Professorenfrauen sich nicht mehr, wenn ihre Männer verschiedenen Lagern angehörten. Und dieser Streit hält heute noch an. Jedenfalls werden immer wieder neue Hypothesen geboren, in welchem Winkel Eurasiens ein Volk sich entwickelt hat, das den Lauf der Weltgeschichte beeinflußte wie kein anderes vor ihm oder nach ihm.

Die verschiedenen Theorien lassen sich in zwei Hauptgruppen unterteilen:

1. Die Indogermanen kamen aus Europa und rückten von dort aus in ihre späteren Wohnsitze ein.
2. Die Indogermanen hatten ihre Heimat im Osten, von wo aus sie in mehreren Wellen die Länder Europas, Kleinasiens und Indiens besiedelten.

Numero 2 war lange Zeit die alleingültige Theorie, die besonders von der noch aus der Romantik herrührenden Auffassung untermauert wurde, wonach aus dem Osten nicht nur alle Weisheit komme, sondern die Menschheit überhaupt. Dort in Asien stehe die Wiege des Menschen, dort sei die Völkerheimat, behauptete schon Johann Gottfried Herder. Und haben sich nicht alle großen Völkerwanderungen stets in der

Ost-West-Richtung abgespielt? Die Mongolen, sie kamen aus dem Osten, der Hunnensturm wehte von Ost nach West, die Awaren, die Türken, die Skythen zogen in dieselbe Richtung. Aber durch bloße Analogie läßt sich nichts beweisen, und Dichter können zwar große Angeber sein, aber ohne Wissenschaft läßt sich schwer »ein Gebild' gestalten«.

Später wurde das Gebiet um die Ostsee, der Süden Skandinaviens und die norddeutsche Tiefebene zum Favoriten. Eine Theorie, die in den dreißiger Jahren zur unumstößlichen Wahrheit hochstilisiert wurde. Sie paßte in eine Zeit, die den nordischen Herrenmenschen als den Ursprung aller Dinge ansah. Es war zu verlockend, die Indogermanen gleichzusetzen mit den Germanen, sie sich als blond, blauäugig, langschädlig, hochgewachsen vorzustellen, ihnen die Attribute kampfbereit, wehrhaft, gefahrengestählt zu verleihen und Nordeuropa als Ausgangspunkt der folgenreichsten Völkerwanderung der Weltgeschichte anzusehen.

»Alle übrigen Wanderungen«, verspottete bereits der Kulturhistoriker Victor Hehn um die Jahrhundertwende diese Hypothesen, »gingen von Ost nach West und brachten neue Lebensformen, auch wohl Zerstörung ins Abendland, nur die älteste und größte ging in umgekehrter Richtung und überschwemmte Steppen und Wüsten, Gebirge und Sonnenländer in unermeßlicher Ausdehnung.«

Es fällt auch schwer, sich das engbegrenzte Ostseegebiet als »Völkerkammer« vorzustellen, abgesehen davon, daß ein von der Linguistik als Hirtenvolk erschlossener Stamm hier kaum die idealen Bedingungen für seine großen Herden gefunden hätte.

Ein anderer Einwand wiegt noch schwerer: Wenn die Urheimat der Indogermanen die Ostseeländer gewesen wären und Germanen gleich Indogermanen, so müßte die Sprache der Germanen unter allen Tochtersprachen diejenige sein, die ihrer »Mutter«, der erschlossenen indogermanischen Ursprache, am meisten ähnelt. Ein logischer Schluß, der aber seine Bestätigung nicht findet: Denn die germanische Sprache unterscheidet sich, besonders in den Konsonanten, der Betonung und dem Formenbau, so stark vom Indogermanischen wie kaum eine andere indogermanische Sprache. Auch ist schwer einzusehen, warum ein Volk, das an einem Meer wohnt, in seinem Wortschatz keine Beziehung zur Seefahrt aufweist.

Zur Untermauerung der jeweiligen Theorie zog man die Biologen heran, die Klimatologen, die Zoologen. Mit der Feststellung, daß die Indogermanen, weil sie Wörter für Schnee und Eis hatten, für Frühling, Sommer, Winter, demnach in »gemäßigtem Klima« gesessen hatten, war wenig anzufangen. Ein solches Klima war und ist in zu vielen Gebieten der Erde vorherrschend. Ähnliches gilt für die Fauna, geht es doch nicht an, einfach aus der Nichtexistenz gewisser Tiernamen darauf zu schließen, daß die Urbewohner dort, wo beispielsweise Löwe und Tiger vorkommen, nicht gelebt haben können. Selbst die Biene wurde bemüht, weil Regionen, in denen sie nachweislich nicht vorkommt oder später erst eingeführt wurde, als Urheimat von vornherein ausschieden. Denn der Honig war den Indogermanen bekannt und damit der Met. Leider liegt begründeter Verdacht vor, daß sie das Wort für Honig aus dem Finnisch-Ugrischen entlehnten.

Ernster zu nehmen war da schon das Buchenargument. Durch die Etymologie wußte man, daß das Wort »Buche« in fünf Sprachen vorkam. Hiernach müßten die Indogermanen in einem für diesen Baum geeigneten Klima gelebt haben, nämlich westlich der von den Botanikern ermittelten Linie Königsberg-Krim. Ergo könnten östlich davon keine Indogermanen gesessen haben. Anscheinend ein schlagender Beweis, der aber an Glanz verliert, wenn man fragt, ob die einzelnen Völker auch wirklich denselben Baum meinten, und gerade das scheint zweifelhaft. Noch heute kennen wir ja zwei ganz verschiedene Bäume unter dem Namen »Buche«: die mit der Eiche verwandte Rotbuche und die mit Erle und Birke verwandte Hainbuche.

Keine der bisher genannten Theorien und ihre zur Untermauerung herangezogenen Argumente klingen überzeugend. Nachdem die »Asienpartei« lange Zeit geführt hatte, wurde sie von der »Europapartei« abgelöst, die, nach Verdrängung von der Spitze, neuerdings mit einer Lachstheorie vorprellte. Da »Lachs« als Urwort erschlossen ist *(*laksos),* der kostbare Fisch aber nicht in den in das Schwarze oder das Mittelländische Meer mündenden Flüssen vorkommt, dafür aber in den in die Ost- und Nordsee fließenden, schloß man messerscharf: Die Urheimat lag im Stromnetz von Weichsel, Oder, Elbe, Weser.

Die »Heimatfrage« ließ sich in keiner Weise befriedigend beantworten.

Schon deshalb nicht, weil eine Antwort nicht allein mit den Mitteln der Etymologie zu erzielen ist. Gewiß, Bopps Methode der Sprachvergleichung hat nicht für möglich gehaltene Ergebnisse gebracht, aber letztlich muß das Ergebnis, das durch sie erzielt wurde, ein Produkt aus der Retorte bleiben, ein Kunstprodukt. Wir wissen, daß die Indogermanen Werkzeuge vornehmlich aus Stein hatten, Häuser bauten, sich mit Bernstein schmückten, daß sie ihre Kleider webten und ihr Getreide mahlten. Wir wissen aber nicht, wie die Werkzeuge aussahen, die Häuser, der Schmuck, die Spinnräder, Webstühle und Mahlsteine. Hier ist der Sprachforscher notwendigerweise überfragt. Er braucht Hilfe.

»Und diese Hilfe konnte nur von der Prähistorie, von der Bodenforschung herkommen. Auch der Sprachvergleicher ist ja, sofern er sich mit der indogermanischen Urzeit beschäftigt, ›Prähistoriker‹; und so muß er dem archäologischen Prähistoriker, sobald beide im gleichen Feld arbeiten, begegenen. Darum ist es denn heute auch eine Selbstverständlichkeit, daß die Indogermanenfrage nur durch sorgfältige Zusammenarbeit von Bodenforschung und Sprachforschung zu lösen ist.«

Otto Schrader war es, der diese Worte 1911 schrieb, und mit zwingender Logik stellte er im Anschluß die entscheidende Aufgabe: »Es sind also deutlich zwei Hälften unserer wissenschaftlichen Erkenntnis, die es richtig miteinander zu verbinden gilt. Auf unseren Fall, die Frage nach der Urheimat der Indogermanen, angewendet, würde die Aufgabe lauten: Es ist im Kreise der prähistorischen Kulturen eine solche ausfindig zu machen, auf die alle jene mit linguistischen Mitteln gewonnenen Voraussetzungen passen. Diese Kultur darf man dann mit größter Wahrscheinlichkeit als die indogermanische, ihre Träger als die Indogermanen ansehen.«

Um einer solchen Aufgabe gerecht zu werden, muß man sich in die Zeit um 2000 vor Christus zurückversetzen.

IV Streitaxt und Hünengräber

Deutschland vor 4000 Jahren

Vor viertausend Jahren etwa ging in Nordeuropa die Steinzeit ihrem Ende entgegen. Die Bronze kam auf und ersetzte allmählich den Stein als Material für Werkzeuge und Waffen. Es war gleichzeitig jene Epoche, in der die Auflösung der indogermanischen Gemeinschaft weit vorangeschritten war. Denn die Metallzeit haben die Indogermanen, wie wir gesehen haben, ungeteilt nicht mehr erreicht.

Der Norden Mitteleuropas wurde damals von der Megalithkultur beherrscht. So genannt von den Vorgeschichtlern in Ermangelung eines überlieferten Völkernamens nach den augenfälligsten Hinterlassenschaften: den mächtigen steinernen Grabbauten.

Diese Kultur wurde von einem Volk getragen, das einen wichtigen Schritt in der Entwicklung der Menschheit getan hatte: den Schritt vom nomadizierenden Jäger und Sammler zum seßhaften Bauern. Dieses Volk jagte die Tiere nicht mehr, sondern hielt sie in Ställen und auf der Weide; es sammelte die wildwachsenden Körnerfrüchte nicht mehr, sondern säte sie aus, um sie vervielfacht wieder zu ernten; es siedelte in dorfartigen Gemeinschaften und nahm immer größere Gebiete unter den Pflug, ein Gerät, das wohl die segensreichste Erfindung des Menschen darstellt.

Da die Menschen von dem lebten, was der Acker ihnen spendete, war es nur logisch, daß sie sich höhere Wesen nur in Form von Fruchtbarkeitsgöttern vorstellen konnten. Auch ihr Totenkult diente nichts anderem als dem Segen der Erde.

Bei dem Prozeß, der die Entstehung der ersten Deutschen zeitigte, sind die Bauern der Megalithkultur, im Sinne des Wortes, *wesentlich* beteiligt. Die Spuren, die sie der Nachwelt hinterlassen haben, sind nicht nur für Fachleute erkennbar, sie begegnen uns überall im Norden Deutschlands: zwischen Weser und Ems, in Schleswig-Holstein, im Oldenburgischen und überall in Skandinavien. Gemeint sind jene großen Steinbauten, die der Zeit ihren Namen gegeben haben, denn *megas* heißt auf griechisch »groß« und *lithos* ist der »Stein«. Der Volksmund nannte diese Bauten »Hünengräber«. Wer anders als riesenhafte Menschen, so dachte man, hätte die tonnenschweren Findlingsblöcke von ihren Fundstätten herbeischleifen und zu Gräbern auftürmen können?

Die Großsteingräberleute verwandten einen beträchtlichen Teil der Arbeitskraft ihrer Knechte für diese Arbeit. Sie lösten nicht nur das Transportproblem, sie waren auch imstande, Granit zu spalten, indem sie rechteckige Löcher in den Granit schlugen, Holzkeile einführten und die Keile mit Wasser begossen: Das aufquellende Holz sprengte die Blöcke in der Längsrichtung der Schichtung. Denselben Geistesblitz hatten bereits die Ägypter gehabt bei der Errichtung der Pyramiden.

Aus den halbierten Blöcken baute man die Seitenwände der Grabkammer. Für die Decke wurden besonders große und flache Findlinge benutzt. Über dem Ganzen wölbte sich ein künstlich aufgeschütteter Erdhügel, der wiederum mit Steinen abgestützt war.

Auf einige tausend Zentner schätzt man das Gewicht der größten Findlinge, ein ungeheures Gewicht, das zu transportieren ein moderner Tieflader Schwierigkeiten hätte. Und ein Transport der Steine war bestimmt nötig, oft sogar über weite Strecken, denn an der Stelle, wo man das Grab errichten wollte, waren sie kaum in ausreichender Menge und vor allem Größe zu finden. Von den zahlreichen mehr oder weniger einleuchtenden Transporttheorien erscheint die am wahrscheinlichsten, wonach man die Findlinge mit Hilfe von Rundhölzern auf in Längsrichtung liegenden Baumstämmen wie auf Schienen vorwärtsgerollt hat, als Zugmittel dienten Ochsengespanne, als Kran, um die Steine auf die »Schienen« zu hieven und später zum Grab aufzutürmen, ein so raffiniertes wie einfaches System aus Hebebäumen, Schwungbalken und Holzkeilen.

Da die über den Steinen aufgeschütteten Erdhügel im Laufe der Jahrtausende von der Witterung teilweise abgetragen wurden, man im Innern weder Skelette noch Beigaben fand, hielt man die Gräber lange Zeit für »Opfertische« oder »Altäre«. Sie waren aber lediglich von Grabräubern geplündert oder von Amateurarchäologen verwüstet. Als sogenannter Hünenschotter – ein wahrhaft makabrer Ausdruck – wurden sie zum Straßenbau verwendet oder sind für die Fundamente von Schweineställen und Scheunen benutzt worden. Nichts scheint den Menschen weniger heilig als die Begräbnisstätten ihrer Ahnen, wenn sie nur weit genug in die Vergangenheit zurückreichen, die friedlich schlafenden Toten zu wertvollen Fundstücken geworden sind und ihre Grabmale zu willkommenem Baumaterial, mit dem sich sogar ein schwunghafter Findlingshandel aufziehen ließ.

Man schätzt, daß allein im 19. Jahrhundert in Deutschland zwischen fünf und sechstausend Hünengräber zerstört wurden. Im Kreise Uelzen, dem »grünen Herzen der Heide«, gab es um 1850 noch 219 Gräber, heute sind es genau 17! Und von diesen 17 weisen die meisten schwere Schäden auf. An der Spitze der Zerstörer marschierten die Niedersachsen, die, nach ihrer »Nationalhymne« zu urteilen, sturmfest und erdverwachsen sind und sich selbst für die deutschesten Deutschen hielten, »Heil, Herzog Wittekinds Stamm!« Nun, die Praxis, sie sah ganz anders aus. Nicht verschwiegen werden soll die Schuld der Kirche am allgemeinen Zerstörungswerk: Dadurch, daß die Pfarrer die Steinbauten als »Teufelskanzeln«, »Teufelsbetten«, »Teufelsküchen«, »Heidenküppel«, und »Heidenkammern« verfluchten, gab man sie zur Vernichtung frei.

In Dänemark hatte man übrigens die ersten unversehrten Kammern entdeckt, womit die Mär von den »Opfertischen« ein für allemal beseitigt war. Fünfzig, siebzig, ja hundert Skelette wurden bisweilen in ihnen gefunden. Sie lagen, und das wird sich noch als eine wichtige Beobachtung erweisen, in langgestreckter Rückenlage auf dem steingepflasterten Boden der Kammer. Einer Kammer, die längst keine mehr war, sondern sich zur Riesenstube entwickelt hatte, oder zu einem Ganggrab, in dem ganze Bauerngeschlechter ihre letzte Ruhe fanden. Im Grunde waren es Mausoleen, monumentale Erbbegräbnisse, in denen man die Verstorbenen besuchte und die Ahnen verehrte. Die Toten waren ja nicht tot, sie lebten weiter in einem Jenseits. Damit sie gut dort ankamen, versah man sie mit Reiseproviant, der sich in Tongefäßen fand. Die Männer nahmen ihre Waffen mit und ihr bestes Werkzeug, die Frauen ihren Schmuck und das wertvollste Hausgerät, denn auch in der anderen Welt wollte man jemand sein und entsprechend repräsentieren.

Die Bauern des Megalithikums waren selbstbewußt, stolz und offenbar von ihrem Wert überzeugt. Eigenschaften, die ihnen von manchen Historikern die Bezeichnung »Herrenvolk« eintrug, ein Begriff, der so übertrieben ist, wie er in den dreißiger Jahren beliebt war. Auch Vokabeln wie »Bauernadel« oder »Bauernaristokratie« ist mit Mißtrauen zu begegnen. Doch steht zweifelsfrei fest, daß sie etwas Besonderes darstellten, schon allein deshalb, weil sie durch ihre Pflugkultur anders als die Jäger und Sammler imstande waren, weitgehend den Hunger zu bannen und Kapital in Form von Zuchtstieren, Saatgut und Rohstoffen zu bilden.

Der Wanderer, der heute auf eines ihrer Gräber trifft, wird sich dem Gefühl, das es in ihm erweckt, nur schwer entziehen können. Besonders in der Verlassenheit der Heidelandschaft spürt man etwas von dem Schauer, den die Zeugen der Äonen ausstrahlen.

Daß diese zyklopischen Bauten einst von den »alten Germanen« aufgetürmt wurden, war natürlich ein verlockender Gedanke. Verlockend genug, gerade deutsche Vorgeschichtler zu elektrisieren. Ein Geschlecht stolzer Bauern, machtbewußt, erfindungsreich, von hoher Kultur – wer wünschte sich solche Vorfahren nicht. So ernannte man die Erbbegräbnisse flugs zu steingewordenen Symbolen germanisch-deutschen Menschentums, einer Rasse, die aus dem hohen Norden gekommen war, von dorther, wo die Wiege der Menschheit gestanden hatte.

Doch mit dem Brett der Ideologie vor dem Kopf läßt sich nicht gut Wissenschaft betreiben. Andere, von Vorurteilen weniger belastete Forscher erkannten, daß die Spur der zyklopischen Steine und damit die ihrer Erbauer, nicht in den Norden führte, sondern über das westliche Frankreich nach Portugal und Spanien zum östlichen Mittelmeer. Überall fanden sich diese gewaltigen steinernen Grabbauten, zwar hatten sie je nach den lokalen Gegebenheiten unterschiedliche Formen, aber im Grundprinzip und in der Idee waren sie mit den Hünengräbern eng verwandt: die sardinischen Nuragen, die portugiesischen Felskuppelgräber, die maltesischen Nekropolen und die spanischen Steingräber.

Ein Herrenvolk« gibt sich geschlagen

Im Ausgang der jüngeren Steinzeit, zu Beginn des zweiten Jahrtausends etwa, geschah nun etwas, was den Vorgeschichtlern anfangs unlösbar scheinende Rätsel aufgab. Die bis dahin alles beherrschende Tradition der Familiengrüfte in Form von

Riesensteingräbern wird abgelöst durch eine andere Bestattungsweise: durch das schlichte Einzelgrab.

Der Tote liegt nicht mehr auf dem Rücken, sondern in Hockerlage auf der bloßen Erde, man hat ihn so bestattet, wie er zu schlafen pflegte, um möglichst wenig Wärme zu verlieren (eine Schlafstellung, wie sie für Völker des Südens und Ostens im Altertum typisch war). Das »Bett« des Toten bestand aus einer Art primitiver Steinkiste, über die sich ein flacher Hügel wölbte. Die Knochenreste zeigen eine hochgewachsene Rasse mit den schmalsten Langschädeln, die man aus der Steinzeit kennt. Ganz im Gegensatz zu den Bauern der Megalithkultur, deren Schädel von einem breiten, fast quadratischen Gesicht zeugen.

Als Grabbeigabe erscheint ein hoher schlanker Becher, in dessen Ton sich die Abdrücke von herumgewickelten Schnüren abzeichnen. Ein Ornament, das sich aus der Zeit herleitet, da der Mensch das notwendige Gebrauchsgeschirr flechten mußte, weil ihm das Töpferhandwerk noch unbekannt war. Am auffallendsten aber ist eine Axt mit der Schneide auf der einen Seite und der Hammerfläche auf der anderen, die in Form und Schliff ein kleines Meisterwerk steinzeitlicher Waffenproduktion darstellt. Denn eine Waffe war es und kein Werkzeug. Die gelegentlich vorkommenden Bogen und Köcher sind von gleicher Qualität.

Ein kriegerisches Volk zweifellos, dessen Spuren – Streitaxt und Schnurkeramik – sich plötzlich überall finden, nicht nur an der Ostsee, sondern auch in der Poebene, der Balkanhalbinsel, ja bis zur Wolga! Ihren Einbruch in den Ostseeraum kann der Archäologe anhand der Funde nachlesen wie in einem aufgeschlagenen Buch.

»Der Vorgang im nordischen Kreis«, schreibt Ernst Sprockhoff, »zeigt eine Wirkung, als wäre eine Bombe mitten in die Megalithkultur hineingeplatzt. Wo sie einschlug, in Holstein, ist alles vernichtet ... Es dürfte nicht zweifelhaft sein, daß die

Abwanderung aus Holstein und dem südlichen Schleswig nicht freiwillig erfolgte. Dies zeigt anschaulich eine landschaftliche Gegenüberstellung von Holstein und dem Emsland. Das Mutterland, die Ostseeküste Schleswig-Holsteins, ist ein fruchtbares Land, reich an saftigen Wiesen und gutem Ackerboden ... Das Neuland aber an Hunte, Hase und Ems ist weithin durchsetzt mit unwegsamen Sümpfen und gefährlichen Mooren ... Nur ein fremder, äußerer Zwang kann einen solchen Tausch begründen.«

»Es erhebt sich daraus die Frage«, fährt Sprockhoff fort, »wer war denn diese mächtige Gestalt, die mit so kräftiger, unbarmherziger Hand eine solch stolze Bevölkerung, wie es die Erbauer der Riesensteingräber gewesen sein müssen, beiseite schieben konnte?«

Die Antwort lautet: Indogermanen!

Im Zuge einer gewaltigen Völkerwanderung fielen sie vom Osten her in Europa ein, wobei Thüringen für längere Zeit ihr Hauptstützpunkt blieb. In ein Europa, das von Bauern besiedelt und von Bauern beherrscht wurde, einen hohen Lebensstandard aufwies, dessen kulturelle Entwicklung aber längst zum Stillstand gekommen war. Es ist das alte Lied der Korrumpierung durch den Wohlstand: Man ist saturiert, die alten Tugenden verkehren sich zu Untugenden, die Motivation zum harten Lebenskampf fehlt, niemand wird mehr wirklich gefordert, man will seine Ruhe haben. Es fehlten auch die befruchtenden Anregungen, denn die Nachbarn waren von der gleichen Art.

Die Indogermanen dagegen waren vital, kampflustig, streitbar, sie führten große Herden mit sich, ihr kostbarstes Gut, das es in ihrer Heimat, den Steppen Südrußlands, ständig zu verteidigen galt, wodurch sie sich in einem permanenten Kriegszustand befanden. Sie waren an Gefahr gewöhnt, ihre Sinne blieben scharf. Gezwungen durch das plötzliche Auftreten langer Trockenperioden, getrieben von Ruhelosigkeit und Abenteuerlust, zogen sie westwärts, wie so viele Völker des Ostens nach ihnen.

Der Widerstand, den man ihnen auf ihrem Weg entgegenbrachte, war bald überwunden. Außer ihrer Kriegstüchtigkeit besaßen sie auch die besseren Waffen: Pfeil und Bogen, die geschäftete Streitaxt, das Pferd als Zugtier vor dem Streitwagen und als Reittier. Das Pferd verschaffte ihnen das entscheidende Übergewicht. Mit seiner Hilfe waren sie beweglich, schnell, stoßkräftig. Auch die moralische Wirkung dieser ersten Kavallerie darf nicht unterschätzt werden. In Europa kannte man dieses Tier nur als jagdbares Wild; es zu zähmen, war noch niemandem eingefallen. Zusammen mit seinem Reiter mag es so furchterregend gewirkt haben wie die berittenen Conquistadores auf Inkas und Azteken.

Gerade das Pferd ist es, was eindeutig auf eine im Osten liegende Heimat seiner Besitzer weist. Selbst die über die »Heimatfrage« zerstrittenen Gelehrten sind sich einig, daß seine Zähmung in den Steppen Asiens gelang. Aber auch andere Charakteristika bestätigen das von Sprachforschern, Archäologen, Anthropologen und Kulturgeschichtlem als für die Indogermanen typisch erkannte Bild: die patriarchalische Gesellschaftsform, die Religion mit einem Gottvater an der Spitze, der Langschädel, die Streitaxt und so fort.

Die schwierige Frage der indogermanischen Urheimat scheint damit einigermaßen befriedigend beantwortet. Wenn auch noch manches Problem ungelöst bleibt, und nicht wenige Gelehrte nach wie vor anderer Meinung sind, so liegt doch hier die am überzeugendsten klingende Antwort.

Damals geriet die erstarrte, träge gewordene Bauernkultur in Europa in Bewegung. Die Indogermanen sind dabei stets die überlegenen. Sie unterwerfen sich die Eingesessenen, aber – und das ist von entscheidender Wichtigkeit – sie machen sie nicht zu ihren Sklaven. Es kommt regelmäßig zu einer Verschmelzung zwischen Siegern und Besiegten.

»Die Indogermanen, ein kraftvolles, bewegliches Reitervolk der südosteuropäischen und mittelasiatischen Steppen«, schreibt der Historiker Heinrich Dannenbauer, »breiten sich nach Westen aus über die dort hausenden älteren Ansiedler verschiedener Rassen. Nicht in einem einzigen Anlauf, sondern in einer Reihe wiederkehrender und nach verschiedenen Richtungen in verschiedenen Zeiten sich ausbreitender Wellen. Sie kolonisieren, gründen Herrschaften, unterwerfen die ältere Bevölkerung, vermischen sich mit ihr. Dabei drücken sie der älteren Bevölkerung ebenso ihren Stempel und ihre Sprache auf, wie sie von der Kultur und Sprache der Unterworfenen mehr oder minder stark beeinflußt werden, je nach dem gegenseitigen Zahlenverhältnis und der beiderseitigen Kulturhöhe. In langer Entwicklung wachsen die beiden Völker zusammen und bilden allmählich eine neue Volksart, eine neue Sprache und Kultur, die Elemente beider Teile in sich vereinigt, wie das Kind das Erbe des Vaters und der Mutter trägt.

So entsteht aus der Vereinigung von indogermanischen Eroberern mit der unterworfenen älteren Bevölkerung das griechische Volk, die griechische Sprache und Kultur, deren Eigenart sehr viel von der vorindogermanischen Rasse aufzeigt: Die Mehrzahl der griechischen Götter ist nichtindogermanischer Herkunft, sondern Erbe der älteren Ansiedler, und was wir heute griechisches Schönheitsideal heißen, ist mit hoher Wahrscheinlichkeit ebenfalls den vorindogermanischen Bewohnern Griechenlands zu danken.

So breiten sich die späteren Italiker in mehreren Wellen nacheinander über ligurische, etruskische und andere Stämme aus und entwickeln sich zu einem neuen Volk mit eigenem Charakter: nüchtern, politisch begabt, staatengründend – die Römer. So bildet sich in Indien unter dem Einfluß einer hochkultivierten älteren Bevölkerung zusammen mit den Wirkungen eines heißen, erschlaffenden Klimas die indische Volksart, vereinigen sich andere Indogermanen mit älteren Ansiedlern in Mitteleuropa zu den Kelten – kurz, überall Mischungen von indogermanischen Eroberern und Eingesessenen mit anderen Kulturen, überall Umbildung der eigenen und der unterworfenen Kultur zu einer neuen von besonderem Charakter, Entstehung einer neuen Sprache, einer neuen Volksart.«

Die ersten Deutschen – Produkt einer gefährlichen Mischung

Die Völker Europas – Griechen, Lateiner, Kelten, Illyrier, Balten – kann man, wenn man es genauer nimmt, mit Stiefgeschwistern vergleichen: Sie haben alle denselben Vater, aber alle eine andere Mutter. Nicht anders ist es bei den Germanen: Auch sie entstehen aus der Verschmelzung indogermanischer Volksteile mit einer eingesessenen Bevölkerung. Dieser geschichtliche Prozeß, der der Welt den ersten Deutschen bescherte, fand im Norden Europas statt, im Gebiet der Megalithkultur. Eine ausgebildete Zivilisation, getragen von seßhaften, friedfertigen Bauern, die, nach den Knochenfunden zu urteilen, überwiegend breitschultrig waren, mit breitflächigen Gesichtern, derb, stämmig. So zeigte sich der nordische Kreis, als die Eindringlinge aus dem Osten erschienen. Die Indogermanen kommen auch hier als Eroberer, unterwerfen auch hier die Eingesessenen, ja vertreiben sie zum Teil, dann aber kommt es zum Ausgleich: Die Hünengräberleute sind in ihrer Substanz zu stark, um sich auf die Dauer verdrängen zu lassen. Man arrangiert sich, oder – um ein modernes Wort zu gebrauchen – es kommt zur Fraternisation zwischen Siegern und Besiegten. Erfahrungen werden ausgetauscht, Kenntnisse, handwerkliche Fertigkeiten. Bald weiden neben den Kornfeldern die Herden der Zugewanderten, benutzen die Einheimischen das Pferd, beziehen die Götter einen gemeinsamen Himmel, spricht man die Sprache des anderen.

Schließlich wird jene Verschmelzung zur Regel, die in der Geschichte der Völker stets am dauerhaftesten gewesen ist: Der Eroberer freit die Eroberte. Allmählich, im Laufe einer Entwicklung, die sich über Jahrhunderte hinzieht, entsteht ein neues Volk mit einer neuen Kultur: die Germanen, oder, um möglichst präzise zu sein, die Urgermanen.

Ein Vorgang, der sich augenfällig, oder besser ohrenfällig, in der Sprache niederschlug. Die Indogermanen zwangen ihre Sprache der eingesessenen Bevölkerung auf, aber auch hier waren die Hünengräberleute stark genug, um ihrerseits die Sprechweise der Eroberer zu beeinflussen. In einem Vorgang, der sich über viele Jahrhunderte erstreckte, wurde das Lautsystem des Indogermanischen umgestaltet. Er fand seinen Abschluß in der »germanischen Lautverschiebung«: Konsonanten änderten sich, grammatikalische Formen verschwanden, die Wortbetonung, bis dahin frei, legte sich auf die Anfangssilbe.

Deutlicher noch zeigt sich dem Wissenschaftler der Verschmelzungsprozeß in der Mythologie, die, wie bei allen Völkern zu beobachten, das Alte, Ursprüngliche immer am beharrlichsten bewahrt. Hier führt das Göttergeschlecht der Asen einen regelrechten Krieg gegen die mit ihnen verfeindeten Wanen, ebenfalls eine Götterfamilie. Da nun die Asen nachweislich von den Indogermanen mitgebracht wurden, die Wanen dagegen von den Großsteingräberleuten verehrt wurden, so ist dieser Krieg nichts anderes als die Widerspiegelung historischer Geschehnisse.

Ein bodenständiges Bauernvolk vermählt sich mit einem Stamm von Hirtenkriegern – Gegensätze, wie sie sich nicht größer denken lassen. Es ist kein Wunder, daß das Produkt dieser Ehe höchst interessant ausfiel, aber auch höchst problematisch. Seinen Nachbarn gab es über Jahrtausende hinweg immer wieder neue Rätsel auf.

Von der mütterlichen Seite, den Bauern, kamen die Elemente des Beharrenden, Bodenständigen, Erdverbundenen, von den Hirten die Unrast, das Schweifende. Feuer mischt sich mit Wasser, Friedfertigkeit mit Eroberungsdrang, platte Nüchternheit des auf der Scholle Sitzenden mit der Unendlichkeitssehnsucht des ewigen Wanderers.

Natürlich denkt man jetzt an Faust, den Himmelsstürmer: »Zwei Seelen wohnen, ach!, in meiner Brust; die eine will sich von der andern trennen. Die eine hält, in derber Liebeslust, sich an die Welt mit klammernden Organen; die andere hebt gewaltsam sich vom Dust zu den Gefilden hoher Ahnen.« Hier ist es gesagt, und nicht zufällig gilt Goethes »Faust« als der Deutschen Nationalepos. »Den lieb ich, der Unmögliches begehrt«, das ist der eine Teil des Erbes. Und des Famulus' Wagner Wort, als der Teufel in der Gestalt eines Hundes naht, »Ich sehe nichts als einen schwarzen Pudel«, das ist der andere Teil.

Wer sich das vergegenwärtigt, ahnt vielleicht, warum dieses Volk einen Beethoven hervorgebracht hat und einen Gauß, einen Kant *und* einen Diesel, einen Hölderlin *und* einen Blücher, einen Hauptmann *und* einen Wernher von Braun, einen Krupp *und* eine Bertha von Suttner, einen Friedrich Engels *und* einen Spitzweg. Aber auch einen Hitler *und* einen Schweitzer, einen Thomas Mann *und* einen Eichmann, einen Heuss *und* einen Himmler.

Gewiß, eine solche Reihenfolge extremer Persönlichkeiten ließe sich bei vielen Völkern zusammenstellen, doch man wird zugeben, daß die Diskrepanz nirgends so groß ist wie im Deutschen. Wie anders ließe sich solche Ungeheuerlichkeit erklären, daß das Volk der Dichter und Denker auch das Volk von Auschwitz und Dachau sein konnte.

Die zwei Seelen in der germanischen Brust hat schon der römische Historiker Tacitus in seiner berühmten »Germania« bemerkt, als er kopfschüttelnd registrierte: »Ein merkwürdiger Widerspruch liegt in ihrem Wesen ...«

Und wenn die Kimbern und Teutonen, die so gefürchteten Haudegen, immer wieder um Land und um Saatgetreide bitten wie biedere Bauersleut', wenn sie ihre Waffendienste anbieten für Siedlungsgrund, dann zeigt sich auch hier die Gegensätzlichkeit des väterlichen und des mütterlichen Erbteils. Bauern, die gerne Soldaten sind, Soldaten, die gerne Bauern wären. Eine Polarität, die fruchtbar sein kann, aber auch zu seelischer Zerrissenheit führt, zu Unsicherheit und zu Überheblichkeit, zu Skeptizismus und zu Größenwahn, zu ewigen Zweifeln und zu Arroganz. So blieben sie für den »Rest der Welt« dunkel, widersprüchlich, von gefährlicher Unergründlichkeit, nicht berechenbar, *teutonisch,* und zu keiner Zeit glaubte man sich vor dem sicher, was die Römer den *furor Teutonicus* nannten.

Zeit der Ruhe. Zeit der Sammlung

Unter einem Naturreservat versteht man ein Gebiet, in dem Tiere und Pflanzen wohlbehütet und ungestört heranwachsen dürfen. Vor etwa dreieinhalb Jahrtausenden gab es in Europa ein Reservat, in dem auch Menschen wohlbehütet und ungestört heranwachsen konnten. Es umfaßte Südschweden, Dänemark, Schleswig-Holstein und Ostniedersachsen und war nichts anderes als die Urheimat der Germanen.

Hier saßen sie jahrhundertelang, fernab der großen Durchzugsstraßen, keine Völkerwanderung berührte ihr Gebiet, keine Invasionen waren zu überstehen. Sie blieben von fremden Einflüssen verschont, konnten ihre Kultur allmählich entwickeln, ihre Art, ihre Eigenart. Im Gleichmaß der Zeiten hatte sich ein Volk gebildet aus der Verschmelzung der eingewanderten Indogermanen mit den eingesessenen Hünengräberleuten. Dasselbe eherne Gleichmaß beobachten wir jetzt bei der weiteren Entwicklung dieses Volkes.

Gegen die Wende vom dritten zum zweiten Jahrtausend datiert man das Auftreten der indogermanischen Streitaxtleute in Nordeuropa. Um 1700 hat das Einzelgrab die Riesensteingräber endgültig verdrängt. Eine archäologische Erkenntnis, die dem Experten zeigt, daß die Einwanderer gesiegt haben. In den nächsten drei Jahrhunderten aber »siegen« die Besiegten. Der Verschmelzungsprozeß geht unter gegenseitigem Nehmen und Geben vonstatten und scheint um 1400 vor Christus abgeschlossen zu sein. In der älteren Bronzezeit ist der Ausgleich der beiden Bevölkerungsgruppen vollzogen. Man kann jetzt getrost die Vorsilbe *Ur* weglassen und von Germanen sprechen.

Auch in den folgenden Jahrhunderten weiten sich die Grenzen ihrer Heimat nur unwesentlich aus. Zum Entzükken aller Vorgeschichtler, denen durch diese unfreiwillige Versuchsreihe Gelegenheit gegeben wird, ein Volk vom Beginn an zu studieren. Eine Gelegenheit, wie sie sich sonst auf unserem Kontinent kaum findet. Als zum Beispiel die ersten Griechen auftreten, beginnt man bereits das Eisen zu verwenden, die ersten Germanen dagegen lassen sich durch die gesamte Bronzezeit bis zur Steinzeit zurückverfolgen.

Es ist, als sammle dieses Volk in seiner jahrhundertelangen Abgeschiedenheit jene Vitalität und die unerschöpflichen seelischen Reserven, deren es später bedurfte, um die ihm von der Geschichte zugewiesene Rolle spielen zu können. So wie Parzival in der Waldeinsamkeit reift und die Kraft speichert, die ihn zum König des Grals werden läßt.

»Es vollzieht sich am Ende der jüngeren Steinzeit ein historischer Vorgang von kaum zu überschätzender Bedeutung, dessen Folgen nicht auf Dänemark und Holstein beschränkt sind, sondern dessen letzte Auswirkungen über die Grenzen Europas hinausgehen. Zunächst tritt allerdings im Norden eine Zeit der Ruhe ein. Aber was hier wie Stillstand erscheint, bedeutet inneres Reifen, und hinter dem Festbeharrlichen verbirgt sich eine gesunde, stetig ruhige Entwicklung.«

Das schreibt Ernst Sprockhoff Mitte der dreißiger Jahre in jenem bereits zitierten Aufsatz über die Entstehung der Germanen. Auch ihre weitere Ausbreitung geschah so gemächlich, daß man an Gletscher denken kann. Das Klima in der Urheimat der Germanen war günstig wie nie zuvor und nie mehr später in Deutschland. Am Ende der Jungsteinzeit war eine warme, trockene Witterung aufgekommen, die den Menschen die besten Lebensbedingungen bescherte. Durch die mikroskopische Untersuchung des im Hochmoor unter Luftabschluß gelagerten Blütenstaubs (Pollenanalyse) wissen wir sogar, wie die Vegetation damals war. Neben der unverwüstlichen Birke, die stets alle Zeiten überdauert hat, und der Kiefer war es vor allem die Eiche, die das Landschaftsbild beherrschte, und zwar so stark, daß man die Bronzezeit sogar als Eichenzeit bezeichnet. Der Mischwald, den sie zusammen mit Ulme, Linde, Esche, Ahorn bildete, war licht und einigermaßen wegsam.

Das ganze Land war stark zergliedert durch Flüsse, Fjorde, Seen und Sunde, aber es ist eine bekannte Tatsache, daß Wasser nicht trennt, sondern verbindet. Es war, besonders in Urzeiten, wesentlich »wegsamer« als das feste Land. Auch diesmal trug das Wasser entscheidend dazu bei, Menschen, die sich noch nicht als einheitliches Volk fühlten, wenigstens zu einer Verkehrsgemeinschaft zusammenzuschließen.

Bronze – die wundersame Entdeckung

Die Bronzezeit kann man als Kindheit der Germanen bezeichnen. Wenn Jugendzeit gleich Blütezeit ist, dann gilt das vor allem für das Kunsthandwerk. Bei keinem anderen Volk finden sich so viele und so kunstvoll gearbeitete Bronzegegenstände.

Dabei war dieses erstaunliche Metall, das so viel härter war als Kupfer und so viel besser zu bearbeiten als Stein, erst spät zu den Germanen gekommen. Der Zeitgenosse, der auf die geniale Idee gekommen war, der in der Lehmform wabernden Kupfernasse einen Schuß Zinn beizufügen, und zwar im Verhältnis neun zu eins, stammt nicht aus dem Norden, sondern von den Ufern des Euphrat. Auch fehlte es im Norden an Rohstoffen: Zinn war, wenn überhaupt, nur in Cornwall zu bekommen, und das nächste Kupferbergwerk lag in den Ostalpen. Das Material mußte also auf zeitraubenden und kostentreibenden Transportwegen herangeführt – und bezahlt werden; meist mit dem Gold des Nordens, dem Bernstein. In Troja und Mykenä fand man bei Ausgrabungen Bernsteinklumpen, die eindeutig aus solchen geschäftlichen Transaktionen herrührten.

Der Formenreichtum germanischer Bronzegegenstände und ihre Schönheit war verblüffend. Es gab kostbare Schwerter, erlesenen Schmuck, mit Gold ausgelegte Kultscheiben, Gewandspangen, Gürtelplatten, Helme, Schilde, Halsringe, ja ganze Necessaires mit Rasiermessern, Nagelreinigern, Ohrlöffelchen und, absoluter Höhepunkt, Blasinstrumente, sogenannte Luren, denen man melodische Töne zu entlocken vermochte.

Das Metall Bronze zeigte neu einen goldenen Schimmer und überzog sich im Laufe der Jahre, besonders in Meeresnähe, mit einer seidig glänzenden, graugrünen Schicht, die man Patina nennt. Bronze wurde nicht geschmiedet, sondern gegossen und anschließend gepunzt, das heißt, man trieb mit Hammer und Meißel feinste Verzierungen in das Metall: Zickzackbänder, Spiralen, Bögen, Kreise, Räder. Motive, die mit Kultisch-Religiösem zusammenhingen, mit der Verehrung der Sonne etwa, waren am beliebtesten. Technisch waren die Arbeiten so hervorragend ausgeführt, daß einige Forscher ernsthaft annahmen, um solche Ornamente in die harte Bronze einzugraben, seien Meißel aus Eisen notwendig. Ergo hat es die ganze Bronzezeit überhaupt nicht gegeben.

Eine Folgerung, die ziemlich rigoros war, aber verständlich, hatten doch bereits vorher moderne Bronzegießer angesichts besonders dünnwandiger Gefäße bezweifelt, daß sie hier vor 3 500 Jahre alten Produkten standen. Was das Punzen betraf, so mußte erst ein Goldschmied aus Kopenhagen geholt werden, der in seiner Werkstatt augenfällig bewies, daß es auch mit Bronzemeißeln ging. Unsere Vorfahren waren rehabilitiert, die Vorgeschichtler atmeten auf, die Bronzezeit war gerettet.

Solche einschlägigen Auseinandersetzungen hat es immer gegeben. Sie resultieren aus einer Fortschrittsgläubigkeit, die, betrachtet man den Lauf der Zeiten, durch nichts gerechtfertigt wird. Liegt doch unser Fortschritt mehr im Zivilisatorischen als im Kulturellen, und die einschlägige Frage »Was, das konnten die damals schon?« klingt ziemlich anmaßend. »Die Kultur der Bronzezeit«, schrieb der Prähistoriker Gustav Schwantes, der um die Jahrhundertwende noch als Jüngling seiner Disziplin in Deutschland neue Wege wies, »gehört zu den wunderbarsten Entdeckungen der Vorgeschichtsforscher. Wer hätte vor 150 Jahren auch nur ahnen können, daß bereits anderthalb Jahrtausende vor dem Auftreten der Römer im Norden hier Zustände geherrscht haben, die weit entfernt sind von dem Leben wilder Völker, die man nur vergleichen kann mit der gleichzeitigen Kultur Griechenlands und die man mit Fug und Recht eine ›antike Zivilisation‹ genannt hat, von der mancher Faden in unsere hinüberreicht.«

Der germanische Vormarsch

Im Verlauf der Bronzezeit breiten sich die Germanen von ihrer Urheimat in Südschweden, Dänemark, Schleswig-Holstein und Ostniedersachsen weiter aus. Sie stoßen über die Elbe zur Weser vor und besiedeln Mecklenburg bis zur Mündung der Oder. Um das Jahr 1000 vor Christus haben sie die untere

Weichsel erreicht, im Süden den Harz, die Havel und die Mittelelbe bei Magdeburg, im Westen den Niederrhein. Wer diese Bewegung auf der Karte verfolgt, merkt, in welchem Mißverhältnis hier Zeitdauer und Landnahme stehen: In mehreren Jahrhunderten ist nur ein relativ geringer Landgewinn zu buchen.

In der Eisenzeit, um 750 vor Christus etwa, ändert sich dieses Bild schlagartig. Die Germanen geraten in Bewegung. In einer wahren Wanderwut überfluten sie das westliche Niedersachsen, verdrängen die Kelten vom Ostufer des Rheins, um 500 vor Christus sitzen sie bereits auf linksrheinischem Gebiet zwischen Belgien und der Moselgegend, besiedeln Schlesien, von Skandinavien her dringen Stämme über die Ostsee und drängen die Weichsel entlang in südöstlicher Richtung. In Mitteldeutschland kommt der »germanische Vormarsch« nur langsam voran. Auch hier saßen Kelten, ein Volk, das den Germanen im Krieg den heftigsten Widerstand bot, sie im Frieden aber am stärksten befruchtete. Sie gehörten ebenfalls zur indogermanischen Völkerfamilie und waren den Germanen in vieler Hinsicht ähnlich. So ähnlich, daß man die Kimbern und Teutonen bei ihrem ersten Auftreten mit ihnen verwechselte.

Die Kelten erschienen 387 vor Christus vor Rom, zerstörten es, schickten Gesandte an den König Alexander, mit dem sie sich am liebsten angelegt hätten, zogen nach Griechenland und plünderten Delphi. Über zwei Jahrhunderte lang waren sie der Schrecken ganz Europas. Daß die Germanen mit ihnen fertig wurden, spricht für ihre eigenen Tugenden. Doch half ihnen dabei das absolute Unvermögen der Kelten, ihren Staatengründungen Dauer zu verleihen. So kam es, daß bereits um Christi Geburt viele ihrer Gebiete in germanischer Hand waren. Einer der Hauptgründe für die »kleine Völkerwanderung«, wie wir sie im Unterschied zur »großen« um 375 nach Christus nennen wollen, lag in einer plötzlichen

Klimaänderung, die um die Wende von der Bronze- zur Eisenzeit in ganz Europa spürbar wurde. Im Gegensatz zum ersten Klimawechsel in der Jungsteinzeit wurde das Wetter diesmal nicht besser, wärmer, sondern schlechter, feuchter und kälter. Die »wärmebadende, lichtumflossene Bronzezeit« mit ihren heißen Sommern, warmen Herbsten und milden Wintern ging dahin, an ihre Stelle trat das Wetter, das den Nord- und Mitteleuropäern von heute das tägliche trübe Gesprächsthema liefert: mit langen Wintern und kühlen Sommern.

Die Paläoklimatologen, wie die Forscher heißen, die sich mit den Klimaten der Vergangenheit beschäftigen, sind hier den Vorgeschichtlern zu Hilfe gekommen. Die hatten nämlich bereits hilflos auf ihren Boden gestarrt, der auf einmal nichts mehr brachte: Das in der Bronzezeit so reiche Fundmaterial wurde immer dürftiger und blieb schließlich ganz aus. Es war eben niemand mehr da, der etwas hinterlassen konnte, und wenn, dann war er so arm geworden, daß er noch nicht einmal seinen Toten etwas mitgeben konnte.

Klimaveränderungen lassen sich, wie erwähnt, besonders gut an unseren Torfmooren ablesen. Die einzelnen Torfschichten verraten dem Kundigen anhand der abgelagerten Pflanzenreste, wann welche Bäume unter welchen Bedingungen gediehen oder nicht vorkamen. Die Schicht aus der beginnenden Eisenzeit ist im Vergleich mit den anderen besonders mächtig und stark vernäßt, Anzeichen, die auf eine feuchte und kühle Witterung hinweisen. Überall wuchsen damals die Moore und die sumpfigen Niederungen, die Flüsse traten über die Ufer, die bis dahin bevorzugten Böden wurden schwer und feucht, Unkraut überwucherte die Getreidefelder, die Erträge gingen rapide zurück.

Da die Bevölkerung durch die zurückliegenden fetten Jahre stark angewachsen war, kam es bald zu Hungersnöten und damit zur Abwanderung. Bezeichnenderweise wählte man vornehmlich Gebiete mit leichten sandigen Böden, die durch

Feuchtigkeit eher gefördert als beeinträchtigt wurden, wie die Oder- und Weichselgebiete, auch die Mark Brandenburg (in der die Semnonen aus der Stammesgruppe der Sweben zu einem der volkreichsten Stämme heranwuchsen).

CHATTEN, CHERUSKER, SWEBEN UND MARKOMANNEN

Wenn ein Volk sich in neue Siedlungsgebiete ausdehnt, ist es nur natürlich, daß es sich stärker untergliedert. So geschah es auch in der ersten Ausdehnungsperiode der Germanen, die zur Bildung der großen Gruppen der Nord-, Ost- und Westgermanen führte.

Aus den Nordgermanen gingen die Dänen, Schweden, Norweger, Isländer und Färinger, die einen eigenen Dialekt sprechenden Bewohner der Färöer, hervor. Zu den Ostgermanen gehören neben Bastarnen, Skiren, Gepiden und Herulern die durch mächtige Reichsgründungen bekannten Ost- und Westgoten, die Burgunder und die Wandalen. Ihre Reiche blühten in Italien, Frankreich, Spanien und Nordafrika.

Die Westgermanen waren die Familie mit den meisten Angehörigen, sprich Einzelstämmen. Zwei sind uns bereits begegnet, die Kimbern und Teutonen, die aufgebrochen waren in das Land der Verheißung, um dann bei Aquae Sextiae und Vercellae in einem Inferno ihr Ende zu finden. Ihre kriegerischen Tugenden wurden zu einer Legende, von der noch die Sweben profitierten, als sie über den Rhein setzten und nach Gallien einbrachen. Cäsars verzweifelte Versuche, Hilfstruppen anzuwerben, waren anfangs deshalb vergeblich, weil niemand gegen ein Volk antreten wollte, dessen Ahnen Rom hatten erzittern lassen. Die Cherusker setzten diese Tradition würdig fort.

Auch die Friesen, Zielscheibe des Spottes der Deutschen von heute, waren Westgermanen und die Semnonen der Mark

Brandenburg mit dem berühmten Hain des Kriegsgottes Ziu, dann die Sugambrer zwischen Lippe und Westerwald, die wilden Bataver im Rheindelta, die Usipeter und Tenkterer in Oberhessen, die Ubier, deren Mittelpunkt Köln war, die Brukterer in dem Winkel zwischen Ems und Lippe, die Chatten, die den Hessen ihren Namen gaben und als die cleversten und berechnendsten von allen geschildert werden (was sie noch heute sein sollen), die Markomannen, deren Blut in den Adern der Bayern fließt, sowie das der Sweben in den Adern der Schwaben, die Angrivarier, Hermunduren, Haruden – wer zählt die Völker, nennt die Namen, es waren Dutzende und Aberdutzende von Stämmen, unter denen wir die Angeln und Sachsen, Vorläufer der Engländer, nicht vergessen wollen. Die Westgermanen gründeten Staaten von Dauer, ihre Sprache lebt fort in der Sprache der Briten, der Friesen, der Holländer und der – Deutschen. Sind doch unsere unmittelbaren Vorfahren die zum westgermanischen Verband zählenden Elb- und Weser-Rhein-Germanen gewesen.

Bei ihrem Eintritt in die Geschichte allerdings konnte von Staatengründungen noch keine Rede sein. Jedes politische Selbstverständnis fehlte ihnen. Die Cherusker wußten, daß sie Cherusker waren, die Sweben verstanden sich als Sweben, die Chatten als Chatten, die Markomannen als Markomannen, die Bataver als Bataver. Jeder Stamm sah sich als eine Nation und das Stammesgebiet als Vaterland, aber niemand von diesen nach Millionen zählenden vornehmlich blond, blauäugig, langschädlig und hochgewachsenen Menschen begriff sich, und das ist ein Phänomen, als *Germane.* Sie selbst haben diesen Namen von sich niemals gebraucht, er ist ihnen gleichsam verliehen worden. Und zwar von einem Mann, der im nächsten Kapitel eine Hauptrolle spielen wird, von Cäsar! Zumindest hat er ihn durch Publizierung weithin bekannt gemacht und damit gebräuchlich.

Warum die Germanen Germanen heissen

Zum erstenmal mit ihrem Namen erwähnt hat sie allerdings Poseidonios (135 bis 51 vor Christus), jenes griechische Universalgenie aus dem syrischen Apameia, von dessen 52 Geschichtsbüchern viele seiner griechischen und lateinischen Kollegen gelebt haben. Aber damals schrieb man ja den andren nicht ab, man schrieb ihn aus, was auf dasselbe hinauskam, doch letztlich hat uns diese Art des Plagiierens manches kostbare Werk erhalten, das sonst verloren wäre. Das, was vom Germanenbild des Poseidonios übriggeblieben ist, mag manchem peinlich sein, weil dabei nicht so sehr der Hauch der Historie spürbar wird, sondern mehr der Küchendunst. Die Germanen, heißt es da unter anderem, nehmen mittags Fleischstücke zu sich, die gliedweise gebraten sind, dazu trinken sie Milch und ungemischten Wein.

Um 80 vor Christus, als er dies geschrieben hatte, war Poseidonios, was die Germanen betrifft, noch ein Rufer in der Wüste. Das änderte sich erst während der großen Sklavenaufstände unter Führung des Spartacus 73 bis 71 vor Christus, als die Römer verwundert feststellten, daß die kriegsgefangenen Kimbern und Teutonen, die man wie alle Kriegsgefangenen zu Sklaven gemacht hatte und als Kelten betrachtete, in einem besonderen Heerhaufen fochten.

Wenn Cäsar zwanzig Jahre später in seinem »Gallischen Krieg« die Germanen erwähnt, so geschieht es mit jener Selbstverständlichkeit, die eine Kenntnis des Namens beim Leser voraussetzt. Anläßlich der Verschwörung gallischer Stämme schreibt er, daß alle Belgier in Waffen seien und auch die *Germanen*, die diesseits des Rheins wohnten, hätten sich ihnen angeschlossen. Noch deutlicher wird er im sechsten Buch: »Die Segner und Kondruser, aus dem Volk und der Abteilung der *Germanen*, die zwischen den Eburonen und Treverern wohnen, schickten Gesandte zu Cäsar mit der Bitte, sie nicht als Feinde zu betrachten noch zu glauben, alle Germanen diesseits des Rheins hätten (mit den Eburonen) gemeinsame Sache gemacht.«

Nicht aufgezählt hat er die Tungrer, die ebenfalls zum Verband der am linken Rheinufer siedelnden Germanen gehörten. Was nicht von Wichtigkeit wäre, wenn sich nicht gerade mit ihnen der Germanenname besonders verbände. Dieser von den Galliern gefürchtete Stamm ist es, den Tacitus anderthalb Jahrhunderte später in einer Passage erwähnt, die viel zitiert und viel gequält wurde. Mit einigem Recht allerdings, sagt sie uns doch, woher die Germanen den Namen Germanen haben.

Tacitus hält sich hier dezent zurück und schiebt mangels eigener Forschungen Gewährsleute vor, Informanten, wie man heute sagen würde, die er mit »manche Schriftsteller« bezeichnet. »Das Wort Germanen sei nämlich neu und erst vor kurzem aufgekommen«, heißt es. »Die nämlich, die zuerst den Rhein überschritten und die Gallier vertrieben hätten, die jetzigen Tungrer, seien damals Germanen genannt worden. So sei der Name eines einzelnen Stammes, nicht der eines Volkes, allmählich zur Geltung gekommen ...«

Hier war etwas geschehen, was häufig im Grenzverkehr der Völker zu beobachten ist: die Übertragung des Namens eines Teiles auf das Ganze. Das entspricht anscheinend dem menschlichen Ordnungsprinzip: Man will wissen, mit wem man es bei Nachbars zu tun hat, überträgt deshalb den Namen des Familienmitglieds, das man kennt, auf die ganze Familie, die man nicht so genau kennt. Und wenn ein Ding einen Namen hat, so ist es auch schon halb so unheimlich. Den Galliern also verdanken die Germanen ihren Namen, und von ihnen übernahmen ihn die Römer.

Auf die gleiche Weise bekamen wir Deutschen später von den Franzosen den Namen *Allemands,* nach dem ihnen am nächsten wohnenden Stamm der Alemannen; von den Finnen den Namen *Saksat* nach den Sachsen; von den Ungarn den

Namen *Svábok* nach den an der mittleren Donau siedelnden Schwaben; von den Wenden im Spreewald den Namen *Bavori* nach den Bayern. Die Germanen wiederum nannten die Kelten Walchen, nachdem ihnen bekannten Einzelstamm der Volcae, woraus der allgemeine Begriff der Welschen entstand.

Was das Wort Germane bedeutet, und woher es stammt, darüber ist viel Gelehrtenschweiß geflossen und manch bittere Fehde entbrannt. Mit dem Ergebnis, daß wir immerhin wissen, woher der Name *nicht* kommt: nämlich aus dem Lateinischen oder aus dem Keltischen. Er hat nichts zu tun mit dem lateinischen Wort *germanus* »verschwistert, leiblich, echt«, so verlockend eine solche Lösung auch wäre, und auch nichts mit dem keltischen *garmen* »Geschrei«, wonach die Germanen »Schreier« gewesen wären. Nach einer Ableitung aus dem illyrisch-thrakischen *germos* »warm« hießen sie »Hitzköpfe«, nach anderen Deutungen »Waldleute«, »Nachbarn«, »Speermänner«, »die Begehrten«, »die Willkommenen«. Doch keine Erklärung ist überzeugend zu beweisen.

Am interessantesten klingt die Ableitung aus dem altenglischen *geormenleaf*. Das ist die Bezeichnung einer Malvenart mit spitzen, zackigen, hervorstechenden Blättern. Aus *geormenleaf* läßt sich **germana* erschließen, und das bedeutet »hervorragend, groß«. So abenteuerlich für den Laien der sprachliche Umweg über eine Pflanze erscheinen mag, bedeutende Linguisten sind überzeugt, daß diese Ableitung der Wahrheit am nächsten kommt. So wären also die Germanen »die Hohen« oder »die Großen«, was man in physisch wie in psychisch verstehen kann.

Hariuha Haitika – wenn Steine sprechen

Sowenig sich die Germanen als eine Nation empfanden, sosehr waren sie sich immer bewußt, gleichsam in einem dunklen Drange, daß sie miteinander verwandt waren. Sie wußten sogar von gemeinsamer Abstammung.

»In alten Liedern«, schreibt Tacitus, »der einzigen Art geschichtlicher Überlieferung, die es dort gibt, feiern die Germanen einen erdentsprossenen Sohn Tuisto. Ihm schreiben sie einen Sohn Manus zu [Mann, Mensch], den sie als den Stammvater und Begründer ihres Volkes preisen. Dieser soll drei Söhne gehabt haben, nach deren Namen die an der Nordsee wohnenden Germanen Ingävonen genannt würden, die im Binnenland Erminonen und die Anwohner des Rheins Istävonen.« Die ausdrückliche Betonung eines »alten Liedes« läßt den Eindruck aufkommen, daß hier für die Historie nichts zu gewinnen ist. Das aber stimmt nicht, denn die Erfahrung lehrt, daß jede Legende, besonders die der Entstehung eines Volkes, immer einen historischen Kern aufweist. Die Ingävonen, Erminonen und Istävonen lassen sich tatsächlich nachweisen. Es waren aber keine Stämme, sondern Kultgemeinschaften, die durch die Verehrung einer gemeinsamen Gottheit zusammengehalten wurden.

Bei den Ingävonen war es der für die Fruchtbarkeit der Felder zuständige Gott Ing. Die Ingävonen lebten demnach in einem Gebiet, in dem das heilige Recht des Ing galt. Er war ein Wane und gehörte damit einem Göttergeschlecht an, das von den Hünengräberleuten in die mit den Streitaxtleuten geschlossene »Ehe« eingebracht wurde.

Ermin, der »Erhabene«, wurde von den Erminonen als oberste Gottheit angesehen. Wie stark seine integrierende Wirkung gewesen sein muß auf Menschen, deren Unabhängigkeitsdrang sie sonst jeden größeren Zusammenschluß mit Mißtrauen beobachten ließ, zeigt die Existenz des Semnonenhains. In diesem Heiligtum versammelten sich die Sweben selbst dann noch zur regelmäßigen Kultfeier, als sie bereits weit auseinandergezogen und in Einzelstämme aufgesplittert waren.

Am wenigsten bekannt ist vom istävonischen Kultverband, denn ein Gott Istvas ist nicht nachzuweisen, allenfalls ließe sich an einen Beinamen des Wodan denken.

Neben der Religion war es die gemeinsame Sprache, die den Germanen das Bewußtsein der Zusammengehörigkeit verlieh. Es ist das sogenannte Gemeingermanische, eine Sprache, die ihnen allen gemeinsam war, wobei selbstverständlich, wie heute auch, Dialekte eine Rolle gespielt haben. Die mundartlichen Verschiedenheiten gingen jedoch nicht so weit, daß der Cherusker Arminius einen Dolmetscher gebraucht hätte, wenn er mit dem Markomannen Marbod verhandelte. Sowenig wie heute die Schleswig-Holsteinerin Heide Simons einen Übersetzer braucht, wenn sie mit dem Bayern Edmund Stoiber parliert.

Wie die germanische Sprache geklungen hat, können wir aus den Runeninschriften erschließen. So geheimnisvoll die Zeichen anmuten, die die germanische Sprache festgehalten haben, so abenteuerlich ist ihr Ursprung. In den dreißiger Jahren stiegen deutsche Wissenschaftler im Val Camonica, einer Tallandschaft in den italienischen Alpen nördlich von Brescia, auf eine große Anzahl von in den Fels geritzten Inschriften. Sie zeigten besonders in der Schrifttechnik große Ähnlichkeiten mit den germanischen Runen.

Die Schriftrichtung zum Beispiel wechselte am Ende jeder Zeile, so daß die Buchstabengruppen miteinander verbunden blieben. *Bustrophedon* – »Wie man Pflugochsen wendet« – heißt diese Schreibart im Griechischen, womit sie auf anschaulichste Art charakterisiert ist. Sie kam auf den Felsinschriften rechtsläufig vor, also so, wie wir schreiben, von links nach rechts, aber auch linksläufig. Beide Richtungen sind auch von den Runeninschriften bekannt. Weitere Übereinstimmung zeigte sich in der Vermeidung von Rundungen und waagerechten Linien, in der Form der Trennungszeichen, in der Art, Doppelkonsonanten durch einfache auszudrücken.

Die Felsinschriften gingen auf ein Alphabet zurück, das ein Volk mitgebracht hatte, das jahrhundertelang als das »vergessene Volk« galt: die Etrusker. Sie waren im 6. Jahrhundert vor Christus in die Poebene eingedrungen. Den Etruskern verdankt Mitteleuropa einen nicht geringen Teil seiner Zivilisation und seiner Kultur, und wenn bei den Völkern im Alpenraum schon so früh das Lesen und Schreiben bekannt war, so verdanken sie es ihnen.

Die Entdeckung im Val Camonica, die mit dem Namen des deutschen Althistorikers Franz Altheim eng verbunden ist, untermauerte eine Theorie, die als sehr kühn galt und dementsprechend umstritten war, wonach sich die Runen aus dem Alphabet der Etrusker ableiten. Wie aber wäre dann dieses Alphabet den Germanen bekannt geworden? Wer hätte die Fackel, die er dort unten entzündet, weitertragen sollen, den Rhein entlang bis in den hohen Norden? Diese Fragen galt es zu beantworten, wenn die ganze Theorie nicht wieder zusammenstürzen sollte wie ein Kartenhaus. Das den Inschriften zugrundeliegende Alphabet war nachweislich vom Beginn des zweiten vorchristlichen bis zum Ende des ersten nachchristlichen Jahrhunderts im Gebrauch. Es kam also darauf an, Germanen zu finden, die innerhalb dieses Zeitraums in jenem Alpenbereich gewesen sein könnten.

In Frage kam hierfür nur ein Volk: die Kimbern. Nach dem Sieg über die Römer bei Noreia, südlich von Klagenfurt, waren sie durch das Pustertal, das Eisack- und das Silltal gewandert, um schließlich über den Brenner nach Süddeutschland zu gehen. Gut zehn Jahre später kamen sie wieder zurück, zogen die Etsch entlang, zwangen den Konsul Lutatius Catulus zur Aufgabe seiner Sperrforts und zogen plündernd durch das Land nördlich des Flusses Po.

»Als die vereinigten Heere des Marius und Catulus 101 den Po überschritten«, schreibt Franz Altheim, »stießen sie auf ihre Gegner ... Auf den Raudischen Feldern im Gebiet von

Vercellae fand der Schlußkampf statt. In diesem Winter von 102 auf 101 sind demnach die Kimbern das ganze linke Po-Ufer von der Etsch bis an die Sesia hinaufgezogen. Die Ausdehnungszone der norditalienischen Dialekte und ihres Alphabets, von Matrei im Wipptal bis zum Lago d'Orta reichend, fällt mit dieser Strecke fast vollständig zusammen.«

Damals haben die Kimbern den entscheidenden Anstoß bekommen zur Bildung des 24 Buchstaben umfassenden Runenalphabets, das nach seinen ersten sechs Zeichen *f – u – th – a – r – k* genannt wird. Und zurück nach Germanien, zurück in die alte Heimat Jütland, haben das Alphabet die kimbrischen Reiter gebracht, die sich aus dem Inferno von Vercellae hatten retten können.

»Rune« gehört zu »raunen«, eine Wortverbindung, die auf die magische Verwendung der Schriftzeichen hinweist, und so sind die Runen nicht nur Lautzeichen gewesen wie unsere Buchstaben, sondern hatten gleichzeitig einen Wortsinn. Man konnte mit ihnen »etwas aufschreiben«, war aber auch in der Lage, mit Hilfe eines einzigen Zeichens einen Begriff auszudrücken. *F* war das Lautzeichen für *f*, hieß aber, für sich allein gestellt, gleichzeitig »Vieh, Fahrhabe«. *U* war *u* und das Symbol für »Auerochs«. Und so fort.

Die frühesten Runeninschriften stammen zwar erst aus dem Beginn des dritten nachchristlichen Jahrhunderts, und das ist spät für unsere Betrachtung, doch haben besonders die im Norden entdeckten Inschriften den Sprachtypus des Gemeingermanischen so bewahrt, daß sie uns einen Eindruck der Sprechmelodie vermitteln können.

Auf einem der beiden berühmten goldenen Hörner von Gallehus (die 1802 gestohlen und eingeschmolzen wurden), hieß es: *ek hlewagastiR holtijaR horna tawidõ* – »Ich, Leugast [Gast des Ruhms], Sohn des Holte, machte das Horn.« Auf einem Brakteaten, einer Schmuckscheibe, aus Seeland steht: *hariuha haitika. farauisa. gibu auja* – »Huriuha heiße

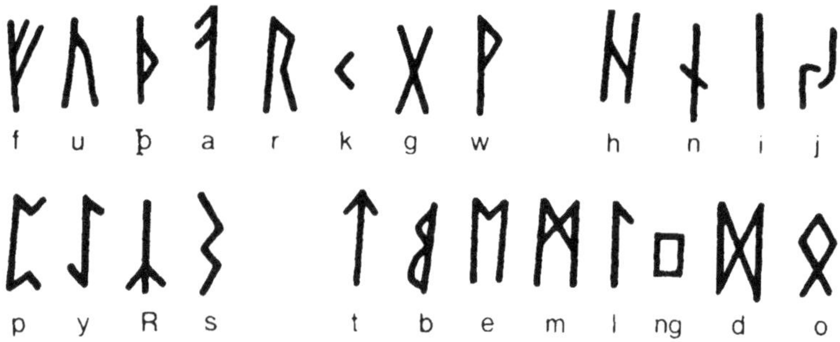

Eine der ältesten Runeninschriften ist die Alphabetinschrift auf einer Grabplatte in Kylver (Gotland, 5. Jahrhundert; Abbildung oben).
Die 24 Zeichen der Runenreihe waren in drei sog. Geschlechter zu je acht Runen eingeteilt. Neben ihrem Lautwert bezeichnete jede Rune auch einen bestimmten Begriff, der mit dem betreffenden Laut begann: *f* = Fahrhabe, Vieh; *u* = Ur, Auerochs; *th* = Thurse, Riese; *a* = Ase, Seelengottheit; *r* = Ritt, Wagen; *k* = Krankheit, Geschwür; *g* = Gabe; *w* = Wonne; *h* = Hagel; *n* = Not; *i* = Eis; *j* = (gutes) Jahr; *p* = Fruchtbaum (germ. *pertho); s* = Sonne; *t* = Tyr, Gott; *h* = Birkenreis; *e* = Pferd (germ. *ehwaz); m* = Mann, Mensch; *l* = Wasser (germ. *laguz); ng* = Ing, Gott der Fruchtbarkeit, *d* = Tag (germ. *dagaz); o* = Odal, Erbbesitz.
Form und Anzahl der Runen unterlagen im Laufe der Zeit in den einzelnen Gebieten mancher Veränderung, die Namen jedoch blieben.

ich, der Gefährliches Wissende, ich gebe Glück«. Oder, noch schöner, auf dem Kragehuler Lanzenschaft: *ek erilatz asugisalas muha haite ga ga ga gihu gahelija wiju bi g;* – »Ich, der Eruler, des Ansgisl Genosse heiße. Ich gebe Glück. Lauthallendes Verderben weihe ich auf dem Speer.«

Wer das laut liest, hat den Eindruck einer exotischen Sprache und fragt sich betroffen, wie und auf welche Weise daraus unser Deutsch geworden ist.

Die Römer haben sich nie die Mühe gemacht, auch nur einen einzigen Dialekt eines germanischen Stammes zu lernen. Ihnen erschien das Idiom einfach zu barbarisch. Genauso wie die Griechen verstanden sie, wenn solche Leute den Mund auftaten, immer nur »barbara barbara barbara«, woher das Wort »Barbar« dann auch stammt. Das griechische *barbaroi* ist nämlich eine lautmalende Bezeichnung für den Fremden, den Unverständlichen, der Unverständliches von sich gibt.

Bei Verhandlungen mit den Germanen kamen die Römer deshalb ohne Dolmetscher nicht aus. Auch Cäsar nicht, als er mit Ariovist sprach, dem König des germanischen Volkes der Sweben. Es war eine Unterredung, deren spektakulärer Abbruch den Lauf der Weltgeschichte nicht unerheblich beeinflussen sollte …

V Cäsar und Ariovist – die Geschichte einer Tragödie

Die Germanen an die Front!

»Welcher Stolz des Königs Ariovist! Als ihm die Gesandten sagten: ›Komm zu Cäsar!‹ antwortete er: ›Wer ist Cäsar?‹, und: ›Wenn er etwas will, mag er kommen!‹ und: ›Was geht ihn das an, was unser Germanien treibt? Mische ich mich in römische Angelegenheiten?‹« Der Historiker Lucius Annaeus Florus hat uns diese Antwort übermittelt, und wenn er auch nicht zu den Zuverlässigsten gehört, so kann man ihm in diesem Fall glauben, bestätigt ihn doch einer der beiden genannten Hauptdarsteller höchstpersönlich: Cäsar.

Er schreibt in seinen Kommentaren zum »Gallischen Krieg« (in denen er von sich selbst, xenophontischem Vorbild gemäß, nur in der dritten Person spricht): »Daher beschloß Cäsar, an Ariovist Gesandte mit der Forderung zu schicken, irgendeinen Ort in der Mitte zwischen beiden für eine Unterredung zu wählen: Er wolle über den Staat und über Fragen, die für sie beide von höchster Wichtigkeit seien, mit ihm verhandeln. Dieser Gesandtschaft gab Ariovist die Antwort: ›Wenn er selbst etwas von Cäsar wollte, würde er zu ihm gekommen sein; wenn aber Cäsar etwas von ihm wünschte, müßte er zu ihm kommen ...‹ Übrigens frage er sich verwundert, was in seinem Gallien, das er im Kriege besiegt hätte, Cäsar oder überhaupt das römische Volk zu suchen hätten.«

Das sind tatsächlich stolze Worte, Worte eines Souveräns, der von sich selbst überzeugt ist und seines Ranges so bewußt, daß ihm auch eine Weltmacht nicht zu imponieren vermag. Sie haben nichts mehr zu tun mit jener aus Respekt und Biedersinn gemischten Haltung, die noch die Kimbern zeigten, als sie dem Konsul Carbo bei Noreia versicherten, die als Römerfreunde anerkannten Taurisker in Zukunft in Frieden zu lassen. Auch wäre Ariovist nicht wie Kimbernkönig Boiorix vor das Lager des gegnerischen Feldherrn geritten, um mit ihm Termin und Stätte der Schlacht zu vereinbaren, und es hätte ihm nicht sonderlich viel bedeutet, daß ein König, wie weiland Teutobod, über sechs nebeneinander aufgestellte Pferde zu springen vermochte.

In Ariovist war den Germanen eine Persönlichkeit neuen Typs erwachsen. Er war mit Tugenden ausgerüstet, die sich von denen seiner Vorgänger fundamental unterschieden: An die Stelle der Tollkühnheit war besonnener Mut getreten, berserkerhafte Todesverachtung wurde ersetzt durch Disziplin, blindes Drauflosstürmen durch strategisches Kalkül, Biedersinn durch staatsmännisches Denken.

Woher er kam, wissen wir nicht, und auch über seinen frühen Lebensweg ist kaum etwas bekannt. Irgendwann tauchte er auf an der Spitze eines jener Stämme, die mit dem Beginn des 1. Jahrhunderts vor Christus in Bewegung geraten waren und in unaufhaltsamem Vorwärtsdrängen den oberen Rhein erreicht hatten. Es war eine unruhige Zeit, von Fehden, Beutezügen, Kleinkriegen und Feldzügen zerrissen, ein geradezu idealer Nährboden für den Soldaten, den großen Condottiere, den der Krieg nährte und er den Krieg.

Sein Ruf als Heerführer war weit über seinen eigenen Stamm, den der swebischen Triboker, hinausgedrungen. Immer mehr Stämme unterwarfen sich freiwillig seiner Führung, ist doch bekanntlich nichts erfolgreicher als der Erfolg, und wer sich dem Erfolgreichen anschließt, hat alle Aussichten, am Erfolg teilzuhaben.

Eine große Chance, seine Macht weiter auszudehnen, bot sich Ariovist, als die Sequaner sich mit einem Hilfsgesuch an ihn wandten (um 70 vor Christus). Die Sequaner waren Kelten und saßen zwischen dem heutigen Besançon und dem

Schweizer Jura, einem Gebiet, das zu Gallien gehörte. Sie waren mit ihren Erzfeinden, den Häduern, in einen neuen erbitterten Streit geraten. Diesmal ging es um die Zölle auf der Saône. Dieser Fluß war ein sehr wichtiger Handelsweg, auf dem unter anderem britannisches Erz nach Marseille gelangte und römische Fertigprodukte zum Oberrhein.

Die Zollgebühren aber waren nicht der eigentliche Grund des Streites, die Ursache lag tiefer: Die Häduer waren Freunde der Römer und nutzten diese Freundschaft nach Kräften zuungunsten der Sequaner. Eine typische Folge des *divide et impera,* des »Entzweie und herrsche«, das hier die Römer, wie alle Eroberer und Besatzungsmächte, mit Erfolg praktizierten.

Ariovist zog mit 15 000 Mann über den Rhein und verschaffte den Sequanern das, was sie für rechtens hielten. Die Folge war ein jahrelanger Kleinkrieg mit wechselnden Vorteilen beider Parteien, der schließlich in eine große, alles entscheidende Schlacht mündete. Sie fand im Jahre 61 vor Christus bei einem Ort statt, der als *Admagetohriga* oder wohl richtiger *Magetohriga* überliefert ist, von dem aber niemand mehr weiß, wo er gelegen hat, vielleicht in Burgund, vielleicht in der Franche-Comté. Ariovist konnte hier zum erstenmal auf weltpolitischer Bühne sein strategisches Genie beweisen und vor allem seine Fähigkeit, kalten Blutes abzuwarten, bis der entscheidende Moment des Zuschlagens gekommen schien.

Das war etwas, was den Germanen bis dato schwergefallen war. Ihr Mut und ihre Wut waren immer so leicht zu reizen gewesen, daß sie sich besinnungslos in die vom Gegner jetzt und hier gewünschte Schlacht stürzten. Was dann nur in einer Katastrophe enden konnte, wie es die Teutonen bei Aquae Sextiae mit grausiger Konsequenz vorgeführt hatten.

Nach Römerart hatte Ariovist sich ein verschanztes Lager gebaut und war mit keinem Mittel zu bewegen, eine Schlacht anzunehmen, weil er wußte, wie gewaltig die zahlenmäßige Überlegenheit der Häduer war. Wochenlang rührte er sich aus seinem von Sümpfen umgebenen Bau nicht heraus, bis ihm gemeldet wurde, daß sich bei seinen Belagerern die ersten Auflösungserscheinungen bemerkbar machten. Wohl aus dem schlichten Grund, weil sie nicht mehr genug zu essen hatten. Kriegführung hieß damals vor allem Nachschubführung. Wem es gelang, größere Truppenmassen über einen längeren Zeitraum ausreichend zu versorgen, der hatte bereits den halben Sieg in der Tasche. Die Kimbern und Teutonen hatten sich vor ihrem Einfall nach Italien nicht getrennt, um den Römern einen Zweifrontenkrieg zu liefern, wie vielfach angenommen, sie waren einfach nicht imstande gewesen, so viele Krieger gleichzeitig zu ernähren, noch dazu in einem fremden Land.

Ariovist stieß urplötzlich aus seinem Lager heraus und überraschte den Feind, dessen einzelne Kontingente sich bereits zum Abmarsch in die Heimatgebiete gerüstet hatten, mit einer blitzschnellen Aktion. Die Häduer wurden so entscheidend geschlagen, daß sie jede Bedingung des Friedensvertrags – der keiner war, sondern ein Diktat – akzeptieren mußten. Sie leisteten einen Eid, niemals mehr die Römer um Hilfe zu bitten, die Vorherrschaft der Sequaner anzuerkennen und regelmäßig Tribute zu entrichten. Nun wurden Friedensverträge solcher Art schon damals gern gebrochen, wenn der Unterlegene sich wieder stark genug fühlte, und das wußte Ariovist. Er ließ sich deshalb die Sprößlinge der vornehmsten Familien ausliefern, die als Geiseln mit ihrem Leben für die Einhaltung des Diktats garantierten. Solche Geiselstellung war gang und gäbe und wurde auch bei unentschiedenen Kriegen gegenseitig angewandt.

Die Sequaner waren ihre ärgsten Gegner los und vergaßen rasch, wie es so geht, wer ihnen dazu verholfen hatte. Am liebsten wäre es ihnen gewesen, wenn die Germanen wieder dahin gegangen wären, woher sie gekommen waren, auf die andere Seite des Rheins. Ariovist aber gefiel es viel zu gut im paradiesisch fruchtbaren Elsaß, außerdem hatte er noch eine Rechnung zu präsentieren, denn nichts war umsonst und schon gar nicht eine Rettung vor Todfeinden. Gold wies er als Bezahlung zurück, er wollte, nach alter Germanensitte, Grund und Boden.

Er verlangte – und erhielt – von den Sequanern ein Drittel ihres Landes zur Ansiedlung für seine Leute, wobei es sich um das Gebiet um Straßburg, Speyer und Worms handelte. Appetit aber wächst beim Essen, und auch die Zahl der Esser wurde größer und größer. Immer neue germanische Scharen gingen über den Rhein, zum Teil von Ariovist gerufen als notwendige Verstärkung, zum Teil selbständig gekommen, um an der Verteilung des Felles des Bären zu partizipieren. 120 000 Neuankömmlinge waren es schließlich, ein Ende war nicht abzusehen, und Ariovist fühlte sich gezwungen, neue Forderungen nach Land zu stellen.

Seine Macht und sein Einfluß wuchsen. Bald beherrschte er den größten Teil Ostgalliens. Ein germanisches Fürstentum auf gallischem – heute französischem – Boden war sein Ziel. Er verstärkte sein Heer durch die Haruden, einen Stamm germanischer Elitekrieger, die er aus Jütland zu sich rief. Auch sein Privatleben wurde dem großen Ziel untergeordnet: Er heiratete die Schwester des Königs von Noricum, einem alpenländischen Keltenreich, das etwa das heutige Salzburg, Oberösterreich, die Steiermark und Kärnten umfaßte. Er hatte zwar bereits eine Frau, eine Germanin, aber er nahm die Keltin dazu, Noricum war wegen seiner Eisenvorkommen berühmt und gab einen guten Verbündeten ab.

Den römischen Einflußbereich in Gallien tastete Ariovist nicht an, obwohl die Chancen dafür durch die inneren Zwistigkeiten in Rom günstig schienen. Er war jedoch zu klug, um sich bereits jetzt mit den Römern anzulegen, versuchte im Gegenteil, mit ihnen in gute Beziehungen zu treten. Überraschenderweise ging Rom darauf ein, obwohl man allen Grund gehabt hätte, ihm wegen Magetobriga zu grollen, wo ja die römerfreundliche Partei geschlagen worden war. Der Senat verlieh ihm den Ehrentitel eines *rex* und *amicus populi Romani* und schrieb ihn in die Liste der mit Rom befreundeten Herrscher ein. Der so Geehrte revanchierte sich mit einem Gastgeschenk, das aparterweise aus zwei Eskimos bestand, die es an die Küste Schleswig-Holsteins verschlagen hatte. Sklaven gehörten eben zu den beliebtesten Aufmerksamkeiten, mit denen die Souveräne sich wechselweise bedachten.

Gegenseitige Besuche von Delegationen und einflußreichen Persönlichkeiten waren von nun an häufig, wobei Ariovist sich bisweilen nicht genug verwundern konnte über einige seiner Gäste, die mit höchst obskuren Wünschen, ja Forderungen auf ihn eindrangen: Er, der amtlich anerkannte Römerfreund, möge doch, bitte, einen Römer umbringen, einen gewissen Cäsar! Die Feinde, die der Statthalter Galliens in Rom hatte, schliefen nicht.

Cäsar – der »Grösste der Sterblichen«

Gaius Julius Cäsar war vom Senat zum Statthalter der römischen Provinz *Gallia* – etwa das heutige Südfrankreich – ernannt worden und hatte gerade die wanderlustigen Helvetier in ihre Ausgangsgebiete am Genfer See zurückgetrieben. Sie hatten sein Hoheitsgebiet bedroht, und er war nicht gewillt, das von irgend jemandem hinzunehmen. Auch nicht von Ariovist, von dem er Imponierendes gehört, dem er aber noch nicht persönlich begegnet war. Er brauchte ihn auch nicht zu kennen, um ihm zu mißtrauen. Seine Vorstellungswelt gestattete ihm keinen anderen Schluß, als daß ein solcher Mann auf dem Wege zum Ruhm nicht stehenbleiben würde, wie auch er, Cäsar, das nicht getan hätte. Für ihn war die ihm anvertraute Provinz im wesentlichen eine Art Übungsterrain, durch das sich eine spätere Vormachtstellung in Rom aufbauen ließ. Ganz Gallien dem Imperium einzuverleiben, sich damit um das römische Volk verdient zu machen und den Senat zu verpflichten, war sein Ziel von Anfang an. Daß er dieses Ziel meisterlich zu verschleiern wußte, indem er stets so tat, als sei er der Angegriffene und nicht der Aggressor, war für ihn, der er nicht nur Feldherr war, sondern auch Staatsmann, eine Selbstverständlichkeit.

Ariovist war offensichtlich der gefährlichste Gegner auf dem langen Marsch nach Rom, und es galt, ihn zu vernichten. Das aber schien nicht einfach. Dieser Germane hatte nicht nur Format, er schien auch Fortune zu haben, von seinem gut geschulten Heer ganz abgesehen. Zudem war er offiziell ein Freund Roms. Mit ihm durfte man nicht umspringen wie mit irgendeinem Satrapen und ihn einfach zu sich befehlen. Wenn Cäsar es dennoch tat, so mit der bewußten Absicht, ihn zu provozieren.

Nach Ariovists schroffer Weigerung stellte Cäsar ihm Forderungen, die die Form eines Ultimatums hatten: Er solle keine weiteren Truppen über den Rhein nach Gallien führen, die von den besiegten Häduern gestellten Geiseln unverzüglich zurückgeben und jede Angriffshandlung unterlassen. Andernfalls er gezwungen sei, zugunsten der befreundeten Gallier seine Legionen marschieren zu lassen.

Ariovist richtete ihm aus, daß er sich keine Vorschriften machen lasse, im übrigen habe noch niemand mit ihm gekämpft, ohne dabei zu Fall zu kommen. »Wenn es Cäsar gelüstet, so mag er kämpfen: Dann wird er sehen, was die unbesiegten Germanen für Heiden sind, Männer, die im Gebrauch der Waffen von Jugend auf geübt und vierzehn Jahre lang unter kein Dach gekommen sind.«

Die letzte Bemerkung reißt in ihrem kühlen Understatement den Vorhang von einer Zeit mit all ihren Schrecken: der Unbehaustheit ihrer Menschen, dem Umherzigeunern, dem Dahinvegetieren. Vierzehn Jahre von Haus und Hof getrennt, lebten diese Männer das Leben des Berufskriegers, ein Leben, das abstumpfte, verrohte, oft verzweifeln ließ, doch wohl den Funken Hoffnung auf das eigene Stück Land, die bergenden vier Wände immer wachgehalten hat. In solchen wie absichtslos hingeschriebenen Sätzen offenbart sich mehr als in den Schulbuchformeln, wonach drei-drei-drei Alexander den Darius bei Issos aufs Haupt schlug oder Karl Martell Anno Domini 732 bei Tours und Poitiers obsiegte. Hieran gilt es zu denken, an den Schweiß, an die Tränen und an das Blut des einfachen Soldaten, wenn in Zukunft von heroischen Schlachten die Rede ist, und an den Jammer der Witwen, das Elend der Waisen, die Qualen der Versklavten und Verschleppten auch.

Cäsar war die Antwort zuteil geworden, die er erwartet und sich gewünscht hatte. Doch sie allein war noch kein ausreichender Kriegsgrund. Nach einem in unserem Jahrhundert so bewährten Muster ließ er sich von einem rasch einberufenen gallischen Konzil um Hilfe bitten, wobei die Germanengefahr als schauriges Menetekel riesengroß an die Wand gemalt und Ariovist zum Volksfeind Numero 1 erklärt wurde. »Er ist ein barbarischer, jähzorniger, launenhafter Mensch; wir können seine Tyrannei nicht länger ertragen«, klagten die Abgeordneten. »Wenn uns Cäsar und das römische Volk nicht helfen, müssen alle Gallier ... auswandern, andere Wohnsitze, eine neue Heimat fern von den Germanen suchen und auf sich nehmen, was immer das Schicksal ihnen bringen mag.«

Als Cäsar nun noch gemeldet wurde, daß weitere germanische Verstärkungen auf den Rhein zu marschierten, waren die Würfel gefallen. Er brach mit seinen Legionen auf in das nichtrömische Gebiet. Vesontio, die Hauptstadt der Sequaner, war sein Ziel. Das heutige Besançon war, wie jeder Tourist noch erkennen kann, durch seine Lage zwischen Fluß und Berg glänzend zu verteidigen und durch seine Proviantlager eine hervorragende Nachschubbasis. Wer diese Stadt beherrschte, würde den Verlauf des Krieges beherrschen, und Cäsar war es klar, daß das sein Gegner auch wußte. Es galt, ihm zuvorzukommen, und so waren die Gewaltmärsche, mit denen er seine Truppen vorwärts peitschte, verlustreicher als der anschließende Sturm auf die Mauern.

Die Stadt wurde erobert, und wenn es natürlich ist, daß Eroberte in Panik geraten, so ist es völlig unnatürlich, wenn das Eroberern passiert. Genau das aber geschah hier, und Cäsar sah sich einem Phänomen gegenüber, das ihn zutiefst beunruhigte. Seine Legionäre, im Feuer vieler Schlachten gehärtet, abgebrühte Profis, mit denen man den Himmel einreißen konnte, wurden bereits knieweich, ohne daß der Feind überhaupt zu sehen gewesen wäre.

Die Legionäre meutern

»Während der kurzen Zeit, die Cäsar der Verpflegung und der Zufuhr wegen bei Vesontio stand«, schreibt der Prokonsul über eine der kritischsten Phasen seines Lebens, »ergriff durch die Neugier unserer Leute und durch das Geschwätz der Gallier und Händler plötzlich eine solche Angst das ganze Heer, daß sie Kopf und Herz aller in heftigste Bestürzung versetzte. Es wurde nämlich erzählt, die Germanen seien Menschen von ungeheurer Körpergröße, unglaublich tapfer und in den Waffen geübt; wer mit ihnen zusammengestoßen sei, habe noch nicht einmal den Anblick ihrer Gesichter und ihren durchdringenden Blick ertragen können.

Die Angst ging aus von den Stabsoffizieren, den Abteilungsführern und jenen übrigen, die nur aus Freundschaft dem Cäsar von Rom her gefolgt waren und nicht viel Kriegserfahrung besaßen; von ihnen brachte der eine diesen, der andere jenen Grund vor, aus dem er unbedingt abreisen müsse, und bat Cäsar um Urlaub. Einige blieben zwar aus Scham zurück, um sich nicht dem Verdacht auszusetzen, als fürchteten sie sich; allein, sie konnten weder ihre Mienen beherrschen noch die Tränen unterdrücken. In ihren Zelten verborgen, beklagten sie ihr Geschick oder jammerten mit ihren Freunden über die gemeinsame Gefahr. Im ganzen Lager wurden allenthalben Testamente gesiegelt.

Durch das Geschwätz und durch die Furcht dieser Leute wurden allmählich selbst solche Männer angesteckt, die große Kriegserfahrung hatten, einfache Soldaten, Centurionen, auch Kommandeure der Reiterabteilungen. Diejenigen unter ihnen, die als weniger ängstlich gelten wollten, erklärten, den Feind fürchteten sie nicht, wohl aber die schlechten Wege und die ungeheuren Wälder, die zwischen ihnen und dem Ariovist lägen, und: Ob man ihnen wohl auch den Proviant nachschaffen könnte? Einige sagten sogar zu Cäsar, wenn er den Befehl zum Abmarsch geben würde, würden die Soldaten nicht gehorchen und aus Angst nicht marschieren …«

Das war, wenn nicht bereits Meuterei, so doch Anstiftung dazu, und Cäsar hätte das Recht gehabt, mit der härtesten Strafe dagegen anzugehen, die das römische Militärrecht kannte: der Dezimierung. Was Antonius getan hatte bei seinem Feldzug gegen die Parther, als er von zwei Kohorten (eine Kohorte sind fünfhundert Mann) jeden zehnten Mann totschlagen ließ. Eine barbarische Methode, die im Ersten Weltkrieg noch von General Pétain angewandt wurde, als die französische Front bei Verdun zu weichen drohte.

Cäsar scheute vor dieser härtesten aller Maßnahmen zurück. Da er sechs Legionen befehligte, etwa 36 000 Mann, wäre ein Blutbad die Folge gewesen, und er brauchte gerade jetzt Soldaten, die sich für ihn in Stücke hauen ließen, die aus Begeisterung kämpften und nicht aus Angst vor Strafe. Auch reizte es ihn, allein durch die Macht des Wortes und durch äußerstes persönliches Engagement eine gefährlich murrende Meute Tausender von Soldaten zu bändigen. Das war ein Risiko, aber er war es gewohnt, mit hohem Einsatz zu spielen.

Gaius Julius Cäsar war damals 42 Jahre alt, ein Mann in bestem Alter, von hagerer Gestalt, das Gesicht bleich, die Augen von unheimlichem Feuer, seine Gesten lebhaft, die Stimme von metallischem Klang, sein Charme war so berühmt wie berüchtigt; wie die meisten wirklich Großen wirkte er nicht nur auf die Frauen, sondern auch auf die Männer, wenigen gelang es, sich dem Zauber seiner Persönlichkeit zu entziehen.

Er war umfassend gebildet, hatte Griechisch studiert und Rhetorik, seine Verse konnten sich mit denen der Dichter messen, seine Reden stachen jeden Gegner im Senat aus, seine Briefe waren von unüberbietbarer stilistischer Vollendung, viele seiner Schriften entstanden während der Reisen zu den Kriegsschauplätzen, seinen Schreibern diktierte er im Reisewagen, in der Sänfte, ja sogar vom Sattel aus.

Er hatte mit zweiundvierzig bereits soviel erlebt wie andere nicht mit achtzig, war aufgewachsen in der römischen Subura, dem Viertel der Werkstätten, Kneipen und Bordelle, als Sohn einer Familie, die so vornehm war wie besitzlos, als Playboy gehaßt von den Adligen, denen er Hörner aufsetzte, von Sulla zum Tode verurteilt und bis aufs Blut verfolgt, weil er sich von seiner Frau nicht hatte trennen wollen, Flucht nach Kleinasien, Rückkehr, erneute Flucht, Offizier bei den Feldzügen gegen König Mithridates, Gefangener eines Piraten, der 20 Talente (etwa 90 000 Goldmark) Lösegeld verlangte, eine Forderung, die Cäsar beleidigte, weil er sich für mindestens doppelt so wertvoll hielt, schließlich Leiter der Stadt- und Marktpolizei in Rom, Veranstalter prunkvoller Tierhatzen und Gladiatorenkämpfe, höchster Richter, oberster Priester, Statthalter in Spanien, dessen Kassen er auffüllte und die eigene dazu, denn seine Schulden waren so hoch wie seine Kunst, immer neue zu machen, Konsul dann und wieder Statthalter, diesmal in Gallien ...

Dieser Mann läßt die Legionen antreten, versammelt seine Offiziere und Unterführer um sich und hält aus dem Stegreif eine Rede, wobei er weiß, daß er sich nicht den kleinsten Fehler erlauben darf, soll die aufrührerische Atmosphäre nicht zu offener Rebellion werden. Ein Meisterstück psychologischer Beeinflussung das Ganze, doch nicht ohne Beispiel, denkt man an die Art, wie Marius seinen Truppen vor Aquae Sextiae Mut machte.

Cäsar verbat sich erst einmal energisch, daß sich die Offiziere seinen Kopf zerbrächen, was den Zweck und die Durchführung des Feldzuges betraf, denn das sei allein seines Amtes und seine Sorge. Wie stark der *furor Teutonicus* noch lebendig gewesen sein mußte nach fast einem halben Jahrhundert, zeigte sein Appell an den Geist von Aquae Sextiae und Vercellae, mit dem er die Legionäre aufrüttelte.

»... warum verzweifelt ihr an unserer Tapferkeit oder an meiner Einsicht? Mit diesem Feind haben wir uns zur Zeit unserer Väter gemessen, als nach der Niederlage der Kimbern und Teutonen durch Marius das römische Heer kein geringeres Lob verdiente als der Feldherr selbst. Noch neulich in Italien im Sklavenkrieg haben wir sie besiegt, und das, obwohl sie von uns inzwischen gelernt hatten, wie man selbst im Kampfgetümmel strengste Disziplin wahrt.«

Nachdem er bewußt geringschätzig von den Fähigkeiten des Ariovist gesprochen hatte und seine Siege über die Gallier heruntergespielt, fuhr er fort: »Was das Gerede betrifft, die Truppen werden nicht gehorchen und marschieren, so macht das auf mich gar keinen Eindruck ... Daher werde ich Maßnahmen, die ich auf einen späteren Zeitpunkt hatte ansetzen wollen, gleich jetzt ausführen und in der kommenden Nacht um die vierte Wache das Lager abbrechen, damit ich möglichst bald sehe, ob bei euch Ehre und Pflichtgefühl oder die Angst den Ausschlag geben. Und wenn mir sonst niemand folgen sollte, so werde ich trotzdem, allein mit der zehnten Legion, marschieren, an deren Zuverlässigkeit ich nicht zweifle, und ich werde sie zu meiner Leibgarde machen.«

Er brauchte nicht allein mit seiner Lieblingslegion zu marschieren! Das rhetorische Meisterstück wirkte unmittelbar, verwandelte Aufruhr in Zerknirschung, Rebellion in Scham und klägliche Angst in entschlossenen Mut. Die Truppe war, wie es schön im Militärjargon heißt, wieder auf Vordermann gebracht. In Tages- und Nachtmärschen führte er seine Soldaten bis zur elsässischen Ebene, als ihm Kundschafter meldeten, daß der Feind nur mehr 36 Kilometer entfernt sei.

Die Gipfelkonferenz in der elsässischen Ebene

In diesen sieben Tagen muß Cäsar eine erhebliche Strecke zurückgelegt haben, denn die Marschleistung des römischen Landsers betrug normalerweise 22 Kilometer am Tag, konnte aber in Ausnahmefällen erheblich gesteigert werden. Wobei der Zustand der Wege naturgemäß eine große Rolle spielte. Bei dem berühmten Marsch von Corfinium nach Brundisium wurden in 17 Tagen 465 km bewältigt. Cäsar selbst war es, der die absolute Rekordmarke setzte, als er beim Feldzug gegen Vercingetorix innerhalb von 28 Stunden, mit dreistündiger Rast, 75 km schaffte. Allerdings ohne Gepäck. (Zum Vergleich: Preußens nicht gerade zimperliche Felddienstordnung sah dafür drei Tage vor.)

Der einfache Legionär hatte, im wahrsten Sinne des Wortes, allerhand auf dem Buckel. Allein die Waffen und die Rüstung – kurzes Schwert, Wurfspeer, Dolch, Eisenhelm, Brustpanzer, Schild – wogen rund 15 Kilogramm. Das eigentliche Gepäck bestand aus Kochgeschirr, Beil, Säge, Spaten, Tauen, Schanzkörben, einem Mundvorrat für drei Tage und im Bedarfsfall aus 3 bis 4 Schanzpfählen. Auch wenn davon einiges den für je zehn Mann zur Verfügung stehenden Mulis aufgepackt wurde, für jeden Legionär blieben vom Gepäck noch gut 20 Kilo übrig. Er trug diese Last allerdings nicht auf dem Rücken, sondern an einer über die linke Schulter gelegten Stange, die bei plötzlichen Überfällen rasch abgelegt werden konnte. Zusammen mit den Waffen schleppte er also einen dreiviertel Zentner durch die Gegend.

Die Verpflegung bestand fast ausschließlich aus Getreide, von dem pro Kopf und Tag etwa ein Kilogramm zur Verfügung stand. Die Körner wurden auf einer eigens dazu mitgeführten Handmühle vor jeder Mahlzeit frisch gemahlen und zu einem Brei – einer Art Polenta – verkocht. Wein gab es nur, wenn welcher erbeutet wurde.

Als Cäsar Halt befahl, gingen die Legionäre daran, das Lager anzulegen, eine Hundsarbeit nach der erschöpfenden Kilometerfresserei, aber unumgänglich, da eiserne Vorschrift des Reglements und in vielen Kriegen bewährt. Ein Quadrat von 660 Metern Seitenlänge wurde mit Lanzen abgesteckt und mit einem Graben umgeben, der bei Marschlagern 1 Meter tief und 1,5 Meter breit sein mußte. Die ausgehobene Erde häufte man zu einem Wall auf, der mit den Schanzpfählen gespickt wurde. An den nach genauem Plan angelegten Lagergassen standen die aus Leder gefertigten Zelte, in denen je zehn Mann Platz fanden. Die Errichtung eines solchen Lagers dauerte drei bis vier Stunden, eine erstaunliche Leistung, die nur möglich war durch die detaillierte Einteilung der Soldaten in einzelne Schanzkommandos, von denen einige Bäume fällten, andere die Gräben aushoben, wieder andere den Wall aufschütteten und ihn mit Rasenstücken befestigten.

Kaum war das Lager aufgeschlagen, da erschien eine Gruppe Reiter auf kleinen struppigen Pferden, die etwa das Aussehen der aus dem Zweiten Weltkrieg bekannten russischen Panjepferde hatten. Es waren Abgesandte des Ariovist, der mit seinen Truppen in der ungefähren Höhe von Colmar kampierte. Sie überbrachten eine Botschaft, wonach ihr König nunmehr bereit sei, die von Cäsar früher gewünschte persönliche Unterredung zu gewähren. Er schlage für das Rendezvous einen in der Nähe gelegenen Hügel vor, mache allerdings zur Bedingung, daß jede Seite nur von einer Reitereskorte begleitet werde, die zweihundert Schritt vor dem Hügel haltzumachen habe, nur je 10 Reiter sollten bei der eigentlichen Unterredung zugegen sein.

Unterredungen zwischen feindlichen Truppenführern waren nicht selten damals, und die dabei getroffenen Vorsichtsmaßnahmen gehörten zur selbstverständlichen Routine. Man handelte nach dem Motto Trau-schau-wem und tat gut daran, denn es gab genügend Fälle von bei dieser Gelegenheit geübter Perfidie, die jedem bekannt waren. So hatte König Mithridates von Pontos seinen Rendezvous-Partner mit einem Dolch getötet, den er, trotz sorgfältiger vorheriger »Filzung«, in den Verhandlungsraum eingeschmuggelt hatte, und der gefürchtete Numiderkönig Jugurtha war den Römern nur deshalb in die Hände gefallen, weil er sich waffenlos zu einer Unterredung eingefunden hatte. Ariovist hatte sich etwas gedacht bei seiner Bedingung, nur Reiter als Begleiteskorte zuzulassen. Er wußte, daß die Kavallerie der Römer aus gallischen Hilfssoldaten bestand, deren Unzuverlässigkeit notorisch war. Von ihnen wäre wenig zu fürchten, wenn es zu unprogrammgemäßen Zwischenfällen kommen sollte, mit denen man immer rechnen mußte: Sei es, daß Cäsar ihn überrumpeln wollte, sei es, daß sich ihm eine Chance bot, den Römer zu kidnappen. Daß er dem Gedanken daran überhaupt Raum gab, zeigt, wie wenig der Germane noch gemein hatte mit der Bravheit eines Boiorix oder Teutobod. Der Cherusker Arminius machte knapp siebzig Jahre später in dieser Beziehung sein Meisterstück.

Cäsar müßte nicht Cäsar gewesen sein, um nicht zu durchschauen, was sein Gegner im Schilde führte. Er ließ die gallischen Reiter absitzen und die Soldaten der bewährten zehnten Legion aufsitzen. Als Infanteristen waren sie zwar auf dem Pferderücken nicht gerade zu Hause, dafür konnte man sich auf sie auch in den kritischsten Situationen verlassen. Er wurde wegen dieser Maßnahme von einem seiner Landser angeflachst (und er vergißt nicht, dieses Wortspiel in seinem »Gallischen Krieg« ausdrücklich zu erwähnen): »Erst machst du uns zu deiner Leibgarde, Cäsar, jetzt erhebst du uns auch noch in den *Ritterstand*.«

Die »Gipfelkonferenz« zwischen Cäsar und Ariovist gehört zu den bewegendsten Momenten der an Dramatik nicht gerade armen germanisch-römischen Beziehungen. Ein so nüchterner Beobachter wie der Däne Georg Brandes wird geradezu lyrisch, wenn er schreibt: »Auf der von allen Seiten sichtbaren Erhebung trafen sich die alte Zivilisation Roms und die junge Barbarei Germaniens, Italiens brauner, schwarzäugiger Sohn und Deutschlands heller, schlauer, wilder Mann, das große Genie des römischen Altertums und jene ›blonde Bestie‹, die sich den Römern schon gleichgestellt dünkte, aber noch 2 000 Jahre warten mußte. Der Gegensatz zwischen den beiden war größer als der zwischen Napoleon als Beherrscher der romanischen und Alexander als Beherrscher der slawischen Welt, als sie sich unter Beachtung ähnlicher Vorsichtsmaßregeln in dem auf zwei Flößen mitten im Njemen errichteten Pavillon trafen.«

Der Bericht über das Treffen stammt von Cäsar, und nur von ihm, wir haben also keine Möglichkeit, das Prinzip des *Audiatur et altera pars* anzuwenden und auch den anderen Teil zu hören. Über seine Glaubwürdigkeit oder Unglaubwürdigkeit ist deshalb viel geschrieben worden, wobei die Feder oft nicht von der Wissenschaft, sondern von der jeweiligen Nationalität geführt wurde. So vertreten die Franzosen verständlicherweise die Partei der bezwungenen Gallier, so lassen die Italiener auf ihre Leute nichts kommen und ist es für die Deutschen natürlich sonnenklar, daß die Germanen nur durch Arglist und (welsche) Tücke besiegt werden konnten.

Nun sind die Kommentare über den »Gallischen Krieg« in mancher Hinsicht dazu bestimmt gewesen, Cäsars sich häufig am Rande der Legalität bewegende Maßnahmen vor dem Senat zu rechtfertigen, er bleibt dessenungeachtet aber eine hervorragende Geschichtsquelle. Der Prokonsul war nicht so töricht, sich angesichts der vielen Augenzeugen in den Ruf eines Lügners zu bringen. Mit dem Vorwurf »tendenziöser Berichterstattung« hat man auch Tacitus entwerten wollen. Mit demselben Unrecht. Hinzu kommt, daß Cäsar das Glück hatte, meist über Erfolge berichten zu können. Was hätte es da zu lügen gegeben? Beschäftigte er sich dagegen mit Niederlagen, die er erlitten, so gehört ihre Schilderung zu den großartigsten Passagen seines Werks. Gerade die Darstellung des Treffens mit Ariovist ist in ihrer Fairneß, auch den Gegner seine Argumente vorbringen zu lassen, ein gutes Beispiel für die – nehmt alles nur in allem – Glaubwürdigkeit des Römers.

Cäsar hielt Ariovist erst einmal die Wohltaten vor, die ihm schon zuteil geworden seien, den Titel *rex,* den Titel *amicus,* die zahlreichen Geschenke, alles Ehrungen, mit denen der Senat nicht um sich zu werfen pflege, bekräftigte dann mit Bezug auf die Häduer, daß Rom noch niemals einen Bundesgenossen im Stich gelassen habe, und wiederholte seine alten Forderungen nach Rückgabe der Geiseln, Einstellung aller Feindseligkeiten und Abbruch der germanischen Invasion.

Ariovist zeigte sich bei dem Wortgefecht seinem großen Gegner gewachsen. Er argumentierte mit entwaffnender Logik und polemischer Schärfe.

»Die Freundschaft des römischen Volkes muß mir zur Ehre und Sicherheit dienen, nicht aber zum Schaden, und in dieser Erwartung hatte ich mich darum beworben ... Wenn ich Germanen nach Gallien hinüberführe, so tue ich das zu meiner Sicherheit, nicht zur Bekämpfung der Gallier. Das wird durch die Tatsache bewiesen, daß ich nur auf ihre Bitten gekommen bin und keinen Angriffs-, sondern nur einen Verteidigungskrieg geführt habe. Ich bin früher nach Gallien gekommen als die Römer. Noch niemals bisher sind römische Heere über die Grenzen ihrer Provinz Gallien vorgestoßen. Was eigentlich hat dich, Cäsar, dazu bewogen? Was willst du in einem Gebiet, das allein mir untertan? Dieses Gallien hier ist meine Provinz, so wie das andere Gallien euch gehört. Wie man es mir nicht verzeihen würde, in euer Gebiet einzufallen, so ist es unrecht von euch, mich in meinem Recht zu beeinträchtigen.«

Die Unterhaltung wurde mit Hilfe eines Dolmetschers geführt. Zwar konnte der Germane Keltisch, die Sprache der Gallier, Cäsar aber wäre es nie eingefallen, sich mit dem in seiner Provinz benutzten Idiom auch nur zu beschäftigen. Auch hierin ganz Römer, ganz Vertreter einer Besatzungsmacht.

Ariovist fuhr fort (und bewies damit, wie sehr er Cäsars eigentliche Motive erkannt hatte): »Nach allem habe ich den Verdacht, daß die sogenannte Freundschaft mit den Häduern nur ein Vorwand ist, um mir zu Leibe zu rücken. Wenn du dich nicht mit deinem Heer zurückziehst, werde ich dich nicht mehr wie einen Freund behandeln, sondern wie einen Feind ... Räumst du dagegen dieses Land und läßt du mir meinen Besitz ungeschmälert, werde ich es dir reichlich vergelten und jeden Krieg für dich führen, ohne daß du dich dem Kriegsungemach und irgendeiner Gefahr aussetzen mußt.«

Soldaten, die sich nichts befehlen liessen

Cäsar ging auf dieses zwar gutgemeinte, aber etwas naive Angebot nicht ein. Die Unterredung fand auch rasch ihr Ende. Einer der Tribunen erschien und meldete, daß die germanische Reitereskorte damit begonnen hatte, ihre Wurfspeere auf die Römer zu schleudern. Was absolut glaubhaft ist, denn germanische Truppenführer hatten von jeher Schwierigkeiten, ihre Leute im Zaum zu halten, allein der Anblick des Feindes reizte sie wie das rote Tuch den Stier. So stürzten sich an der Maas 800 germanische Reiter auf die 5 000 Mann starke römische Kavallerie, ohne auch nur einen Moment zu überlegen, und schlugen sie in die Flucht. Was hier gutgegangen war, ging sonst meist schief, denn mit blindwütigem Drauflosstürmen allein waren Schlachten nur selten zu gewinnen. In diesem Mangel an Disziplin lag, zur Verzweiflung vieler Heerführer, eine große Schwäche germanischer Truppenverbände.

Ariovist zog sich in sein Lager zurück und entsandte immer wieder neue Unterhändler, die eine weitere Unterredung vereinbaren sollten. Der »wilde, schlaue Germane« aber wollte nichts anderes als Zeit gewinnen. Von überall her näherten sich Verstärkungen – eine größere Abteilung hatte die Mündung des Mains erreicht –, erst wenn sie eingetroffen waren, konnte er die Schlacht wagen. Bis dahin war er bemüht, seine Truppen in der Wagenburg zu halten. Diese Burg auf Rädern diente den Germanen auf ihren Wanderungen als Lager, im Krieg war sie Aufmarschbasis und Festung zugleich. Zu diesem Zweck wurden die mit Leder bespannten Planwagen in einem Ring aufgestellt und die Deichseln miteinander verkettet. Das war nur bei einigermaßen ebenem Gelände möglich und, denkt man an die schwerfälligen Zugochsen, bestimmt sehr zeitraubend.

Ihr Verteidigungswert war auf jeden Fall wesentlich geringer als der des römischen Feldlagers. War die Schlacht verloren, so konnte die Wagenburg den Flüchtenden keinen ausreichenden Schutz bieten. Noch dazu, da sie lediglich mit Frauen, Kindern und nicht mehr wehrfähigen Männern besetzt war. Sie war auch keine Auffangbasis, aus der heraus ein neuer Vorstoß unternommen werden konnte, wie es die Römer oft aus ihren *castra* taten. Mit Wall und Graben umgeben, wie später bei den deutschen Landsknechten, hätten auch die Wagenburgen ihren Zweck erfüllt, aber dazu hätte man schanzen müssen, Schanzarbeit aber war gleichbedeutend mit Fronarbeit, und zu solcher Arbeit wäre niemand bereit gewesen. Für Verteidigungsmaßnahmen irgendwelcher Art waren die Krieger nicht zu erwärmen. Wenn sie in die Schlacht zogen, wäre ihnen allein der Gedanke beschämend gewesen, daß sie vielleicht in der Wagenburg würden Schutz suchen müssen.

Mit bloßem Herumkommandieren war bei den Germanen wenig getan. Ihre Führer und Unterführer hatten es schwerer als ihre Urenkel, die Offiziere und Unteroffiziere des deutschen Heeres, die auf den eingebleuten Kadavergehorsam der Truppe genauso bauen konnten wie auf das erbarmungslose Militärstrafrecht. Den Kriegern konnte man nicht einfach etwas befehlen, man mußte sie überzeugen. Ihr Gehorsam kam aus dem freien Willen und konnte nicht erzwungen werden.

»Für die Wahl von Königen ist adelige Abstammung ausschlaggebend«, schreibt Tacitus, »für die von Heerführern die Mannhaftigkeit des einzelnen. Die Könige haben keine unumschränkte oder willkürliche Gewalt, und auch die Heerführer leiten mehr durch ihr Beispiel als aufgrund ihrer Befehlsgewalt. Wenn sie rasch, wenn sie hervorragend, wenn sie in vorderster Linie wirken, erwecken sie Bewunderung und verschaffen sich dadurch Gehorsam. Im übrigen ist es ihnen nicht erlaubt, jemanden hinzurichten, in Fesseln zu legen oder auspeitschen zu lassen ...«

Es kam vor, daß Heerführern einfach die Schlacht verweigert wurde, weil man ihnen nichts zutraute oder weil sie niemanden hatten begeistern können. Rhetorisches Talent war deshalb für sie wichtig. Denn vor der Eröffnung der Feindseligkeiten wurden markige Reden gehalten, um die Truppe fest in die Hand zu bekommen und ihre Angriffswut zu entfachen.

Hilfreich bei der Aufrechterhaltung militärischer Disziplin war ein außerordentlich strenger Ehrenkodex, der den Feigen, den Nachlässigen und den Fahrlässigen automatisch aus der Gemeinschaft ausstieß. Allein der Verlust des Schildes während des Kampfes konnte einen Mann ehrlos machen. »Der also Gebrandmarkte darf weder an einer religiösen Feier noch am Thing teilnehmen. Und viele, die heil aus dem Krieg zurückgekommen waren, haben mit dem Strick ihrer Schande ein Ende gemacht.« (Tacitus)

Schlachtruf; Schwert und Schmiedemeister

Die Waffen der Germanen waren, genau wie die Taktik, mehr für den Angriff als für die Verteidigung geschaffen. Brustpanzer und Beinschienen, wie die Römer sie trugen, lehnten sie ab. Sie fühlten sich darin beengt, schwerfällig und an der freien Bewegung gehindert. Außerdem hätte der gewöhnliche Krieger sie sich nicht leisten können. Waffen und Rüstung konnte man nicht einfach wie bei den Römern, die eine regelrechte Rüstungsindustrie unterhielten, in der Waffenkammer empfangen, man mußte selbst dafür aufkommen.

Schutz bot nur der Schild, wenn auch in beschränktem Maße. Er bestand aus Holz, war mit Leder überzogen und mit Eisen eingefaßt. In der Mitte wölbte sich ein eiserner Buckel, der die an der Innenseite in der Schildfessel, einem hölzernen

Griff, steckende Hand gegen Speere und Pfeile schützte. Später wurde aus dem Buckel ein langgezogener Dorn, so daß man zusätzlich eine Stoßwaffe hatte. Manche Stämme bemalten ihre Schilde mit grellen Farben oder schmückten sie mit bunten Bildern. Womit sie einen sprachlichen Begriff schufen, der noch heute fortlebt, und zwar in dem Wort »schildern«: Die Maler *schilderten* ihren Stammesgenossen also etwas, meist Geschichten von großen Männern, berühmten Schlachten, von Fabeltieren und den Göttern.

Kam es während einer Schlacht zu Auflösungserscheinungen, so schloß man sich zu sogenannten Schildburgen zusammen, igelförmigen Gebilden, die nur schwer zu sprengen waren. Und noch eine Funktion hatte der Schild: Er diente, dicht vor den Mund gehalten, als Lautverstärker für den Schlachtruf. Bei Aquae Sextiae ertönte der langanhaltende, immer lauter werdende Schrei »Am – bro – nen!!!«, mit dem dieser Stamm sich in den Kampf stürzte. »Dumpf murrend beginnt er und schwillt mit der Hitze des Kampfes an bis zu dem Getöse der an die Felsen schlagenden Wogen.« Die moralische Wirkung von Schlachtrufen ist uns noch aus jüngerer Zeit bekannt. Der markerschütternde Schrei angreifender Indianer wirkte auf die weißen Siedler lähmend, und deutschen Infanteristen gellte das »Uuuu – rrräääää« der zum Sturm ansetzenden Rotarmisten noch lange durch ihre Träume.

In der rechten Hand des Kriegers lag die Frame, ein 1,80 bis 2,40 Meter langer Speer mit einem Schaft aus Eschenholz und einer zweischneidigen Eisenspitze, der sich zum Wurf und zum Stoß eignete. Die Axt und die eisenbeschlagene Keule fanden sich häufig und galten, da sie leicht herzustellen waren, als »Waffen des kleinen Mannes«. Hinzu kamen Steine und Schleuderkugeln als Wurfgeschosse.

Die Hauptwaffe war das Schwert. In der Bronzezeit noch sehr selten, wurde es in der Eisenzeit allgemein gebräuchlich.

Eisenerz nämlich gab es überall in Deutschland (im Gegensatz zu dem für die Bronze gebrauchten Kupfer und Zinn), und zwar meist in Form von Raseneisenstein. Dieses »Sumpferz« fand sich am Boden flacher Senken, wo es sich aus eisenhaltigem Grundwasser und dem Sauerstoff der Luft gebildet hatte. Mit Hilfe von Holzkohle wurde es in primitiven Schmelzöfen geschmolzen, deren Spuren sich in Form von Schlacken überall in Deutschland nachweisen lassen.

Das Schwert war mehr als nur eine Waffe. Es galt als Symbol kriegerischer Tüchtigkeit, als ständiger Begleiter des Mannes, insofern absolut vergleichbar mit dem Karabiner 98 k der Wehrmacht, der nach dem Wort des ausbildenden Unteroffiziers »die Braut des Soldaten« war und entsprechend behandelt werden mußte. Schwerter wurden von den Waffenschmieden geschmiedet, und die guten unter ihnen waren vielgefragt und weitberühmt. Um ihre Produkte rankten sich Legenden, die den Charakter unseres Jägerlateins hatten.

Der Schmied Wieland zum Beispiel brauchte sein Schwert bloß auf den Helm des prahlerischen Kollegen Annilias zu legen, der gewettet hatte, daß die von ihm gefertigte Rüstung unangreifbar sei, und schon fiel der Mann samt Panzer in zwei Hälften auseinander. Die berühmtesten Schwerter trugen Namen, ihre Klingen waren geätzt, die Griffe mit Einlegearbeiten aus Gold reich verziert, und man vererbte sie vom Vater auf den Sohn.

Aus den Grabfunden weiß man, wie die Schwerter wirklich beschaffen waren. Das Material war schlecht, von spröder, weichlicher Beschaffenheit, die Klingen wurden rasch schartig und stumpf, ja verzogen sich sogar. Daß man sie zusammengerollt oder -gefaltet in Graburnen legen konnte, sagt alles über ihre Qualität. Die erwähnten »Wunderschwerter« müssen also ganz große Ausnahmen gewesen sein, oder sie waren durch die noch nicht weitverbreitete Kunst des »Damaszierens« den normalen Produkten überlegen.

Sich mit den Waffen zu üben, blieb jedem einzelnen überlassen. Es gab keine regelrechte Ausbildung mit Waffendienst und Exerzieren, wie es die Legionäre kannten. Die kriegserprobten Alten lehrten die Jungen, und was sie ihnen nicht beibringen konnten, das lernten sie auf Fehden und Beutezügen, von denen es so viele gab, daß sie jede Manöverübung ersetzten. Was die Güte und Beschaffenheit der gesamten Ausrüstung betraf, waren sie den Römern weit unterlegen. Cäsar bestätigte das, als er sich in einer letzten Ansprache an die Legionen wandte, um ihnen den Germanenkomplex endgültig auszureden. »... das wenigstens weiß doch jeder, daß wir am ganzen Körper durch unsere Panzerung geschützt sind, während die Barbaren größtenteils nackt sind, und daß wir nach den Regeln der Kriegskunst und in fester Schlachtordnung kämpfen, während jene auf alles in blinder Kampfeswut und in ungeordneten Haufen losstürzen.«

Ein antiker Prinz von Homburg wendet das Schlachtenglück

Was die Regeln der Kriegskunst betraf, so sollte Cäsar in der elsässischen Ebene sehr rasch erfahren, daß die Barbaren dazugelernt hatten und in Ariovist einen Führer besaßen, den man nicht ungestraft unterschätzte. Durch ein blitzschnelles taktisches Manöver sah er sich plötzlich ausgetrickst: Der Feind war, gedeckt durch seine Kavallerie und unter raffinierter Ausnützung des Geländes, dicht an ihm vorbeigezogen, hatte sich ihm in den Rücken gesetzt und damit den gesamten Nachschub aus der Etappe unter Kontrolle. Eine Umgehungsbewegung, die bis in unsere Zeit die genießerische Hochachtung aller Militärs fand. Selbst Napoleon soll davon geschwärmt haben, als er auf St. Helena seine »Übersicht der Kriege Cäsars« diktierte.

Man hatte Cäsar das Gesetz des Handelns aufgezwungen, und das war etwas, was er nicht gewöhnt war. Er mußte jetzt versuchen – wegen der bedrohlich werdenden Verpflegungslage –, den Gegner mit allen Mitteln zu stellen. Fünf Tage hintereinander ließ er seine Truppen vor dem feindlichen Lager in Schlachtordnung aufmarschieren, um ihn zum Kampf zu zwingen – vergeblich. Ariovist ließ sich nicht provozieren. Sein Plan war es, die Römer zum Rückzug zu veranlassen, um dann die Marschkolonne zu überfallen, die wegen ihres schwerfälligen Trosses tödlich verwundbar war. Bis dahin begnügte er sich, seine Doppelkämpfer vorzuschicken, eine Spezialtruppe, gemischt aus Reitern und Kämpfern zu Fuß, die praktisch die Kampfweise der modernen Panzergrenadiere vorwegnahmen. Sie deckten sich gegenseitig, stießen gemeinsam vor – wobei der zu Fuß gehende in die Pferdemähne griff und sich mitziehen ließ –, zogen sich ebenso rasch zurück, fochten abwechselnd aufgesessen und abgesessen. Die Römer, die ihnen nichts Gleichartiges entgegenzusetzen hatten, erlitten von Tag zu Tag empfindlichere Verluste, und die Lage wurde für sie unhaltbar.

Was das Genie Cäsars als Feldherr ausmachte, war, neben seinem Organisationstalent, seinem psychologischen Geschick, seiner Verachtung von Routine und Tradition, die Fähigkeit, auch den schönsten Feldzugsplan sofort fallenzulassen, wenn die Umstände ihn untauglich gemacht hatten, und der neuen Situation mit neuen Mitteln zu begegnen. Genau das tat er auch hier, indem er mit seiner Hauptstreitmacht das Lager verließ, 600 Schritte hinter dem Ort, wo die Germanen standen, ein zweites befestigtes Lager aufschlagen ließ, zwei Legionen dort stationierte und mit den restlichen vier in die Basis zurückmarschierte. Damit hatte er den Nachschubweg wieder geöffnet und das feindliche Lager von zwei eigenen flankiert.

War Ariovists Schachzug kühn gewesen, so war Cäsars genial.

Dieses Patt drängte zum alles entscheidenden Treffen. Nachdem Ariovist vergeblich versucht hatte, das kleine Lager im Sturm zu nehmen, und genauso vergeblich auf das Eintreffen der Verstärkung gewartet hatte, trat er im Morgengrauen aus seiner Wagenburg heraus und stellte seine Krieger, nach ihren Stämmen geordnet – Sweben, Haruden, Markomannen, Triboker, Wangionen, Nemeter, Sedusier –, in gleichen Abständen voneinander auf. Auf den Wagen zurück blieben die Frauen, die ihre Männer mit ausgebreiteten Armen unter Tränen anflehten, sie nicht als Sklavinnen in die Hände des Feindes fallen zu lassen.

Die Krieger formierten sich zu Angriffskeilen. Der Keil oder Eberkopf war ihre bevorzugte Schlachtordnung. An seiner Spitze standen die am besten bewaffneten Leute, und das waren gleichzeitig die Edlen, die Besitzenden. Die Flanken des Keils wurden durch die dicht aneinander gehaltenen Schilde gedeckt, so daß ein solches Gebilde wie ein riesiger gepanzerter Drache gewirkt haben muß. Seine Form entsprach dem Grundgedanken germanischer Strategie: die gegnerische Front in rammstoßartiger Offensive zu durchbrechen. Gelang das, so gab erst die Bruchstelle nach und anschließend die ganze gegnerische Schlachtordnung. Mißglückte der Durchbruch, dann allerdings war die Gefahr, von den feindlichen Flügeln umgangen und vernichtet zu werden, riesengroß. Der Keil ist eine reine Angriffsformation, hatte doch die Defensive im Denken der Germanen keinen Raum.

Bei der Schlacht im Elsaß 58 vor Christus war der Zusammenprall der beiden Heere so heftig, daß keines von ihnen dazu kam, seine Speersalven abzufeuern, sondern sofort in den Nahkampf übergehen mußte. Das Gros der germanischen Angriffskeile blieb stecken, die Masse der Krieger quoll nach vorn, verflachte sich zur Phalanx. Bald konnte von einer Formation keine Rede mehr sein, es kam zu einem regellosen Kampf Mann gegen Mann, Cäsars Garde, die berühmte zehnte Legion, drückte den linken Flügel der Germanen langsam zurück, auf der rechten Seite aber war es umgekehrt, hier war der Rammstoß gelungen, die Legionäre wurden geworfen, die Sweben steigerten sich in eine berserkerhafte Wut, in jenen bei den Germanen häufig zu beobachtenden ekstatischen Kampfesrausch, der sie unempfindlich machte gegen Strapazen und Schmerzen (sie aber auch um so schneller erschlaffen ließ).

Cäsar schien seine erste Schlacht in Gallien zu verlieren, doch das Glück, das er so oft beschworen hatte und das für ihn gleichbedeutend war mit dem Zufall, dieses Glück ließ ihn auch diesmal nicht im Stich. Es griff ein zu seinen Gunsten in Gestalt eines jungen unbekannten Reiterführers namens Publius Licinius Crassus, der, einem antiken Prinzen von Homburg gleich, die ihm unterstellte Reserve, ohne dazu einen Befehl bekommen zu haben – ein schweres militärisches Vergehen –, an den bedrohten Flügel warf und das Treffen entschied. So bravourös die Germanen ihre Angriffe vortrugen, in der Defensive waren sie hilflos, kannten keine Auffangstellungen, bildeten nie strategische Reserven, konnten keine geordneten Rückzüge organisieren. Auch diesmal flüchteten sie kopflos, zäh verfolgt von den römischen Reitern, die sie am Ufer des nahen Rheins stellten oder sie in die reißenden Wasser trieben. Das Kriegsrecht war auf beiden Seiten barbarisch: Tote Feinde plünderte man aus und ließ sie den Raben, Wölfen und wildernden Hunden zum Fraß. Gefangene Feinde wurden als Sklaven verkauft. Verwundeten Feinden gab man den Gnadenstoß. Antike Autoren berichten von 80 000 gefallenen Germanen, was man als die übliche Übertreibung abtun kann, denn ein Sieg schmeckt um so köstlicher, je höher die Zahl der Gegner ist. Sorgfältige Berechnungen, die die Zahl der germanischen Siedler in Beziehung zu den Wehrfähigen setzten, haben ergeben, daß Ariovist über 12 000 Doppelkämpfer und 16 000 Fußsoldaten verfügte, den sechs römischen Legionen (eine kriegsstarke Legion sind etwa 6 000 Mann) also weit unterlegen war.

Ariovist gelang es, mit Hilfe eines Bootes über den Rhein zu entkommen. Eine seiner Töchter und seine germanische Frau wurden niedergemacht, auch seine zweite Frau, die Keltin, kam um. Er selbst lebte noch vier Jahre in seiner Heimat auf rechtsrheinischem Gebiet. Als ein Mann, dem die Niederlage nichts hatte von seinem Ansehen nehmen können und dessen Tod in ganz Germanien betrauert wurde.

So wenig wir über diese erste greifbare Gestalt unserer Geschichte wissen, eines wird klar aus der Überlieferung: Er war kein bloßer Haudegen, sondern in ihm vereinte sich strategische Begabung mit dem Kalkül des Politikers und der Weitsicht des Staatsmannes. Sein Ziel, ein germanisches Reich auf gallischem Boden zu gründen, hat er nicht erreicht. Obwohl er es klüger angefangen hatte als seine Vorgänger, indem er die Verbindungen zu seinem Stammland nie hatte abreißen lassen. Denn das Gros seiner Leute schickte er während des Winters, in dem die Kriege damals grundsätzlich ruhten, zurück in die rechtsrheinischen Gebiete, also praktisch auf einen langmonatigen Heimaturlaub. Ariovists Pech war es, oder wenn man es größer will, seine Tragik, auf einen Cäsar zu treffen. Daß Einäugige zu Königen wurden unter Blinden, geschah häufiger in der Geschichte, seltener, daß ein großer Mann an einem noch größeren scheiterte.

Die Schlacht, die der Germanenfürst verlor und von der niemand genau weiß, in welcher Gegend des Elsaß sie stattgefunden hat – bei Belfort? bei Mühlhausen? –, diese Schlacht gehört in die geschichtliche Kategorie des Was-wäre-geschehen-wenn. Es scheint müßig, solchen Spekulationen nachzuhängen, und doch gab es immer wieder Auseinandersetzungen zwischen Völkern, bei denen Sieg oder Niederlage das Schicksal vieler Generationen bestimmten.

Wenn Ariovist der Sieger gewesen wäre, hätte es vielleicht kein romanisches Frankreich gegeben, sondern ein germanisches, hätte man zwischen Rhein und Atlantik nicht französisch gesprochen, sondern deutsch, wäre der Rhein nicht Deutschlands Grenze geworden und jene germanische Flut, die erst mit der Völkerwanderung aufbrauste, bereits damals über Westeuropa hinweggefegt. Wem solche Gedanken behagen, der sollte sich vorher den Kommentar des Historikers Ludwig Schmidt zu Gemüte führen. Er registriert nüchtern: »Der Sieg Cäsars entschied die Frage, welcher der benachbarten Nationen die Führung Galliens anheimfallen sollte, zugunsten der Römer. Daß es so gekommen ist, wird man auch vom deutschen Standpunkt aus kaum zu beklagen haben. Noch waren die Germanen politisch nicht reif genug, um eine solche Mission zu erfüllen. Sie mußten erst eine langjährige Entwicklung, nicht zum wenigsten in der Schule der Römer, durchmachen, um staatsschöpferisch für die Zukunft zu wirken.

Ihre Kräfte, der Heimat entzogen, hätten sich damals zersplittert, wären nutzlos zugrunde gegangen. Und wenn wir heute noch von den Errungenschaften der antiken Kultur zehren, so haben wir es wesentlich dieser Fügung des Schicksals zu verdanken. Die griechisch-römische Zivilisation hätte ihre Wirkungen nicht bis auf die Nachwelt auszuüben vermocht, wären ihr nicht neue Gebiete erschlossen worden, und gerade Gallien hat sich von allen Provinzen des römischen Reiches als der fruchtbarste Boden erwiesen, auf dem sie sich weiterentwickeln ... konnte.«

Der Antrag des Marcus Porcius Cato, Cäsar den Germanen auszuliefern

Cäsar hatte auf der ganzen Linie triumphiert, aber er kostete seinen Triumph nicht aus. Der Gefahr, in der Stunde des Sieges hochfahrend und maßlos zu werden, ist er nie erlegen. Er war, wie Mommsen bemerkt, vielleicht der einzige unter den Gewaltigen, der den staatsmännischen Takt für das Mögliche und Unmögliche bis an das Ende seiner Lautbahn sich bewahrt hat und nicht gescheitert ist an der Aufgabe, die für großartige Naturen von allen die schwerste ist: auf der Zinne des Erfolges dessen natürliche Schranken zu erkennen.

Er hätte kraft seines totalen Sieges die von Ariovist in Gallien angesiedelten Stämme um Straßburg, Speyer und Worms mit Stumpf und Stiel ausrotten können oder sie dorthin zurückjagen, woher sie gekommen waren. Aber er zog hier wie überall die überwundenen Feinde den zweifelhaften Freunden vor und beließ sie in ihren neuen Sitzen. Unter der Bedingung allerdings, daß sie die Rheingrenze gegen jedermann verteidigten, auch gegen ihre eigenen Landsleute.

Die Triboker, Wangionen und Nemeter, wie die Stämme hießen, unterzogen sich dieser Aufgabe mit der den Germanen, und späteren Deutschen, eigentümlichen Zuverlässigkeit. Trotz des Gefühls einer gewissen Zusammengehörigkeit waren die schlimmsten Feinde der Germanen – immer die Germanen. In den folgenden Jahrhunderten stellten sie den Römern jene Truppen, mit denen allein man die anstürmenden germanischen Völkerschaften besiegen konnte: germanische Truppen. Zwist und Zwietracht, negative Eigenschaften, von denen kein Volk in seiner Geschichte verschont blieb, trieben bei ihnen die größten Blüten.

Wenn Cäsar geglaubt hatte, mit der Schlacht im Elsaß die Germanengefahr für einige Zeit gebannt zu haben, so wurde er rasch eines Besseren, in diesem Fall eines Schlechteren, belehrt. Bereits zwei Jahre später kam es zu einer neuen Invasion. Die Usipeter (der Name wird auf der zweiten Silbe betont) und die Tenkterer setzten an der Rheinmündung in so ungeheurer Zahl auf das linke Ufer über, daß sich unter der römischen Besatzungsmacht die größte Unruhe verbreitete, die besetzten Gallier dagegen neue Hoffnung schöpften. Den Teufel, die Römer, mit dem Beelzebub, den Germanen, auszutreiben, war zwar ein gefährliches Unterfangen, aber es blieb ihnen kaum eine andere Wahl. So begannen sie, Verhandlungen anzuknüpfen. Mit dem Ziel, getrennt zu operieren, aber vereint zuzuschlagen, wenn es gegen den gemeinsamen, gehaßten Feind ging. Cäsar war, unterrichtet von seinem vorzüglichen Nachrichtendienst, bald informiert, wie groß die Gefahr eines allgemeinen Aufstandes war. Er kannte die Gallier, er hielt sie für wankelmütig, anfällig für jedes neue Gerücht, prägte direkt das Wort von der »gallischen Unzuverlässigkeit«.

Er hatte nicht die Absicht, das mit so viel Legionärsblut errungene Land wieder aufzugeben, alle seine zukünftigen Pläne aufs Spiel zu setzen, und so brach er, sobald die Jahreszeit es gestattete, mit seiner gesamten Armee in Richtung Norden auf.

Er verfügte inzwischen über acht Legionen, das waren vier mehr, als ihm der Senat gestattet hatte, aber seine Erfolge waren die stärkeren Argumente, und Rom war weit. Hinzu kamen 5 000 gallische Reiter, von deren Kampfkraft er nach wie vor nicht überzeugt war, auf die er aber trotzdem nicht verzichten wollte. Er hätte es tun sollen, denn dieses Hilfskontingent löste eine Kettenreaktion aus, an deren Ende ein Kriegsverbrechen stand, das Cäsars Ansehen selbst vor seinen Landsleuten befleckte.

Nach einigen Tagesmärschen war er auf die feindliche Vorhut gestoßen. Es wiederholte sich, was sich stets ereignet hatte, wenn Germanen auf Römer stießen, sie griffen nicht an, sondern schickten Gesandte. Fast überflüssig zu betonen, daß auch die Gesandten der Usipeter und Tenkterer wieder jene alte Forderung vortrugen, der wir schon so oft begegnet sind: Sie verlangten Land, um sich ansiedeln zu können. Wie gehabt, wollten sie es nicht umsonst, sondern boten dafür das einzige, was sie im Überfluß besaßen: kriegerische Tüchtigkeit. Sie fügten hinzu, daß sie nicht aus Übermut gekommen seien, sondern gegen ihren Willen, vertrieben von den Sweben, dem einzigen Volk, das sie fürchteten, könnten sich doch nicht einmal die unsterblichen Götter mit denen messen. Was nichts anderes war als eine phantastische Ausrede, um die von den eigenen Landsleuten bezogenen Prügel zu kaschieren.

Cäsar hakte auch sofort dort ein, als er ihnen vorwarf, daß es nicht in Ordnung sei, wenn Leute Land forderten, die ihr eigenes Gebiet nicht hätten verteidigen können. Im übrigen sei kein Siedlungsgrund frei in Gallien, der ihnen gegeben werden könnte, ohne das Recht anderer zu verletzen. Schließlich machte er ihnen einen Vorschlag, aber nicht zur Güte, sondern um sie möglichst ohne Blutvergießen loszuwerden. Er durfte sich diese Laus nicht in den Pelz setzen, zum einen wegen der Gallier, zum anderen, weil er kein Beispiel geben wollte, denn würde er diesem Stamm die Ansiedlung in Gallien gestatten, so würden andere dasselbe Recht für sich in Anspruch nehmen. Er schlug ihnen deshalb vor, wieder über den Rhein zu gehen und sich bei den romfreundlichen Ubiern niederzulassen, die ein paar starke Arme gebrauchen könnten; er selbst würde es den Ubiern befehlen. Die Ubier saßen damals zwischen Main und Sieg, bis Augustus sie auf die linke Seite des Rheins evakuierte (womit sie bekanntlich zu den Vorfahren der Kölner wurden).

Die Gesandten der Usipeter und Tenkterer verlangten drei Tage Bedenkzeit, um ihren Völkern den Vorschlag zu übermitteln, und baten gleichzeitig, daß Cäsar innerhalb dieses Zeitraums nicht weiter vorrücken möge. Der Prokonsul lehnte ab. Er wußte, daß die Germanen ihre Reiter zum Requirieren von Getreide über die Maas geschickt hatten und glaubte, sie brauchten den Aufschub nur, um deren Rückkehr abzuwarten. Wenig später kamen die Gesandten wieder und brachten das Einverständnis ihrer Führer. Verbunden mit der erneuten Forderung nach Einstellung des Vormarsches, denn nun müßten sie sich erst einmal mit den Ubiern in Verbindung setzen.

Das alles klang vernünftig, logisch und war absolut ehrlich gemeint. Cäsars Verdacht aber, übers Ohr gehauen zu werden, wuchs. Seine Erfahrungen auf den Kriegsschauplätzen Asiens und besonders Galliens hatten ihn gelehrt, niemandem zu trauen. Er konnte sich einfach nicht vorstellen, daß diese Wilden genau das sagten, was sie meinten, während dies bei seinen bisherigen Gegnern nie der Fall gewesen war.

Von nun an überstürzen sich die Ereignisse. Die 800 germanischen Reiter, der Rest der über den Fluß gezogenen Hauptmacht, treffen auf die 5 000 Mann starke gallische Kavallerie, ziehen augenblicklich blank, greifen ohne Befehl an, können auch von ihren Führern nicht zurückgehalten werden. Cäsar fühlt sich in seinem Argwohn bestätigt, und als am anderen Morgen die Fürsten und Ältesten der beiden Stämme in seinem Lager erscheinen, um sich wegen des Übergriffs zu rechtfertigen, läßt er sie in Ketten legen und das Tubensignal blasen. »Alarm! Zu den Waffen!«

Was nun folgt, ist keine Schlacht, sondern ein Schlachten, ist eine erbarmungslose Menschenjagd. Die Usipeter und Tenkterer, die mit einem Angriff nicht rechnen konnten, solange ihre Parlamentäre bei den Römern waren, wurden in ihrer Wagenburg eingeschlossen. Ihrer Führer beraubt, reagierten sie kopflos, panisch, wurden zur leichten Beute der Legionäre. Das Blutbad endete erst, nachdem alle Krieger getötet, alle Frauen und Kinder niedergemetzelt, die Fliehenden in den Fluß getrieben waren.

Auch wenn man bedenkt, wie unvorstellbar grausam die Kriegsführung im Altertum war, daß Begriffe wie »Völkerrecht« und »Schonung der Nichtkombattanten« unbekannt waren, Cäsars Verhalten war dennoch ungewöhnlich.

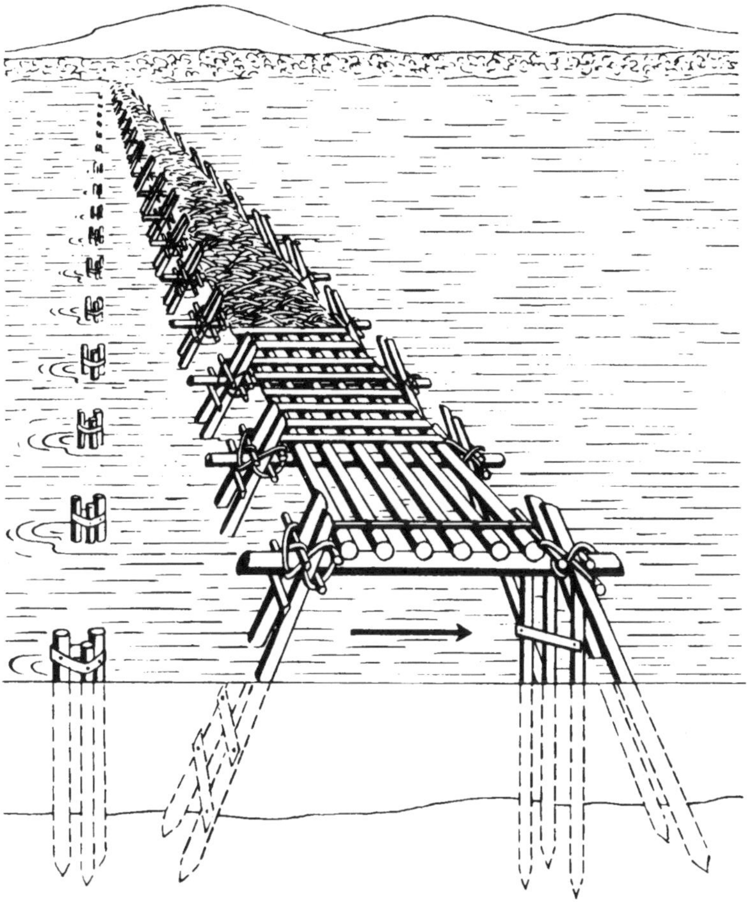

So hat sie ausgesehen: Die erste Brücke über den Rhein, die Cäsar errichten ließ, war ein Meisterwerk der Technik.

Vor allem hatte er gegen einen der vornehmsten Grundsätze altrömischer Religion verstoßen, daß fremde Gesandtschaften heilig und unverletzbar sind. So kam es zu einem Antrag im Senat, der in der römischen Geschichte ohne Beispiel ist.

Gewährsmann Plutarch berichtet darüber: »Als Cäsar ins Land kriegerischer Völker einfiel und sie tollkühn besiegte, es aber kund wurde, daß er Germanen angriff und 300 000 niedermachte, obgleich er mit ihnen einen Vertrag geschlossen hatte, waren einige Senatoren dafür, daß das Volk für solch gute Botschaft Dankopfer bringen sollte. Cato dagegen stellte den Antrag, Cäsar den tückisch Betrogenen auszuliefern und nicht die Strafe für den Frevel ... auf die Bürgerschaft fallen zu lassen. ›Laßt uns lieber‹, so rief er aus, ›den Göttern opfern, damit sie nicht wegen des Wahnsinns und der Ruchlosigkeit des Feldherrn uns alle mit ihrem Zorn heimsuchen!‹«

Flammen am Horizont

Das war in der Tat ein ungeheuerlicher Vorgang, der uns zeigt, wie stark das römische Gefühl von Treu und Glauben, die *fides Romana,* hier verletzt worden war. Manche Historiker, darunter kein Geringerer als Leopold von Ranke, gehen soweit zu behaupten, daß Cäsars böse Tat »nichts anderes als die bitterste Feindseligkeit in den Germanen erweckt und jahrhundertelang die westliche Welt in Entzweiung gehalten hat«. Wenn das übertrieben sein mag, fest steht, daß der Prokonsul selbst kein reines Gewissen hatte. Das beweist die Umständlichkeit, mit der er in seinen Kommentaren zum Gallischen Krieg auseinandersetzt, wie hinterlistig, wie betrügerisch die Barbaren, einschließlich ihrer heuchlerischen Gesandten, gewesen seien, und daß er nicht anders habe handeln können. Die Vernichtung der Usipeter und Tenkterer verschaffte den Römern eine Atempause. Mehr nicht. Die germanische Grenze blieb eine blutige Grenze. Die Legionäre, die am linken Rheinufer Wache hielten, sahen in den langen Nächten die Flammenzeichen am jenseitigen Horizont, und vielleicht mögen sie geahnt haben, welche unheilvollen

Wetter sich dort zusammenbrauten. Die Dynamik der jugendlichen Stämme drängte nach Entladung, ihre Volkskraft, genährt durch eine immense Fruchtbarkeit, war wie eine Flut, die gegen den Damm des Rheins stärker und stärker anbrandete. Immer wieder setzten kleine und größere Einheiten über den Strom, um Beute zu machen, um römische Truppen zu überfallen, um die Gallier bei den überall aufflackernden Aufständen zu unterstützen. Cäsar sah sich schließlich zu einer beispiellosen Demonstration der Macht Roms genötigt. Um den Germanen zu zeigen, daß sie auch auf ihrem Ufer nicht sicher seien vor ihm, ließ er eine Brücke über den Rhein schlagen. Keine gewöhnliche auf Kähnen und Booten ruhende Brücke durfte es sein, sondern eine kühne Konstruktion; »seiner und des römischen Volkes Hoheit angemessen«, wie er in phantastischem Hochmut schreibt. In nur 10 Tagen bauten ihm seine Pioniere eine Brücke, wie sie in dieser Größe noch nie erstellt worden war. Sie war fast 400 Meter lang, 12 Meter breit, ruhte auf Pfählen, die mit Hilfe von Rammen in den Flußgrund getrieben wurden, und war so konstruiert, daß ihre Festigkeit automatisch mit der Stärke des Wasserdrucks stieg. Unsere Ingenieure haben diesem Bauwerk oft ihre Bewunderung gezollt, unsere Lateinschüler dagegen sie noch öfter verflucht, denn das Kapitel, in dem Cäsar sie beschreibt, strotzt von einer Fülle seltener Vokabeln. Gaius Julius Cäsar blieb nur 18 Tage auf dem anderen Ufer. Er begnügte sich damit, die verlassenen Dörfer der Germanen einzuäschern und ihre Getreidefelder zu verwüsten. Ihnen in das Innere des Landes zu folgen, wohin sie sich zurückgezogen hatten, wagte er nicht.

VI Gespenster im Moor

Ein 2000 Jahre alter Mord?

»Es war im Frühling 1950, am 8. Mai. Der Tag ging zur Neige, aber aus einem goldenen Tor zwischen gewitterblauen Wolken am Westhimmel brach das Sonnenlicht stark und gleichzeitig gedämpft hervor, schien über dem Moor von Tollund im Bjaeldskov Dal und machte in der abendlichen Stille, die nur hier und da von dem blökenden Balzlaut der Heerschnepfe unterbrochen wurde, alles auf eine wundersame Weise lebendig. Auch der Tote tief unten in der umbrabraunen Torfgrube schien wieder Leben zu erhalten.«

Mit diesen Worten, die an stiller Poesie nichts zu wünschen übriglassen, beginnt der dänische Vorgeschichtsforscher Peter Vilhelm Glob seinen Bericht über einen archäologischen Fund, der keine Weltsensation auslöste und doch ein größeres Ereignis für die Forschung war als die Entdeckung so mancher ägyptischen Königsmumie.

Der Mann, der da aus dem Moor auftauchte, wirkte so gegenwarts-, ja lebensnah, daß die beiden Arbeiter, die ihn beim Torfstechen freigelegt hatten, umgehend die Kriminalpolizei in der nahen Kreisstadt Silkeborg benachrichtigten.

»Ein Mord!« meldeten sie aufgeregt den Beamten, »wir haben einen Mord entdeckt. Sie haben ihn erdrosselt, der Strick ist noch am Hals ...«

Die Polizei kam, besichtigte den Tatort eingehend, untersuchte die Leiche gründlich und konstatierte sarkastisch, daß der Mann tatsächlich keines natürlichen Todes gestorben sei – worauf schon der Strick hindeute –, eine Aufspürung und Verfolgung der Täter trotzdem nicht in Frage komme, weil einerseits die Spuren schon ziemlich verwischt, andererseits eine gewisse Verjährung der Tat nicht abzuleugnen sei, sie deshalb den Fall an die Instanz abgebe, die einzig und allein dafür zuständig sei: an die Vorgeschichtsforschung.

Der Tollund-Mann, so hieß er von nun an nach seinem Fundort, konnte nur unter größten Schwierigkeiten seinem Grabe entrissen werden. Man baute um ihn herum unten in der Grube eine Art riesigen Sarg, der die ganze umgebende Torfmasse mit einschloß. Dieser »Sarg« wog schließlich über 20 Zentner. Da der weiche Moorboden den Einsatz eines Kranfahrzeugs nicht zuließ, mußte man die älteste Verlademethode der Weltgeschichte anwenden, die Hauruck-Methode per Menschenkraft. Als die vier Meter Höhenunterschied endlich überwunden waren, ereignete sich etwas, was abergläubische Gemüter zutiefst erregte, weniger abergläubische mit gelindem Zynismus von einem »kleinen Pharaonenfluch« sprechen ließ. Einer der Männer, die an den Stricken gezogen hatten, brach infolge der übermäßigen Anstrengung tot zusammen. »Das Moor dort forderte den einen Mann gegen den anderen. Die alten Götter nahmen einen neuen Menschen im Tausch gegen den Mann aus der Vorzeit.« (Glob)

In Kopenhagen wurde der Tollund-Mann einer gründlichen Untersuchung unterzogen.

Er lag auf der rechten Seite, mit angezogenen Knien, in »natürlicher Schlafstellung«, wie das heißt. Der Oberkörper war, bis auf einige Stellen an Brust und Schultern, mit Haut bedeckt, der linke Hüftknochen lag frei, auf dem Rücken trug er die Spuren der scharfen Torfspaten, die Geschlechtsteile waren gut erhalten, dasselbe galt für die inneren Organe, Herz, Leber, Nieren, Lunge. Das Gehirn war zwar geschrumpft, doch ebenfalls in einem erstaunlich guten Zustand.

Eine Sektion des Magens, des Dünn- und Dickdarms gab ziemlich genauen Aufschluß über die Henkersmahlzeit des Mannes, einen Brei aus Gerste, Leinsamen, Knöterich, durchmengt mit den Samen zahlreicher anderer Unkrautpflanzen. Er hatte sie mindestens 12 Stunden vor seinem Tod zu sich genommen.

Das Haar war kurz geschnitten, Kinn und Oberlippe trugen kurze Bartstoppeln, wie sie Männern nach dem Tod noch wachsen. Sie ließen erkennen, daß man den Tollund-Mann vor seinem letzten Gang sorgfältig rasiert hatte. Die nach hinten spitz zulaufende Mütze, die er trug, war aus Leder und mit einer Schnur unter dem Kinn festgebunden, auch der um den Leib geschlungene Gürtel war aus Leder. Ansonsten war er total nackt.

Um den Hals lag jener doppelt geflochtene Strick, der die beiden Arbeiter die Kripo hatte benachrichtigen lassen. Als Schlinge zog er sich um den Kehlkopf, und es gab nicht den geringsten Zweifel, daß er dazu gedient hatte, den Mann vom Leben zum Tode zu befördern. Ob das auf dem Wege des Erhängens oder des Erdrosselns geschehen war, ließ sich nicht hundertprozentig entscheiden. Da die Halswirbel nicht gebrochen waren, ist eher Erdrosseln anzunehmen.

Auffällig schien, daß die rechte Seite des Toten, also die Seite, auf der er lag, am besten erhalten war. Sie war mit der Humussäure des Moorwassers am stärksten in Berührung gekommen, und das war gleichzeitig der Grund der guten Konservierung. Die Huminsäuren unserer Hochmoore hindern die Mikroorganismen weitgehend daran, das zu tun, was sie in normalen Böden mit Leichen tun: sie langsam aufzufressen. Die Sauerstoffarmut wirkt zusätzlich konservierend.

»Hölzer behalten ihre Form und ihre Abmessungen, Hieb- und Schnittspuren sehen bei der Bergung so aus, als habe man sie gerade eben angebracht. Im Hochmoortorf bleiben Haare, Wolle, Finger- und Zehennägel, Krallen, Hufe, Häute und Felle fast unverändert erhalten. So können Leichen beinahe so wiedergefunden werden, wie sie vor Jahrhunderten eingebettet wurden. Knochen werden allerdings entkalkt und, wenn sie nicht von Körperhaut geschützt wurden, völlig aufgelöst.«

Der günstigen chemischen Zusammensetzung des Hochmoors ist es zu verdanken, daß wir uns von unseren Vorfahren ein Bild machen können, wie es uns weder literarische Beschreibung noch bildende Kunst hat überliefern können. Sie treten uns in einer Lebendigkeit gegenüber, die erschreckend und unheimlich zugleich ist. Das wird besonders deutlich, wenn man sie mit den ägyptischen Mumien vergleicht, in deren zerstörten Gesichtern jede Individualität ausgetilgt ist. Sie vermitteln kaum den Eindruck, daß sie einst blutvollen, lebenden, atmenden Menschen gehört haben.

Wie anders dagegen die Moormenschen. Wer einem von ihnen in den Museen einmal begegnet ist, und der Ausdruck »Begegnung« scheint hier angemessen, wird verstehen, warum selbst die als »knochentrocken« verschrienen Vorgeschichtler hier ihre strenge Contenance verlieren.

»Es ist das Gesicht eines schlafenden Menschen«, schreibt Palle Lauring über den Mann von Tollund, »eines Menschen, der soeben die Augen geschlossen hat und einen Moment schlummert ... Wir glauben nicht an seinen Tod. Noch steckt lebendiges Menschsein hinter dem warmen, feinen Humor des Gesichts. Nach einem Weilchen wird er aufwachen. Er hat nur geschlafen – 2 000 Jahre lang ... Es ist ein so vornehmes, seelenvolles Gesicht, daß man unter römischen Portraitbüsten und unter den besten Portraits der Renaissance lange nach einem so menschlichen, so lebendigen und so gegenwartsnahen Antlitz suchen wird. Die Archäologie steht hier einmal still. Nicht aus falscher Pietät und nicht aus Ungewißheit über Art und Charakter des Fundes, aus Gewißheit vielmehr: Dies ist nicht nur ein Fund, ein Museumsgegenstand, nicht nur ein Stück, das typologisch, rassisch und physiologisch untersucht werden muß – es ist ein Mensch.«

Götter der Tiefe

Wer war dieser Mann, der da gespenstergleich aus dem Moor von Tollund auftauchte? *Warum* hat man ihn getötet? *Wann* hat er gelebt?

Zur Beantwortung der letzten Frage eignet sich wieder die Pollenanalyse, da sich in den Mooren der Blütenstaub infolge des Luftabschlusses besonders gut und in eindeutiger Schichtung erhalten hat. Daß die winzigen mit einer Wachsschicht überzogenen Körner überhaupt die Jahrhunderte und Jahrtausende überdauerten, ist schon staunenswert. Durch das Mikroskop kann man genau erkennen, welches Körnchen zu welcher Pflanze gehört, denn jedes hat seine ganz bestimmte Form.

Die Waldgeschichte Mitteleuropas in der Nacheiszeit konnte man auf diese Art genau zurückverfolgen und eine Art Waldkalender entwickeln. Findet man in einer Torfschicht besonders viele Pollen der Eiche, weiß man, daß man sich in einer bestimmten Epoche der Bronzezeit befindet, während die Häufung von Tannen- und Buchenpollen bereits auf den in der Eisenzeit eingetretenen Klimawechsel hinweist, der diese Bäume begünstigte. Bei der Entdeckung einer Moorleiche braucht man nun bloß die Pollen in der den Leichnam umgebenden Schicht zu analysieren, um mit Hilfe des »Waldkalenders« zu einer ungefähren Zeitbestimmung zu kommen.

Der Tollund-Mann wird in das erste Jahrhundert vor der Zeitrechnung datiert.

Er könnte also ohne weiteres ein Kimber gewesen sein, eine Teutone oder ein Ambrone, ein Angehöriger jener germanischen Völker, die am Ende des zweiten Jahrhunderts vor Christus ihre jütländische Heimat verlassen haben, von denen aber, wie wir zuverlässig wissen, einige Tausend zurückgeblieben waren in der alten Heimat.

Die wegen ihrer Dramatik manchmal unglaublich anmutende Geschichte dieser Stämme bekommt damit eine beklemmende Gegenwärtigkeit. Wer nach Dänemark fährt, sollte Silkeborg in Mitteljütland in seine Route einplanen. Im dortigen Museum findet man den Tollund-Mann. »Von so vielen erreichten uns nur diese wenigen mit ihrem stummen Gruß ... Betrachten wir sie nur als gefundene Gegenstände, so begegnen wir ihrem besonnenen, ironischen Lächeln. Gehen wir zu ihnen als Menschen, so beginnen sie zu reden.« (Lauring)

Zu reden auch darüber, wie ihr Leben endete. Ein Unfall scheidet beim Tollund-Mann angesichts der Stricke aus, ein Selbstmord wegen des Fundorts und der Todesart (Erdrosseln) desgleichen, übrig bliebe nur Hinrichtung oder Opferung.

Das Moor war für die Germanen eine Stätte, an der man den Göttern, seien es die guten oder die bösen, nahe war. Unter der schwärzlich schillernden tückischen Oberfläche wohnten sie, zogen den Wanderer, der sich verirrt hatte, zu sich hinab, verteidigten ihr Reich gegen jeden Eindringling. Nachts kündigten sie von ihrer Gegenwart, wenn über den moderigen Sümpfen der bleiche Schein der Irrlichter schimmerte.

Auch wir, die schrecklich Aufgeklärten, spüren, wenn wir uns in eines der wenigen noch erhaltenen Hochmoorgebiete Schleswig-Holsteins oder Niedersachsens wagen, etwas von dem Unsagbaren-Unnennbaren, was über dieser Urlandschaft zu schweben scheint, und verwenden dafür das Wort »unheimlich«. Den Göttern im Moor, von denen wir nichts Genaues wissen, brachte man Opfer dar: um ihren Segen zu erbitten, um ihren Zorn zu besänftigen, um ihnen zu danken, um drohendem Unheil, wie Mißernten, vorzubeugen.

Man stellte kostbares Geschirr auf der Mooroberfläche ab oder versenkte es in eigens dafür ausgehobenen, mit Flechtwerk umkleideten Gruben; warf Speere, Schwerter, Schilde hinein; Frauen opferten ihre Zöpfe, die sich wiederfanden; Männer ihren besten Rock, den Sonntagsanzug sozusagen, ihre Lederschuhe, Kinder das liebste Spielzeug, junge Mädchen ihre Armreifen, von denen allein im Moor von Smederup an die 300 Stück zutage kamen.

Es fanden sich Wagenräder, Deichseln, ganze prunkvoll verzierte Wagen; Schiffe samt den Rudern; Gefäße mit Butter, Fett, Nüssen, Flachs; Töpfe mit Leibgerichten, wie dem Blutbrot (von dem der Spender mit schöner Selbstverständlichkeit annahm, daß es den Göttern auch schmecken würde); Pflugscharen, Gewandnadeln; kleine bronzene Figuren, meist Frauengestalten mit großen Brüsten und gewaltigen Hinterteilen, was auf Fruchtbarkeitssymbole schließen läßt. Man schlug Hunden den Schädel ein, stach Kälber ab, führte Pferde ins Moor, ließ sie ihr Blut verspritzen. Und auch zum höchsten aller Opfer war man bereit: zur Opferung eines Menschen.

Grausige Menschenopfer

Menschenopfer haben nichts zu tun mit einer hohen oder niedrigen Kulturstufe. Sie kommen bei den Primitiven genauso vor wie in Hochkulturen. Man brachte Sklaven dar, Kriegsgefangene, Jungfrauen aus dem eigenen Volk, den alternden König, kleine Kinder. Die Anlässe – Dank, Besänftigung, Bitte, Erfüllung eines Gelübdes – mögen verschieden gewesen sein, hinter jedem dieser Opfer aber stand das unnennbare Grauen vor jenen Mächten, seien es Götter, Geister, Dämonen, denen man sich tagtäglich ausgeliefert sah.

Der Tod, den die Geopferten erleiden mußten, war oft besonders grausam. Sie wurden erhängt, erdrosselt, ertränkt, man schnitt ihnen die Kehle durch, riß ihnen bei lebendigem Leib die Lungen aus der Brust, weil man dort den Sitz der Seele vernutete, pfählte sie, legte sie unter die Rollen zu Wasser gelassener Schiffe, mauerte sie ein, warf sie in Dornen, schnitt die Rippen heraus, das Herz, folterte sie langsam zu Tode.

Auf einem Bildstein, den man in Lärbro auf Gotland fand, wird ein germanisches Hängeopfer in drastischer Naivität geschildert. Ein Krieger steht mit der Schlinge um den Hals zwischen zwei Bäumen, deren Kronen man zusammengebunden hat. Die Wächter des Hains warten mit erhobenen Schwertern, bis einer der beiden Priester den Strick durchschneidet und die Bäume in ihre normale Stellung zurückschnellen, wodurch der Mann in die Luft geschleudert und durch den Bruch des Genicks getötet wird.

Auf ähnliche Art mögen die Gefangenen gestorben sein, die die Kimbern bei Arausio den Göttern darbrachten, um ihr Gelübde zu erfüllen, das sie vor der Schlacht geleistet hatten: Das grausige Bild der an den Bäumen Aufgehängten ist uns noch in Erinnerung. Über das Gemetzel zu Ehren der Götter nach dem Triumph im Teutoburger Wald wird noch zu reden sein.

Schon dem ersten vornehmen Römer, der den Germanen in die Hände fiel, sollte ein derartiges Schicksal beschieden sein. Es war Valerius Procillus, »ein äußerst tüchtiger und feingebildeter junger Mann«, von Cäsar als Abgesandter zu den Sweben geschickt, von Ariovist aber in Ketten gelegt, weil er ihn für einen verkappten Spion hielt.

Um das Glück bei der Schlacht im Elsaß zu wenden, fragte man, indem man das Los warf, den Gott, ob er das Opfer auf dem Scheiterhaufen anzunehmen bereit sei. Wodan war nicht bereit dazu, vielleicht weil er längst gesehen hatte, daß hier kein Glück mehr zu wenden war. Jedenfalls ließ er durch das Los dreimal mitteilen, den Valerius für eine andere, bessere Gelegenheit aufzusparen. Das rettete ihm das Leben, denn Cäsars Reiter lösten ihn aus seinen Ketten, bevor Wodan es sich anders überlegen konnte.

Daß Menschenopfer »gemeingermanischer Brauch« waren, hat manche Bewahrer unserer Vergangenheit schockiert. Mit ihrer Vorstellung von edlem germanischem Menschentum waren solche barbarischen Akte nicht vereinbar. »Es wäre doch ein seltener Widerspruch«, verwunderte sich einer von ihnen, »wenn die Germanen, bei denen vor anderen Völkern eine reine und geistige Religion blühte, geglaubt hätten, es sei dem göttlichen Wesen wohlgefällig, wenn ihm das edelste Geschöpf zwischen Himmel und Erde geschlachtet werde.«

Ein anderer versuchte 1936 in einer »Zeitschrift für nordisches Wesen und Gewissen« die Bekehrung zum Christentum für diese Entartung der Germanen verantwortlich zu machen, wenn er schreibt: »Zur Zeit werden über germanische Menschenopfer (Gurgel durchschneidende Priesterinnen, nach Strabo usw.) Schulaufsätze und Kirchenschriften gemacht ... Wie aber ist es zu erklären, daß die Bekehrerkirche so gut wie nichts darüber sagt, sich nicht des Sieges darüber rühmt, daß aber Christen von der ›Einführung‹ des Menschenopfers sprechen, daß die christlich getauften Franken am Flusse Po ein großes Menschenopfer an Frauen und Kindern des Feindes begehen, daß die Bau- und Pestopfer, die Kinderkreuzzüge und die Hexenverbrennungen des Mittelalters eine viel größere Disposition zum Glauben an einen durch Hingabe zu versöhnenden Gott (der immer Jahwe ähnlich ist) bezeugen?«

Die Moorarchäologie spricht eine andere Sprache. Aus den ursprünglich 100 Funden von Moorleichen sind inzwischen fast 700 geworden. Die Notzeit des letzten Krieges und der Jahre danach wurde für die Archäologie zur Glückszeit. Durch den Mangel an Kohle erinnerte man sich eines Brennstoffes, den unsere Urväter vornehmlich benutzt hatten, um ihre Herde zu heizen: des Torfes. Beim Abstechen der einzelnen Schichten fand man immer wieder die Relikte, die vor Jahrhunderten und Jahrtausenden dem Moor übergeben worden waren, darunter so viele Moorleichen, daß ein dänischer Vorgeschichtler aus Jütland an das Kopenhagener Nationalmuseum schreiben konnte: »Ich habe heute das Vergnügen, die traditionelle jährliche Moorleiche aus dem Borremose zu übersenden.«

Viele der Toten sind in Kesselmooren gefunden worden, kreisrunden Sumpflöchern von einem Durchmesser bis zu 50 Metern. Sie wirkten durch die sie umgebenden Hänge wie Amphitheater. Die Vorstellung einer dort sitzenden Gemeinde, die den Opferhandlungen zuschaute, drängt sich geradezu auf. Tacitus, der Unumgängliche, wird hier wie so oft von der Archäologie bestätigt, wenn er schreibt: »Im übrigen verträgt es sich nach germanischer Anschauung nicht mit der Hoheit des Himmlischen, die Götter in enge Tempelbauten zu sperren oder menschenähnliche Bilder von ihnen anzufertigen. Sie weihen ihnen Wälder und Haine und rufen jenes geheimnisvolle Wesen mit göttlichem Namen an, das man nur dann schauen zu können meint, wenn man in ehrfurchtsvoller Andacht versunken ist.«

In einem anderen Zusammenhang, bei der Schilderung der in Brandenburg lebenden Semnonen, wird er, was die Opferungen betrifft, noch deutlicher. »Zu einem feststehenden und regelmäßig wiederkehrenden Zeitpunkt versammeln sich die Abgesandten aller blutsverwandten Völker in einem Walde, der nach den Wahrnehmungen der Vorfahren und durch die aus alter Zeit überkommene fromme Scheu als geheiligt gilt. Dort feiern sie ein grausiges und unheimliches Götterfest, das sie im Namen der Gesamtheit mit einem Menschenopfer einleiten.«

Menschenopfer erwähnt er auch, wenn er von dem Kult der Göttin Nerthus spricht, die in einem heiligen Wagen durch das Land fährt, von einem Tuch verhüllt, das nur der Priester berühren darf. »Das gibt fröhliche Tage; festlich geschmückt sind dann all die Orte, denen die Göttin die Ehre ihres Besuchs und ihres gastlichen Verweilens angedeihen läßt. In dieser Zeit ruhen alle Kriege, die Festteilnehmer erscheinen ohne Waffen ... Diesen Frieden und die Waffenruhe wünscht man sich aber nur so lange, bis derselbe Priester die des Verkehrs mit den Menschen überdrüssig gewordene Göttin wieder in den Hain zurückgeleitet hat. Dann wird der Wagen, das Tuch, und, wenn man es wahrhaben will, die Göttin selbst in einem verborgenen See gewaschen. Dabei helfen Sklaven, die auf der Stelle von eben demselben See verschlungen werden. Daher das geheime Grauen und die heilige Ungewißheit, was das wohl für ein göttliches Wesen sein mag, das nur solche schauen dürfen, die dem Tod geweiht sind.«

Die Haine der Götter waren bisweilen mit Wällen umfriedet und mit Flechtzäunen abgegrenzt, so daß eine Art Tempelbezirk entstand. In diesen Bezirken wurden auch die heiligen Pferde gehalten, blendend weiße, herrliche Tiere, die durch keine Arbeit im Dienste der Menschen entweiht waren. Sie galten als Eingeweihte, als Vertraute der Götter, und kannten die geheimsten Gedanken der Himmlischen. Um diese Gedanken zu erkunden, achteten die Priester sorgfältig auf das Schnauben und Wiehern und zogen daraus ihre Schlüsse.

Weiße Rosse inmitten tiefer, grüner Wälder, das ist ein höchst poetisches Bild. Daß darin etwas Geheimnisvoll-Überirdisches liegen kann, behaupten noch heute die Pferdenarren, und wer einmal auf einsamer Waldkoppel einer Gruppe solcher Pferde begegnete, wird dem nicht ganz widersprechen.

Es existierten eine ganze Reihe höherer Wesen, die von der Familie verehrt wurden, sozusagen zum Hausgebrauch, und etliche lokale Gottheiten. Aus den Mooren hat man primitive Holzfiguren geborgen, deren auffälligstes Merkmal in den deutlich markierten Geschlechtsteilen besteht, Bilder von Göttern, die allem Anschein nach für die Fruchtbarkeit des Feldes zuständig waren.

Neben diesen »kleinen« Göttern gab es größere, zu deren Dienst sich mehrere Stämme zusammenschlossen. Der Gottesdienst war damit gleichzeitig bindende Klammer, die auch dann noch hielt, wenn die einzelnen Völker längst nicht mehr in ihren alten Sitzen wohnten. Die Insel der Nerthus in der Ostsee, der Fesselhain der Semnonen im Havel-Spree-Gebiet, das Heiligtum der Wandalen auf dem Berg Zobten waren solche gemeinsamen Kultstätten.

Zu bestimmten Zeiten im Jahr kam man dort zusammen, zu Frühlingsbeginn, wie beim Fest der Fruchtbarkeitsgöttin Nerthus, um Neujahr zur Sonnenwende oder im Herbst beim Dankfest für die Ernte. Die beiden Feste im Frühling und im Winter haben sich, christlich umgeprägt, als Ostern und Weihnachten bis heute erhalten.

Um den Hain wurden Zelte errichtet für die aus allen Himmelsgegenden herbeigeströmten Gläubigen. Im Mittelpunkt stand das Tieropfer. Kühe, Ziegen, Eber, auch Pferde wurden geschlachtet und den Göttern dargebracht. Man war dabei von einem gesunden Materialismus und ließ den Himmlischen nicht alles, der größte Teil des guten Fleisches wanderte zum Festschmaus in die Kochtöpfe. Was dem Gott guttat, mußte auch dem Menschen guttun, glaubte man und hielt es genauso mit dem Rauschgetränk, dem Met: Nach feierlich gebrachtem Trankopfer trank man den großen Rest selber, was häufig, wie die Überlieferung meldet, höchst unfeierlich endete. Auch bei den häuslichen Festen anläßlich der Geburt eines Kindes, der Vermählung einer Tochter, des Todes eines Angehörigen war der Weihetrank, hier meist in Form von Bier, sehr beliebt, so daß man direkt von Kindsbier, von Brautbier oder von Erbbier sprach. Wie sehr die Germanen Bauern waren, zeigt sich besonders in ihrer Religiosität. Der Gott, dem sie dienten, mußte »was taugen«. Man war gern bereit, ihm etwas darzubringen, erwartete aber mit Selbstverständlichkeit ein Gegengeschenk in Form der erbetenen Hilfe. Blieb die Hilfe allzu oft aus, zögerte man nicht, sich einem anderen Gott zuzuwenden, dem des Nachbarstammes zum Beispiel, von dem man unlängst wieder Wunderdinge gehört hatte. Es kam vor, daß man vor einer Schlacht den Gott des Feindes anrief und ihm versprach, seinen Kult anzunehmen, wenn er dafür einen Sieg lieferte.

Der Vielfalt der Stämme entsprach die Vielfalt der Götter. Es gab keine berufsmäßige Priesterkaste, die eine religiöse Tradition hätte fest bewahren und überliefern können. Die germanischen Priester waren ehrwürdige, besonders geachtete Männer, die zu bestimmten Zeiten tätig wurden, bei den Jahresfesten zum Beispiel, vor einer Schlacht, beim Thing. Unter den Göttern herrschte ein ziemlicher Konkurrenzkampf. Jeder versuchte, den anderen auszustechen und an Bedeutung zu überflügeln. Sie waren eben von Menschen geschaffen und deshalb höchst menschlich in ihren Tugenden und Untugenden. Einen gab es, dem es im Laufe der Zeit gelang, sich bei vielen Stämmen durchzusetzen: Wodan. Wodan ist der Sturmgeborene, der auf seinem achtfüßigen Grauschimmel das Heer der Toten nächtens durch die Lüfte führte, von Wölfen begleitet, von Raben umkreist. Noch bis in unsere Zeit ließen die Bauern das letzte Büschel Roggen auf dem Feld stehen, damit sein Pferd etwas zu fressen fand. Er selbst begnügte sich nicht mit solcher Gabe, er forderte Menschen, und man opferte sie ihm in der Hoffnung, daß er die anderen verschone.

Wodan bedeutet Wut, aber nicht nur die Wut des Sturms am Himmel, sondern auch die des Sturms in der menschlichen Brust. »Die Wut jagte nicht nur die Seelen der Toten durch die Nacht, sie herrschte auch in der Seele der Lebendigen, sie rührte auf und riß hoch ... Wenn etwas, so mußte ... diese Fähigkeit des Außersichtretens von einem Gott herstammen.«

Neben Wodan stand Donar, der Donnerer. Erweckte Wodan die Wut, so führte Donar die Hiebe, besiegte Riesen und Unholde, stand den Kriegern bei mit der vernichtenden Wucht seines Hammers, und die Cherusker wußten schon, warum sie gerade ihn auf einem heiligen Berg verehrten. Sein Baum war die Eiche, sein feuerroter Bart glich dem Feuer des Blitzes, und da Donner Regen im Gefolge hat, war er bei allen Bauern höchst beliebt. An den großen Donnerer erinnert noch unser Donnerstag (Donarstag) und verschiedene Donnersberge in deutschen Landen.

Wodan, der Totenführer, Donar, der Gewittergott, Ziu, der Himmelsrichter, und Frija, die Mütterlich-Ehebeschützende, die so gern beim Spinnen sitzt, das sind vier Götter, die über die Stammesgrenzen hinaus verehrt wurden. Wer sich dunkel an seine Schulzeit erinnert, wird jedoch vieles vermissen, was ihm damals als »germanische Religion« beigebracht wurde: Wo bleibt Balders Lichtgestalt, wo der betrügerische Loki, wo der blinde Höd mit dem tödlichen Mistelzweig, wo die Eiswelt Nebelheim, wo Midgard, die Heimat der Menschen, und Asgard, die Götterburg, wo die Weltesche und die Nornen, die die Fäden des Schicksals spinnen?

Dieses vielfältige, bunte Götterpanorama entstammt zum überwiegenden Teil der im 13. Jahrhundert aufgezeichneten Lieder-Edda, einer Handschrift mit Gesängen aus der Wikingerzeit. Das aber ist eine Welt, die sich räumlich und zeitlich von der des heidnischen Germanien in den Jahrhunderten um die Zeitenwende stark abhebt. Und sowenig wie man aus den Sagas, den isländischen Familienchroniken, ein gültiges Bild des germanischen Alltags gewinnen kann, so problematisch wäre es, die Götter der Lieder-Edda für gemeingermanisch zu erklären. Denn: »Was der Norden überlieferte, ist größtenteils Dichtung ..., und diese Dichtung ist entstanden – zumindest aber aufgezeichnet und in ihre endgültige Form gebracht – *nach* der Einführung des Christentums.«

Grütze à la Germania

In einem von sanften Hügeln umgebenen Kesselmoor entstieg ein anderer Moormensch seiner nassen Gruft: Er lag knapp 20 Kilometer von Tollund entfernt und Fundort wie Todesart sprechen dafür, daß auch er geopfert wurde. Ein fachmännischer Schnitt von Ohr zu Ohr hatte ihm Gurgel und Halsschlagader durchtrennt, was einen besonders starken Blutstrom zur Folge hat, und Blut war es, das man den Göttern weihen wollte und woraus man auch weissagte.

Was den Toten von Grauballe mit dem aus Tollund verbindet, sind körperliche Merkmale, die darauf schließen lassen, daß es sich bei beiden nicht um Sklaven oder Angehörige der unteren Schichten handeln konnte. Die Papillarlinien auf den Handflächen des Grauballe-Mannes zum Beispiel waren so gut erhalten, die ganze Hand so gepflegt, die Nägel wie manikürt, daß sie kaum jemals mit schwerer körperlicher Arbeit in Berührung gekommen sein konnten. Es waren Edle, Angehörige der bäuerlichen Oberschicht, die ihren letzten Gang ins Moor angetreten hatten.

Warum gerade sie dazu auserwählt wurden und auf welche Weise, läßt sich nur vermuten. Lauring meint, daß man bei schweren Hungersnöten oder anderen besonders lebensbedrohenden Umständen bereit war, selbst den Fürsten zum Opfer zu bringen. »Man sandte ihn zu den Göttern, damit er mit seiner Macht ins Gericht mit ihnen ginge. Oder er ging selber; er ließ sich opfern, weil es seine Pflicht war, alles für sein Volk zu tun.« Ebenso wäre ein Losentscheid denkbar: Wie anders erklärten sich die bei einer Moorleiche gefundenen, etwa drei Zentimeter langen Birkenhölzchen, denn mit derartigen Stäbchen, in die man vorher magische Zeichen ritzte, pflegten die Germanen das Los zu werfen.

Auch aus dem Mageninhalt der Leichen glaubte man auf Opferung schließen zu können. In beiden Fällen, und in noch einem dritten dazu, fanden sich fast ausschließlich pflanzliche Bestandteile, die auf eine aus Gerste, Leinsamen und vielen Unkrautsamen bereitete Grütze zurückgehen. Auffällig war, daß man nicht die geringste Spur von im Sommer und Herbst reifenden Früchten fand und kein frisches »Grünzeug«. Demnach mußten die Männer zwischen dem Ende des Herbstes und zum Beginn des Frühjahrs gestorben sein, während eines Zeitraumes, in dem das Mittwinterfest und das Frühlingsfest lagen, zwei hohe Feste, die mit blutigen Menschenopfern eingeleitet wurden. Ergo schloß man, daß den Männern als letzte Mahlzeit jene Pflanzen zubereitet wurden, für die die Fruchtbarkeitsgöttin zuständig war, denen man sie zum Opfer brachte. Die Ansicht, daß infolge einer Hungersnot nichts anderes da war als Unkrautsamen, klingt zwar einfach, ist aber wahrscheinlicher. Notzeiten kamen damals häufiger vor als heute, und vor allem dauerten sie länger. Gewiß, man kannte die Vorratswirtschaft. Die in den Boden gegrabenen und mit Grassoden und Mist bedeckten Speicher zeugen davon, aber dazu bedurfte es regelmäßiger guter Ernten, und die waren, schon allein wegen mangelnder Düngetechnik, nicht allzu häufig.

Gestützt wird diese Ansicht auch durch verschiedene Gefäßfunde, die in den Fundamenten germanischer Bauernhäuser gemacht wurden. In den aus Ton bestehenden Töpfen fanden sich kiloweise Unkrautsamen aller Art. »Von einer Unfähigkeit, die Ernte frei von Unkraut zu halten, kann bei solchen Mengen nicht die Rede sein. Hier muß Unkraut, wenn nicht direkt angebaut, so doch planmäßig gesammelt worden sein. Ein bis anderthalb Liter Samenkörner sind ja gerade das Quantum, das eine Bauernfamilie für den täglichen Mittagsbrei braucht. Das Getreide auf den ausgemergelten Äckern wird oft nicht ausgereicht haben, sondern man mußte die Unkrautsamen nutzbar machen ... Hungersnot und der Schrecken vor mangelnder Ernährung im Spätwinter sind nun einmal die treuesten Begleiter der Menschheit ...«

Man mußte sich häufig von allen »Früchten des Feldes« ernähren, die Unkräuter eingeschlossen. Wie solch ein Brei aus Getreidekörnern und Unkrautsamen geschmeckt haben mag? Wir wissen es sogar!

Zwei britische Archäologen, Sir Mortimer Wheeler und Dr. Glyn Daniel, waren neugierig genug, sich nicht mit der Tatsache zu begnügen, daß unsere Ahnen so etwas essen mußten, sie probierten es selber und komponierten damit das erste Kochrezept à la Germania.

Es lautete: »Man nehme die sorgfältig gereinigten und getrockneten Samenkörner von Emmer, Spelz, Wollgras, Gänsefuß, Ranunkel, Raigras, Sinau, Schwarzem Nachtschatten, Schafgarbe, Kamille, Wiesenpippau, Huflattich, Windenknöterich und Hundskamille, vermenge sie mit Leinsamen, Roggen-, Hirse- und Gerstenkörnern, lasse das Ganze in 1 Liter. kaltem Wasser quellen und anschließend bei schwacher Hitze 1 Stunde kochen.«

Das Probeessen fand vor den Kameras der British Broadcasting Corporation (BBC) statt und wurde von einigen Millionen Zuschauern mit Spannung und Schadenfreude verfolgt.

Sir Mortimer, befragt, wie es ihm gemundet habe, meinte mit jenem Humor, der Fachgelehrten leider oft fehlt: »Warum haben sie ihn erhängt? Er war genug gestraft, nachdem er *das da* ...«, er zeigte angewidert auf seinen Brei, »... hatte essen müssen.«

Dr. Daniel dagegen äußerte: »Im Grunde schmeckt es nicht viel anders als das Zeugs, das Mrs. Daniel mir seit 20 Jahren jeden Morgen auftischt und das ich, ehrlich gesagt, nie ausstehen konnte.« (Das »Zeugs« heißt Porridge, eine aus in Salzwasser gekochten Haferflocken bestehende, sehr englische Grütze, die mit einem Klacks Butter oder einem Schuß Sahne – oft vergeblich – veredelt wird.)

Für Mr. Daniel hatte sich nicht allzuviel geändert in den letzten 2 000 Jahren.

Und für die Beamten der Kripo im dänischen Aarhus auch nicht. Beim Studium des Hautreliefs, das die Hände des Grauballe-Mannes aufwiesen, machten sie eine verblüffende Feststellung: Der rechte Mittelfinger trug ein sogenanntes Ulnarschleifenmuster, den Typ eines Fingerabdrucks, der bei der männlichen Bevölkerung Dänemarks heute in einer Häufigkeit von 68 Prozent zu beobachten ist! Ähnlich verhielt es sich mit den anderen Abdrücken.

Die Wiederauferstehung des roten Kristian

Diese stupende Lebensnähe zu unserer Zeit ist auch der Grund für die dramatischen Ereignisse, die sich nach der Auffindung des Grauballe-Mannes abspielten und die zum Teil komödiantische Züge trugen. Da erschien plötzlich eine alte Bäuerin im Museum von Aarhus und begehrte, »diesen Moormenschen da« zu sehen. Sie brachte den Wunsch mit solcher Dringlichkeit vor, daß man sie nicht abzuweisen wagte. Die Alte wurde vor die schwärzliche Leiche geführt, sie warf einen kurzen prüfenden Blick darauf und sagte dann entschieden: »Tscha, das isser.«

»Wer, bitteschön, ist das?« Im Museum zeigte man Befremden.

»Der rote Kristian«, sagte sie. Und fügte nach einer Weile hinzu: »Der hatte es doch mit der Schwindsucht. Sieht man ja noch ganz deutlich.« Die Bäuerin war keineswegs verrückt, sondern erfreute sich in der Gegend des Fundortes, wo sie ihren Hof hatte, allgemeiner Wertschätzung. Der rote Kristian, so führte sie aus, sei ein Jugendfreund von ihr, der eines Tages spurlos von der Bildfläche verschwunden war. Ein Säufer sei er gewesen, einer, der nach ausgedehnten Kneipentouren öfters im Nebelgardmoor herumkrakeelt, das ihn dann ja auch gefressen habe.

Den Hinweis, daß es sich bei dem Mann, den das Moor »gefressen« habe, um einen Menschen aus der Vorzeit handele, begegnete sie mit einem mitleidigen Kopfschütteln.

Wie es in solchen Fällen üblich ist: Das Geschäft der Nachahmungstäter blühte. Es meldete sich eine Reihe anderer älterer Damen und Herren, die von der Identität des Grauballe-Mannes mit dem roten Kristian ebenfalls überzeugt waren. Die Zeitungen veröffentlichten täglich neue Aussagen, was zu einem beträchtlichen Anschwellen der Kristian-Partei führte.

Hier zeigte sich ein erstaunliches Phänomen: Die meisten Leute hatten sich nie sehr wohl gefühlt bei dem Gedanken, daß der Moormensch soviel mit ihnen gemeinsam haben solle. Wo blieb da das, was man Fortschritt nannte? Waren denn 2 000 Jahre Menschheitsentwicklung gar nichts? Der Glaube, wie herrlich weit wir es doch gebracht hätten und daß schließlich ein kleiner Unterschied sein müsse zwischen Urzeit und Zivilisation, trieb schöne Blüten.

Sie welkten rasch, als die Wissenschaftler sich entschlossen, ihr schwerstes Geschütz aufzufahren: die Radiokarbonmethode. Dieses von dem amerikanischen Nobelpreisträger Willard F. Libby in den vierziger Jahren entwickelte geniale Verfahren erwies sich als sichere Methode, das Alter archäologischer Fundstücke zu bestimmen.

Wie alles Geniale war auch hier der Grundgedanke von verblüffender Einfachheit: Die Chemiker wußten, daß die aus dem Weltraum kommenden kosmischen Strahlen beim Aufprall auf die Erdatmosphäre radioaktiven Kohlenstoff (C^{14}) bilden, der in einem bestimmten Mengenverhältnis zum nichtradioaktiven steht. Kohlenstoff ist nun am Aufbau aller Organismen, Pflanzen wie Tiere, beteiligt. Also findet sich in allen Organismen ein gewisser Prozentsatz radioaktiven Kohlenstoffs.

Stirbt der Mensch (oder das Tier, die Pflanze), so wird kein Kohlenstoff mehr aufgenommen, auch kein radioaktiver mehr. Libbys Idee nun war: Da Geschwindigkeit und Zeitraum des Zerfalls des radioaktiven Kohlenstoffs bekannt waren, kam es nur darauf an, die Menge des noch vorhandenen C^{14} zu messen, um das Alter des betreffenden Fundes zu bestimmen. Dazu brauchte man Meßinstrumente, die an Empfindlichkeit alle bis dahin gebräuchlichen übertrafen – und Libby konstruierte sie.

Er erzielte mit seiner Methode sensationelle Erfolge. Für die Vorgeschichte von Amerika und Australien zum Beispiel ergab sie eine Korrektur, die rund 20 000 Jahre ausmachte – um so viel eher war der erste Mensch auf diesen beiden Kontinenten aufgetreten. Völlig neue Datierungen erlebten auch die verschiedenen Epochen der Steinzeit.

Libby war, von einigen Fehlleistungen zu Beginn abgesehen, einfach nicht zu schlagen.

Einen »jahrtausendealten« Pharaonensarkophag bezeichnete er kühl bis ans Herz lediglich als »jahrzehntealt«. Die Wut der zuständigen Ägyptologen verrauchte rasch, als erneut vorgenommene Untersuchungen ergaben, daß der Sarkophag eine geschickte Fälschung war. Ein vorzeitliches Haus wurde bei ihm um 200 Jahre vorzeitlicher. Das aber konnte diesmal wirklich nur ein Irrtum sein, denn das Alter des Hauses war aufgrund anderer Datierungsmethoden genau bekannt, und die betreffenden Wissenschaftler hatten mit Hilfe von C^{14} lediglich eine Bestätigung dieser Datierung gewünscht. Doch auch hier irrte Libby nicht: Es stellte sich heraus, daß der zur Messung eingesandte Pfosten zwei Jahrhunderte älter war als das restliche Bauholz. Die damaligen Erbauer hatten ihn sozusagen auf Abbruch erstanden, aus einem älteren Gebäude.

Zurück zum Mann aus Grauballe. Mit Spannung erwartete die in zwei Lager gespaltene dänische Nation – hier roter

Kristian! hier Eisenzeitmensch! – das Ergebnis der C^{14}-Untersuchung im Labor des Kopenhagener Nationalmuseums. Es ließ auf sich warten. Atombombentests hatten die Radioaktivität in der Atmosphäre sprunghaft erhöht, was einen Umbau der Apparaturen erforderlich gemacht hatte. Doch endlich konnten die Zeitungen melden: »Geigerzähler bestätigt: Der Tote aus dem Nebelgardmoor ist 1 700 Jahre Alt!!!«

Der Streit war beendet, Dänemark wieder vereint, und die Experten konnten darangehen, den Grauballe-Mann für die nächsten anderthalb Jahrtausende zu erhalten.

Die Konservierung erwies sich als ungewöhnlich kompliziert. Da die Moorsäure den Leichnam regelrecht gegerbt hatte, so wie der Lohgerber das Leder gerbt, kam es darauf an, diesen Vorgang auf künstliche Art zu beenden. Man legte den Körper in einen Eichenholzbehälter und umgab ihn mit Gerbsäure aus Eichenrinde. Anschließend (das heißt nach fast achtzehn Monaten!) wurde er für einen weiteren Monat in ein Bad aus Türkisch-Rotöl und destilliertem Wasser gelegt, in der Luft getrocknet, schließlich mit Glyzerin, Lanolin und Lebertran eingerieben.

Tausende defilieren heute an seinem gläsernen Sarg im Museum von Aarhus vorüber. Mit jenem Gefühl, gemischt aus Neugier, Scheu und Befremden, das den Zeitgenossen überfällt, wenn er so augenfällig daran erinnert wird, daß es vor 2 000 Jahren Leute gegeben hat, die sich so wenig von ihm unterscheiden wie dieser hier.

Der Tod einer Ehebrecherin

Unter den Moorfunden befinden sich nicht nur Geopferte.

Da sind die Menschen, die sich im Nebel oder in der Dämmerung in den weg- und steglosen Sümpfen verirrt hatten und versunken waren. Wie die Frau aus dem Vehnemoor bei

Oldenburg, die versucht hatte, wenigstens ihr Kind zu retten, und es in letztem verzweifeltem Todeskampf mit ausgestreckten Armen emporhielt. Oder der Reiter aus dem niederländischen Hilligenmeer, an dessen Fundort die von den Hufen zerfetzte Torfkante noch deutlich zu erkennen war. Andere wurden ermordet oder im Kampf getötet, wie der Groninger, in dessen zur Abwehr erhobenen Faust ein Dolch aus Feuerstein stak, oder der Tote aus Zande mit dem von Pfeilen durchbohrten Körper.

Wieder andere wurden hingerichtet, wie der Nackte aus dem brandenburgischen Driesen, den man bei lebendigem Leib skalpiert, die Lippen und die Ohren abgeschnitten hatte. Oder der Kopflose aus dem Schülper Moor bei Rendsburg, den man vor der Enthauptung entmannt hatte. Auf der von Alfred Dieck zusammengestellten »Liste der Hominidenfunde« finden sich Bemerkungen wie »gerädert«, »geköpft«, »ausgedärmt«, »entmannt«, »in Nagelfaß eingeschlossen« und so schaurig fort. Viele der Leichname sind mit spitzen Pfählen in den Untergrund festgerammt, damit sie nicht als »Wiedergänger« auferstehen und sich rächen konnten. Die Liste der Moorleichenfunde offenbart ein Kaleidoskop menschlicher Leidenschaften und gräßlicher Tragödien, wie sie kein Romancier schlimmer erfinden könnte.

Am ergreifendsten wirkte die Auffindung eines etwa vierzehn Jahre alten Mädchens in einem Kesselmoor bei Gut Windeby, Kreis Eckernförde.

Sie trug eine schwarze Binde vor den Augen, neben ihr lag ein Kragen aus Rinderfell, das hellblonde, seidig feine Haar war bis auf ein paar Zentimeter abgeschnitten. Laut Pollenanalyse stammte sie aus dem Beginn des ersten nachchristlichen Jahrhunderts. Sie hatte gelebt, als Christus durch das Land der Juden gezogen war, seine Lehre verbreitete und an das Kreuz geschlagen wurde. Sie war in das Moor hinausgeführt worden und in einer mit Wasser gefüllten Torfgrube ertränkt worden. Den Körper hatte man mit starken Birkenästen und Steinen beschwert, um ihn am Auftauchen zu hindern.

Wurde auch sie den Göttern geopfert? Dafür spräche das Kesselmoor, das ja häufig als Kultstätte diente. Dagegen spricht, daß man sie vor ihrem gewaltsamen Tod entkleidet und kahlgeschoren hatte. Aus der Überlieferung wissen wir, daß so mit Ehebrecherinnen verfahren wurde.

Opfertod und Todesstrafe sind jedoch keineswegs immer zweierlei Dinge gewesen. Sie können es, aber sie müssen nicht. Es kam häufiger vor, daß man den Verbrecher einem Gott opferte, weil er durch sein Verbrechen an die Weltordnung gerührt hatte. Man wollte damit die Ordnung wiederherstellen und den Gott besänftigen, dessen Zorn durch die böse Tat erregt war.

Doch gab es auch reine Hinrichtungen ohne jeden sakralen Charakter. Der Streit der Wissenschaft, ob eine Todesstrafe grundsätzlich eine sakrale Handlung war, scheint nichtig und ist nur im Sinne eines sowohl-als-auch zu beantworten. Schließlich erstreckt sich der Zeitraum der Moorfunde über Jahrtausende, und deshalb muß nicht für 800 vor Christus dasselbe gelten wie für 800 nach Chrristus.

Eine germanische Liebestragödie

Ende Mai 1952 hatte man das Mädchen mit der Augenbinde gefunden. Knapp drei Wochen später, Mitte Juni, sah ein Torfarbeiter nur 5 Meter von dieser Stelle entfernt einen menschlichen Fuß aus dem Moor herausragen. Er wagte nicht nachzugraben, sondern rannte zum unweit gelegenen Schloß Gottorp, dem Sitz des Schleswig-Holsteinischen Landesmuseums für Vor- und Frühgeschichte, und holte Hilfe. Unter der Aufsicht von Fachleuten legte man die Leiche eines Mannes frei, der mit gekreuzten Armen auf dem Rücken lag. Die besonderen Merkmale dieses Fundes wiesen eine schlagende Ähnlichkeit mit dem des Mädchens von Windeby auf: Auch er lag in einer Grube und war ertränkt worden, auch ihm hatte man die Haare abgeschnitten, auch er war mit Reisig und Ästen zugedeckt worden, auch neben ihm lag ein Gefäß. Selbst die Zeitbestimmung ergab denselben Zeitraum: die frühe nachchristliche Eisenzeit. Die gestrenge Wissenschaft möge hier einmal einen Augenblick vor die Tür gehen, wenn wir uns der, allerdings kritisch gezügelten Phantasie hingeben und nach dem Schicksal der beiden Menschen fragen. Waren sie für den Opfertod auserwählt worden? Oder hatten sie ein Verbrechen begangen? Der Mann war mittleren Alters und, da Junggesellen bei den Germanen nichts galten, bestimmt verheiratet. Es ist denkbar, daß das Mädchen mit ihm ehebrecherische Beziehungen hatte. In diesem Falle hätte man sie getötet, aber nicht ihn. Denn Ehebruch wurde nur an der Frau gerächt. Oder hatte sie das Kind umgebracht, das sie ihm geboren hatte? Hatte er für sie einen Mord begangen? Eine germanische Liebestragödie aus dem 1. Jahrhundert nach Christus, zwei Liebende, die ihren Gräbern entstiegen, wer sie waren, woher sie kamen, was sie getan haben – wir werden es nicht erfahren.

Die Moorarchäologie hat sich gerade in der Nachkriegszeit zu einem vielbeachteten Wissenschaftszweig entwickelt. Da das Moor Weihestätte war, an der man den Göttern opferte, was des Opfers wert erschien, haben sich in ihm viele Dinge des täglichen Lebens unserer Vorfahren wiedergefunden.

Oxenstierna spricht, was die Textilfunde betrifft, direkt von einer »einmaligen 2 000jährigen Kleiderkammer«. Im gleichen Sinn bildet das Moor eine unschätzbare Waffenkammer, einen Schmucktresor, eine Speisen- und Geschirrkammer. Es erzählt uns, wie die Wagen der Bauern aussahen, mit welchen Schiffen sie die Seen und Flüsse befuhren, womit sie jagten und angelten, welche Götter sie verehrten, wie sie ihre Felder pflügten, was sie säten und wie sie ernteten und, last not least, wie sie aussahen, ja, an welchen Krankheiten sie litten.

In verblüffender Weise bestätigen die Moorfunde, was uns Literatur und bildende Kunst überliefert haben, oder sie ergänzen verbliebene Lücken. Der germanische Alltag wurde in nie gekannter Weise lebendig, und es ergab sich, daß vieles ganz anders war.

VII Wie sie wirklich waren …

Rauschebart oder Superheld

Es war zu Beginn der dreißiger Jahre in Berlin, als der Deutschlehrer des Verfassers das Klassenzimmer betrat und, nachdem er wie jeden Morgen die Fehlenden sorgfältig ins Klassenbuch eingetragen hatte, urplötzlich mit der für ihn typischen Anrede fragte: »Was, liebe Knaben, wißt ihr eigentlich von euren Vorfahren?«

Die lieben Knaben sahen ihn erstaunt an, denn vorgesehen war für heute das Interrogativpronomen und seine Anwendungsmöglichkeiten aus Rahns »Schule des Schreibens«, und nur darauf waren sie vorbereitet, witterten aber sofort Morgenluft, denn ein Plauderstündchen, wie es der Deutschlehrer gelegentlich einschob, war ihnen selbstredend genehmer als dürr Grammatikalisches.

»Mit den Vorfahren, liebe Knaben«, fuhr er fort, »meine ich jetzt nicht eure Groß- und Urgroßeltern, sondern …, na?

Na also, die alten Germanen. Ich meine, wie stellt ihr sie euch vor? Ihr müßt doch eine Vorstellung haben, oder?« Wir hatten eine. Und was für eine.

»Sie trugen Felle am Körper. Und Hörner«, sagte Banknachbar Gernot, von uns echt berlinisch nur »Jenne« genannt, »die Hörner auf dem Kopf.«

»Und daraus tranken sie auch, aus den Hörnern«, warf Meyer zwo ein, »Met oder wie das hieß. Mein Vater sagt, sie haben überhaupt viel gesoffen.« Sein Vater kannte offenbar das Lied, wonach sie saßen am Ufer des Rheins und tranken immer noch eins.

»Dazu gab es Wildschwein am Spieß«, sagte Icke, unser Dickster.

Und der Primus konstatierte: »Haus, Hof, Weib und Kind pflegten sie zu verspielen.«

»Am liebsten hatten sie Krieg und die Frau mußte arbeiten«, sagte ein anderer.

Der Deutschlehrer war nicht sonderlich erschüttert über unser Germanenbild. Er hatte Ähnliches erwartet. Und er wußte auch, wer unter anderen schuld daran war: Wagner.

Richard Wagner hatte mit seinem »Ring des Nibelungen« den Bühnengermanen zum »Germanen schlechthin« erhoben und ihn in dieser Form ein für allemal etabliert. Der hatte einen Rauschebart, auf dem wallenden, wogenden, wildlockigen Haar saß ein Blechtopf, dem zwei Gänseflügel vergebens das Fliegen beizubringen versuchten, gehörnt war er außerdem, von den nackten Oberschenkeln ganz abgesehen, und am Hüftgurt baumelte ihm das dräuende Schwert. Sprach er, so tat er's in Stabreimen. »Noch hält meine Hand der Herrschaft Haft, das Schwert, das du schwingst, zerschlug einst der Schaft.« »Notung! Notung! Neidlicher Stahl! Zeig deiner Schärfe schneidenden Zahn.« – »Hojotoho! Hojotoho! Heiaha! Heiahah! Heiahaha!«

»... ist in den weitesten Kreisen des deutschen Volkes, auch der Gebildeten«, hatte K. Schumacher bereits kurz nach dem Ersten Weltkrieg geklagt, »eine sehr mangelhafte, oft sogar phantastische Vorstellung von der äußeren Erscheinung der alten Germanen vorhanden. Im Arminius-Denkmal auf der Grotenburg im Teutoburger Wald nahe bei Detmold, ... im Walhalla-Giebelfeld bei Regensburg und in den öffentlichen Monumenten so vieler Städte haben namhafte Bildhauer uns Germanengestalten vor Augen gestellt, die nicht nur in einer Figur die Musterkarte vieler Jahrhunderte vereinigen, sondern auch mit ihrem theatralischen Aufputz dem einfachen Wesen der alten Germanen hohnsprechen. Dasselbe gilt von den Gemälden so mancher berühmter Meister und in noch viel höherem Grade von den meisten Bühnenaufführungen, die entweder die tollsten Bärenhäuter oder süßliche Lohengrinritter vorzaubern. Von noch schlimmerer Auswirkung erscheint mir aber der Umstand, daß auch in unseren Schul- und Volksbüchern nicht selten derartige Mißgestalten ihr Unwesen treiben, die unseren Kindern ein gänzlich falsches Bild von unseren Vorfahren vermitteln.«

Unser Deutschlehrer hat noch versucht, uns ein besseres Bild zu zeichnen. Doch inzwischen waren andere Zeichner ans Werk gegangen und hatten den rauschebärtigen, trinkfesten Schlagetot vom Typ Theodulf verbannt. An seiner Stelle erschien ein hehrer Held, angetan mit Schild, Schwert und Speer, den Blick »adlerkühn in die Ferne gerichtet«, ständig auf der Hut vor dem »entarteten Römer, der, instinktlos, aber ausgerüstet und gewappnet mit dem Gut einer fast dreitausendjährigen Kultur«, den Juden die Hand bot zum Kampf auf Tod und Leben gegen alles Germanische.

An seiner Seite Gerhilde, »Beispiel eines starken und edlen Menschentums«, sie hatte teil an den »höchsten geistigen Gütern der Gemeinschaft, an dem Heiligen, an dem Recht und der Ehre«. Ihr Blick ruhte, züchtig gesenkt, auf dem blondschöpfigen Kinde, einem Buben, dessen »frohes Jauchzen und Interesse für des Vaters Schwert schon den künftigen Helden erahnen lassen«. Im übrigen war sie stets bemüht, »das germanische Kind nach dem Geist und der Sittlichkeit, die sie selbst trägt, nur in jene Bahnen zu lenken, die alle wieder zu dem festen Bild und Vorbild völkischer Gesittung hinlaufen«.

Da war uns dann der Rauschebart mit der Keule doch lieber.

Aber es half uns nichts: Sowohl den Jungen als auch den Mädchen wurde das NS-Rassendogma eingebleut, wonach »blond, blauäugig, langschädlig, hellhäutig, schlankwüchsig« gleichbedeutend war mit »edel, gut und klug«, während »dunkelhaarig, rundköpfig, kurzwüchsig, kraushaarig« – rassische

Merkmale vornehmlich innerasiatisch-jüdisch-orientalischer Völker (wer immer das auch war) – das Synonym bildeten für »entartet, minderwertig, destruktiv«. Kleine Peinlichkeiten, wonach Inder wie auch Perser hohe Kulturen geschaffen hatten, wurden rasch ausgeräumt, handelte es sich in solchen Fällen doch um indogermanische Erbanlagen und, da die Indogermanen nach nunmehr alleingültiger Meinung aus Nordeuropa gekommen waren, sogar um nordisch-indogermanische.

Für Aufstieg und Fall der griechischen Staaten und des Römischen Reichs hatte unser Geschichtslehrer eine Formel parat, die er an die Wandtafel zu schreiben pflegte, um sie dann laut vorzulesen. »Hochkultur gleich *Auf*-nor-dung«, las er (was bei ihm, der er als Mitglied einer Laienspieltruppe über ein stark rollendes *r* verfügte, als »Hoch-kultuuuuurrrrr« und »Auf-norrrr-dung« herauskam), zeigte dann mit dem Zeigefinger auf die zweite Zeile und deklamierte: »Verrrrfall gleich *Ent*-norrrrdung«. So einfach kann Weltgeschichte sein.

Wir glaubten ihm, denn er war ansonsten ein gutmütiger Mensch und gab uns nie viel auf. Woher hätten wir es auch besser wissen sollen? Nur manchmal packten uns gelinde Zweifel, wenn wir unseren Primus mit dem Klassenletzten zusammen auf dem Schulhof stehen sahen. Der mit den fünf Einsern war dunkelhaarig, rundköpfig und kurzwüchsig, der mit den fünf Fünfern dagegen ein flachsblondes Blauauge tannenschlanken Wuchses.

Die Riesen beginnen zu schrumpfen

Wie nun sahen die Germanen wirklich aus? Sofern sich die Frage überhaupt befriedigend beantworten läßt: ganz anders. Jedenfalls hatten sie weder Ähnlichkeit mit wagnerisch wakkeren Wotansgestalten noch mit den rasse- und zuchtbewußten Helden der Nazis.

Beginnen wir mit der Körpergröße. Die antiken Autoren berichten von wahren Hünen, von Riesengestalten oder zumindest von hochgewachsenen Menschen, die alles um sich herum um mehr als Haupteslänge überragten. Tacitus spricht von den *immensis corporibus,* den »ungeheuren Körpern«, Velleius rühmt die »riesenhaften Körper« der Chauken, andere erwähnen die »starken, hochgewachsenen Alemannen«, die »großen Gestalten der Goten«. Dio Cassius übertrifft sie alle, wenn er schildert, wie die römischen Legionäre im Schlachtgetümmel an den Germanen emporspringen mußten, um ihnen den Todesstoß versetzen zu können. Ein geradezu abenteuerliches Bild.

Groß und schlank möchte jeder gern sein, und so übernahmen unsere Historiker solche Berichte nur allzu bereitwillig. Sie schlugen durch bis zu den Schulbüchern, in denen dann zu lesen stand, daß die »Größe der Germanen fast sieben Fuß« betrug. Nachzuschlagen im »Klassenlesestoff für den Unterricht an höheren Schulen. 1943«. Gemeint ist damit das römische Fußmaß, und das betrug 29,6 Zentimeter. Mit sieben multipliziert kämen wir auf eine Lebensgröße von rund 2 Meter und 7 Zentimeter. Fürwahr, ein Volk der Riesen, unsere Vorfahren! Glaubt man diesen Angaben, so müssen wir in den vergangenen Jahrhunderten erheblich geschrumpft sein. Die Durchschnittsgröße der Wehrfähigen, die 1957 gemustert wurden, betrug 1,73 Meter. (1894, bei der Musterung für das deutsche Heer, wurden sogar nur 1,66 Meter registriert!) Inzwischen haben wir, nicht zuletzt wegen unserer vielen Teenager mit Gardemaß, die 1,75-Meter Marke erreicht.

Nun gab es gewiß unter den Germanen etliche Übergrößen. Einige von ihnen sind auch ausdrücklich erwähnt. Marbod zum Beispiel, der König der Markomannen, Segest, Schwiegervater des Arminius, Teutobod, der Teutonenkönig, der beim Triumphzug in Rom selbst die Siegeszeichen überragte. Heerkönig Odoaker, der sich tief bücken mußte, wenn er ein Haus betrat. Sie aber als Norm zu nehmen, wäre reines Wunschdenken. Daß die Römer die großen Blonden für so groß hielten, daran sind sie im Grunde selber »schuld«. Sie urteilten verständlicherweise nach ihrem eigenen Maß, und das betrug im Durchschnitt gerade 1,50 Meter. Cäsar, zwar der Größte der Unsterblichen, aber körperlich nur Mittelmaß, ist hierfür Kronzeuge, wenn er über die Belagerung der Aduatuker schreibt (das sind die Nachkommen der Kimbern und Teutonen, die zur Bedeckung des Trosses am Niederrhein zurückgelassen worden waren): »Als sie sahen, wie wir nach dem Vorschieben von Laufhallen und dem Aufschütten eines Dammes weitab von der Mauer einen Turm bauten, lachten und spotteten sie darüber lauthals, wie man nur ein solches Bauwerk in einer derartigen Entfernung errichten könne: Mit welchen Händen und mit welchen Kräften denn so kleine Leute eine solche Riesenlast fortbewegen wollten – denn im allgemeinen *kommt ihnen unsere kleine Statur im Vergleich mit ihrem Riesenwuchs verächtlich vor.*«

Kleinen Menschen muß bereits der um einen Kopf größere als ziemlich gewaltig erscheinen, und er wird es um so stärker betonen, wenn es ihm gelungen ist, einen solchen Hünen zu besiegen. Wenn deshalb immer wieder auf den Riesenwuchs der Germanen hingewiesen wird, so geschieht das aus demselben Grund, aus dem man die Zahl der Gefallenen nach siegreichen Schlachten eifrig multiplizierte. Gleich groß gewachsene Gegner zu besiegen oder gar kleinere ist eben der halbe Genuß.

Von »unbezähmbarer Gewalt« und »vernichtender Kraft«

Über die genaue Körpergröße unserer Vorfahren existieren naturgemäß keine Angaben. Wir sind hier auf Skelettfunde in den Gräbern und auf die Moorleichen angewiesen. Entsprechende Untersuchungen ergaben eine Durchschnittsgröße von etwa 1,72 Meter. Womit die Germanen drei Zentimeter kleiner gewesen wären als die Deutschen von heute. Von Riesengeschöpfen kann also keine Rede sein.

Neben der Körperqröße lesen wir immer wieder von der Körperkraft, die nach Auskunft der antiken Autoren »schrekkenerregend« gewesen sei, »von unbezähmbarer Gewalt« und »vernichtender Wucht«. Da die Römer von ihren Gladiatorenkämpfen verwöhnt waren, was männliche Kraft betraf, so wiegt dieses Urteil schwerer. Die figürlichen Darstellungen auf Siegessäulen (wie die zu Ehren des Traian und des Marc Aurel) und besonders auf den Grabsteinen gefallener Legionäre an Rhein und Donau bestätigen das Urteil. Sie zeigen die Germanen als kräftig gebaute, schmalhüftige und breitschultrige Athleten, bei denen man das Gefühl hat, daß sie, um einen modernen Ausdruck zu gebrauchen, fit waren bis in die Zehenspitzen.

Unvergeßlich das Bild, das Plutarch von dieser überschäumenden Kraft zeichnet, als erden Übergang der Kimbern über die Etsch schildert. »Die aber erfüllte solche Kraft und Dreistigkeit gegenüber den Römern, daß sie lieber ihre Kraft und Kühnheit zeigten, als militärisch notwendige Maßnahmen zu treffen: Sie ließen ihre nackten Oberkörper beschneien, erstiegen durch Eis und Schnee die Bergeshöhen ... Als sie sich dann in der Nähe der Römer längs des Flusses gelagert und die Furt in Augenschein genommen hatten, begannen sie einen Damm aufzuschütten, und indem sie die Hügel ringsum aufwühlten, trugen sie ähnlich wie die Giganten Bäume mit ihren Wurzeln, Felsstücke und Erdbrocken in den Fluß, um die Strömung abzudrängen ...«

Bei anderer Gelegenheit versuchten sie, mit den vor dem Körper gehaltenen Schilden einen reißenden Gebirgsfluß in seinem Lauf zu hemmen und eine Furt zu schaffen. Beispiele urwüchsiger Kraftmeierei, gewiß, die aber ohne entsprechenden Bizeps nicht denkbar gewesen wären. Doch nicht nur die bildende Kunst bestätigt hier die literarische Überlieferung, auch die moderne Medizin trägt ihren Teil dazu bei.

Im Jahre 1900 fand man im Moor von Damendorf bei Eckernförde einen Mann, der eine tiefe Stichwunde in der Herzgegend trug, die offensichtlich seinen Tod verursacht hatte. Zu seinen Füßen lagen ein gut gearbeiteter Mantel, eine Steghose, zwei Fußbinden, ein Gürtel und zwei Schuhe. Das aber war nicht das interessanteste an diesem Fund. Es war der hervorragende Erhaltungszustand des Körpers, der die Wissenschaft, in diesem Fall die Medizin, alarmierte. Haut, Muskel, Sehnen, Gewebe, die inneren Organe, alles war so gut erhalten, daß zum erstenmal gründlichere Untersuchungen über den Körperbau unserer Ahnen vorgenommen werden konnten.

Im »Zweiundvierzigsten Bericht des Schleswig-Holsteinischen Museums vaterländischer Altertümer bei der Universität Kiel (1900)« wurde das Untersuchungsergebnis veröffentlicht, das in der Feststellung gipfelt: »An Körperkräften und Ausdauer ist der Mann den kräftigsten unter unsern heutigen Marineheizern und Matrosen-Artilleristen, welche ausgesucht starke Leute sind, weit überlegen gewesen!«

An diesem Statement stört nur die Hervorhebung der Ausdauer. Denn während die Kraft von niemandem in Zweifel gezogen wird, so doch die Fähigkeit, zäh durchzuhalten: »... die hochgewachsenen Körper, die allerdings nur im Angriff besonders stark sind. Bei mühseliger Arbeit legen sie viel weniger Ausdauer an den Tag; Durst und Hitze vertragen sie schon gar nicht«, heißt es bei Tacitus. Auch während der Schlacht konnte ihre berserkerhafte Kampfeswut rasch verrauchen, wenn der Angriff nicht den erwarteten Erfolg brachte.

Die alten Germanen wurden nicht alt

Bei aller Genugtuung über Kraft und Urnatur hatte man vergessen, daß auch die Germanen von Krankheiten heimgesucht wurden. Jedenfalls ist in keinem der nach Tausenden zählenden Folianten die Rede davon. Die Recken aus den Wäldern zwischen Rhein und Elbe erscheinen als Menschen, die so gesund waren, daß ihnen nur das Schwert etwas anhaben konnte.

Auch hier haben die Moorleichen zu ganz anderen Vorstellungen geführt.

Der Mann von Grauballe zum Beispiel, dessen Alter man auf 30 Jahre schätzt, hatte Gelenkrheumatismus, seine Zähne waren in derart schlechtem Zustand – Wurzelabszesse! –, daß sie ihm sein Leben zur Hölle gemacht haben müssen. Die Wachstumslinien an den Schenkelknochen des Mädchens von Windeby verrieten dem Mediziner, daß die Bedauernswerte oft Hunger gelitten hatte. Von vitaminarmer Mangelernährung zeugen auch viele andere Skelette, ebenso von Karies, damals wie heute eine Art Volksseuche.

Bei den vor wenigen Jahren vorgenommenen Ausgrabungsarbeiten an einem germanischen Bestattungsplatz bei Schwerin wurden die sterblichen Überreste von 31 Männern, Frauen und Kindern geborgen. Die Knochenstruktur wies deutliche Anzeichen von *Arthritis deformans* auf, einer bösartigen Gelenkerkrankung, und besonders von *Spondylitis,* einer Wirbelentzündung, die ebenfalls zur Verkrüppelung führt.

»Die Gelenkerkrankungen gehören heutzutage zu den am meisten behindernden und am stärksten verkrüppelnden Leiden«, schreibt der Medizinhistoriker Henry E. Sigerist in seiner »History of Medicine«, »und die Paläopathologie [Krankheitslehre vorgeschichtlicher Lebewesen] lehrt uns, daß dies schon vor Tausenden ... von Jahren der Fall war. Unter den verschiedensten klimatischen Bedingungen ... litten Menschen jeden Alters ... an furchtbaren Schmerzen in ihren Gelenken und merkten, wie ihre Wirbelsäule, ihre Hüften oder ihre Knie allmählich steif wurden, bis sie sich kaum noch bewegen konnten. Sie waren ... hilflos, wenn ihre Mitmenschen ihnen nicht beistanden.«

Als Ursache nimmt man heute primäre Infektionsherde an, die sich besonders bei Zahnvereiterungen und Mandelentzündungen bilden. Gicht und Rheuma, zwei weitere Plagen unserer Ahnen, sind jedoch sicher auf die Lebensweise zurückzuführen. Das Übernachten in den zugigen, feuchtklammen Planwagen auf den Wanderungen war auf die Dauer der Gesundheit genauso abträglich wie das Wohnen in den reetgedeckten Langhäusern, die uns heute recht »gemütlich« erscheinen, an Heizung und Isolierung jedoch bestimmt zu wünschen übrig ließen.

Bleibt noch eine Krankheit zu erwähnen, die in unseren Dezennien geradezu Mode geworden ist, dennoch aber auf eine zweitausendjährige Tradition zurückblicken kann (was die davon Befallenen kaum trösten wird): der Bandscheibenschaden. Womit das Wort des weisen Salomo wieder einmal bestätigt wird: Es geschieht nichts Neues unter der Sonne. Auch auf dem Gebiet der Krankheiten nicht. Unter diesen Umständen ist es daher nicht verwunderlich, daß das durchschnittliche Lebensalter die Fünfunddreißig nicht überschritt.

Lichtblond wie die Götter

Neben dem hohen Wuchs und der Körperkraft der Germanen war es das blonde Haar, über das die Römer sich nicht genug wundern konnten. Sie sprachen von »Greisenhaar«, um das für sie völlig unbekannte Weißblond, das besonders die Kinder hatten, beschreiben zu können. Die verschiedenen Schattierungen, die vom Flachsblond über Weizenblond bis zum

Goldblond, Rotblond und Dunkelblond führten, faszinierten sie, und ihre Dichter feierten den »von der Sonne himmelsgleich umstrahlten Goldkopf«. Weiter ist es die Textur, das feine Gespinst des blonden Haares, das ihnen im Gegensatz zu ihrem eigenen hartsträhnigen schwarzen Schopf dünn und fein wie Seide erschien. Bald wollten ihre eigenen Frauen lieber blond als schwarz sein, und so gehörte die Ausfuhr von Blondhaar jahrhundertelang zu den einträglichsten Exportgeschäften Germaniens.

Daß die Germanen wirklich solche hellen Haare hatten, so wie heute vielleicht nur noch die Schweden, findet in den Germanendarstellungen der römischen Bildhauer keine Bestätigung. Die meisten Statuen waren zwar, so überraschend uns das erscheinen mag, farbig gemalt – die Wangen rot, die Augen blau, die Brauen rötlich fahl, die Haare gelb –, überkommen aber sind sie uns, wie alle anderen auch, nur in marmorner Blässe. Was daran liegt, daß Farben dem Zahn der Zeit am schlechtesten standhalten. Ausgenommen davon sind lediglich keramische Erzeugnisse. Eine kleine bemalte Terrakotta aus dem 1. Jahrhundert nach Christus zeigt einen fröhlichen Germanenburschen, dessen Haar in strohigem Gelb schimmert.

Hier kommen, wieder einmal, die Moormenschen zum Zuge, deren Haare zwar knallrot erscheinen, aber, wenn man die Moorsäure im Labor entfernt hat, allesamt blond schimmern. Das unglückliche Mädchen von Windeby hatte besonders feine seidenweiche Strähnen. Auch die in den Baumsärgen der germanischen Bronzezeit gefundenen Toten wiesen Reste blonden Haares auf.

Mit ihrem Haar trieben sie einen Kult wie kein anderes Volk. Wer schönes Blondhaar hatte, strählte es ausdauernd mit Hilfe von Kämmen, die zumindest so kunstvoll verziert wurden wie die Schwerter, und daß man sie den Toten mitgab, sagt alles. Selbst auf Grabsteinen erscheint der Kamm:

wie auf dem des Kriegers, der sich beim Kämmen für die Ewigkeit festhalten ließ. Der absolute Höhepunkt der Liebe zum eigenen Haar ist erreicht, wenn der zum Tode geführte Held seinen Henker bittet, den Schwerthieb so zu führen, daß »das Haar nicht blutig werde, bin ich doch lange darum eifrig besorgt gewesen«.

Seine Lieblingsgötter konnte man sich (wie später die Engel) nur blond vorstellen. Auch die Helden sind lichthaarig, und wenn Frauen gerühmt werden wegen ihrer Schönheit, so darf das Lob ihres Haares auf gar keinen Fall fehlen. Eine schwarzhaarige Schöne war zwar denkbar, doch letztlich höchst suspekt. Schwarz waren die Hexen, die Zauberinnen, die bösen Feen.

Heinrich von Kleist, der eingehend studiert hatte, worüber er schrieb, läßt deshalb in seinem Drama »Die Hermannsschlacht« die Cheruskerfürstin Thusnelda fragen: »Nun, haben denn die röm'schen Damen keine (hübschen Haare)?« Und ihr Mann Hermann, sprich Arminius, antwortete: »Nein, sag' ich! Schwarze! Schwarz und fett, wie Hexen! Nicht hübsche, trockne, goldne, so wie du!«

Das kollektive Unterbewußtsein muß schuld daran sein, wenn sich solche Wertung über die Jahrtausende erhalten hat. Jedenfalls gilt noch heute blond weit mehr als dunkel in Deutschland, und die Zahl der Frauen, die sich ihre Haare »aufnorden« oder sich blonde Perücken aufsetzen, ist riesengroß. Sie tun das, eine Meinungsumfrage hat es ermittelt, weil der Begriff »blond« sich für sie mit Begriffen verbindet wie »höhere Gesellschaftsklasse«, »Vornehmheit«, »Adel« oder auch »Sex«, »Attraktivität«, »Schönheit«.

Die vornehme Germanin trug ihr Haar langwallend und in der Mitte gescheitelt. Sie konnte sich das leisten, weil ihr die Hausarbeit von einem Dutzend dienstbarer Geister, meist Sklaven oder Halbfreie, abgenommen wurde. Auch junge Mädchen, die noch nicht allzu stark in der Hausarbeit eingespannt waren, bevorzugten diese Frisur. Wer jedoch hart arbeiten mußte, auf dem Feld, im Stall und im Haus, den störte solche Pracht naturgemäß, so daß er sie mit Haarnetz, mit Haarnadeln oder dem Steckkamm bändigen mußte; wenn nicht dem Zopf oder dem Schopfknoten von vornherein der Vorzug gegeben wurde.

Die Männer trugen ihre Haare ursprünglich lang, bis etwas oberhalb der Schulter. Sie ähnelten damit den blonden Langhaarigen unserer Tage auf verblüffende Weise, an deren Anblick sich die Angehörigen der älteren Generation nur schwer gewöhnen konnten (und können). Wie wenig lange Haare zu tun haben mit Vokabeln wie »weibisch« oder »verweichlicht«, zeigt das germanische Beispiel, denn hier waren sie sichtbares Zeichen von Freiheit und Männlichkeit. Scheren und Abschneiden der lockigen Pracht galt als entehrende Strafe. Später kam, unter dem Einfluß der Römer, eine kürzere Frisur auf. Man band das Haar, auch um im Kampf beweglicher zu sein, zu einem auf dem Scheitel oder auf der rechten Kopfseite sitzenden Knoten. Für den Stamm der Sweben war er so typisch, daß er unter dem Namen »Swebenknoten« die Geschichte der Haarmode bereicherte.

»Es ist eine Eigentümlichkeit der Sweben, das Haar seitwärts zu kämmen und zu einem Knoten zusammenzuschlingen ... Auch bei anderen Völkern findet sich diese Haartracht, vielleicht, weil sie mit den Sweben irgendwie verwandt sind, oder einfach, wie das häufig der Fall ist, aus Nachahmung.« (Tacitus)

Die Erfinder der Haarbürste

Nicht alle Germanen waren blond. Es gab auch eine ganze Anzahl dunkelhaariger; muß es gegeben haben, denn anders wäre die Existenz der vielen Necknamen für den dunklen Typ nicht denkbar. Es wimmelt auf hoch- und niederdeutschem Gebiet von *brûnas, brūnos, brûnings,* von »Braunen« also. Noch etwas anderes bestätigt diese Annahme: zwei häufig erwähnte Haarbleichmittel!

Das eine bestand aus Ziegenfett, Buchenasche und verschiedenen Pflanzen, das andere war eine Mischung aus Hammeltalg, Holzaschenlauge und Ätzkalk. Beide Fabrikate wurden viel benutzt, und Versuche aus neuerer Zeit haben bewiesen, daß dunkles Haar nach der Behandlung mit germanischer Haarbeize tatsächlich lichthell wird. Sie wurde übrigens von den Männern mehr benutzt als von den Frauen, was weniger maskuliner Eitelkeit zuzuschreiben ist als dem Umstand, daß der Mann im Krieg sich von seinen Kampfgenossen nicht unterscheiden wollte.

Was nun den Rauschebart wagnerscher Prägung betrifft, so sprechen allein die vielen Rasiermesser und Bartzangen dagegen, daß dieser Bart allzusehr gerauscht hat. Der Jüngling trug erst gar keinen, der Mann bevorzugte ihn gut gestutzt als Kinnbart und gestattete sich nur beim Schnurrbart gelegentliche Extravaganzen. Im übrigen war die Barttracht wie in allen Jahrhunderten der Mode unterworfen. Backenbart, Kinnbart, Schnurrbart, Knebelbart, Kotelettbart, Lippenbart – man findet alle Formen auf den Bildwerken, ja selbst den langen wallenden Bart, hinzu kamen die Unterschiede innerhalb der einzelnen Stämme.

Diese Leidenschaft für das Haar war es, die die Germanen eine Erfindung machen ließ. Sie hat die Menschheit nicht gerade einen entscheidenden Schritt vorwärts tun lassen, ist aber dennoch nicht zu unterschätzen, weil sie zumindest den Alltag verschönern half. Gemeint sind die Seife und die Haarbürste.

Saipon ist ein urgermanisches Wort, das sich über althochdeutsch *seipha* zu neuhochdeutsch *Seife* entwickelte. Ursprünglich war sie identisch mit der bereits erwähnten

Haarbeize. Sie bestand aus denselben Grundsubstanzen und wurde in fester (Natronseife) und flüssiger Form (Kaliseife) eifrig benutzt. Das Immer-sauber-bleiben stand bei den Germanen demnach höher im Kurs als bei ihren Nachfahren, bei denen sich erst kürzlich herausgestellt hat – zu allgemeinem Befremden –, daß der Anstieg des Waschmittelverkaufs im umgekehrten Verhältnis zu seiner Benutzung steht. Das Bad am Samstagabend ist heute noch genauso üblich wie der wöchentliche Unterwäschewechsel, womit wir ziemlich am Ende der europäischen Saubermänner-Kolonne marschieren.

Die Haarbürste, und zwar die mit Stiel beziehungsweise Handgriff, kennen die Franzosen als *brosse,* die Spanier als *broza,* zwei Wörter, die aus der germanischen *Borste* geboren wurden. »Echt Schweinsborste« steht immer noch auf Haarbürsten, die etwas auf sich halten.

Bleiben noch, merkwürdig genug, die Augen zu erwähnen, die den Berichterstattern »trotzig«, »funkelnd« und »schrekkenerregend« vorkamen. So wild und scharf hätten sie geblitzt, daß die Fremden, die mit den Barbaren zusammengetroffen seien, noch nicht einmal den Blick hätten ertragen können. Die Nordgermanen müssen sich dessen bewußt gewesen sein, haben sie doch den Ausdruck *orm i auga* – »Wurm im Auge« dafür. Die Wälsungensaga erzählt, Sigurd-Siegfried konnte so scharf schauen, daß niemand ihm unter die Brauen zu gucken wagte. Und vor dem Blick der zum Tode verurteilten Swanhild scheuten sogar die Pferde, die sie in zwei Teile zerreißen sollten; man mußte ihr schließlich einen Sack über den Kopf werfen.

Da eine derart ausdrückliche Erwähnung der »Augen« bei der Beschreibung anderer Völker, wie der Kelten, der Griechen, der Perser, der Skythen, nirgends vorkommt, muß es sich hier tatsächlich um ein Phänomen gehandelt haben, das der ausdrücklichen Erwähnung bedurfte. Die Erklärung liegt im rein

Physiologischen. Die Bindehaut und besonders die Regenbogenhaut sind bei den Angehörigen der einzelnen Rassen in ihrem Farbwert verschieden. Bei den Germanen reicht die Farbe von weiß über hellgrau bis blaugrau oder blau. Der Gegensatz zu der Pupille, die ja schwarz ist, da das Augeninnere im Dunkeln liegt, und die Tatsache, daß diese Sehöffnung sich bei seelischer Erregung stark weitet, schafft einen extremen Kontrast zu ihrer hellen Umgebung. Bei Zorn und Wut bekommt das Auge dadurch die erwähnte »Schärfe«, das »Schreckliche«. Und wütend und zornig erlebten die Römer Germaniens Söhne fast immer, begegnete man sich doch nicht bei fröhlichem Gelage, sondern auf blutigem Schlachtfeld.

Minirock, Jeans und Oben-ohne

Genausowenig wie die Germanen Hörner auf dem Kopf trugen, so wenig rannten sie halbnackt durch die Gegend, ihre Blöße notdürftig mit rohen Tierfellen verhüllend. Letzteres steht in einem Kapitel des Tacitus zu lesen, und das haben ihm selbst seine größten Anhänger übelgenommen, wurden sie doch das Gefühl nicht los, daß die Germanen hier auf eine Stufe mit Halbwilden gestellt würden, die nachts auf den Bäumen schliefen.

Ein Gefühl, das trügt, bedenkt man, wie die militärischen Informanten des römischen Historikers die Germanen vornehmlich erlebten: als Krieger! Und im Schlachtgetümmel warfen viele von ihnen ihren Umhang ab, um mit nacktem Oberkörper oder sogar unbekleidet zu kämpfen. Kraftprotzerei das Ganze, eine Herausforderung des Feindes, eine Demonstration, wie sehr sie den Tod verachteten – doch keine Mode.

Eine brustfreie Männermode wäre schon des Klimas wegen einem langsamen Selbstmord gleichgekommen. Die Winter waren schneereicher und frostiger als die unsrigen; aus zeitgenössischen Berichten verlautet, wie die Krieger im Februar über die Eisdecke des Oberrheins marschierten und noch im April am Main die Schneewehen sich türmten.

Felle hat man schon getragen, nur waren sie nicht halbroh, sondern fein gegerbt, Erzeugnisse bester Kürschnerarbeit, die man mit den Haaren nach außen trug und die gegen Regen, Wind und Kälte gleich gut schützten. Zum Gerben benutzte man eine aus Holzasche hergestellte Lauge, später auch die Borke verschiedener Bäume, wobei sich Eichenrinde gut bewährte. Schaffelle wurden bevorzugt, weil sie am besten wärmten und sozusagen vor der Tür herumliefen. Auf diese Art wurde der Schafpelz zum Armeleutepelz, die weniger Armen wandten sich von ihm ab und hüllten sich in die Felle von Rehen, Hirschen und Kaninchen. Das gab zwar weniger Wärme, war aber vornehmer. Am begehrtesten waren die Felle von Marder, Fuchs, Biber, Otter, Hermelin und Zobel. Doch reichte es selbst für die Vornehmsten hier selten zu einem ganzen Mantel, sondern allenfalls zu einem Cape oder sogar nur zu einem Kragen.

Kleider machen Leute, das Wort galt schon damals, auch wenn die Kleidung noch nicht zum absoluten Standesmerkmal geworden war wie im Mittelalter. Der Leibrock war nicht irgendeine beliebige Sache, sondern ein Wertgegenstand, Fürsten belohnten damit ihre Gefolgsleute, der Gastgeber schenkte ihn dem vornehmen Gast, man zog ihn dem Toten an, ja, opferte ihn den Göttern im Moor.

Totenkleid und Kleideropfer sind es denn auch, die uns ziemlich genau Auskunft darüber geben, was der Germane und die Germanin anzuziehen pflegten. Unsere Archäologen können sich rühmen, mit diesen Funden die ältesten Trachten der Menschheitsgeschichte geborgen zu haben. Es gibt zwar noch ältere Gewebe, etwa die aus ägyptischen Königsgräbern, aber hier handelt es sich fast ausschließlich um die Binden, mit denen man die Mumien bandagierte.

Daß sich Textilien über die Jahrtausende erhalten haben, darf man als ein kleines Wunder ansehen. Scheint doch nichts so vergänglich wie das Gespinst, was der Mensch auf dem Leib trägt. In Ägypten waren es die trockene Luft und der salzhaltige Sandboden, die dieses Wunder ermöglichten, in Germanien die aus den (Eich-)Baumsärgen austretende Gerbsäure und die im Moor enthaltene Huminsäure. Beide Säuren erwiesen sich als hervorragende Konservierungsmittel, die nicht nur die Leiche selbst vor der Zerstörung schützten, sondern auch das, womit man sie bekleidet hatte. Vorausgesetzt allerdings, es war aus Wolle, denn Leinwand ist weitaus vergänglicher.

Die Wolle lieferte das Schaf (ein Tier, ohne das die Geschichte der Menschheit nicht denkbar ist, so nützlich war es in jeder Hinsicht, so »verwendbar« in allen seinen Teilen). Die Wolle wurde gerauft oder geschoren, gereinigt, durch Schlagen, Zupfen und Kämmen gelockert, zu festen Fäden versponnen, zu Tuchen gewebt, durch Färben belebt, schließlich mit Schere, Nadel und Faden zum Kleidungsstück verarbeitet: eine lange, unendlich mühsame, fast ausschließlich mit der Hand zu leistende Arbeit, die es verständlich macht, warum ein Rock kein Rock war, sondern eine Kostbarkeit.

»Diese Gewänder«, schreibt P. V. Glob über die in den Mooren gefundenen Textilien der Eisenzeit, »haben zugleich etwas Lebendiges an sich, das liegt an den abgeschabten Stellen und an den Flicken, die bezeugen, daß sie lange Jahre hindurch getragen wurden, ehe sie ihren Besitzer ins Moor begleiteten ... Sie haben somit etwas bewahrt, was selbst das beste zeitgenössische Kunstwerk nicht wiedergeben und bis auf unsere Zeit überliefern kann.«

Die Textilexperten unter den Vorgeschichtlern haben sich nicht damit begnügt, Stoffart und Webmuster der geborgenen Kleidungsstücke festzustellen, sie haben sie nachgewebt, und zwar Faden für Faden, oder, wie sie selbst das ausdrücken, *fa-*

dengetreu. Die dazu nötigen Handspindeln, auf die das Fadenmaterial aufgesteckt wurde, und die Spinnwirtel, mit der der Faden gezogen wurde, fanden sich in den Resten vorgeschichtlicher Häuser häufig. Die Webstühle mußten in jahrelangen komplizierten Versuchen rekonstruiert werden. Das Ergebnis ist im Textilmuseum von Neumünster zu besichtigen als eine staunenswerte Demonstration frühgeschichtlicher Webkunst von hohen Graden.

Was für Kleidungsstücke aus den einzelnen Stoffarten geschneidert wurden, schildern die Chronisten und, noch anschaulicher, die Bildhauer in ihren Germanendarstellungen. Demzufolge war der Kleiderschrank unserer Vorfahren, oder besser, die Kleidertruhe – der Schrank wurde erst später »erfunden« – bereits wohlgefüllt. Wobei sich außerdem erweist, daß die Zukunft auf dem Gebiet der Mode bereits begonnen hatte.

Bei den Männern fanden sich lange Hosen, die so hautnah gearbeitet waren, daß sie selbst den größten Jeansfanatiker zufriedengestellt hätten. Daneben Shorts, die etwa bis zur Mitte des Oberschenkels reichten und, als sozusagen »letzter Schrei«, Kniehosen, in unseren Tagen unter dem Namen »Breeches« oder »Bundhosen« bekannt. Die nackten Stellen umwickelte man im Winter mit wollenen Binden, wenn man nicht gleich eine Hose anzog, an der die Strümpfe angenäht waren. Unsere hochmoderne Strumpfhose ist gar nicht so modern. Den meterlangen, mit bunten Fransen verzierten Schal, Stolz unserer Teenager, gab es auch schon.

Größte Zierde des Mannes war der Mantel, eigentlich eine etwa 2,50 Meter lange und etwa 1,80 Meter breite Stoffbahn, die man so geschickt zu drapieren wußte, daß mal die Arme, mal die Oberschenkel, mal die Schulter freiblieben. Dieser Mantel schmückte nicht nur, er bot Schutz gegen die Witterung und ersetzte unter freiem Himmel die Schlafdecke. Der einfache Mann trug darunter das, was früher die echten

Schotten unter ihrem Rock trugen, nämlich gar nichts, so daß er der Aufforderung des Gastgebers, es sich doch bequem zu machen und seinen Mantel abzulegen, aus Gründen der Schicklichkeit nicht nachkommen konnte.

Der Mantel war allgemeine Volkstracht und auch bei den Frauen beliebt. Wie überhaupt das, was man heute »unisex« nennt, bei der Garderobe der Frauen gang und gäbe war. Die im Norden trugen Hosen, weil sie klug genug waren, zu erkennen, wie praktisch diese Beinkleider bei der Arbeit sind. Die Männerschuhe sahen so schick aus, daß die Frauen sich nicht scheuten, sie anzuziehen. Nach Art der Mokassins waren sie aus einem Stück Rindsleder geschnitten, mit eingepreßten Ornamenten verziert und auf dem Spann mit angenähten Riemchen zuzubinden (daher der Ausdruck Bundschuh).

Alltags trug die Frau des Hauses ein bodenlanges Hemdkleid, das auf den Schultern von Fibeln, das sind Gewandnadeln, gehalten wurde. Zwei Gürtel, einer unter der Brust, einer oberhalb der Hüfte, sorgten für den begehrten Faltenwurf. Bisweilen ließ das Hemdkleid auf höchst raffinierte Weise eine Brust frei. Die »Trauernde Barbarin« in der Loggia dei Lanzi in Florenz, in der man Thusnelda verkörpert sieht, die Frau des Arminius, zeigt die Topless-Mode genauso wie einige Figuren an der Marcussäule. Büstenhalter waren im übrigen genausowenig bekannt wie Höschen. Insofern gehört die Germanin zur Vorkämpferin einer sich emanzipiert gebenden Frauenmode unserer Tage.

Als Material war neben der Wolle Leinen am begehrtesten. Feinstes Linnen in möglichst großen Stapeln zu besitzen, war ein Statussymbol der Hausfrau. Man beließ es in seinem Naturzustand, färbte dafür aber die Borten an Ärmel, Ausschnitt und Saum. Ein leuchtendes Blau ergab die Heidelbeere, der Ginster ein schönes Gelb, die Malve ein apartes Weinrot.

Auch der Minirock war bereits bekannt. Er wurde von jungen Mädchen in der warmen Jahreszeit bevorzugt, bestand aus einzelnen, oben und unten sorgfältig gesäumten Wollschnüren und wurde um die Hüfte gewickelt! »Seiner Trägerin muß er ein außerordentlich keckes Aussehen verliehen haben«, konstatierten die Archäologen, die den Mini entdeckten, mit sanftem Befremden.

DIE WIEDERVERNORDUNG UND DER SCHRUMPFGERMANE

Hochgewachsen, blond, blauäugig, das klingt nach »Rasse« und »nordisch« und all den Begriffen, die zwar ihre wissenschaftliche Berechtigung haben, mit denen aber soviel Unfug getrieben worden ist, daß sie ihre Unschuld verloren haben. Wir wissen, daß die Germanen keineswegs »reinrassig« waren, sondern ein Rassengemisch. Ein Gemisch aus eingewanderten Indogermanen, deren körperliche Merkmale wir als »nordisch« bezeichnen, die also langschädlig, blondhaarig, blauäugig, schlank und groß waren, und den eingesessenen Hünengräberleuten, die überwiegend breitschultrig erscheinen, wuchtig, vierschrötig, mit breitflächigen Gesichtern, fast quadratischen Schädeln, was man unter dem Begriff »dalisch« oder »fälisch« zusammenfaßt.

Reinrassigkeit bei Völkern oder Stammesgruppen im Sinne von streng getrennten Fortpflanzungsgemeinschaften wird es ohnehin kaum gegeben haben in der Geschichte der Menschheit. Es gab zwar immer Zentren, in denen ein bestimmter Typus am häufigsten und am stärksten ausgeprägt vorkam, aber die Mischzonen waren die am weitest verbreiteten. Keine Volksgruppe kam auf die Dauer ohne konkrete Beziehungen zu seinen Nachbarn aus, und dazu gehörte nicht zuletzt das gegenseitige Heiraten.

Und gerade die Mischung machte es! Sie entschied, ob ein Volk zu Höherem berufen war oder nicht. »Was die Indogermanen anlangt«, schreibt Hermann Güntert, »so scheint mir ihre weltgeschichtliche Machtstellung gerade auf solchen günstigen Mischungen ... zu beruhen: Bei demjenigen Volksstamm der Griechen, der am frühesten kleinasiatisch-orientalischen Einflüssen ausgesetzt war, den Ioniern, ist zuerst und nachhaltigst die hellenische Geistesart entstanden, während die ›reinrassigeren‹ Dorer zurückstanden. Eine günstige Rassenmischung ist wie eine Neuzeugung und kann sehr förderlich sein ... So steht es übrigens auch mit den Einzelpersönlichkeiten bis zum heutigen Tage. Es ist bekannt, daß Friesen verhältnismäßig ›rein germanisch‹ sind, wie man gern sagt: Haben aber Friesen die bedeutenden Persönlichkeiten von Deutschland hervorgebracht? Im Gegenteil, man wird gerade bei ›deutschesten‹ Männern, die Hervorragendes auf irgendeinem Gebiet geleistet haben, oft keine typischen ›rein nordischen‹ Rassenzüge finden, sondern Einschläge aus anderen Rassen: Gerade die Spannung infolge der Blutmischung kann zu besonderen Leistungen begaben«

Gesagt wurde das zu einer Zeit, in der bereits Mut dazu gehörte, es zu sagen – 1934. Das Jahr, in dem man damit begonnen hatte, dem deutschen Volk ein »nordisches Zuchtziel« vor Augen zu stellen. Ausgehend von der angeblichen Tatsache, daß Deutschland dem Untergang geweiht sei, wenn die »Rassenpflege« und »Rassenhygiene« weiterhin so vernachlässigt werde, postulierte man eine sogenannte Wiedervernordung.

Eine ungeheuerliche Vokabel, hinter der aber bitterer Ernst stand. Man wollte tatsächlich aus den Deutschen – die zweifellos eine germanische Grundkomponente aufweisen, im Laufe einer 2 000jährigen Geschichte aber zu ihrem Segen eine Vielzahl anderer Blutströme in sich aufnahmen –, aus diesen Deutschen wollte man ein einzig Volk von teutonischen Blondschöpfen machen.

»Klar muß ausgesprochen werden, daß innerhalb des deutschen Volkstums die Mehrung nordischen Blutes ›erwünscht‹ sein muß, sprach der Anthropologe Hans F. K. Günther, auch der »Rasse-Günther« genannt, »die Mehrung nichtnordischen Blutes ›minder erwünscht‹.«

Am praktischsten war es, damit bei den Landwirten anzufangen. Hier war angeblich das »hervorragende Bluterbe« noch so stark, daß es einer Wiedervernordung weniger entgegenstand. Der WVN-Kandidat konnte allerdings das Ziel nur erreichen, »wenn er gewisse Vorbedingungen bei seiner Gattenwahl berücksichtigt und wenn seine Gattin, die zukünftige Edelfrau, gewisse Mindestanforderungen in leiblicher und seelischer Hinsicht erfüllt und sozusagen mit einer nicht beanstandbaren Erbmasse versehen ist...«

Das alles sollte auf sogenannten »Hegehöfen« geschehen, und ein Herr Darr, seines Amtes Reichsernährungsminister, von dem diese Gedanken über Neuadel aus Blut und Boden stammten, überlegte weiter, wie man diese Rassenzucht und Zuchtrasse dem deutschen Volke schmackhaft machen könnte. Denn es war fünf Minuten vor Zwölf, »das Geschlecht der Germanen zu erhalten und zu verbreiten, es kulturfest zu machen«. Da er außerdem Reichsbauernführer war, lagen die Vorbilder nahe: »In der Tierzucht haben wir hierfür ein durchaus überzeugendes Beispiel, indem in der Zucht der edlen Pferde ... die Zucht auf Rasse und Äußeres gleichsam der ruhende Stützpunkt in der Erscheinungen Flucht war, welcher die Zuchtbeständigkeit in der Erbmasse rettete ...«

Auch Himmler, der Reichsführer der SS, war auf die Germanen fixiert. »Wenn nämlich das führende Blut in Deutschland, mit dem wir stehen und fallen, nicht mit dem guten Blut vermehrt wird, werden wir die Erde nicht beherrschen können, werden wir das große germanische Reich, das im Entstehen begriffen ist, nicht halten können.«

Aus diesem Grund lagen ihm die Frauen in ihrer Eigenschaft als große Gebärerinnen am meisten am Herzen. »Das müssen blonde, blauäugige Frauen sein, die eine hochqualifizierte Ausbildung erhalten: geschichtliches Wissen, Beherrschung mehrerer Sprachen, Reiten, Schwimmen, Autofahren, Pistolenschießen, besonders gute Koch- und Haushaltskenntnisse sind zu fordern. Nach bestandener Prüfung erhalten sie den Titel ›Hohe Frau‹. Den Parteiführern wird Gelegenheit gegeben, sich von ihren jetzigen Frauen zu trennen. Sie müssen sich aber aus den Reihen der ›Hohen Frauen‹ eine für ihre Stellung passende aussuchen.« Aus solchen Musterehen würden dann zwangsläufig jene Kinder sprießen, die den Fortbestand der germanischen Rasse sicherstellten. An Warnungen weiblicherseits hat es schon damals nicht gefehlt. Denn um so »starke, kluge Frauen lieben zu können, muß man ein gesunder Germane sein«, schrieb eine Frau von Porembsky in einem vielbeachteten Essay. »Es soll ja heute manchmal Männer mit Minderwertigkeitskomplexen geben, die lieber eine Frau wählen, über die sie sich erhaben fühlen – aber nordische Männer denken auch heute noch ganz so wie jene Germanen, die eine Frau verlangten, vor der sie einen gesunden Respekt haben konnten ...«

Das alles klingt wie schlechtes Kabarett, das aber war es nicht, sondern erschreckende Wirklichkeit. Hatte man doch Vereine vom Typ »Lebensborn« bereits geplant. Das waren Zuchtanstalten, für die beim BDM (Bund Deutscher Mädchen) und im weiblichen Arbeitsdienst unter dem Motto »Dem Führer ein Kind schenken« geworben wurde. Verwirklicht wurden diese Anstalten dann doch nicht. In Himmlers Schublade ruhten allerdings Gesetzesprojekte für die Zeit nach dem »Endsieg«, die die Einführung der Zwei-Frauen-Ehe vorsahen zwecks rascherer Vermehrung germanischen Nachwuchses; deutsche Mädchen, die bis zum 30. Lebensjahr noch kein Kind zur Welt gebracht hatten, sollten verpflichtet werden, dieses bei den Lebensborn-Instituten der SS zu »beziehen«; Deutsche mit dunklen Haaren waren von allen führenden Positionen auszuschalten, und wer »vererbungsunwerte« Eigenschaften besaß, hätte sich sterilisieren lassen müssen.

»All das«, schreibt der Anthropologe Karl Saller, »sollte bei der großen Siegesfeier verkündet werden, zweifellos die Konsequenz der Rassenlehre des Nationalsozialismus mit seiner Aufnordung in einem Neuadel aus Blut und Boden, die nach einem Sieg auch mehr oder weniger widerstandslos hätte endgültig durchgeführt werden können.«

Der Irrtum mit der Kriegerkaste

Wer dem Werdegang der Germanen bis hierher gefolgt ist und sie bereits ein wenig zu kennen glaubt, wird zugeben, daß sie es nicht verdient haben, zum Objekt von soviel Aberwitz und Irrwitz zu werden. Ihre Nachfahren, denen das Schicksal oder der Zufall die Jahre von 1933 bis 1945 als die »besten Jahre« ihres Lebens zugeteilt hatte, fanden solche Rassentheorie und -praxis – zu ihrer Ehre sei's gesagt! – grotesk und lächerlich. Der Beweis dafür sind die Flüsterwitze, die im Volk kursierten und unter denen die über den Rassenwahn die beliebtesten waren.

Auf die Frage, wie der vorbildliche deutsche Mann auszusehen habe, wurde geantwortet: »So groß und stattlich wie Goebbels, so blond wie Hitler, so gertenschlank wie Göring, so keusch wie Röhm.« Den kleinen, mißgestalteten Goebbels bezeichnete man als »Wotans Micky-Maus« oder als »nachgedunkelten Schrumpfgermanen«. Wie wenig die einzelnen *termini technici* wie »Rassenhygiene«, »Zuchtziel«, »Eugenik«, »Sterilisation Rasseuntüchtiger« im Volk überhaupt verstanden wurden, bewies die Berliner Zeitungsfrau, die die

Bemerkung eines ihrer Kunden »Is' vielleicht'n Ding, det neue Gesetz über die Sterilisation« mit den empörten Worten quittierte: »Wat denn, jehn die uns jetzt ooch noch ans Einjemachte?«

Die eigentliche Ironie des Germanenwahns und -wahnsinns lag darin, daß die Germanen selbst mit jenen Leuten, von denen sie hochgejubelt wurden, nicht das geringste gemein hatten. Ihnen fehlte all das, was ihre Lobhudler so gefährlich machte: Welche Fehler sie auch gehabt haben mögen, größenwahnsinnig waren sie nicht, sondern ihrem Temperament nach eher kühl-sachlich, auch keine engstirnigen Fanatiker, daran hinderte sie die angeborene Neigung zur Skepsis und zum Grübeln, an der uferlosen Geschwätzigkeit ihre bis zur Sturheit gehende Verschlossenheit. Da sie außerordentlich selbstbewußt waren, hatten sie es nicht nötig, Minderwertigkeitsgefühle durch Aggressivität abzureagieren; menschenverachtende Intoleranz lag ihnen fern, so daß die von ihnen unterworfenen Völker im allgemeinen nach ihrer Façon leben durften; Tyrannen duldeten sie nicht, Führer nur im Krieg, ihr Drang, unabhängig zu sein, ihr Durst nach Freiheit war zu groß.

Und was die Germanen auch nicht waren: eine Kriegerkaste. Sie waren keine säbelrasselnden und schwerterklirrenden Heroen, keine Berufskrieger, die nur Beute im Sinn hatten, sie waren, und das ist eigentlich nie recht betont worden, in erster Linie Bauern, und bei den vielen Kämpfen, die sie ausgefochten haben, ging es letztlich um so »einfache« Dinge wie Äcker für ihr Korn und Weiden für ihr Vieh.

Wer ihre Geschichte oberflächlich betrachtet, hat den Eindruck, es handele sich hier um reine Kriegsgeschichte, um eine ununterbrochene Kette von Fehden, Beutefahrten, Schlachten, Kämpfen, Heerzügen, Wanderungen. Das aber wäre genauso, als wolle man eine Ebene nach gelegentlich aus ihr herausragenden Hügeln beurteilen. Diese Fehleinschätzung liegt

... für die Großstädter am Tiber eine Sensation. Die Ungeheuer aus dem Norden zum erstenmal außerhalb der freien Wildbahn zu besichtigen. (Relief an der Traianssäule zu Rom. Germanische Gesandte vor dem römischen Kaiser.)

Bronze, die wundersame Entdeckung, so viel härter als Kupfer, so viel besser als Stein. Der Sonnenwagen von Trundholm, Meisterwerk germanischer Bronzeverarbeitung.

Bronzene Rasiermesser gegen Rauschebart. Körperpflege als Statussymbol.

Der Tollund-Mann. 2000 Jahre alt, dem Moor entstiegen; ein Mensch, der zu schlafen scheint.

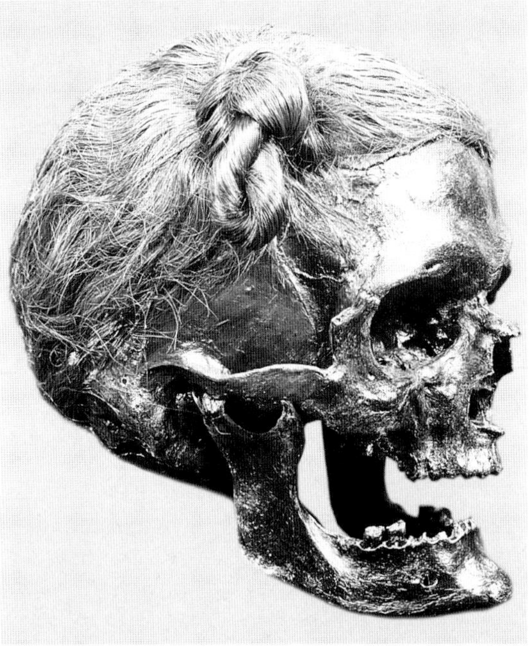

... auch zum höchsten aller Opfer war man bereit: zur Tötung eines Menschen. Das Moor von Osterby bei Eckernförde gab einen jener Germanen frei, deren grausiger Tod die Götter besänftigen sollte.

Das Mädchen von Windeby. Die Finger der rechten Hand bildeten die »Feige«, eine obszöne Geste, die auf Ehebruch hindeutet und damit auf das todeswürdige Vergehen.

Von einem heiligen Wagen erzählt Tacitus, mit dem die Göttin Nerthus, von einem Tuch verhüllt, durch die festlich geschmückten Dörfer fuhr. Im Moor von Dejbjerg in Westjütland wurde ein solcher Kultwagen entdeckt.

Der Bildstein von Lärbro (Gotland) schildert die Opferung eines Menschen durch Erhängen.

Phallischer Gott aus Broddenbjerg in Jütland, eine jener Holzfiguren, deren auffälligstes Merkmal in den deutlich markierten Geschlechtsteilen besteht. Gottheiten, die für die Fruchtbarkeit zuständig waren.

Kopf einer männlichen Götterfigur aus dem Moor von Braak bei Eutin. Das Eichenholz der 2,75 Meter großen Figur überdauerte die Jahrtausende.

Otto von Bismarck. Kanzler des Reiches, ausgerüstet mit Wolfsfell und Streitaxt *(rechts)*. Als Symbol des *furor Teutonicus*, der germanischen Wut, beliebtes Motiv der europäischen Karikaturisten. Wagner ist an allem schuld (Foto *links unten* und *rechts unten)*. Der Bühnengermane mit wallendem, wogendem, wildlockigem Haar, auf dem Kopf den flügelgeschmückten Helm, lieferte den meisten Deutschen das – falsche – Bild ihrer Vorfahren.

»Deutsche Einigkeit, meine Stärke. Meine Stärke, Deutschlands Macht.« Inschrift auf dem zum Himmel gereckten Schwert des Helden, der Arminius heißt, aber – fälschlich – Hermann genannt wird. Deutschlands populärste Denkmalsfigur wurde am 16. August 1875 feierlich eingeweiht *(oben)*.

4000 Reichsmark Ehrensold für eine »vaterländische Großtat«. Kaiser Wilhelm I. in der Werkstatt des Bildhauers Ernst von Bandel, der das Denkmal in jahrzehntelanger Arbeit schuf *(links)*.

daran, daß es für Historiker dankbarer ist, über die sogenannten großen Zeiten, und das sind kriegerische Zeiten, zu berichten als über Epochen, in denen tiefer Friede herrschte und deshalb nichts Dramatisches, nichts Berichtenswertes geschah.

»In Wirklichkeit haben die Ruhepausen zwischen den Wanderungen [sprich Kriegen] viel mehr Zeit ausgefüllt als diese selbst«, schreibt Gustav Neckel. »Die Goten zum Beispiel haben jahrhundertelang an der unteren Donau geackert und ihre Kühe gemolken, ehe sie von dort weiterzogen nach Südrußland. Dann wurden sie allerdings durch die Lockungen der Städte in einen längeren Kriegszustand hineingezogen. Aber kaum war Italien erobert, so trat wieder Friede ein.«

Über »ackern« und »melken« zu berichten war für die meisten Historiker schon immer unergiebig.

Doch existiert über unsere eigene geschichtliche Kindheit glücklicherweise ein zeitgenössischer Bericht, in dem auch die zitierten »Pausen« berücksichtigt sind. Geschrieben hat ihn ein Ausländer. Das ist ein zusätzlicher Pluspunkt. Für den Fremden werden sich die Tugenden und Untugenden eines anderen Volkes immer schärfer abzeichnen.

Publius Cornelius Tacitus hieß der Mann, dem wir den ersten Bericht über die ersten Deutschen verdanken ...

VIII Der Mann, der Tacitus hiess

»Das Morgenrot in der Geschichte der Deutschen«

»An einem Sommerabend im Schatten des heiligen Hains, da lagen auf Bärenhäuten zu beiden Seiten des Rheins verschiedene alte Germanen, als plötzlich mit höflichem Gruß ein Römer kam: Meine Herren! Ich heiße Tacitus. Von Ihres Volkes Gebräuchen schreib' ich eine Biographie, drum komm ich, Sie zu bitten, erklären Sie mir die ...«

So heißt es in einem Lied, das die Studenten in ihren Kneipen einst bierselig sangen. Das »Allgemeine Deutsche Kommersbuch« empfahl, es nach der Weise »War einst ein jung, jung Zimmergesell« zu intonieren.

Der Mann, der Tacitus hieß, und der hier besungen wird von den Studiern, war ansonsten nur noch bei den Gymnasiasten bekannt. Dort allerdings in weniger fröhlichem Zusammenhang. Man mußte ihn übersetzen, wurde an ihm gemessen, und manchmal blieb man auch seinetwegen sitzen. Wie es auf den Gymnasien zugehen pflegte: Der Mann wurde einem gründlich und für alle Zeiten ausgetrieben! Und wenn bei späteren Klassentreffen die ergrauten Expennäler den Tacitus zu zitieren begannen, so geschah das weniger aus Liebe als aus Sentimentalität, denn »Gehabte Schmerzen, die hab' ich gern«.

»Germania omnis a Gallis Raetisque et Pannoniis Rheno et Danuvio fluminibus, a Sarmatis Dacisque mutuo metu aut montibus separatur: cetera Oceanus ambit, latos sinus et insularum immensia spatia complectens, nuper cognitis quibusdam gentibus ac regibus, quos bellum aperuit. – Ger-

manien in seiner gesamten Ausdehnung wird von den Galliern, Rätern und Pannoniern durch den Rhein und die Donau geschieden, von den Sarmaten und Dakern durch gegenseitige Furcht der Völker voreinander und durch Gebirgszüge. Die Nordgrenze wird vom Meer gebildet, das breite Landzungen und Inseln von unermeßlicher Ausdehnung umgibt. Es ist noch nicht lange her, daß wir einige Völker dieser Landstriche und ihre Könige kennengelernt haben: Der Krieg hat sie uns erschlossen.« So beginnt eines der berühmtesten Werke der Geschichtsschreibung, und die Deutschen haben das Glück, daß es von nichts anderem handelt als von ihren Vorfahren. Das Buch trägt den Titel *De origine, situ, moribus et populis Germanorum* – »Über den Ursprung, die Lage, die Sitten und die Völker der Germanen«, kürzer »Germania« genannt.

Jacob Grimm, der Begründer der germanischen Sprach- und Altertumswissenschaft, sah in der »Germania« das Morgenrot in der Geschichte der Deutschen. Der berühmte Germanist Karl Müllenhoff bezeichnete sie als Kern und Mittelpunkt germanistischer Forschung und widmete ihr einen ganzen Band seines Lebenswerkes, der »Deutschen Altertumskunde«. Der große Mommsen erkannte scharfsinnig, was sie wirklich für uns bedeutete: »... etwa, wie wenn ein Phönizier uns Hellas beschrieben hätte zu der Zeit, wo das Königsschloß von Tiryns gebaut ward, oder ein Grieche aus Kyme uns berichtete über das Rom der Zwölf Tafeln.«

Die »Germania« des Tacitus wurde gepriesen als ein goldenes Büchlein, als ein Patengeschenk, das eine gütige Fee unserem Volk in die Wiege gelegt habe, als ein Kleinod, das kein anderes Volk der Erde aufweisen könne. »Wie glücklich und stolz wäre zum Beispiel die slawische Welt, wenn sie eine so alte Slavia besäße!«

Die »Germania« – ein Ausflugsdampfer?

Die vielgerühmte Schrift ist nun gerade in jenem Land, dessen Vorfahren sie in so meisterlicher – und positiver! – Weise schildert, in Deutschland, weitgehend unbekannt. Abgesehen von den Gelehrten, die sich von Berufs wegen mit ihr beschäftigen, von den Studenten der Klassischen Philologie und den Lateinschülern an den Oberschulen weiß niemand, was er sich unter dem Namen »Germania« vorzustellen hat. Am ehesten noch ein Denkmal, einen Turnverein, eine Versicherungsgesellschaft, einen Ausflugsdampfer. Das jedenfalls ergab eine Recherche des Verfassers. Solche Unkenntnis nimmt um so mehr wunder, weil das Buch nicht in jener Gelehrtensprache geschrieben ist, die dem Normalverbraucher im allgemeinen verschlossen bleibt; es ist weder verstaubt noch langweilig und schon gar nicht weitschweifig. Die einzelnen Kapitel sind unübertrefflich in der Klarheit ihrer Gliederung, in der Anschaulichkeit der Schilderung, in der Knappheit ihres Ausdrucks – sie sind einfach spannend.

So spannend, daß die Philologen dem Römer sogar den Vorwurf machen, gelegentlich des Guten zuviel getan zu haben, die Kunst der Darstellung über den Inhalt gestellt und sie zur Künstelei habe entarten lassen. Ein Vorwurf, der von dieser Seite her verständlich ist, denn die epigrammatische Kürze, das Bemühen, in jeden Satz die größtmögliche Menge von Informationen zu pressen, macht die Arbeit des Erklärens und Deutens tatsächlich schwierig.

So erinnert sein Stil an die in Stein gehauenen Grabinschriften, eine Art des Schreibens, die besonders die Engländer fasziniert hat, vielleicht, weil sie in das Lakonische ihrer eigenen Sprache verliebt sind. Jedenfalls stammt von ihnen das schönste Bonmot über den taciteischen Stil: »Der Mann schreibt so, als müßte er für jedes Wort Telegrammgebühren bezahlen.«

Die Latinisten nun behaupten, daß nur der den Tacitus wirklich genießen könne, der ihn in der Ursprache zu lesen vermag, denn jede Übersetzung sei zwangsläufig dazu bestimmt, der Darstellung das Besondere zu nehmen, den Glanz der kunstvollen Passagen verbleichen zu lassen, so daß im Grunde nur ein dürftiger Abklatsch übrigbleibe.

Besonders arg zeige sich dieses Problem im Deutschen, »weil die deutsche Sprache fast nirgends den Gebrauch des dem Lateinischen fremden Artikels entbehren kann und beim Gebrauch der Formen des Zeitworts stets die Person durch ein besonderes Wort bezeichnen und bei den Zeitformen der Vergangenheit und Zukunft stets eine aus mehreren Wörtern zusammengesetzte Ausdrucksweise gebrauchen muß. Wie kurz und lapidar – das heißt, für die eine knappe Fassung des Gedankens erheischende Steininschrift wie geschaffen – ist dagegen das Lateinische! *Scripsi* – im Lateinischen ein Wort, im Deutschen drei: ›Ich habe geschrieben‹; oder wenn ... Tacitus an einer Stelle der ›Germania‹ kurz und markig sagt: ›*Hic suebiae finis*‹, also drei Wörter gebraucht, benötigt man im Deutschen mindestens sechs: ›Dies ist das Ende des Swebenlandes‹.«

Nun geht auf dem Weg von der einen in die andere Sprache immer einiges verloren, mal mehr, mal weniger, je nach der Kompliziertheit des entsprechenden Idioms, und dennoch würde niemand dafür plädieren, auf Übersetzungen ganz zu verzichten, nur weil das Original so viel schöner ist. Tacitus nur den Lateinkennern zu empfehlen hieße, den Kreis jener, die die »Germania« kennen, noch mehr zu verkleinern, und der ist, wie erwähnt, schon klein genug in Deutschland.

Viel wichtiger wäre es, eine wirklich gute, treffende Übersetzung herzustellen, in der auch der letzte Ruch von Schulmeistertum beseitigt ist. Das ist bisher nur in Einzelpassagen gelungen. Immer noch begegnet man Wendungen wie »Im Rücken der Markomannen und Quaden bilden die Marsigner,

Coriner, Oser und Burer den Abschluß«; oder »Die Art ihrer Schaustellungen ist nur eine einzige und bei jedem Gelage die gleiche«; oder »Sie anerkennen einige unserer Geldsorten und nehmen dieselben mit Vorliebe an«; oder »Die zu liefernde Menge an Getreide, Vieh oder Zeug schreibt ihm der Herr wie einem Hintersassen vor, so weit ist ihm der Sklave untertan.«

Und so geschraubt-gestelzt-gekünstelt fort und fort. Verständlich, daß auf diese Weise neue Leser nicht zu gewinnen waren.

Der Umfang der »Germania« – im modernen Taschenbuch nimmt sie nicht mehr als 33 Seiten ein – steht im umgekehrten Verhältnis zur Zahl der Kommentare, die über sie geschrieben wurden. Enea Silvio de Piccolomini, der spätere Papst Pius II. (1458 bis 1464), war der erste, der Nachrichten aus der »Germania« verwendete, um die alten Deutschen mit den Deutschen seiner Zeit zu vergleichen (was bei ihm zuungunsten der alten ausfiel, weil die neuen bereits Christen waren).

Das hatte immerhin zur Folge, daß die deutschen Humanisten auf diese Kostbarkeit aufmerksam wurden und sich mit Wonne darauf stürzten. Endlich, endlich hatten sie ein echtes Dokument, mit dem und an dem sich ihre Träume von einer großen deutschen Vergangenheit verwirklichen ließen. Die Renaissance, die Wiedergeburt längst vergangener großer Zeiten, die die Italiener schon so lange mit Erfolg betrieben, konnte nun auch in Deutschland erfolgen. Sie entwickelten nach dem Vorbild der italienischen Kollegen einen eigenen Ahnenkult, und die »Germania« wurde dabei zur beliebtesten Quelle. Daß sie dabei oft mißbraucht wurde zu philogermanischer Geschichtsklitterung, zu chauvinistischen Tiraden, zum Jubelchor auf teutsche Art und teutsche Tat, zu Welschenhaß, und Römerfeindlichkeit, dafür konnte das kleine Buch am wenigsten.

DIE TEUTSCHEN KEIN BARBARISCH, UNTÜCHTIG VOLCK ...

Man hatte verständlicherweise einiges nachzuholen in Deutschland, was die eigenen Vorfahren betraf. Die waren bis dato schlecht weggekommen im Urteil der Historie, oder besser, der Historiker. Denn das waren vornehmlich Griechen und Römer, die natürlich von der Warte ihrer höheren Kultur (oder Zivilisation) auf die Barbaren herabgeblickt hatten. Ein Blickwinkel, der die Perspektiven verzerren mußte. Hinzu kam, daß man einem Volk, von dem man immer wieder tödlich bedroht wurde, nicht gerade Gerechtigkeit widerfahren ließ.

Und so tönen die Klagen der Humanisten über die Diskreditierung der Ahnen von Seiten der antiken Autoren genauso wie ihre Loblieder auf der alten Deutschen Wesen.

»Und so ich ditz werk zue volenden nichts unersuecht hab lassen«, schreibt Johannes Turmair, genannt Aventinus, in seiner »Bayerischen Chronik«, »hab ich so vil erfaren, das unser vorvordern nit als grob übelkünnend ungeschickt leut, als etliche wänen, gewesen sein. Si haben auch ir tat in acht gehabt und irem brauch und art nach zue nutz den nachkommen in ewige gedächtnus vervast ...«

Sebastian Frank von Wörd greift in dieselben Saiten bei seiner Vorrede zur »Germaniae Chroniken«. »Germania ist, guthertziger Leser, bissher ... mit sein historien in so dicken finsternus vergraben bliben, das auch die historischreiber, die alles wissen und auch was in anderen weiten geschicht, beschreiben, Germanium als ein barbarisch untüchtig volck überhüpfen ... Das macht das biss auf unsre zeit unsere der Teutschen that und histori seind dahinden bliben. Nit das wir anderen völckern an sterck, sig, weisen reden, räthen und thatten seien nachgezogen, sondern das wird durch unfleis der hinlessigen teutschen historischreiber seind versäumpt worden … Demnach wil ich in diesser meiner Chronick deutlich anzeygen, das Teutschland nit weniger dann die Griechen und Latiner an künsten, redlichen tapferen thaten und weisen räthen seind gewesen …«

Selbst Martin Luther reiht sich ein in die Front jener, die sich in ihrer teutschen Ehre gekränkt fühlen, wenn er in dem Brief »An die Ratsherrn«, ausdrückt, daß Griechen und Lateiner, selbst die Hebräer, alle ihre Ruhmestaten genau aufgezeichnet, so daß jede irgendwie bemerkenswerte Leistung aller Welt bekannt ist, bei uns Deutschen aber solche Geschichtsschreiber gefehlt haben.

In der »Germania« fanden die leidgeprüften deutschen Humanisten eine Schrift, die sich im wesentlichen positiv über ihre Ahnen aussprach. Konrad Celtes, Jakob Wimpfeling, Aventinus, Beatus Rhenanus lauten einige Namen aus der Liste der humanistischen Patrioten oder patriotischen Humanisten, die sich von nun an als Kommentatoren und Herausgeber mit Tacitus befaßten.

»Bestimmend für alle Zukunft bis zu Klopstock, Kleist und Grabbe wurde aber das um 1520 entstandene Gespräch Ulrich von Huttens, der mit sicherem Blick für publizistische Wirkung eine Gestalt herausgriff und sie zum Sinnbild der deutschen Freiheitsidee erhöhte: den Helden Arminius. Hutten ist es gelungen, mit dem Cheruskerfürsten eine mythische Gestalt des Deutschtums zu schaffen und sie den Helden der italienischen Humanisten als ebenbürtigen Gegner an die Seite zu stellen. Er sieht in dem ›Barbaren‹ das Vorbild des erwachenden Nationalbewußtseins und erhöht ihn mit humanistischen Mitteln – der Form des lukianischen Totengesprächs – zum idealen Gegenbild der griechisch-römischen Helden. So hat die Wiederentdeckung eines antiken Schriftstellers die Entstehung des deutschen Nationalbewußtseins entscheidend gefördert.«

Auch Bücher haben ihr Schicksal

Die Wiederentdeckung des Tacitus und seiner »Germania« geschah auf so seltsame Weise, daß man um das Wort eines anderen antiken Autors, des Terentianus Maurus, nicht herumkommt: *Habent sua fata libelli* »Auch Bücher haben ihr Schicksal.« 98 nach Christus entstanden, wurde die »Germania« rasch zum Bestseller in Rom: Das Thema war von brennender Aktualität, wurde doch ein Volk geschildert, dem man mit einer Mischung aus Furcht und Respekt gegenüberstand, das man haßte und insgeheim bewunderte, mit dem man seit nunmehr 210 Jahren Krieg führte, ohne daß je ein entscheidender Sieg geglückt wäre.

»Im Verlauf dieser langen Zeit hat es auf beiden Seiten große Verluste gegeben. Nicht die Samniten, nicht die Karthager, nicht die Gallier, nicht die Spanier, nicht einmal die Parther haben uns so oft herausgefordert wie die Germanen: ja, gefährlicher noch als die Macht der Arsakiden ist dieses Volk mit seinem Freiheitswillen. Worauf kann sich schon der Orient überhaupt etwas einbilden als höchstens darauf, daß sie den Crassus erschlagen haben? ... Die Germanen aber haben einen Carbo, einen Cassius, einen Aurelius Scaurus sowie Servilius Caepio und Mallius Maximus geschlagen oder gefangengenommen und dem römischen Volk fünf konsularische Heere entrissen. Selbst unter Kaiser Augustus haben sie den Varus mit seinen Legionen vernichtet.«

Das schreibt der Bestsellerautor selbst und drückt die allgemeine Stimmung in Rom aus, wenn er resigniert hinzufügt: »... noch in jüngster Zeit haben wir Siege über Germanen mehr gefeiert als wirklich errungen.« Obwohl die »blonde Gefahr« auch in den folgenden Jahrhunderten akut blieb, geriet die »Germania« allmählich in Vergessenheit. Die Zahl der Leser, so klagte man, die das Niveau und die Geduld hatten, den größten römischen Historiker zu lesen, schwand mehr und mehr dahin. Anderthalb Jahrhunderte nach dem Tod des Tacitus wurde ein Gesetz erlassen, wonach alle seine Werke zehnmal im Jahr auf Staatskosten abzuschreiben seien, und jede öffentliche Bibliothek im gesamten Weltreich sie zu führen habe. Der Gesetzgeber hieß Marcus Claudius Tacitus, war römischer Kaiser (274 nach Christus) und leitete sein Geschlecht – ob zu Recht oder Unrecht steht dahin – von Publius Cornelius Tacitus ab. Durch seinen Erlaß wollte er die Schriften seines berühmten Vorfahren auch der fernsten Nachwelt erhalten.

Und vielleicht verdanken wir es tatsächlich diesem unbekanntesten aller römischen Cäsaren, der gerade sechs Monate regiert hatte, als die Soldaten ihn erschlugen, daß Tacitus die Jahrhunderte überdauert hat. Denn die herrschenden Mächte waren gegen ihn und versuchten, ihn mit allen Mitteln totzuschweigen: anfangs die Kaiser, weil er ihnen zu republikanisch war, später die Kirche, weil er das aufkommende Christentum einen »verderblichen Aberglauben« genannt hatte.

Eine lange Zeit war vergangen, als ein unbekannter Mönch von einer Reise nach Rom in sein heimatliches Mutterkloster nach Hersfeld im heutigen Hessen zurückkehrte. In seinem Gepäck trug er eine Liste von »Wunschbüchern«, sogenannten Desiderata, die ihm der apostolische Sekretär Poggio Bracciolini unter dem Siegel der Verschwiegenheit mitgegeben hatte. Poggio war ein grundgelehrter Mann, Schriftsteller, Berater zweier Päpste, der Nachwelt jedoch bekannt geworden wegen seiner Tätigkeit als fanatischer Handschriftenjäger. Er war Humanist, die Wiederentdeckung der antiken Literatur war ihm, Herzensangelegenheit, denn wie konnte eine Wiedergeburt der Antike anders möglich sein als durch das Aufspüren und Studium jener Handschriften, von deren einstiger Existenz man Ungefähres wußte, die aber längst verschollen waren?

Poggio war, wie die meisten seiner gelehrten Kollegen, von einem wahren Handschriftenfieber besessen. Er beschäftigte zahlreiche Bücheragenten, deren alleinige Aufgabe darin bestand, Sammlungen, Archive, Bibliotheken nach den kostbaren Codices zu durchsuchen. Er selbst unternahm mehrere strapaziöse Fahrten quer durch Europa, die den bezeichnenden Namen »Bibliotheksreisen« trugen. Als Geheimtip unter den Handschriftenjägern galten die Klosterbibliotheken in Deutschland, von deren Schätzen man sich wahre Wunderdinge erzählte, waren hier doch schon längst verschollene Werke antiker Schriftsteller wiederentdeckt worden.

Poggio gelang es, in St. Gallen, Weingarten, Einsiedeln und auf der Reichenau fündig zu werden, in Klöstern, von denen er einen Cicero-Kommentar heimbrachte, einen vollständigen Quintilian, die Argonautica des Flaccus, ein Manuskript des Lukrez und andere seit langem verschwundene Handschriften.

Der Dschungelkrieg der Handschriftenjäger

Der größte Fang aber sollte Poggio Bracciolini noch bevorstehen. Von jenem unbekannten Mönch aus Hersfeld, dem er die erwähnte Liste mitgegeben, den er aber längst vergessen hatte, bekam er eines Tages ein versiegeltes Schreiben, worin eine selbst für den verwöhntesten Bibliophilen sensationelle Nachricht stand: Die Bibliothek des Klosters Hersfeld barg drei auf Pergament geschriebene unbekannte Schriften des Publius Cornelius Tacitus! Es handelte sich um eine Biographie des Feldherrn und Statthalters von Britannien Agricola (des Schwiegervaters des Tacitus), um einen Dialog über den Verfall der Redekunst (»Dialogus«) – und um die »Germania«!

Die »Germania« war entdeckt, aber bis zu ihrer Veröffentlichung dauerte es noch Jahrzehnte. Poggio kämpfte mit allen ihm zur Verfügung stehenden Mitteln darum, das Manuskript nach Italien zu holen, oder, wie man sich in seinen Kreisen in edlem Hochmut ausdrückte, »es aus dem Gefängnis der Barbaren zu befreien«. Das genaue Datum dieser »Befreiung« steht nicht fest. Man nimmt an, daß es zwischen 1450 und 1455 einem der Bücheragenten des Papstes gelang, den Abt des Klosters Hersfeld zu »überzeugen«, daß die Werke römischer Autoren am besten in ihrem Ursprungsland aufgehoben seien.

Die Mittel, die bei derartigen Überzeugungen angewandt wurden, waren nicht immer legal. Die Äbte der deutschen Klöster hatten bald herausgefunden, daß das, wonach die Römer suchten, einen unschätzbaren Wert besaß, und ließen sich selbst von Dokumenten nicht mehr bluffen, die Siegel und Signum der allerhöchsten Kirchenbehörden trugen. Mit gutem Grund: Viele dieser Dokumente waren gefälscht! Es kam zur Bildung verschiedener Bücherjägerparteien, die sich gegenseitig bekriegten und mit Mitteln ihre Ziele verfolgten, die sie als ausgesprochene *gangs* abstempelten. Drohungen, Erpressungen, Diebstähle, Nötigungen waren an der Tagesordnung.

Trotz solcher, vielleicht auch wegen solcher Willkür haben die Bücheraktionen der italienischen Humanisten manch unersetzliches Werk der Nachwelt erhalten. Die als Bibliotheken dienenden Räume in den Klöstern verdienten nämlich in vielen Fällen diesen Namen nicht. In Kellern, Verliesen und Gewölben lagen die kostbarsten Handschriften stapelweise übereinander. Sie waren von Mäusen angenagt, von Spinnweben bedeckt, von Schimmelpilzen überzogen.

Einmal, in St. Gallen, bei der Auffindung der Reden des Quintilian, brach Poggio angesichts der trostlosen Schlamperei in den Klageruf aus: »Oh, wie erbarmungswürdig fanden wir ihn dort liegen, wie einen Todgeweihten; er trug ein Trauerkleid von Schmutz, sein ›Bart‹ war verfilzt, die Haare, von Staub bedeckt!« So irrten die Humanisten »als Ritter eines erneuerten Lebens über die Straßen des kontinentalen und insularen Europas, immer von der Hoffnung beseelt, neue Spuren der Antike zu entdecken«.

Fatum libelli, der Schicksalsweg des Büchleins aus Hersfeld, das man unter dem Namen *codex Hersfeldensis* kennt, war damit noch nicht beendet. Nach Italien verbracht, war der Kodex bereits wenige Jahre später, um 1460 herum, erneut spurlos verschwunden. Die Bibliomanie, wie die krankhafte Übertreibung der Bücherliebhaberei genannt wird, diese Bücherwut hatte ihn auf ungeklärte, aber bestimmt nicht lautere Weise in irgendeine Privatsammlung gelangen lassen. Hätte man nicht rechtzeitig Abschriften vorgenommen, wäre die »Germania« vielleicht für alle Zeiten verschwunden. Fast ein halbes Jahrtausend später übrigens, im Jahre 1902, tauchte ein Teil des Hersfelder Kodex (allerdings ohne die »Germania«) wieder auf. Im Schloß eines Grafen Balleani, das in Jesi bei Ancona lag, fand man acht pergamentene Blätter, geschrieben von einer Hand des 9. Jahrhunderts. Und das war genau die Zeit, aus der der *codex Hersfeldensis* stammte.

War Tacitus am Rhein?

So fragmentarisch wie die Taciteischen Werke die Zeiten überdauert haben über die Hälfte ging verloren –, so bruchstückhaft bleibt auch die Biographie ihres Autors. Besonders über seiner Herkunft liegt der Schleier der Ungewißheit. Einmal schien sich die Chance zu bieten, diesen Schleier zu lüften. Das war, als man einen Brief des jüngeren Plinius fand. Plinius der Jüngere, ebenfalls Schriftsteller, war ein langjähriger Freund des Tacitus. Literarischen Ruhm verdankte er in erster Linie seinen Briefen, in denen er die zeitgenössische Gesellschaft Roms plastisch schilderte.

In einem dieser in Briefform abgefaßten Feuilletons kommt er auch auf Tacitus zu sprechen. Er schildert, wie eines Tages ein römischer Ritter im Circus Maximum neben dem Tacitus gesessen und nach einigem Zögern die Frage gestellt habe: »Sag mir, Nachbar, stammst du aus Italien oder aus einer unserer Provinzen?«

Tacitus antwortete: »Eigentlich solltest du mich kennen. Schließlich bin ich hier oft genug als Redner aufgetreten.«

Eine Antwort, die jeden Wissenschaftler zur Verzweiflung bringen mußte, denn eine weniger von Eitelkeit diktierte Auskunft hätte so unendlich viel bedeutet.

Verbürgt ist nur, daß er um das Jahr 55 nach Christus als Sohn eines Landadligen geboren wurde, daß er nach Rom ging, um die Kunst der Rede zu studieren, eine Tochter des Statthalters in Britannien, Julius Agricola, heiratete, verschiedene hohe Staatsämter bekleidete und schließlich als Gouverneur in eine der außeritalischen Provinzen ging. Welche Provinz das war, ist unbekannt, fest steht nur eines: Germanien war es nicht.

Das hatte man lange Zeit angenommen – noch Gustav Freytag glaubte daran –, doch war hier wohl mehr der Wunsch der Vater des Gedankens und die Überlegung, daß ein Mann, der so fundiert über ein Land zu berichten weiß, es bestimmt gut gekannt haben müsse. Aber Tacitus war nie in den Ländern zwischen Rhein, Elbe und Donau.

93 nach Christus kehrte er nach Rom zurück, wo er die drei letzten Jahre der Regierungszeit Domitians erlebte, oder besser, überlebte. Er, der seine Kindheit unter der Tyrannei eines Nero hatte verbringen müssen, traf nun als erwachsener Mann wieder auf einen Kaiser, der im Schreckenskabinett beamteter Mörder einen bevorzugten Platz einnimmt. Ein Herrscher, der sich unter anderem damit vergnügte, Fliegen die

Beine auszureißen und Vestalinnen lebendig begraben zu lassen. Als Agricola, der Schwiegervater des Tacitus, starb, flüsterte man in Rom, daß Domitian ihn vergiftet habe.

Tacitus erlebte in dieser Zeit doppelten Schrecken. Zu der allgemeinen Not gesellte sich die Erkenntnis, daß auch ihm der Mut fehlte, dem Tyrannen Widerstand zu leisten. Er war sogar Mitglied eines Senats, dessen Existenz darin bestand, zu spitzeln und bespitzelt zu werden. »Selbst unsere Seufzer wurden uns zum Verhängnis; das grausame Gesicht des Domitian und die Schminke, mit der er sich dagegen wappnete, vor Scham zu erröten, genügten, die todbleichen Gesichter seiner Untertanen zu brandmarken.«

Damals ist in ihm der Entschluß gereift, einst mit den Diktatoren abzurechnen, die die altrömischen Tugenden der *virtus,* des männlichen Mutes, und der *libertas,* des Freiheitssinns, pervertiert hatten. »Wenige sind wir noch«, klagte er, als der Imperator einen jämmerlichen Tod gestorben war, und die Klage klingt schauerlich aktuell, denkt man an die jüngste deutsche Vergangenheit, »wenige sind wir noch, die wir die Opfer und gewissermaßen uns selbst überlebt haben; so viele Jahre sind unserem Leben gestohlen: Die Jungen sind alt geworden, und die Alten stehen am Rande ihres Lebens und sprechen mit verhaltener Stimme.«

Tacitus, bis dahin nur als Redner und Anwalt bekannt, wurde zum Schriftsteller, denn nun endlich, unter den liberalen Kaisern Nerva und Traian war es erlaubt »zu fühlen, was man wollte, und was man fühlte, auch zu sagen« – *sentire quae velis et quae sentias dicere licet.*

Insofern sind seine Werke auch Manifestationen der Befreiung, er schrieb sich mit ihnen das von der Seele, was er als eigene Schuld empfand. In den »Historien« stellte er die von ihm selbst erlebte Zeit vom Vierkaiserjahr (68/69 n. Chr.) bis zum Tod des Domitians (96 n. Chr.) dar. In den »Annalen« behandelt er die Epoche vom »Hinscheiden des göttlichen Augustus« (14 n. Chr.) bis zum Ende der Regierungszeit Neros (68 n. Chr.). Sein Bestreben war es, »daß tapfere Taten nicht vergessen werden und die Furcht vor der Schande erhalten bleibt, mit der die Nachwelt verworfene Worte und Taten bedenkt.«

Die Schilderung schandbarer Taten überwiegt, denn die Verhältnisse, die waren nun mal so, und deshalb ist sein Werk von Resignation und Bitterkeit überschattet. »Er ist isoliert unter den Seinen, ein einsames Nachdenken hat seinen Sinn gebleicht; über ihm liegt etwas von dem tragischen Bewußtsein, daß er als letzter einer vergehenden Welt an der Grenze zweier Zeitalter steht. So reich die Zeit an überkommenen Schätzen ist, so eifrig sie beschäftigt ist, ihren Besitz zu sammeln, auszumünzen, zu verkleinern, so stolz sie auf ihre Bildung, so überzeugt auch von dem Werte der künstlichen Scheingebilde ist, die sie selbst hervorbringt: die Produktionskraft der alten Kultur scheint erloschen ...«

Aus diesem Geist heraus, dem Geist der Endzeit, ist letztlich auch die »Germania« geschrieben worden. Der Anlaß, sie zu schreiben und herauszugeben, erscheint allerdings viel nüchterner, viel einfacher. Sie war als ein ethnographischer Exkurs gedacht, als ein Ausflug in die Völkerkunde, mit der er ein neues Volk, die Germanen, vorstellen wollte, bevor er mit der Schilderung des Krieges gegen die – germanischen – Donausweben begann. In ähnlicher Art hat er in den »Historien« die Juden vorgestellt und im »Agricola« die Britannier. Denn wie, so der durchaus logische Gedanke, konnte sich der Leser für einen Krieg interessieren, wenn ihm das Volk, gegen das dieser Krieg geführt wurde, nicht genügend bekannt war?

... hasste und liebte die Germanen

Je mehr sich Tacitus mit diesen merkwürdigen Leuten nördlich der Alpen beschäftigte, um so stärker faszinierten sie ihn. Das Thema weitete sich aus, drohte ihm über den Kopf zu wachsen, war längst keine »Abschweifung« mehr, was das Wort »Exkurs« ja bedeutet. Es wurde ihm zur Hauptsache, so daß er es schließlich als Sonderschrift herausbrachte – weitaus früher, als er es für das Gesamtwerk vorgesehen hatte.

Beim Schreiben wuchs in ihm die Abneigung gegen einen Feind, der sein römisches Vaterland tödlich bedrohte, und gleichzeitig ertappte er sich immer häufiger dabei, diese und jene Charaktereigenschaft sympathisch zu finden. Es waren Tugenden, die sein Volk einst auch besessen, inzwischen aber längst verloren hatte.

Was waren das nur für Menschen: die ihre Götter nicht in enge Tempelbauten pferchen und sich menschenähnliche Bilder von ihnen machen, sondern ihnen Wälder und Haine weihen; für die es die größte aller Schanden ist, dem Gefolgsherrn die Treue zu brechen und ohne ihn aus der Schlacht zurückzukehren; deren Frauen keusch sind und sittsam; denen es frevelhaft erscheint, einem Fremden das Obdach zu verweigern; bei deren Leichenbegängnissen kein Schaugepränge herrscht, Schmerz und Gram um den im Grabe Ruhenden aber lange anhalten; deren Jünglinge und Mädchen »den Liebesgenuß erst spät kennenlernen«; bei denen die Heiligkeit der Ehe gewahrt wird, und die Eheleute sich als Gefährten bewähren in guten Zeiten wie in schlechten.

Gewiß, Tacitus entgeht nicht immer der Gefahr, angesichts eines Naturvolkes hoffnungslos romantisch zu werden. Man hat ihm auch oft genug vorgeworfen, daß es ihm im Grunde um nichts anderes ging, als der Gesellschaft Roms einen Sittenspiegel vorzuhalten: Seht hier hinein und erkennt, wie verdorben eure Sitten sind, wie gering eure Tugenden, wie gräßlich eure Laster, und wenn ihr nicht wieder so werdet, wie diese hier sind, seid ihr zum Untergang verurteilt. Das trifft zum Teil gewiß zu, und doch ist die Theorie vom Sittenspiegel auf das Ganze gesehen zu oberflächlich. Wenn es Tacitus nur darum zu tun gewesen wäre, hätte er es tunlichst vermieden, die Kehrseite der Medaille zu zeigen, die weniger schönen Eigenschaften der Germanen. Aber gerade das tut er, wenn er ihre Trunksucht erwähnt, ihren Hang zum Faulenzen, ihre Streitsucht, die immer wieder zu mörderischen gegenseitigen Auseinandersetzungen führt, die grausigen Menschenopfer, die sie ihren Göttern bringen, die Leidenschaft für die Würfelbecher, die sie Haus, Hof, Frau und Kind, ja sich selbst aufs Spiel setzen läßt; und die in einem Lande leben müssen, das trostlos zu bebauen und zu beschauen ist.

»Tacitus' Ziel war, die Wahrheit über die Germanen zu finden. Es leuchtet ein, daß er sich den Weg zu diesem Ziel nicht sicherer hätte versperren können als durch bewußte ›Idealisierung‹ ... Die ›Germania‹ ist eben deshalb keine Idealisierung der Germanen, weil sie die Ideale, und das heißt: das wahre Wesen dieses Volkes, zu enthüllen strebt.«

Die »Wahrheit« zu finden hieß für ihn, eine Antwort zu finden auf die Fragen: Warum diese Menschen den Römern so gefährlich hatten werden können, was sie ihre Tugenden hatte bewahren lassen, woher ihre durch nichts zu bändigende Kraft kam, was sie dazu befähigte, sich trotz vernichtender Niederlagen immer wieder zu erholen?

Wie sehr er bei aller Sympathie für dieses Volk Römer geblieben war, zeigt eindeutig der an ein Stoßgebet erinnernde Satz, den er angesichts der Vernichtung der Brukterer durch ihre Bruderstämme schreibt: »Möchte doch, das ist mein Wunsch, den Völkern Germaniens, wenn nicht Liebe zu uns, so doch wenigstens ihr gegenseitiger Haß auf die Dauer erhalten bleiben! Denn da das Schicksal an des Römischen Reiches Pforten pocht, ist das größte Geschenk, das es uns noch machen kann, die Zwietracht der Feinde.«

Ein Königreich für die Papyrusrolle

Woher nun stammen die Kenntnisse eines Mannes, der ein Land beschreibt, als kenne er es wie seine Westentasche, es aber nie besucht hat und auch die Sprache seiner Bewohner nicht sprach?

Sie stammen zu nicht geringem Teil aus den Büchern eines anderen Schriftstellers, des älteren Plinius. Er hat um die Mitte des ersten Jahrhunderts als Reiteroffizier in verschiedenen Gegenden Germaniens gedient und zahlreiche Feldzüge mitgemacht. Plinius war kein Landsknecht, kein Kommißkopp unseligen Angedenkens, sondern ein Soldat, der nicht nur seine Dienstvorschriften kannte, sondern auch die Literatur, dem die Feder genauso vertraut war wie das Schwert. Er war der Typ des gebildeten Soldaten, wie ihn etwa das frühe Preußen hervorgebracht hat in Männern wie dem Prinzen Louis Ferdinand und dem Freiherrn von der Marwitz.

Plinius, zur Unterscheidung von seinem Neffen und Adoptivsohn, mit dem Zusatz der Ältere versehen, hat noch auf germanischem Boden ein umfangreiches Werk über die Germanen verfaßt, das den Titel *Bella Germanica* trug. Er schilderte darin die Kriege in Germanien und die daran beteiligten Volksstämme.

Leider ist das gesamte Werk verlorengegangen, wohl der größte Verlust, den unsere Geschichtsschreibung zu beklagen hat, denn mit ihm wären wir über die Anfänge unseres Volkes wesentlich besser informiert, als es jetzt, trotz Tacitus, der Fall ist. Viele Probleme, über die immer wieder aufs neue und mit immer neuer Erbitterung gestritten wurde (wie zum Beispiel über den Ort der Schlacht im Teutoburger Wald), gäbe es nicht, denn Plinius hat als Militär stets präzise Angaben gemacht.

Aber vielleicht wird irgend jemandem das Finderglück zuteil, das Annibaldi hatte, als er 1902 den seit fast fünf Jahrhunderten verschollenen *codex Hersfeldensis* fand. Die Chance, eines Tages in den Kellergewölben eines Klosters oder auf dem von Spinnweben überzogenen Dachboden eines Schlosses oder in den verstaubten Regalen eines Privatarchivs auf ein Buch der »Germanenkriege« zu stoßen, scheint jedoch gering. Als im 4. Jahrhundert alle auf Papyrusrollen geschriebenen Werke auf Pergament übertragen wurden, waren die Werke des Plinius nicht dabei – man hatte sie einer »Umschrift« nicht für wert erachtet. Ein Königreich für eine jener Rollen!

Man kann demnach Tacitus nur dankbar sein, daß er sich so reichlich bei Plinius bedient hat. Das klingt zwar nach »abschreiben«, und Historikern unserer Zeit würde man in einem solchen Falle diesen Vorwurf nicht ersparen, für die antiken Historiographen aber galten andere Spielregeln. Sie benutzten die vorhandenen Werke ohne jeden Skrupel, allerdings nicht ohne Verstand und mit Verantwortungsbewußtsein. Wenn sich mehrere Darstellungen über denselben Gegenstand oder dasselbe Geschehnis fanden, stellten sie Vergleiche an und übernahmen die ihnen am wahrscheinlichsten klingende Schilderung; widersprachen sich die Berichte, führten sie sie, dem Leser das Urteil überlassend, nebeneinander auf. In den meisten Fällen fühlten sie sich nicht einmal verpflichtet, die Autoren zu nennen, von denen sie ihr Material bezogen hatten.

Tacitus hat nachweislich Plinius benutzt, er hat das Werk des Livius herangezogen und auch Cäsars »Gallischen Krieg« sorgfältig studiert. Damit allein begnügte er sich jedoch nicht (im Gegensatz zu manchen seiner Kollegen): Feldpostbriefe, die aus Germanien eintrafen, wurden gesichtet, Lagertagebücher von Kriegsteilnehmern ausgewertet, Aufzeichnungen von Verwaltungsbeamten geprüft. Er hat, wie ein Reporter in unserer Zeit, Truppenführer interviewt, die an den Feldzügen teilgenommen hatten, Kaufleute, die weiter in die unbekannten Welten vorgedrungen waren mit ihrem Ochsenkarren als selbst die Stoßtrupps der Legionäre, und die in Rom versklavten germanischen Kriegsgefangenen auch.

Trotz allem ist Tacitus, von der Wiederentdeckung der »Germania« an, zum Teil auf härteste Kritik der Wissenschaft gestoßen. Man glaubte, daß er sich allzu bereitwillig aus der Kiste völkerkundlicher Klischees bedient und Beobachtungen, die andere Schriftsteller bei anderen Völkern gemacht hatten, einfach auf seine Germanen übertragen habe, so daß sein Buch von völkerkundlichen »Wandermotiven« geradezu übersät sei. Man hat jeden Quellenwert des Werks bezweifelt, weil es aus den Abfällen antiker Geschichtsschreibung zusammengestoppelt worden sei. Schließlich wurde sogar die Verfasserschaft des Tacitus angezweifelt und die ganze »Germania« als eine raffinierte Fälschung einiger vom Teutonenwahn befallener humanistischer Gelehrter bezeichnet.

Das *aureus libellus,* das Goldene Büchlein, hat seinen Glanz bewahren können über die Jahrhunderte und sich als stärker erwiesen denn alle seine Kritiker. Sein Wahrheitsgehalt wurde gerade in jüngerer Zeit immer wieder bestätigt. Je feiner die Methoden der Wissenschaft vom Spaten gegen Ende des letzten Jahrhunderts wurden, um so häufiger wurden die Funde, die den größten römischen Historiker bestätigten.

In einem Moor nördlich von Flensburg wurde 1863 das berühmte Nydamboot gefunden, ein aus Eichenholz gefertigtes Seefahrzeug, das selbst den höchsten Ansprüchen der Hochseeschiffahrt genügte. Es war genauso gebaut, wie es Tacitus im 44. Kapitel beschrieben hat. »Die Form ihrer Schiffe zeichnet sich dadurch aus, daß sie auf beiden Seiten in einer Spitze enden und so beim Landen immer den Bug vorne haben. Segel verwenden sie nicht und haben auch die Ruder nicht an den Schiffswänden befestigt; sie handhaben sie vielmehr völlig locker ... und setzen sie, je nach Bedarf, mal auf der einen, mal auf der anderen Seite ein.«

Er erwähnt einen heiligen, von Rindern gezogenen Wagen, den die Göttin Nerthus bei ihrem feierlichen Umzug benutzt – und man fand bei Dejbjerg in Jütland einen derartigen Kultwagen.

In den Gräbern wurden Lanzen gefunden, und die Archäologen konstatierten respektvoll, daß die Beschreibung dieser kurzen, scharfen Speereisen in der »Germania« so präzise und treffend ist, wie sie nur aufgrund genauer Kenntnis der Originale möglich ist.

»Es ist die Eigentümlichkeit der Sweben, das Haar seitwärts zu kämmen und zu einem Knoten zusammenzuschlingen ... Auch bei anderen Völkern findet man diese Haartracht, vielleicht, weil sie mit den Sweben irgendwie verwandt sind, oder einfach, wie das häufig der Fall ist, aus Nachahmung«, heißt es im Kapitel 38 – bei der Bergung einer Moorleiche in Osterby findet sich diese Haartracht in der beschriebenen Form.

Wenn Tacitus berichtet, daß die Germanen Menschen im Moor versenkten und sie mit Gestrüpp bedeckten – die Liste der Moorleichenfunde bestätigt ihn selbst in Einzelheiten. Ähnliches gilt für die Informationen, die er uns über ihren Häuserbau gibt, über ihre Kleidung, über die Bewaffnung, über die Volkssitten.

Alles weist darauf hin, daß wir in der »Germania« nicht nur ein glänzend geschriebenes, sondern auch ein zuverlässiges Geschichtswerk besitzen, daß sie »zwar einzelne Irrtümer und zum Teil auch Lücken aufweist, die geeignet sind, irrige Vorstellungen über unser Land und ihre Bewohner hervorzurufen, andererseits aber zahlreiche ... Einzelheiten durch die archäologischen Tatsachen bestätigt wurden. Dies beweist uns, wie sorgfältig Tacitus ... bei der Auswahl und Verwendung seiner Quellen zu Werke gegangen ist, und es berechtigt uns, auch seinen sonstigen Berichten volles Vertrauen entgegenzubringen. Die Bodenfunde bilden also mehr eine Ergänzung als eine Berichtigung der ›Germania‹.«

IX Der germanische Alltag

H. O. Hansen pflügt mit einem Pflug aus der Eisenzeit

Anfang der siebziger Jahre kam es auf Dänemarks Hauptinsel Seeland zu einem Experiment, wie es in der Welt der Archäologie noch nicht unternommen worden war. Es schien entsprechend fragwürdig und wurde von vielen Wissenschaftlern als »nicht wissenschaftlich« abgelehnt. Hans Ole Hansen kümmerte sich nicht darum. Gerade dieses Experiment gehörte zum Programm des von ihm geleiteten »Historisk-Arkaeologisk Forsøgscenter« das in dem unweit von Roskilde gelegenen Ort Lejre liegt. »Wir wollten wieder einmal eine Antwort finden auf eine Frage, die noch niemand gestellt hatte«, sagte er.

Man weiß zum Beispiel, daß die Menschen des Neolithikums, der Jungsteinzeit, geschliffene und polierte Steinbeile besaßen, die so gut gearbeitet waren, daß sie damit auch das härteste Holz bearbeiten konnten. Mit dieser Tatsache hatten sich die Archäologen bisher begnügt und auf Fragen verzichtet wie: »Welchen Kraftaufwand brauchte ein Steinzeitmensch, um mit seinem Beil einen Baum zu fällen?«

Oder: »Wie vielen Schwerthieben und Lanzenstreichen widerstand der von germanischen Kriegern benutzte Schild?«

Oder: »Wie weit trug ein aus Eschenholz geschnitzter Bogen?«

Oder: »Wie war der Ton des *lituus*, des römischen Signalhorns, mit dem zum Angriff geblasen wurde?«

Oder: »Wie bekömmlich war Wildbret, das in der eigenen Haut gegart wurde?« (Wie »Grütze à la Germania« schmeckte, hatten die beiden Engländer Wheeler und Daniel bereits für uns getestet.)

Hans Ole Hansen suchte durch sein Experiment eine Antwort auf die Frage nach der Wirksamkeit frühgeschichtlicher Bodenbearbeitung. Er ließ zu diesem Zweck zwei junge Stiere kastrieren, sie mühsam zu Zugtieren abrichten und einen der vor zweitausend Jahren benutzten Pflüge bis in die kleinsten Einzelheiten nachbauen. Vorbild für diesen Pflug waren die in den Mooren gefundenen landwirtschaftlichen Geräte, die man dort als Opfergaben versenkt hatte. Es waren Hakenpflüge, verfertigt aus hartem Eichenholz, etwa dreieinhalb Meter lang, mit handwerklich sauber verarbeiteten Teilen, die den Sterz, die Schar und die Deichsel bildeten. Hakenpflüge waren nicht imstande, den Boden zu wenden (wie die um die Zeitenwende aufkommenden schweren Räderpflüge), sie konnten ihn mit ihrem gebogenen Haken nur oberflächlich aufreißen. Damit die Ackerkrume einigermaßen wirksam gelockert wurde, pflegte man deshalb die Furchen kreuz und quer zu ziehen.

Wie schwer die Arbeit auf dem Feld war, vor 2500 Jahren, zeigte der Versuch bereits am ersten Tag. Immer wieder holperte das plumpe Gerät aus der Furche, verfing sich, wurde nach links oder rechts abgedrängt. Eine einigermaßen gerade Furche gelang erst, nachdem jedes Zugtier von einem Arbeiter geführt wurde. Um zweieinhalb Morgen umzupflügen, verbrauchte man allein sechs Pflugscharen!

Nun werden die einstigen Benutzer etwas geschickter, weil geübter, gewesen sein im Umgang mit dem Hakenpflug, die Tatsache bleibt, daß ihnen nichts geschenkt wurde bei ihrem Tagewerk.

Russische Forscher hatten bei einem anderen Test den Kräfteverbrauch aufgrund des Atemluftbedarfs exakt festgestellt: Beim Fällen von Bäumen mit Steinbeilen verbrauchten die Arbeiter fünfmal soviel Energie wie bei der gleichen Arbeit mit modernen Stahläxten. Und sechsmal soviel Zeit! Die Experimental-Archäologie als ein neuer Zweig der Bodenforschung verzeichnet bereits ein erstes Opfer. Bei dem Versuch, einem vorzeitlichen Instrument, dem sogenannten Krummhorn, einige Töne zu entlocken, strengte sich Mr. Robert Ball aus Dublin, nachdem er »einen tiefen Baßton ähnlich dem Brüllen eines Bullen« erzeugt hatte, derart an, daß ihn ein tödlicher Blutsturz zu Boden streckte.

»... sie selbst leben in stumpfer Trägheit dahin«

Die durch das Experiment von Hansen anschaulich gemachte Härte der Feldarbeit zeitigte zumindest ein Ergebnis: Man mußte dabei seinen Mann stehen. Frauenarbeit war es also nicht, konnte es nicht sein, und allein diese Erkenntnis genügt, um jene Tacitus-Stelle richtig zu verstehen, die einen so schlechten Eindruck von Germaniens Männern vermittelt.

»... eher könnte man einen Germanen dazu überreden, einen Feind zum Zweikampf herauszufordern und sich Wunden zu holen«, heißt es da, »als sein Feld zu bestellen und den Ertrag der Ernte abzuwarten. Ja, geradezu als träge und lässig gilt, wer mit seinem Schweiß erwirbt, was er durch Blut gewinnen kann.« Damit waren natürlich nur jene jungen Männer gemeint, die sich dem Gefolge eines Königs angeschlossen hatten, eines Fürsten oder eines anderen einflußreichen Mannes. Denn, so heißt es an anderer Stelle: »Wenn der Heimatstamm in langer Friedensruhe erschlafft, suchen viele junge Adlige auf eigene Faust Stämme auf, die gerade irgendeinen Krieg führen.

Ein tatenloses Leben ist den Germanen nun einmal verhaßt, und in Kampf und Gefahr wird man leichter berühmt ... Von der Freigebigkeit ihres Gefolgsherrn erwarten die Gefolgsleute ihr Streitroß und ihre Lanze, mit der sie den blutigen Sieg erkämpfen wollen. Der tägliche Umtrunk und die bei den Gelagen reichlich dargebotenen, wenn auch einfachen Speisen gelten dabei als Sold ... Kommt es zum Kampf, so wäre es für den Gefolgsherrn eine Schmach, sich an Tapferkeit übertreffen zu lassen, und eine Schande für die Gefolgschaft, es dem Herrn an Tapferkeit nicht gleichzutun. Schimpf aber fürs ganze Leben lädt auf sich, wer ohne seinen Gefolgsherrn aus der Schlacht zurückkehrt. Ihn zu schirmen, ihn zu schützen, auch die eigenen Heldentaten ihm zum Ruhm anzurechnen, ist des Gefolgsmannes vornehmste und heiligste Pflicht.«

Es leuchtet ein, daß junge Männer, die einen derartigen Beruf gewählt hatten, nicht bereit waren, auf dem väterlichen Hof die Ställe auszumisten und die Ochsen auf die Felder zu treiben, wenn zwischen den einzelnen Raubzügen gerade einmal Pause war. Wir sagen hier bewußt »Beruf«, um allem Heldenmäßigen, allem Treu-bis-in-den-Tod-Getue, das den Begriff der germanischen Gefolgschaft immer wie Weihrauch umwölkte, endlich einmal entgegenzutreten. Jedenfalls hatte der Übermut der Gefolgschaften nichts zu tun mit den Kriegen auf den großen Wanderungen, bei denen es nicht um Beute ging, sondern um die nackte Existenz.

Der wirkliche Held war der germanische Bauer, der hinter jenem Pflug ging, den zu führen bei dem erwähnten Experiment so schwierig gewesen war. Er zog damit Furchen in einen Boden, der nicht die Erträge brachte, die seine Ururenkel heute erzielen, sich aber, günstige Witterung immer vorausgesetzt, trotzdem sehen lassen konnten. Nicht wenige Kenntnisse der modernen Landwirtschaft waren ihm bereits vertraut.

Er betrieb keinen Raubbau, sondern ließ seine Äcker in gewissen Abständen brach liegen und damit zu neuen Kräften kommen. Er wußte, daß man höhere Ernten erzielen konnte, wenn man dem Boden Kalk zusetzte. Die in verschiedenen

Gegenden Deutschlands entdeckten großen Gruben dienten zur Gewinnung des kalkreichen Mergels. Er kannte also die künstliche Düngung. Und die natürliche Düngung auch. Obwohl gerade diese Kenntnis ihm von manchen Wissenschaftlern nicht zugetraut wurde, eine Ansicht, die nur auf dem Katheder entstehen konnte, denn ein Bauer müßte kein Bauer sein, um nicht zu bemerken, daß in der Umgebung alter Kuhfladen das Gras besonders gut wächst. Bereits in den Pfahlbaudörfern fand man bis zu zwei Meter messende Mistschichten, die sich als Düngerreserve der Bewohner herausstellten.

Unser Bauer wußte darüber hinaus, daß Stallmist eine gute Isolierschicht abgab. Die Dächer der neben dem Langhaus stehenden Hütten, die, weil sie tief in den Boden eingegraben waren, Grubenhütten genannt werden, beschichtete er mit dicken Lagen von Kuhmist. Der darunterliegende Raum war damit gegen die sommerliche Hitze und gegen die winterliche Kälte gleich gut geschützt. Die Hütten dienten als Vorratsraum, Gerätekeller, Geräteschuppen, meist aber befanden sich dort die Webstühle und die Spinnwirbel.

»Frauengemach« hieß in der Sprache der Nord-Germanen *dyngja. Dyngja* bedeutet aber gleichzeitig »Dunghaufen«. Wer sich über dieses Synonym wundert, braucht nur an den Dung zu denken, der auf dem Dach der ausschließlich von Frauen besuchten Spinn- und Webstube lag.

Auch der Donnergott ass Weizenbrei!

Auf den Feldern des germanischen Bauern wuchsen die Getreidesorten, die auch heute noch auf ihnen wachsen. Hafer und Roggen (ursprünglich nur als Unkraut bekannt), Weizen, Hirse und vor allem die sehr beliebte Gerste, eine der ältesten Kulturpflanzen der Menschheit, die sich jedem Boden anpaßt und jedem Klima, in Norwegen genauso wächst wie unterm

Tropenhimmel, in Ebenen genauso wie in Gebirgslagen, selbst in 4 600 Meter Höhe, im Himalaya, kommt sie noch zur vollen Reife. Beliebt war sie bei den Germanen schon deshalb, weil man sie nicht nur essen konnte in Form von Brei und Brot, sondern auch trinken, als erfrischendes, berauschendes Bier.

Doch bevor es soweit war, mußte das Korn geerntet werden. Eine mühselige Arbeit, weil es keine Sensen gab, nur Sicheln, mit denen man nicht die Halme, sondern nur die Ähren schnitt. Da die Kornfelder viele Hektar bedeckten – Gehöfte mit 60 bis 80 Morgen sind nachgewiesen, und das sind auch heute ganz stattliche Anwesen –, muß die Ernteeinbringung einer Herkulesarbeit geglichen haben. Andere Anbaufrüchte wie Leindotter, Raps, Ackerbohnen wurden einfach mit der Wurzel ausgezogen.

Wenn das Getreide eingefahren war, wurde es gelagert und im beginnenden Winter entkörnt. Wie diese Arbeit, die man schon damals »dreschen« nannte, vor sich gegangen ist, zeigt wieder die Härte germanischer Bauernarbeit. Man *drosch* mit Knüppeln so lange auf die Ähren ein, bis sich die Körner gelöst hatten. Als Untergrund dienten Bretter aus dem Holz der Tanne, woraus sich das Wort »Tenne« erklärt.

Nach Entfernung des Ährenstrohs galt es, die Spreu vom Weizen zu scheiden. Dazu benutzte man eine *wint-scûvala,* eine Windschaufel. Das war eine Schaufel, mit der man die Körner in den Wind warf, damit die Hülsen weggetrieben wurden, *weggesprüht, weggespreut* (Spreu!).

Schließlich kamen die Körner in große, aus feingespaltenem Holz bestehende Siebe, die dazu dienten, die Samen der Unkräuter auszusieben, weil sie das Mehl kraftlos und bitter machten. Von Mehl war jedoch erst viel später die Rede, als man auf die Idee gekommen war, mit Hilfe von Sauerteig Brotfladen zu backen. Brot war eine Speise, die sich bis in das Mittelalter hinein nur die Vornehmen leisten konnten.

In den einfachen Haushalten ertönte jeden Morgen das mißtönende Geräusch, das Steine verursachen, wenn sie gegeneinandergerieben werden. Die dazwischen liegenden Körner wurden zerquetscht, und das ergab dann, unter Zugabe von Wasser oder Milch, jenen Brei, den hoch und niedrig, arm und reich, Morgen für Morgen zu essen pflegte.

Selbst Donar, der Donnergott, nahm ihn zum ersten Frühstück zu sich, angereichert mit ein paar Fischen – eine, zugegeben, schauerliche Vorstellung, aber es muß enorm gesund gewesen sein. Wie überhaupt die moderne Ernährungswissenschaft den Germanen höchstes Lob spendet, was ihren Speisezettel betrifft. Weizenbrei zum Beispiel enthält Eiweiß, Kohlehydrate, Vitamine und Spurenelemente, wertvolle Aufbaustoffe, und entspricht den Erfordernissen des menschlichen Körpers am besten. Man hat ihn unlängst wieder entdeckt und bietet ihn mit verlockenden Sprüchen und teuren Preisen in den Reformhäusern an.

Häufiger noch als Weizenbrei wurde Hafermus serviert, und das nun war nichts anderes als der bereits erwähnte Porridge, den die Engländer heute noch zum Frühstück essen, oder die in Schweden so beliebte Grütze. Anzunehmen ist jedoch, daß die kleinen Germanen gelegentlich genauso gestreikt haben werden angesichts der ewigen Breischüssel, wie unsere Kleinen es heute tun, wenn die »Pampe« kein Ende nehmen will.

So bekömmlich der Brei unseren Vorfahren auch gewesen sein mag, ihren Zähnen bekam er weniger gut. Die Handmühlen zerrieben nicht nur die Körner, sondern auch den Stein. Winzige Mengen feinsten Steinstaubs gelangten auf diese Weise regelmäßig in jeden Eßnapf und schliffen die Zähne beim Kauen im Laufe der Jahrzehnte immer mehr ab. Zahnärztliche Untersuchungen an Moorleichen ergaben, daß ansonsten gesunde Gebisse aussahen, als habe man sie mit einer Raspel abgefeilt.

Butter ist ein Schönheitsmittel

Eine große Rolle auf dem Küchenzettel der Hausfrau spielte die Milch, nicht nur die der Kuh, sondern auch die des Schafes und der Ziege. Häufig bewahrte man sie in Holzgefäßen so lange auf, bis sie dick und sauer geworden war. Dickmilch war besonders im Winter begehrt, wenn die Milchleistung der Kühe sank, im Sommer bevorzugte man Frischmilch, die man gelegentlich mit Honig und Beerensäften zu köstlichen Mixgetränken veredelte.

Auch der Käse ist ein sogenanntes »urgermanisches Nahrungsmittel«. Die Kenntnis seiner Zubereitung mußte nicht importiert werden, sondern war ein eigenes Patent. Wie alles, was eßbar ist, irgendwann einmal »erfunden« werden mußte, so hat es auch bei den Germanen den hellen Kopf gegeben, dem eines Tages auffiel, daß man Sauermilch durch Erwärmen, Auspressen und Durchkneten in eine Masse verwandeln konnte, die eßbar war und sogar einigermaßen haltbar. Ob sie schmackhaft war, spielte dabei keine besondere Rolle. Ursprünglich war den Menschen nur eines wichtig: neue Möglichkeiten zu erschließen, um den immer drohenden Hungersnöten zu begegnen.

Bei Viehzüchtern – das waren die Germanen auch, sie trieben ja nicht nur Ackerbau, sondern hatten mehr oder weniger große Herden – bot sich die Milch an. Sie wurde in solchen Mengen produziert, daß sie nicht sofort verbraucht werden konnte.

Der erste Käse glich einer sehr weichen Quarkmasse, die bestimmt sehr nahrhaft war, da man die Sahne nicht abschöpfte. Man füllte sie in durchlöcherte Tongefäße, aus denen die Molke, das *kâsiwazzar,* abfließen konnte. Es waren Töpfe, wie sie zum Teil heute noch in den Tälern des Schwarzwalds und des Schweizer Jura verwendet werden. Selbst das Käsewasser wurde nicht weggegossen, sondern diente den Ärmsten der Armen als Labetrunk. Als die etwas Reicheren merkten, wie gut das den Armen bekam, taten sie es ihnen nach und beförderten die fahle Brühe zum magenstärkenden Heilgetränk.

Erst viel später entdeckten die Germanen ein Mittel, das die frische Milch gleich gerinnen ließ, so daß man nicht mehr auf das Sauerwerden zu warten brauchte. Sie fanden es im Labmagen junger Kälber, ein spezifisches Enzym, das auch heute noch zur Käseherstellung benutzt wird. Dieser Labkäse schmeckte nicht nur besser, sondern hielt sich auch länger. Den Quark lernte man durch Vermischung mit Kräutern, Haselnüssen, Pfeffer und Salz zu veredeln.

Das zweite Hauptprodukt aus Milch, die Butter, galt jahrhundertelang als ausgesprochener Luxusartikel, oder, wie Plinius das nannte, »eine herrschaftliche Leckerspeise«, die die Herrschaft auf das ebenso kostbare Brot strich. Im Grunde war das ein Sakrileg, denn Butter war viel zu schade zum Essen. Mit guter Butter kurierte man kranke Pferde, behandelte man die Wunden der Krieger, rieb man sich den Körper ein; die Frauen benutzten sie als Haarwuchsmittel, ja als Pomade – ein Geruch, der, da die Butter rasch ranzig wird, den Mann von heute nicht gerade stimuliert haben würde. Doch alles im Leben ist relativ und nichts so bezeichnend wie die Geschichte von der Gattin eines rechts des Rheins stationierten hohen römischen Besatzungsoffiziers, die sich mit allen Düften des Orients zu parfümieren pflegte, von der die Einheimischen aber behaupteten, daß sie stinke wie ein Wiedehopf.

Der sagenhafte Wildreichtum war eine Sage

Am gründlichsten korrigiert werden muß die Vorstellung von den Germanen als urige Waldschrats, die, umbellt von ihren Hunden, den gespeerten Keiler an einem Eichbaum über der

Schulter tragend, allabendlich von der Jagd heimkehrten, mit hellem Jubel begrüßt von den Lieben, die sich sofort daranmachten, den kapitalen Burschen am Spieß zu grillen. Woraufhin ein bacchantisches Fest begann, bei dem man sich die fetttriefenden Knochen gegenseitig an die Köpfe warf, bis man schnarchend, die Hände über den Trommelbäuchen gefaltet, neben der langsam verlöschenden Glut lag.

So jedenfalls sah (und sieht) man es auf vielen Bildern, und der Gedanke an unsere Vorfahren als einer Spezies gewaltiger Nimrode, die sich hauptsächlich von Bärenschinken, Auerochsensteaks und Elchkeulen ernährte, ist deshalb tief verwurzelt.

Zwar schreibt Cäsar von den Sweben, daß sie sich »mit Jagen stark abgeben«, aber ihm ist, was das Waidwerk betrifft, wenig zu trauen, denkt man an den Bären, den er sich von einem seiner Informanten hat aufbinden lassen, oder besser, den Elch. Eine Passage im 6. Buch seines »Gallischen Krieges« ist so wunderbar, daß niemand um ihr Zitat herumkommt.

»Es gibt noch ein anderes Tier«, schreibt er, »das man Elen nennt ... seine Beine sind ohne Knöchel und Gelenke. Dieses Tier legt sich zum Schlafen nieder und kann, wenn es durch einen Zufall umgeworfen wird, sich auch nicht wieder aufhelfen und auf die Beine kommen. Die Bäume dienen ihm als Ruheplätze; an diese stützt es sich, und so, nur ein wenig angelehnt, schläft es. Merken nun die Jäger aus der Spur, wo ein solches Tier gewöhnlich ruht, so untergraben sie an dieser Stelle entweder alle Bäume an den Wurzeln oder hauen den untersten Stamm so weit aus, daß es ganz so aussieht, als ständen sie noch fest. Wenn nun das Tier seiner Gewohnheit nach sich anlehnt, so wirft es durch seine Schwere den angehauenen oder untergrabenen Baum um und stürzt selbst mit zu Boden.«

Anzunehmen, daß die Germanen häufiger auf die Jagd gegangen wären, wenn sie dazu nur einen Spaten oder eine Axt gebraucht hätten. Tatsächlich aber bedurfte es tagelanger Pirsch, die bis an die Grenze menschlicher Leistungsfähigkeit ging, bis ein Stück Wild gestellt war. Unser TV-Zeitalter hat den Normalverbraucher durch die zahlreichen Expeditionsfilme in beklemmender Weise veranschaulicht, was die Jagd für die Naturvölker wirklich bedeutet. Wer die zermürbende, über mehrere Tage hinziehende Hatz der mit Speeren bewaffneten Massai gesehen hat, bekam eine Vorstellung, welch entmutigendes Geschäft die Jagd sein kann. Und das in der wildreichen afrikanischen Savanne!

Germanische Wälder aber waren nicht von »Tieren aller Art bevölkert«, wie es die Fama will. Der sagenhafte Reichtum an Wild war tatsächlich *sagenhaft.*

»Es kann nicht nachdrücklich genug auf diese Tatsache hingewiesen werden«, schreibt Johannes Hoops in seinem Buch über die Waldbäume im germanischen Altertum, »da man immer wieder auf die verbreitete Ansicht stößt, daß ›geschlossene, einförmige Waldgebiete wegen ihres unerschöpflichen Wildreichtums geradezu ein Paradies‹ für ein primitives Jägervolk sein müssen.« Der Urwald ist der Feind und nicht der Freund des Menschen, und dasselbe gilt auch für die meisten Tierarten, die in größerer Anzahl lediglich in den baumbestandenen Savannen anzutreffen sind; Germanien aber war über weite Gebiete von dichten Wäldern bedeckt.

Welch geringe Rolle das Wildbret in der heimischen Küche gespielt hat, zeigen die Abfälle, die auszugraben sich die Vorgeschichtler nicht zu schade gewesen sind. Bei der Untersuchung vorgeschichtlichen Mülls fanden sie neben Fischgräten, zerbrochenen Gewandnadeln, Stoffetzen, Tonscherben, Klauen und Zähnen von Haustieren auch zahlreiche Knochen. Nach der osteologischen Analyse stellte sich heraus, daß der weitaus überwiegende Teil von Rindern, Schafen, Ziegen, Schweinen, Pferden und Geflügel stammte. Der Anteil der Knochen der Wildtiere betrug zwischen 0,6 und 3,3 Prozent, die 9,8 Prozent der Nauener Siedlung waren bereits eine absolute Ausnahme. Selbst in der Siedlung Seinstedt, im waldreichen Vorland des Harzes, fanden sich nur wenige Wildkochen.

Die Jagd war schon damals, das kommt hinzu, ein Sport, dem sich nur betuchte Leute widmen konnten. Auch in Germanien gab es schon den Herrn Wulfila und den Herrn von Wulfila, den einfachen Mann, der sich sein Brot im Schweiße seines Angesichts verdienen mußte, und den Adligen, der den Schweiß anderer für sich verströmen ließ. Wenn Wulfila jagte, dann nur, um seine Herden und seine Felder gegen Raubwild zu verteidigen.

Zu diesem Raubwild gehörten der Bär, der Wolf und der Luchs. Alles Tiere, die heute in Deutschland ausgestorben sind. Wenn sie dennoch gelegentlich auftauchen, sind es Irrgäste aus den angrenzenden Gebieten Ost- und Südeuropas. Hinzu kommt das Wildschwein. Dem Wolf brachten die Bauern eine Haßliebe entgegen. Sie gaben ihren Kindern seinen Namen, weil seine Tapferkeit, Wildheit und Ausdauer sich auf sie übertragen sollte. Aber sie verfolgten ihn erbarmungslos, wenn er sich an ihrem Vieh vergriff, und das geschah häufig besonders in strengen Wintern, in denen die in Rudeln jagenden Isegrims bis in die Dörfer kamen. Auch Bären konnten das in den Wäldern weidende Vieh erheblich dezimieren. Während das Wildschwein zuzeiten eine Landplage gewesen sein muß, nicht wegen seiner Gefräßigkeit, sondern wegen seines Drangs, alles um und um zu wühlen.

Wolf, Bär und Wildschwein fing der germanische Bauer vor allem mit Hilfe von Fallgruben, die er meisterhaft anzulegen verstand und ebenso gut zu tarnen. Auf Waidgerechtigkeit kam es dabei nicht an, sondern nur auf den Vernichtungseffekt, wobei das Fleisch, vom Wolf abgesehen, als willkommene Zugabe anfiel. Das Schwein mit Hund und Pferd zu hetzen, wie man es mit Hirsch und Elch tat, es zu stellen und mit dem Spieß zu töten, diese Art des Jagens wurde nur von den Stammesfürsten und ihrem Gefolge geübt.

Bei ihnen war die Jagd ein Sport, eine Bewährungs- und Mutprobe für die Jungmannen, die das Pech gehabt hatten, noch keinen »anständigen Krieg« zu erleben, bei dem sie ihren Mut und ihr kämpferisches Geschick hätten beweisen können. Edelstes Wild waren der Wisent und der Auerochse, auch Ur genannt. Vor allem die Jagd auf den Ur gehörte zur Ausbildung des jungen Kriegers. Die Stiere mit ihren gut achtzig Zentimeter langen geschwungenen Hörnern wurden bis zu zwanzig Zentner schwer, vier Meter lang und zwei Meter hoch. Wer es wagte, sie mit der Wurf- oder Stoßlanze anzugreifen, mußte über eine gehörige Portion Kaltblütigkeit verfügen. Denn im Gegensatz zum Stierkampf in Spanien hatte das Tier hier eine Chance. Cäsar kamen die Auerochsen so gewaltig vor, daß er sie mit Elefanten verglich, »nur etwas kleiner«.

Über die Auerochsenjagd der Germanen schreibt er: »Die Stiere sind von gewaltiger Kraft und in ihren Bewegungen trotzdem blitzschnell. Auf Menschen, die sie einmal wahrgenommen haben, gehen sie sofort los ... Die germanischen Jünglinge stählen ihre Kraft auf der Jagd nach diesen Tieren und üben ihre Tugenden. Wer die meisten Auerochsen erlegt hat und die Hörner zum Beweis dem Volk zeigt, der wird von allen auf das höchste gelobt. Was die Größe und die Form der Hörner betrifft, so unterscheiden sie sich stark von denen unserer Ochsen. Die Hörner des Ur sind bei allen außerordentlich begehrt. Den Rand faßt man mit Silber ein und benutzt sie bei den Gastmahlen als Trinkgefäße.«

Den Zoologen ist es gelungen, den längst ausgestorbenen Auerochsen aus primitiven Rinderrassen wieder rückzuzüchten. Diese Rückzüchtungen kann man in den Zoologischen Gärten Berlins und Münchens bewundern. Ur und Wisent waren auch bei den Tierkatzen in den römischen Amphitheatern wegen ihrer Angriffslust sehr beliebt. Aus einem ähnlichen Grund schätzte man den Luchs, hatte jedoch wenig Gelegenheit, sich in der Arena an ihm zu weiden. Er war schwer zu fangen und wohl schon damals ziemlich selten.

Was über den Fischreichtum der Flüsse und Seen Germaniens von römischen Schriftstellern berichtet wird, muß jeden Jünger Petri erblassen lassen vor Neid. Im Rhein schwammen meterlange Lachse, in der Donau und im Main war der Stör zu Hause, Kaviarlieferant für die Tafel der Cäsaren. Reiterstafetten brachten die wegen ihrer imposanten Leber begehrten Trüschen vom Bodensee an den Tiber. Forellen, Hechte, Karpfen, Schleie, Aale, Welse, Hausen, Äschen gab es in ungeheuerer Zahl.

Fisch war eine wertvolle Bereicherung des Küchenzettels. Schon deshalb, weil Fleisch eine »edele spîse« war, die der Normalverbraucher, also das Gros eines Volkes, sich nicht oft gönnte. Dazu waren die Herden einfach zu klein. In Norwegen hat man Ställe ausgegraben, in denen bis zu siebzig Kühe angekettet gewesen sein müssen. Sie gehörten zu den Herrensitzen, die etwa unseren Rittergütern entsprachen, die Norm aber waren sie nicht. Im deutschen Binnenland hatten die Langhäuser einen Stallteil für sechs bis zwölf Rinder.

Roms Kaiser bevorzugten westfälischen Schinken

Das Problem jeder Viehhaltung war das Winterfutter. Was Rudolf Pörtner in dieser Hinsicht über die wikingischen Bauern schreibt, trifft auch für die Germanen zu, obwohl einige Jahrhunderte zwischen den beiden Epochen liegen. Doch gibt es nichts, was so ewig gleich wäre wie die Sorgen der Bauern. »Die langen nordischen Winter forderten riesige Vorräte. Eine alte Faustregel besagt, daß eine eingestallte Kuh pro Tag etwa fünfundzwanzig Pfund Heu benötigt: fünfzig Zentner also während der zweihundert dunklen Tage des nordischen Jahres. Demnach mußten für eine Herde von zwanzig Rindern tausend Zentner Heu gestapelt werden. Veranschlagt man, daß ein mit den damaligen technischen Hilfsmitteln ausgerüsteter Mann mindestens 150 Stunden brauchte, um das Winterfutter für eine einzige Kuh einzubringen, so müssen für zwanzig Kühe dreitausend Arbeitsstunden angesetzt werden. Anders ausgedrückt: Auf einem mittelgroßen nordischen Bauernhof waren zehn Mann bei täglich zehnstündiger Arbeitszeit einen ganzen Monat mit dem Mähen, Trocknen und Einfahren des Winterfutters beschäftigt. Daß auch Pferde und Schafe ihr tägliches Heuquantum verlangten, ist in der Rechnung noch nicht einmal berücksichtigt.«

Viele Wiesen waren außerdem feucht und steinig, »viele Hänge trugen mehr Disteln als Gras, und wenn die Sonne ausblieb, faulte das Heu, bevor es trocken war. Nur in guten Jahren reichten die Vorräte aus. Meist wurde das Heu mit trockenem Laub gestreckt ... und oft genug kam es vor, daß die überlebenden Tiere im Frühsommer des nächsten Jahres so matt waren, daß sie auf die Weide hinausgetragen werden mußten ...«

Eine Kuh war eben nicht nur eine Kuh, ein Stück Vieh, sie war, wie schon bei den Indogermanen, ein Wertmesser des Wohlstands. Wie viele Rinder jemand im Haus hatte, war für das Ansehen so wichtig wie die Zahl der Pferde(kräfte), die heute jemand vor dem Haus hat. Daß Wörter wie »Schatz«, »Kleinod«, »Geld« dieselbe Bedeutung hatten wie die Wörter für die Kuh ist bezeichnend. Als einzigem Haustier gab man ihr – vom Hund abgesehen – Kosenamen, von denen uns einige überliefert sind: »Bless«, »Spenderin«, »Bunte«, »Goldhörnchen«, »Frühwach«, »Stößerin«, »Die-im-Dämmern-leitet«, »Himmelsschnarcherin«.

Pferd und Rind sind die Tiere, die den Göttern als Opfer am angenehmsten waren, und es wird die Himmlischen nicht gestört haben, daß die Pferde ziemlich klein ausfielen: mit einer Widerristhöhe von 1,35 Meter. Das gilt auch für die Kühe. »Vieh gibt es in Menge, doch ist es meist kein besonders ansehnlicher Schlag. Selbst bei den Rindern vermißt man den stattlichen Wuchs und das mächtige Gehörn. Doch nicht am Aussehen der Tiere haben die Germanen ihre Freude, sondern auch an ihrer Zahl: Viehreichtum ist ihr einziger und liebster Besitz.« (Tacitus)

Die Eichenwälder, die weite Gebiete bedeckten, boten mit ihren Eicheln eine ideale Weide für die Schweine. Wochen und Monate war der Hirt in den entlegensten Waldungen unterwegs, ehe er am Ende des Herbstes zurückkehrte, und, neben seinem fett gewordenen Borstenvieh, das im Gegensatz zu unserem nicht rosa, sondern schwarz und tiefrot war, lieferte er eine Fülle abenteuerlicher Geschichten ab: von Begegnungen mit erschrecklichen Riesen, tückischen Zwergen, zaubermächtigen Hexen. Erzählungen, die in unseren Märchen über die Jahrtausende erhalten geblieben sind.

Schweinefleisch kam erst dann auf den Tisch, wenn es einige Monate im Rauch gehangen hatte. Roms Kaiser, berühmt und berüchtigt durch ihre exklusiven Geschmacksnerven, die sie Entenzungen gerade noch als zart genug empfinden ließen, war der daheim gewachsene Schinken nicht gut genug, sie bezogen ihn aus einer Landschaft, die ihren entsprechenden Ruf bis heute bewahrt hat – aus Westfalen. Auch die Mastgans zogen sie der eigenen kapitolinischen vor und ließen sie herdenweise vom Niederrhein nach Italien marschieren, in Begleitung ganzer Gruppen von Gänselieseln.

Die Schlacht um das Salz

Wichtig war vor allem die Vorratshaltung. Niemand wußte, wie lange und wie hart der nächste Winter werden würde. Es galt, die Nahrung haltbar zu machen, und da empfahl sich, neben dem Räuchern, das Einpökeln, wobei das rohe Fleisch in Gefäße mit einer Salzbrühe gelegt wurde. Die gepökelte Schweinshaxe à la Bavaria und das Berliner Eisbein haben demnach eine beachtliche Tradition. Salz jedoch war, wenn man nicht in der Nähe einer Solquelle lebte, kostbar, so kostbar, daß sich einmal zwei germanische Stämme, die Chatten und die Hermunduren, um die Quellen von Bad Kissingen einen mörderischen Kampf lieferten.

Die an Ost- und Nordsee lebenden Stammesgenossen hatten es etwas leichter, sie verdampften Meerwasser oder gossen es über brennende Reisighaufen, wobei das Salz in der Asche ausgeschieden wurde. Und so sah es dann auch aus, nämlich schwärzlich-grau, und hatte einen Geschmack, der den Rauch nicht verleugnen konnte.

Außer mit Salz würzte man mit Lauchgewächsen wie Zwiebel, Porree und Schnittlauch. Das Angebot auf dem Gemüsemarkt war überaus dürftig. Für Grünzeug jeder Art hatte man nicht viel übrig, eine Antipathie, die unsere Bauern treu bewahrt haben. (Auf ostpreußischen Bauernmärkten bekam man, wenn man nach »Feingemüse« fragte, die Antwort: »Sowas jibt's hier nich, da müssen Se in die Järtnerei von's Schloß.«) Wenn es hoch kam, baute man einige Hülsenfrüchte an, wie Saubohnen, Erbsen, Linsen, auch Möhren und Rüben waren bekannt, die Rettiche waren so klein wie holzig, Kürbisse nur kopfgroß.

Ähnlich trübselig stand es mit dem Obst. Nur dem Apfelbaum gönnte man eine gewisse Pflege, man gab ihm einen Platz in der Nähe des Hauses und düngte ihn regelmäßig. Er verlor dadurch langsam seinen Wildcharakter, seine Früchte aber wären für kein Handelsklassen-Prädikat in Frage gekommen. Die Äpfel, die man in Tongefäßen gefunden hat, sahen wohl auch in frischem Zustand nicht viel appetitlicher aus. Man brauchte trotzdem auf frisches Obst nicht zu verzichten.

Im nahen Wald wuchsen Schlehen, Vogelbeeren, Hagebutten, Traubenkirschen, Brombeeren, Holunder. Diese Beeren wurde eifrig gesammelt und zu Säften verarbeitet. Von heutiger Warte aus gesehen war damit der nötige Bedarf an Vitamin C reichlich gedeckt, und von entsprechenden Mangelkrankheiten wie Skorbut konnte nicht die Rede sein.

Daß der Apfel die einzige urgermanische Obstsorte ist, beweist die Sprache. Wir kennen ihn unter dem altdeutschen Namen *apful,* unter dem angelsächsischen *aeppel,* unter dem altnordischen *epli.* Ja, er war wohl bereits den Indogermanen bekannt. Die Bezeichnungen aller anderen Obstsorten entstammen dem Lateinischen.

Der Grund? »Überall im Norden, wo die Römer ihre Militärstationen anlegten und Märkte gründeten, scheinen sie auch bald Versuche mit der Anpflanzung südlicher Obstarten gemacht zu haben, die ihnen zur besseren Lebensführung unentbehrlich waren. Wir wissen von Plinius, daß zu seiner Zeit am Rhein, in Belgien, ja in Brittanien bereits Kirschen angebaut wurden, 120 Jahre nachdem sie durch Lucullus nach Italien gebracht waren.«

Mit der Frucht bezogen die Germanen auch die Namen. Sie entlehnten ihn und formten ihn nach ihrer eigenen Zunge. So entstand aus lateinisch *ceresa* die Kirsche, aus *pirum* die Birne, aus *prunum* die Pflaume, aus *cotonea* die Quitte, aus *ficus* die Feige.

Heimweh nach Germanien

Wo nun lag das Haus, dessen Dach den Menschen Geborgenheit bot, den Tieren Schutz und dem Herdfeuer eine Stätte? Aus welchem Material bestand es, wie war sein Grundriß, wie groß seine Lebensdauer, wie viele Bewohner hausten darin?

Um diese Fragen beantworten zu können, muß man sich die Landschaft vergegenwärtigen, wie sie um die Zeitenwende aussah, zwischen Rhein und Elbe, zwischen den beiden Meeren im Norden und den Alpen im Süden. Tacitus und andere antike Schriftsteller haben ein düsteres Bild gezeichnet vom Deutschland vor zweitausend Jahren.

»Das Land weist zwar im einzelnen beträchtliche Unterschiede auf, in der Gesamtheit jedoch wirkt es durch seine Wälder unheimlich, durch seine Sümpfe abstoßend. Für den Westen, nach Gallien hin, sind die Niederschläge bezeichnend, für den Südosten ... Stürme und die dadurch bedingte größere Trockenheit ... Nur selten aber wagt sich aus unserer Welt ein Schiff in jenes unermeßliche im Norden Germaniens sich ausdehnende ... Meer. Wer hätte auch, abgesehen von der gefährlichen Fahrt über die grauenvollen unbekannten Wasser, Lust, unsere Provinzen in Kleinasien oder in Nordafrika oder gar in Italien selbst zu verlassen und nach Germanien auszuwandern? Nach jenem unwirtlichen Land mit seinem rauhen Klima, trostlos zum Leben und trostlos zum Anschauen für jeden, dem es nicht gerade die Heimat ist.«

Hier spricht der von dem bekannterweise »ewig blauen« Himmel seines Landes verwöhnte Südländer, dem bereits der Gedanke an nördliche Breiten frösteln läßt. Dieses Urteil hatte geradezu eisernen Bestand. Fast zwei Jahrtausende nach Tacitus waren die bei einem Meinungstest befragten Italiener der Ansicht, daß die Bundesrepublik von riesigen Wäldern bedeckt sei, in denen Finsternis und Kälte herrsche. Und für die Franzosen war das Wort »Schwarzwald« ein Synonym für die gefährliche Unergründlichkeit ihrer Nachbarn.

Die Wälder waren tatsächlich immens groß. Wer die Schilderungen der Alten liest, bekommt einen Begriff von ihrer ungeheuren Ausdehnung und kann angesichts unserer Industrielandschaft, die Jahr für Jahr maßloser wuchert, nur Heimweh nach der Vergangenheit bekommen.

»Im hiesigen Germanien«, schreibt Cäsar über das Waldgebiet, das sich vom rheinischen Schiefergebirge über das hessische Bergland, den Harz, den Thüringer Wald, das Erzgebirge bis zu den Sudeten erstreckte, »gibt es niemanden, der behaupten könnte, er sei bis an das Ende dieses Waldes gekommen, wenn er auch 60 Tage ununterbrochen gewandert wäre, oder der auch nur vernommen, wo dieser Wald endet.«

Bei Plinius ist von Eichbäumen die Rede, unter deren hochragenden Wurzeln ein Reiter hindurchschreiten kann, die so alt sind, wie die Welt alt ist, himmelstürmend trotzen sie den Äonen, kein Sturm vermag sie zu beugen, kein Blitz sie zu fällen. Nur das Wasser hat bisweilen Macht über sie: Wenn sie an Flußufern stehen, spülen die Wellen das umgebende Erdreich weg und tragen den gewaltigen Baum, der durch seine Wurzeln im Gleichgewicht gehalten wird, stromabwärts, »wo dann die römischen Schiffe nächtlicherweile nicht selten gefährliche Begegnungen mit diesen schwimmenden Wäldern zu bestehen hatten«.

Einen schwachen Abglanz germanischer Urlandschaft bieten uns die Eichenschläge des Spessart, in der Gemarkung von Rohrbrunn, unter denen viele fünf bis sechshundert Jahre alte Bäume stehen.

Dort, wo die Eiche allein herrschte, wie im Odenwald, in der Haardt, im Taunus, bildete sie Urwälder, die undurchdringbar schienen, denn mit ihrer dichten Krone gestattete sie dem Unterholz ein uferloses Wachstum. Meist aber teilte sie sich die Herrschaft, je nach Landstrich, mit der Buche, der Erle, der Fichte, der Kiefer, der Linde. Diese Mischwälder waren sogar einigermaßen wegsam. Besonders die Buche läßt keine Konkurrenz zu und erstickt unter sich jeden lichtbedürftigen Nachwuchs. Roms Feldherr Germanicus vollführte auf einem seiner Rachefeldzüge, die die Schmach des Varus tilgen sollten, taktische Manöver mit seiner Reiterei, wie sie in Urwäldern unmöglich gewesen wären. Auch die »abstoßenden Sümpfe« hat es gegeben. Noch im vierten Jahrhundert hören wir, daß der Bodensee ringsum von schauerlichen Mooren umgeben ist, die keines Wanderers Fuß tragen, es sei denn, man machte sie durch Knüppeldämme begehbar, wie es die Römer aus militärischen Gründen taten.

»Caecina, der seine Legionen führte«, heißt es in einem Feldzugsbericht, »bekam die Weisung, obwohl er auf bekannten Wegen zurückmarschierte, den Damm möglichst rasch zu passieren. Das war ein Bohlenweg zwischen weit ausgedehnten Sümpfen ... Links und rechts davon war das Gelände schlammig, eine zähe Moormasse und nur unter Todesgefahr zu betreten.« (Tacitus, Annalen)

Auch die Germanen bauten Moorbrücken, schmale, bis zu 25 Kilometer lange, aus Zehntausenden von Stämmen bestehende Stege, deren Lage geheim war, so daß den Kriegern niemand folgen konnte, wenn sie sich auf ihnen in das Dickicht zurückzogen.

Trotz der tiefen Wälder und der sich weithin erstreckenden Moore, die das Land besonders in Nordwestdeutschland und im Alpenvorland zum Teil unpassierbar machten, bot Germanien einen durchaus freundlichen Anblick. Denn diese Gebiete wurden immer wieder unterbrochen von baumdurchsetzten Ebenen und weiten Lichtungen, von blühenden Heideflächen und fischreichen Seen, von fruchtbaren Wiesengründen und breiten Flußtälern. Gerade diese Mischung verschiedener Vegetationsformen war es, die den Menschen ideale Lebensbedingungen bot. Auch ist kaum anzunehmen, daß ein nur von Sümpfen und Urwäldern bedecktes Land drei bis vier Millionen Menschen ernähren konnte.

Der Wald – Hölle und Paradies

Unsere Vorfahren schlugen immer dort ihre Pfosten in den Boden, wo ihnen die Umgebung die größte Chance bot zu überleben. Dazu gehörte Wasser. Wasser für das Vieh, für den eigenen Bedarf, für den Hausgarten. Die Gewässer, an denen man siedelte, trugen durch ihre Fische zur Bereicherung des Speisezettels bei, sie sorgten auf rasche und diskrete Weise für die Beseitigung des Abfalls, und, sofern sie schiffbar waren, dienten sie als Verkehrswege. Auch das unwirtlichste Gebiet, durch das kein Wanderer, kein Ochsenkarren mehr einen Weg fand, mit dem Boot, auf dem Rücken eines Flusses, war es passierbar. Wasser hat deshalb in der Geschichte der Menschheit nie trennend gewirkt, immer nur verbindend, und die großen Ströme, wie der Rhein und die Donau, gelten nicht umsonst als die frühen Stätten unserer Kultur.

Niemals wäre man auf die Idee gekommen, sich in einem der großen Wälder niederzulassen. Auch wenn er fruchtbarsten Boden geboten hätte, es fehlten die Geräte, ihn in größerem Umfang zu roden. Die vorhin erwähnten Versuche der experimentellen Archäologie haben bewiesen, welche Sisyphusarbeit allein das Fällen einer einzigen Eiche mit den damaligen Beilen bedeutete. Gewiß, man hat auch das Feuer zu Hilfe genommen. Doch mit Brandrodung, durch bloßes Abbrennen, war den Wäldern in unseren Breiten nicht beizukommen. Was im Süden die Trockenheit unterstützte, verhinderte hier die Feuchtigkeit. Auch wenn das Feuer Baum und Busch vernichtete, die mächtigen Wurzelstöcke blieben im Boden und mußten ausgegraben werden. Wer das in der Brennstoffnot der letzten Nachkriegsjahre einmal tun mußte, wird seine Schwielen ein Leben lang nicht vergessen.

Man nahm sogar kargen Boden in Kauf, wie in den Heidegebieten Nordwestdeutschlands, oder ein besonders rauhes Klima, wie auf der Hochfläche der Schwäbischen Alb, wenn diese Gebiete nur waldlos waren. In der weiteren Nachbarschaft dagegen duldete man ihn gern: Er war Speisekammer und Vorratskammer in einem, lieferte Baumaterial und Brennstoff, Holz für die Werkzeuge und die Gefäße, Beeren,

Pilze, Honig für die Küche, Heilkräuter für die Hausapotheke. Er mästete die Schweine mit Bucheckern und Eicheln, die Ziegen und Schafe mit den grünen Trieben des Unterholzes. Und noch eine wichtige Funktion übte er aus: die einer Grenzbarriere zwischen zwei Stämmen. Da die Germanen ihre Höfe und Dörfer nicht befestigten, schützten sie ihr Gebiet auf diese Weise.

Merkwürdigerweise war die Art des Bodens nicht entscheidend für die Wahl des Wohnplatzes. Gewiß, man zog den Pflug am liebsten durch Äcker, die durch Löß oder Geschiebelehm eine natürliche Fruchtbarkeit aufwiesen, andererseits ließ man selbst fruchtbarste Schwarzerde links liegen und begnügte sich mit Sandböden. Es gibt kaum eine Eigenschaft beim Menschen, die stärker ausgebildet ist als das Beharrungsvermögen. Dort, wo einmal Häuser gestanden hatten, baute er wieder Häuser, auch wenn die Vorzüge längst nicht mehr existierten, die einst ausschlaggebend für die Wahl des Bauplatzes gewesen waren.

Feddersen Wierde, ein »Troja des Nordens«?

War ein Haus errichtet, so kam bald ein zweites hinzu, ein drittes, viertes, fünftes, bis allmählich eine kleine Siedlung entstanden war, die aussah, als habe ein Riesenkind einen Baukasten ausgeschüttet. Jeder baute dort, wo es ihm am günstigsten erschien, umgab seinen Hof, seinen Garten mit einem Zaun, das Ganze bildete bald ein Netz von krummen und winkligen Gassen und Zugängen, einen »wilden Haufen«, und Haufendorf ist deshalb auch der Ausdruck für eine solche Siedlung. Sie kam der germanischen Charaktereigenschaft nach Individualität, nach Absonderung entgegen. Das einzig Planvolle bei der Anlage der Haufendörfer schien das

Bestreben zu sein, zwischen sich und dem Nachbarn Abstand zu wahren, man wollte »seine Ruhe« haben, ohne deswegen ganz auf Kontakt verzichten zu müssen.

Die einzelnen Höfe wurden von Familien bewohnt, zu denen nicht nur Vater, Mutter und Kind gehörten, sondern die Großeltern und die Enkel dazu, so daß sich also drei Generationen unter einem Dach vereinten. Aus der Zahl der Gräber auf den Friedhöfen hat man die ungefähre Einwohnerzahl der Dörfer errechnen können. Sie dürfte im Durchschnitt 80 bis 100 Köpfe betragen haben. Größere Siedlungen gab es besonders an der Nordseeküste.

Feddersen Wierde heißt eine von ihnen. Sie liegt unweit von Mulsum auf einem flutsicheren Wohnhügel, einer Wurt, und als man sie ausgrub, ernannten sie einige Lokalpatrioten flugs zu einem »Troja des Nordens«. Ein verständlicher Überschwang, wenn man bedenkt, wie wenig Sensationelles der Spaten des Archäologen aus deutschem Boden barg im Vergleich zu Mykene, Knossos oder zum ägyptischen Tal der Könige. Mit Troja hat Feddersen Wierde nichts gemein, war aber trotzdem eine stattliche Ansiedlung, die über ein halbes Jahrtausend bestand und in ihrer Blütezeit 40 bis 50 Gehöfte umfaßte.

Der germanische Bauernhof war anfangs ein in sich abgeschlossener, völlig autarker Kleinbetrieb. Man produzierte vom Kochtopf bis zum Pflug, von der Gürtelschnalle bis zum Wagen, vom Pelzmantel bis zur Öllampe alles selbst. Erst nach und nach entwickelten sich gewisse Fertigkeiten zu Handwerksberufen. Wenn der Bauer Ansgar besonders geschickt darin war, zweischneidige Äxte zu schmieden, Wulfilas Wagenräder unübertroffen waren und Helmbrecht die komplizierten Verzapfungen beim Häuserbau am besten beherrschte, dann ließen früher oder später die anderen Bauern bei ihnen arbeiten. Bald war Ansgar nur noch Schmied, Wulfila ein Wagenbauer, Helmbrecht ein Zimmermann, und sie konnten es sich leisten, die Landwirtschaft zu vernachlässigen und sich für ihre Arbeit mit Naturalien bezahlen zu lassen.

Das Dorf lag harmonisch eingebettet in der Landschaft und wirkte wie ein Teil ihrer selbst, weil das Material, aus dem die Häuser gefertigt waren, dieser Landschaft entstammte. Holz, Schilf, Grassoden, Lehm, Reisig, Rinde, zum Teil auch Steine, waren die Baustoffe. In welcher Zusammenstellung sie angewandt wurden, hing davon ab, in welchem Landstrich man lebte. Dort, wo Nadelwälder Langhölzer lieferten, wie im Alpenvorland und in Skandinavien, baute man Blockhäuser von jenem Typus, wie wir ihn aus Wildwestfilmen kennen. In anderen Gegenden Germaniens wurde ein Holzgerüst aufgerichtet, dessen Zwischenräume, die »Fächer«, man mit Reisig ausfüllte, das man um die Gerüststämme wand (das Wort »Wand« kommt von »winden«!) und mit Lehm bewarf. Eine Technik, die sich als Fachwerk bis in die Neuzeit erhalten hat. Das Dach hatte Sattelform und trug auf seinen Sparren Schilf, Stroh oder Grasplaggen.

Der Hausvater war gleichzeitig der Hausarchitekt und sein oberstes Prinzip die Zweckmäßigkeit. Es kam darauf an, ein Refugium zu haben, das gegen Regen und Kälte schützte. Erfüllte es diese Bedingungen, so war es ein gutes Haus. Auf Schönheit legte man erst später Wert, als man daranging, die Giebelseiten mit Schnitzereien und Farbe zu verzieren.

Die Häuser waren unterschiedlich groß, je nachdem, ob der Besitzer viel oder wenig Vieh unterzubringen hatte. Denn Pferd, Kuh, Ochs' und Schaf wohnten mit ihm unter einem Dach. Der Typus, der sich bei Ausgrabungen am häufigsten fand, bestand aus einem Rechteck von 8 bis 10 Meter Länge und 4 bis 6 Meter Breite. Die tragenden Pfostenreihen teilten das Innere in drei Längsräume, die bis unters Dach keine Trennwände hatten. »Schiffe« nennt man sie nach einem im Kirchenbau üblichen Terminus. An den Wänden der beiden

Seitenschiffe entlang lief ein Podest, das, mit Fellen bedeckt, als Sitzbank und Schlafpritsche diente. In der Mitte des Hauses stand die aus Feldsteinen errichtete Feuerstelle, Herd und Ofen zugleich, deren Rauch durch eine Öffnung im First abzog.

Der Fußboden im Wohnteil bestand aus Steinpflaster oder starken Bohlen, der im Stallteil aus festgestampftem Lehm. Die Kühe standen mit dem Kopf zur Wand in einzelnen Boxen, an denen die Jaucherinnen entlangführten. Zwei Türen an den beiden Längsseiten führten in das Innere, Fenster gab es nicht, allenfalls Luken, sogenannte Windaugen (an die noch das englische Wort window erinnert).

Uns ist so animalisch wohl

Alles in allem keine sonderlich luxuriöse Unterkunft, das germanische Langhaus. Tacitus bemängelt deshalb auch, daß die Erbauer auf ein gefälliges Äußere überhaupt keine Rücksicht nähmen, Plinius spricht sogar von »elenden Hütten«. Negative Kritik, die sich daraus erklärt, daß sie von zwei Menschen stammt, die aus der Großstadt Rom kamen und mit der zu allen Zeiten geübten Verachtung des Großstädters auf die Landbevölkerung herabsahen, noch dazu auf die eines barbarischen Landes. Sie waren Marmorsäulen gewöhnt statt Holzpfosten, Bronzeöfen statt offener Feuer, Speisesofas statt Bretterpritschen, Wasserleitungen statt Schöpfeimer, blumenprangende Innenhöfe statt umzäunter Hofanlagen, Statuen statt geschnitzter Pferdeköpfe, Dachziegel statt Stroh, schmiedeeiserne Türbeschläge statt hölzerner Riegel und den Duft von Räucherstäben statt des Geruchs von Stallmist.

Die Dinge so zu sehen hieße, sie allzu einseitig zu sehen, und auch Stimmen aus unserer Zeit, die von mangelnder Hygiene unter germanischen Dächern sprechen, urteilen von der

Warte der Kultur des 20. Jahrhunderts, und das kann nur ein schiefes Urteil ergeben.

In Wahrheit waren die Langhäuser unserer Vorfahren das, was der Engländer in seinem *My home is my castle* bezeichnet. Wenn die Frühjahrsstürme tobten, im Herbst der Regen tage- und nächtelang vom Himmel fiel, der Schnee im Winter meterhoch auf den Dächern lag, boten sie ihren Bewohnern eine tiefe Geborgenheit. Das flackernde Herdfeuer spendete Wärme, und daß der Rauch nicht immer abzog, sondern bisweilen die Augen tränen ließ, wird keinen echten »Aschensitzer« (so nannte man die »Ofenhocker«) gestört haben; vom Stallteil her klang das Klirren der Ketten, das tiefe Brummen der Kühe, das Schnauben der Pferde, und was den Geruch betrifft, so hatten sie andere Nasen, sonst wäre es ihnen ein leichtes gewesen, Wohnteil von Stallteil durch eine Bretterwand zu trennen. Damit aber hätte man sich der Wärme beraubt, die das Vieh ausstrahlte.

Eine Art animalischer Gemütlichkeit herrschte, wie wir sie in unseren Wohnungen nicht mehr kennen, die wir aber unbewußt ersehnen und wiederherzustellen versuchen. Anders wäre der Boom in Grillrosten, künstlich rauchgeschwärzten Balkendecken, gemauerten Kaminen, rustikalen Möbeln, in Schmiedeeisen, Töpferwaren und Korbgeflechten nicht erklärbar und die vielen, in alten Schlössern und Burgen etablierten Restaurants auch nicht, in denen man nach Urväter Sitte tafeln kann.

Die Brandgefahr im Langhaus war wegen der offenen Feuer groß. Doch was damals eine lebensbedrohende Katastrophe war, erweckt heute das Entzücken der Archäologen, die gerade im Brandschutt ihre schönsten Funde tätigen.

»Wir verstehen die Schrecken und die Eile in einer nächtlichen Stunde, wenn das trockene Gebälk des Daches ... zu brennen anfing, und sehen auch die Spuren davon. Drei Kühe und ein Pferd konnten nicht mehr ins Freie gebracht werden, sondern fanden den Tod in den Flammen ... In einem anderen Haus lagen die abgeschnittenen und halb verkohlten Lederriemen, während die Tiere offensichtlich herausfanden. Wir bergen die eingestürzte Holztür, die riesengroßen Getreidebehälter, Spuren von Webstühlen, an einer Stelle Gewichte von aufgehängten Fischnetzen, die brennend zusammensanken, vergrabene Opfergefäße, ein vergrabenes Eisenbeil mit der Schneide nach oben, offensichtlich als Schutz gegen Blitz und Brand. Und immer wieder Getreidekörner der täglichen Arbeit und Ernährung.«

Gegessen wurde an kleinen, auf Gestellen ruhenden hölzernen Tafeln, die nach Beendigung der Mahlzeiten wieder ab- oder besser aufgehoben wurden, woran unser Ausdruck vom »Aufheben der Tafel« wortwörtlich erinnert. Als Sitzmöbel dienten die an den Seitenschiffen entlanglaufenden Bänke. Auch kleine Baumstümpfe, deren Wurzeln zu Beinen zurechtgestutzt waren, somit eine Art Hocker bildend, kannte man.

Der Stuhl dagegen war etwas so Vornehmes, daß er nur dem Hausherrn zukam. Er thronte darauf, und als eine Art Thron, als Hochsitz, war er auch gedacht. Der Platz des herrschaftlichen Sitzgeräts befand sich an der südlichen Längswand, war erhöht und verschaffte schon rein optisch das notwendige Hochgefühl. Sehr bequem sind die in einigen Gräbern gefundenen Stühle nicht, wie ausführliches Probesitzen erwiesen hat, ob sie nun aus einem Baumstamm herausgearbeitet sind oder in Form eines ledernen Klappstuhls gefertigt. Die Ehre, auf ihnen sitzen zu dürfen, und die kunstvoll geschnitzten Ornamente an Rücken- und Seitenlehne werden jede Unbequemlichkeit reichlich aufgewogen haben.

Die Speiseschüsseln und -schalen waren aus Holz, Kochtöpfe aus gebranntem, unglasiertem Ton, der über dem Feuer hängende Kessel, in dem der beliebte Suppeneintopf »mit Einlage« brodelte, dagegen aus Eisen.

Gab es Braten, so zog man das eigene Messer aus dem Gürtel, zerteilte ihn und führte die Stücke mit den Händen zum Mund. Die Suppen und die Grütze löffelte man mit beinernen oder hörnernen Löffeln. Silbernes Tafelgeschirr konnten nur die Reichsten der Reichen bieten, und selbst die benutzten es nur zu ganz besonderen Gelegenheiten. »Gold und Silber haben ihnen die Götter versagt, und ich weiß nicht, ob das aus Gnade oder aus Zorn geschah ... Besitz und Verwendung dieser Metalle reizen sie nicht sonderlich. Man kann beobachten, wie bei ihnen Gefäße aus Silber, die ihre Gesandten und Fürsten geschenkt bekommen haben, ebenso gering bewertet werden wie solche aus Ton.«

Diese Einstellung, wie sie Tacitus hier erwähnt, paßt schlecht zu einer bäuerlich bestimmten Gesellschaft, bei der das Wort vom Haste-was-biste-was gang und gäbe war, und deshalb ist anzunehmen, daß man seine Freude über die Geschenke nur nicht allzu sehr zeigen wollte. Gefühlsäußerungen zu übertreiben lag den Germanen ohnehin nicht. Wie hoch silbernes Tafelgeschirr im Kurs stand, geht schon daraus hervor, daß man es immer wieder in den Mooren fand als ein wirklich großes Opfer an die Himmlischen.

»Im Trinken wissen sie weniger Maß zu halten«

Wenn der einfache Mann sich kein kostbares Eßgeschirr leisten konnte, etwas besaß er bestimmt: ein schönes Trinkgefäß. Noch die einfachsten waren aus sorgfältig gedrechseltem Ahornholz, reich versehen mit Schnitzereien, die besseren aus Silber, aus Bronze, auch goldene Becher kannte man. Beliebt als Material war Rinderhorn, wobei man den Trinkrand mit Silberblech ausschlug. Gläserne Becher gehörten zu den aus Rom importierten Waren und hatten, wie alle Luxusimporte, ihren besonderen Preis. Aus den Schädeln der erschlagenen Feinde zu trinken, wie es die Kelten taten, war nicht gerade üblich, ist aber vorgekommen. Man glaubte, sich damit die Kraft des toten Gegners anzutrinken.

Aus welchem Material die Trinkgefäße auch bestanden, fast alle waren sie der Form des Rinderhorns nachgebildet oder dem des Auerochsen. Das hatte den Nachteil, daß man sie nicht auf dem Tisch absetzen konnte, wenn man einen tiefen Schluck genommen hatte. Man war gezwungen, das knapp einen halben Liter fassende Horn in einem Zug bis auf den Grund zu leeren. Und nun wissen wir endlich, warum die Germanen so viel tranken – nur weil die Trinkhörner keinen Fuß hatten!

Jedenfalls gehört diese Version zu den ans Komische grenzenden Versuchen eifriger Germanenkundler, den Durst der alten Deutschen zu entschuldigen. Weil er ihnen so peinlich war.

»... wie wäre es auch einem dem Trunk ergebenen Volk möglich gewesen«, schreibt mit dem notwendigen Bierernst einer der ihren, »die gewaltigen kriegerischen Leistungen zu vollbringen, von denen uns die Geschichte meldet. Ein Trinkervolk wäre an seinem Laster zugrunde gegangen. Nur einem moralisch gesunden Volk konnte es möglich sein, in Jahrhunderte währenden Kämpfen das größte Staatsgebilde des Altertums, das römische Weltreich, niederzuringen, und fähig zu sein, seine Erbschaft anzutreten.«

Aber es hilft nichts: Auf nur wenigen Gebieten ist die Überlieferung so dicht, sind die Berichterstatter derart einer Meinung, wie ausgerechnet auf dem »Getränkesektor«. Tacitus widmet sich in ungewohnter Weitschweifigkeit der befremdenden Neigung seiner, was die Tugenden betrifft, sonst so vorbildlichen Germanen. »Die Speisen sind einfach ... Ohne umständliche Zubereitung, ohne besondere Gewürze wird der Hunger gestillt. Im Trinken wissen sie weniger Maß zu halten. Würde man ihrer Trunksucht Vorschub leisten und ihnen die Möglichkeit bieten, soviel zu trinken, wie ihr Herz begehrt, könnte man sie durch diese Charakterschwäche leichter zugrunde richten als durch die Gewalt der Waffen.«

Genau das war geschehen, als der römische Feldherr Germanicus 14 nach Christus zu einer Strafexpedition über den Rhein setzte, um den Stamm der Marser für seine Beteiligung an der Varusschlacht zu züchtigen. »... hatten ihm doch seine Spähtrupps gemeldet, daß die Germanen in dieser Nacht einen hohen Festtag begingen, der mit einem großen Gelage enden würde ... So kam man zu den Dörfern der Marser, schloß sie von allen Seiten ein, während die Bewohner auf ihren Lagern und neben den Tischen hingestreckt ihren Rausch ausschliefen. Nicht einmal Wachen hatten sie aufgestellt, so sorglos waren sie. Niemand von ihnen hatte an Krieg oder Kriegsgefahr gedacht. Ja, selbst für einen Friedenszustand herrschte Schlaffheit und Zuchtlosigkeit, da sie eben betrunken waren.«

Wovon die Marser sich ihren todbringenden Rausch geholt hatten, ist nicht bekannt. Nach dem Grad ihrer Trunkenheit zu schließen, wird es sich um Met gehandelt haben. Met besteht aus nichts anderem als aus Wasser und Honig, die man miteinander vermischt, zum Kochen bringt und gären läßt. Diese nichtssagende Mischung muß jedoch eine unheimliche Wirkung gehabt haben. »Man schrieb dem Met die Kraft zu, den Menschen Begeisterung zu verleihen und ihnen den Zugang zur übersinnlichen Welt zu öffnen. So war er gewissermaßen der Quell der Weisheit und der künstlerischen Erweckung.« Die berauschende Wirkung wurde als Übergang göttlicher Kraft auf den Menschen empfunden.

Eine Beschreibung, die an gewisse Drogen unserer Tage erinnert, mit denen man »einen Trip machen«, auf die Reise gehen kann, wie zum Beispiel LSD. Möglich, daß die Germanen einen ähnlich mit »Euphorie verbundenen Erregungszustand der Großhirnrinde und anderer Teile des Zentralnervensystems« erreichten, daß sie *high* wurden, denn sie mixten ihren Met mit verschiedenen geheimnisvollen Kräutern.

Met kann man sich ohne größeren Aufwand in der eigenen Küche zusammenbrauen. Beim Stöbern in alten Kochbüchern wird man auf die mannigfaltigsten Rezepte stoßen. Aber auch in einem neueren! Werner Fischer, einer der besten deutschen Köche, der germanischen Met auf Wunsch seinen Gästen kredenzt, empfiehlt folgendes Rezept:

> »6 Liter Wasser zum Kochen bringen und im Moment des Kochens 1 Kilo vom besten Bienenhonig hinzufügen, gut verrühren, einmal aufkochen lassen und sorgfältig abschäumen. Dieses Honigwasser bis zur Handwärme abkühlen lassen. 50 g Hefe in abgekochtem lauwarmem Wasser auflösen, zu der Mischung geben und alles in einen größeren Steintopf gießen.
>
> Nach zwei Tagen wilden Gärens bei Zimmertemperatur vorsichtig in ein Fäßchen füllen, das Spundloch für die ersten 5 bis 6 Tage nur lose mit einigen Farnblättern belegen, dann das Spundloch fest verschließen und das Fäßchen ein Vierteljahr im kühlen Keller aufbewahren.
>
> Danach ist der Met ausgereift, und man kann ihn auf Flaschen umfüllen. Er sollte möglichst in Zinnbechern serviert werden.«

Met wurde nur an hohen und höchsten Feiertagen serviert. Denn seine Produktion war kostspielig. Den Honig, den man dazu brauchte, fand man zwar in den Wäldern reichlich – Plinius berichtet von riesigen, bis zu zweieinhalb Meter langen Waben in den Baumnestern –, aber Honig war trotzdem knapp. Er bildete das einzige Mittel zum Süßen der Speisen, denn Zucker war noch unbekannt. Außerdem spielte er eine wichtige Rolle im germanischen Außenhandel. Wabenhonig war, neben blondem Frauenhaar und Sklaven, ein Exportschlager.

Bier ist deshalb immer das populärere Getränk gewesen. Es erscheint als jenes Gebräu aus Weizen oder Gerste, von dem die Römer behaupteten daß es eine entfernte Ähnlichkeit mit schlechtem Wein habe. Ein vernichtendes Urteil, das noch übertroffen wird durch den Seufzer eines römischen Kaisers, dem man auf einer Inspektionsreise eine volle Maß kredenzte. »Du willst ein Sohn des Bacchus sein«, stöhnte er nach dem ersten Schluck, »was hat der nektarduftende Wein gemein mit dir, der du nach dem Bocke stinkst?«

Hier sprechen natürlich wieder römische Gourmets, deren Zungen durch die besten Kreszenzen verwöhnt waren, doch darf angenommen werden, daß auch uns das germanische Bier nicht sonderlich begeistert hätte. Es schmeckte ziemlich säuerlich, weil man es mit Hilfe von Eschenblättern, Schafgarbe oder Sumpfporst haltbar machte. Außerdem waren die für den Gärungsprozeß notwendigen Mikroorganismen seinem Geschmack und seinem Geruch nicht förderlich. Bei Untersuchungen des in den Trinkhörnern erhaltenen Bieres fand man Hefereste, die jeden modernen Brauer erbleichen ließen. Wodan, der Götter höchster, pflegte sogar kräftig in die Bottiche zu spucken, um die Gärung zu beschleunigen.

Doch da die Germanen weder Pilsener Urquell noch Münchner Märzen kannten, hat ihnen ihr Bier bestimmt gemundet. Jedenfalls tranken sie mehr regelmäßig denn mäßig. »Gleich nach dem Aufstehen – sie schlafen meist bis in den Tag hinein, da es bei ihnen den größten Teil des Jahres Winter ist – waschen sie sich warm und nehmen ein Frühstück ein, wobei jeder seinen eigenen Platz und seine eigene Schüssel hat. Dann gehen sie an die Arbeit, doch recht oft auch zu einem Gelage, und zwar stets in Waffen. Tag und Nacht durchzuzechen ist für niemanden eine Schande. Streitigkeiten, wie sie unter Betrunkenen häufig vorkommen, enden selten mit Beschimpfungen, sondern oft genug mit Verwundungen und Totschlag.«

Ein Gelage war, und daran glaubten die Germanen ehrlichen Herzens, nicht zuletzt eine Art Gottesdienst. Die Götter, denen sie dienten, waren den Trinkenden wohlgesonnen – denn sie selbst tranken auch.

Auch heute noch gehört es zum Image eines deutschen Mannes, möglichst viel zu vertragen. »Den habe ich spielend unter den Tisch getrunken«, ist eine gängige Floskel aus dem Repertoire des Stammtischbruders. Und was den Bierverbrauch betrifft, so stehen die späten Deutschen den frühen Deutschen in nichts nach: 1974 gelang es ihnen sogar, die in der Weltrangliste führenden Belgier mit 145,3 Liter pro Kopf auf den zweiten Platz zu verweisen.

Das gastfreundlichste Land der Welt

Unter den Dächern der Langhäuser wurde die Gastfreundschaft in einer Weise geübt, wie sie in Deutschland längst zur Legende geworden ist.

Gemeint ist nicht die Bewirtung, die man den zu einem Fest Eingeladenen zukommen ließ – darüber war kein Wort zu verlieren –, sondern die Freundschaft, die einem völlig fremden Menschen entgegengebracht wurde. Zu den Fremden gehörte der Flüchtling, der seine Heimat hatte verlassen müssen, der nach einer Schlacht versprengte Soldat, der Verfolgte, der Verirrte, aber auch der Kaufmann mit seinem Planwagen. Sie alle waren rechtlos, weil das Recht des Landes, aus dem sie kamen, keinen so langen Arm hatte, um sie schützen zu können, und das Recht der Zufluchtsstätte für sie nicht galt. So brauchten sie jemanden, der ihnen Gastfreundschaft gewährte. Dazu gehörte die Schüssel mit Wasser und das Handtuch, der Platz am Feuer und das mit Bier gefüllte Trinkhorn, der Braten vom Spieß und, wenn nötig, neue Kleidung. Die Gastfreundschaft ging noch weiter: Die Feinde des Gastes waren in dem Moment, da er die Schwelle übertrat, auch die Feinde des Gastgebers.

»... irgendeinen Menschen, wer immer es auch sei, von der Tür zu weisen, gilt bei den Germanen als ein großes Unrecht. Jeder bewirtet den Gast, so gut er es nur vermag. Hat er selbst nichts mehr, so bringt er ihn bei einem Nachbarn unter. Sie betreten den Hof des anderen, ohne eingeladen zu sein. Doch macht das nichts aus: Mit offenen Armen nimmt man sie dort auf und kümmert sich nicht darum, ob der Gast einem bekannt oder unbekannt ist. Wenn er zum Abschied einen Wunsch äußert, so ist es selbstverständlich, daß ihm dieser Wunsch erfüllt wird. Andererseits scheut sich der Gastgeber nicht, eine Gegengabe zu verlangen. Über Geschenke freut man sich, ohne daß man sich deshalb irgendwie verpflichtet fühlt. So herrscht im Verkehr zwischen Gast und Gastgeber immer Herzlichkeit.«

Eine Herzlichkeit, die nicht über Gebühr beansprucht wurde. Was die Dauer des Aufenthaltes betraf, so handelte man dem alten Sprichwort gemäß, wonach Fische und Gäste nach drei Tagen anfangen zu stinken.

X Die grosse Schlacht

Der Steckbrief des Quintilius Varus

»Das bartlose Gesicht mit der geraden Stirn, der großen, spitzen Nase, den weit zurücktretenden Augen und dem blöden Zug um den Mund macht keineswegs einen bedeutenden oder auch nur angenehmen Eindruck. Und dieser erste Eindruck verstärkt sich sogar noch bei näherem Zusehen. Das breite Gesicht und der fette Hals lassen auf einen wohlbeleibten, phlegmatischen Herrn schließen, der sich weder geistig noch körperlich gern anstrengte.«

Das klingt wie ein Steckbrief, und etwas Ähnliches ist es auch, denn wer hier gesucht wird als »Bösewicht« und »Sündenbock«, ist niemand anderes denn Quintilius Varus: Wenn es auch höchst zweifelhaft erscheint, anhand eines fast 2 000 Jahre alten Münzportraits – und darum handelt es sich bei dem vorliegenden Zitat – das Charakterbild eines Menschen zu entwerfen.

Doch Varus ist Kummer gewohnt. Die Historiker aller Richtungen haben ihm fast ausnahmslos schlechte Zensuren erteilt. Und wenn man es recht betrachtet, so nur, weil er eine Schlacht verlor. Keine gewöhnliche, keine Dutzendbataille allerdings, von denen es in der Geschichte wimmelt, sondern eine sogenannte »welthistorische«, eine, die die Geschicke der Völker bestimmte.

Einen »Hofgeneral« nannte man ihn mit tiefer Verachtung. Theodor Mommsen, wohl, weil mit kaiserlicher Nichte verheiratet; er sei ein »Popanz« gewesen, »ohne jede militärische Begabung und Erfahrung«; ein »anmaßender und stumpfsinniger Grandseigneur« heißt es von anderer Seite.

In Victor von Scheffels Lied von den frech gewordenen Römern, mit dem ganze Studentengenerationen sich durch die Semester sangen, ist er eine komische Figur, »die geriet in einen Sumpf, verlor zwei Stiefel und einen Strumpf und blieb elend stecken. Da sprach er voll Ärgernissen zum Centurio Titiussen: ›Kamerade, zeuch dein Schwert hervor und von hinten mich durchbohr, da doch alles futsch ist.‹«

In der Geschichtsschreibung scheint es wie im Alltagsleben zu sein: Nichts ist erfolgreicher als der Erfolg und nichts so abträglich wie der Mißerfolg. Deshalb hat Varus auch vor den Federn der antiken Autoren keine Gnade gefunden.

Velleius Paterculus, der in Germanien als Reiteroffizier diente und dem Feldherrn persönlich begegnet war, qualifiziert ihn als einen Menschen ab, der »mehr an das Nichtstun im Lager gewöhnt war als an wirklichen Kriegsdienst im Feld«, dazu aus einer Familie stammte, die »mehr bekannt war denn vornehm«.

In Wahrheit war Quintilius Varus weder ein besonderer Halunke noch ein besonderer Versager, sondern ein durchschnittlich begabter hoher Verwaltungsbeamter, wie es sie im römischen Staatsdienst zu Dutzenden gegeben hat. Bevor er nach Germanien kam, verwaltete er die Provinz Afrika, war dann Statthalter in Syrien, fungierte eine Zeitlang als politischer Berater des Königs Herodes, schlug nach dessen Tod den Aufstand der Juden nieder und besetzte Jerusalem. Den Ergebnissen der neueren Forschung zufolge war es die Zeit, »da ein Gebot von dem Kaiser Augustus ausging, daß alle Welt geschätzt würde«, und der Zimmermann Joseph aus Nazareth mit seiner Frau Maria nach Bethlehem zog. Jesus Christus wurde demnach noch unter der Statthalterschaft des Varus geboren.

Den Abschied des Römers aus Syrien kommentierte die offizielle Geschichtsschreibung mit den Worten: »Arm hatte er das reiche Land betreten, reich verließ er ein armes Land.«

Dieses Wort ist Varus nie wieder losgeworden, über seinen Charakter sagt es dennoch nichts aus. Die meisten Statthalter pflegten die ihnen anvertrauten Provinzen wohlhabender zu verlassen, als sie gekommen waren. Cäsar hatte als Verwalter Südspaniens seine astronomisch hohen Schulden innerhalb eines knappen Jahres getilgt und sich gründlich saniert. Quintilius befindet sich also in bester Gesellschaft. Noch etwas spricht nicht unbedingt gegen ihn: die Tatsache, daß Kaiser Augustus ihn nach Germanien schickte! In eine Provinz, die noch keine war, sondern erst eine werden sollte, in ein Land, über dessen Bewohner man immer wieder siegte, ohne sie zu besiegen. Der Posten des Oberkommandos am Rhein war ein Schleudersitz, und es ist nicht anzunehmen, daß Augustus ihn einem unfähigen Mann anvertraut hätte.

Augustus begibt sich an den Rhein

Das Land zwischen Rhein und Elbe war in dem Jahrzehnt um die Zeitenwende notdürftig befriedet worden. In einigen Fällen war das durch Bündnisverträge gelungen, mit denen man unruhige Stämme geködert hatte. Doch der größere Anteil an der Pazifikation war dem Schwert zugefallen. Die Kämpfe wurden von den Römern mit der bei ihnen gewohnten erbarmungslosen Härte geführt, die weder den eigenen Truppen noch dem Gegner Schonung zukommen ließ. Dörfer gingen in Flammen auf, die Kornfelder brannten, Frauen und Kinder wurden niedergemacht, Tausende von Gefangenen in die Sklaverei verkauft, ganze Stämme umgesiedelt, Ströme von Blut wurden vergossen. Einige ihrer Führer schienen zu ahnen, welche Saat des Hasses hier gesät wurde, eine Saat, die eines Tages aufgehen würde.

Doch jedes Kalkül mußte zurücktreten hinter dem Fernziel, das sich Augustus gesetzt hatte: die Gewinnung der Elblinie, die Verkürzung der Grenzen um fast 500 Kilometer und damit die endgültige Sicherung des Imperiums im Norden. Der Kaiser selbst ging für drei volle Jahre in das Rheingebiet, um seinen strategischen Plänen an Ort und Stelle Nachdruck zu verleihen. Seinen Stiefsohn Drusus beauftragte er mit der Durchführung der Offensive.

Das heimliche Grauen, das die Legionäre stets befiel, wenn es gegen die Germanen ging, weht uns noch an aus dem Bericht, den Dio Cassius über einen der Feldzüge des Drusus schrieb: »... er fiel in das Gebiet der Chatten ein und rückte bis zu den Sweben vor. Es gelang ihm, sie unter schweren eigenen Verlusten zurückzudrängen und schließlich zu unterwerfen. Dann durchquerte er das Cheruskerland, überschritt die Weser und erreichte die Ufer der Elbe, verbrannte Erde hinter sich zurücklassend. Die Elbe ist ein mächtiger Strom, der von den vandalischen Bergen kommt und im nördlichen Ozean mündet, und als er sie zu überschreiten versuchte, da trat ihm ein Germanenweib entgegen von übermenschlicher Größe und rief ihm zu: »Wohin willst du, unersättlicher Drusus?! Es ist dir nicht beschieden, das jenseitige Land zu schauen. Kehre um! Denn das Ende deiner Taten und deines Lebens ist gekommen.«

Es ist immer wieder verwunderlich, welchen Respekt die sonst so rational denkenden, kühl rechnenden Römer vor unheimlichen Vorzeichen hatten, ob es Bienenschwärme waren, die sich auf Speerspitzen niederließen, oder seltsame Himmelserscheinungen. Drusus gehorchte der Seherin, errichtete in aller Eile ein Siegeszeichen und trat den Rückmarsch zum Rhein an, den er nie erreichen sollte.

Gezeichnet von der Prophezeiung und damit zutiefst verunsichert, wurde er bei einem Sturz von seinem Pferd begraben, zersplitterte den Schenkel und siechte, wohl an Wundbrand, 30 Tage dahin. »... wobei Wölfe das Lager heulend umkreisten, weibliches Klagegeschrei wurde vernommen, und vom Himmel herab regneten Sterne.« Sein Leichnam wurde von den Offizieren nach Rom getragen, wo Augustus dem vergötterten Sohn die Leichenrede hielt.

Sein Bruder Tiberius, der spätere Kaiser, vor dessen verfallenen Palästen die Besucher Capris heute staunend stehen, übernahm die Nachfolge im Oberbefehl. In mehreren Feldzügen, bei denen er maritime Landeunternehmen mit dem Einsatz der Fußtruppen geschickt zu kombinieren wußte, führte er die Okkupation Germaniens zu Ende.

Zwischen Xanten und Mainz erstreckte sich nun eine Kette stark ausgebauter Garnisonen, in denen insgesamt 5 Legionen lagen, das sind 30 000 Mann. Im Vorfeld der Kastelle waren ganze Vorstädte entstanden, gebildet aus dem Troß der Handwerker, Zeugmeister, Bauarbeiter, der Kammerdiener, Dolmetscher, Schreiber, der Ärzte, Opferbeschauer, Vermessungsbeamten, der Boten, Heizer, Bademeister, aus dem gesamten Personal, das eine hochtechnisierte Armee brauchte. Die *canabae legionis,* wie diese Lagervorstädte hießen, wurden noch vergrößert durch jenes Gefolge, das sich seit alters im Dunstkreis jeder militärischen Einheit zu bilden pflegte. Gemeint sind die Wagen und Buden der Wirte, Gaukler, Possenreißer, Wahrsager, Glücksritter und jener Mädchen, deren Unmoral noch stets die Moral der Truppe gehoben hat.

In Bonn befand sich eine Flottenbasis, Köln war durch den Sitz des Obersten Priesters religiöser Mittelpunkt, breite Heerstraßen, eingeteilt in Fahrdamm und Marschierstreifen, durchzogen das Land, ein in Hunderttausenden von Arbeitsstunden gegrabener Kanal verband den Niederrhein mit der Zuidersee und ermöglichte den Kriegsgaleeren raschen Zugang zur Nordsee.

Germanien, ein Entwicklungsland

Als Varus gegen Ende des Jahres 6 am Rhein erschien, herrschte Ruhe, und niemand konnte ahnen, daß es die Ruhe vor dem Sturm war. »Die Barbaren wurden zur Ordnung der Römer erzogen. Märkte wurden eröffnet und friedlicher Verkehr mit ihnen unterhalten.« – »So tiefer Friede waltete, daß die Menschen umgewandelt, die Erde eine andere, der Himmel selbst sanft und milder schien als sonst.«

Die Aufgabe des neuen Statthalters war es, diesen Frieden dauerhaft zu machen, ein unterentwickeltes Land in eine zivilisierte römische Provinz umzuwandeln. In der Praxis bedeutete das die Organisierung der Verwaltung, die Einführung eines Maß-, Münz- und Gewichtssystems, die Aktivierung der Wirtschaft durch die Anlage von Gewerbebetrieben, Ausbeutung der Bodenschätze, Verbesserung der Landwirtschaft, aber auch die Einführung römischen Rechtes und römischer Steuergesetze.

Varus war in erster Linie Verwaltungsfachmann, ein Jurist par excellence und zutiefst von dem Gedanken durchdrungen, daß Halbwilden nichts Besseres passieren konnten, als an den Segnungen seiner Jurisdiktion teilzuhaben.

Das germanische Recht bestand aus ungeschriebenen Gesetzen, denen man den Charakter von Sprichwörtern gegeben hatte, damit sie leichter von Mund zu Mund weitergegeben werden konnten. Angewandt wurden sie vor dem Thing, der germanischen Volks- und Gerichtsversammlung. Allerdings nur in Fällen, in denen der Schuldige gegen die elementarsten Tabus verstoßen hatte: wenn er Verrat geübt, Ehebruch begangen, einen Meineid geschworen. Wer einen anderen Mann im Zorn getötet oder ihn heimtückisch ermordet hatte, brauchte seine Verurteilung nicht zu fürchten, wenn er sich zu seiner Tat offen bekannte. Fürchten mußte er lediglich die Verwandten des Getöteten, die Sippe, die auf dem Wege der Blutrache Gleiches mit Gleichem vergalt oder zumindest ein hohes Bußgeld verlangte.

Auch waren Gottesurteile üblich, die dem Beklagten auferlegten, nackten Fußes über neun messerscharfe Pflugscharen zu gehen oder einen Ring aus einem mit siedendem Wasser gefüllten Kessel zu nehmen oder einen Zweikampf mit dem Kläger auszutragen. Blieb er unverletzt, so war das ein Zeichen, daß ihm die Götter beigestanden und damit ihr »nicht schuldig« gesprochen hatten. Eine, wie man zugeben wird, höchst unsichere Sache.

Im allgemeinen versuchte der Germane, sich selber zu helfen. Das war ehrenvoller und wirksamer zugleich. Daß das Recht durch diese Selbsthilfe nicht selten zum Faustrecht wurde, war eine notwendige Folge, die jedoch niemanden zu stören schien.

Was die Germanen Recht nannten, mußte Varus als eine Mischung aus Aberglauben und Willkür erscheinen, als Ausgeburt finsterer Barbarei. Eine Annahme, die von seinem Standpunkt verständlich erscheint, denkt man an das Rechtswesen seines Volkes, das nicht umsonst als größter Beitrag zu unserer abendländischen Zivilisation gilt.

Diesem Recht versuchte er Geltung zu verschaffen, aber die Art, wie er es tat, wirkte wie ein Schlag ins Gesicht derer, denen es zuteil werden sollte. Er brachte den Germanen nicht das Recht, er brachte es ihnen bei. In der Art jener Besatzungsgeneräle, die zu allen Zeiten die Mentalität der Besetzten nicht begriffen haben oder sie nicht begreifen wollten. Zur Entschuldigung des Statthalters hat man angeführt, daß er zu lange im Orient gewesen, zu sehr an orientalische Verhältnisse gewöhnt war, um noch umdenken zu können.

Doch was sich dort als wirksam erwiesen hatte zur Aufrechterhaltung von *law and order*, schlug hier in das Gegenteil um. Stockhiebe, Folter, öffentliche Auspeitschung, Hinrichtungen *coram publico*, im Orient – man darf es ohne

Zynismus sagen – althergebrachte und gern geübte Bräuche, waren in Germanien unbekannt. Die Urteile, die Varus fällte und fällen ließ, wurden um so härter, je mehr er zu spüren glaubte, mit welcher Undankbarkeit die Eingeborenen seine Art, Recht zu sprechen, aufnahmen. Diese Querköpfe begriffen anscheinend nicht, daß ein wohlerwogener Spruch besser war als das Faustrecht, ein fairer Prozeß gerechter als Blutrache.

Das römische Finanzamt stand in Trier

»Er glaubte«, schreibt Velleius, »wenn sie sich durch das Schwert nicht überwältigen ließen, könne man sie durch Juristerei bezwingen.« Und Florus, den man nicht der Germanenfreundlichkeit verdächtigen kann, denn er gab ansonsten grundsätzlich seinen Landsleuten recht, fügt hinzu: »Auch wagte er es, Gerichtssitzungen abzuhalten und im Lager Recht zu sprechen, als ob er die wilde Kraft der Germanen durch die Rutenbündel seiner Liktoren und die Stimme des Herolds bändigen könnte. Sie aber, die es ohnehin schon verdroß, daß ihre Schwerter rostig geworden und ihre Rosse steif vor Untätigkeit, setzten sich zur Wehr, nachdem sie Gesetze kennengelernt, die grausamer waren als Waffen.«

Neben der Rechtsprechung waren es die Steuern, die die Germanen auf das äußerste erbitterten. Man mag einwenden, daß solche Erbitterung nicht sehr originell ist, doch waren die Methoden, mit denen man in ihre Taschen griff, erbarmungslos. Das römische Finanzamt (das nach der Gründung der Provinzen *Germania inferior, Germania superior* und *Belgica* in Trier stand) war in der Erfindung neuer Steuern so einfallsreich wie seine Beamten rigoros bei der Eintreibung.

Der Bürger Roms genoß seine Ausnahmestellung nicht zuletzt deshalb, weil die Einwohner der Provinzen so fleißig zur Kasse gebeten wurden. Der riesige Apparat, mit dem ein Gebiet beherrscht und verwaltet wurde, das größer war als das der Vereinigten Staaten von Amerika, verschlang immense Mittel, und es war nur natürlich, daß nächst dem Statthalter der Finanzpräsident das höchste Amt in der Provinz bekleidete. Eine Würde, die ihm mit 200 000 Sesterzen pro anno vergütet wurde, was etwa 240 000 DM entspricht.

Es gab Grundsteuern, Gewerbesteuern, Lizenzsteuern, Monopolsteuern, Kopfsteuern, Umsatzsteuem, Vermögenssteuern, Erbschaftssteuern, und wenn dem Fiskus keine Bezeichnung mehr einfiel, so nannte er die neuesten Steuern einfach Sondersteuern (aus denen unter anderem die Versorgung der Legionäre bestritten wurde). Gezahlt wurde mit Vieh, Korn, Wolle, Milch, Käse, ja Honig, mit harten Silberstücken, und wer weder Gut noch Geld hatte, besaß zwei Hände, um seine Steuerschuld abzuarbeiten.

Das Anziehen der Steuerschraube gehörte zum Repertoire der Besatzungspolitik, das virtuos gehandhabt wurde, Römerfreunden Nachlaß gewährte oder gar völlige Freiheit von allen Abgaben, Römerfeinde dagegen besonders zur Ader ließ. Bisweilen wurde die Virtuosität übertrieben: Die bis auf das Blut ausgesaugten Untertanen waren bereit, ihr Leben in einem Krieg einzusetzen, weil ihnen das Leben im Frieden nichts mehr wert schien.

Als Varus am Rhein eingetroffen war, stand der Balkan in den Flammen des Aufruhrs. Es war ein Volkskrieg gegen die Steuerpolitik, oder, wie es einer der Aufständischen formulierte, von Tiberius nach den Gründen befragt: »Es ist geschehen, weil ihr euren Herden keine Hirten gegeben habt, sondern Wölfe.«

Dasselbe mochten die Germanen empfinden, doch wäre ihr Aufstand genauso im Blut erstickt, wenn sie nicht einen Mann gehabt hätten, der über mehr verfügte als über die Tugend, sterben zu können.

Arminius, »ein junger Mann von persönlichem Mut, rascher Auffassung und genialer Klugheit«

Der Gestalt des Arminius darf man sich nur mit Vorsicht nähern. So wie er auf seinem steinernen Sockel im Teutoburger Wald steht, den Schild an seiner Seite, den geflügelten Helm auf dem Haupt, auf dem zum Himmel gereckten Schwert in goldenen Lettern die Inschrift »Deutsche Einigkeit meine Stärke. Meine Stärke Deutschlands Macht«, so existiert er in der Vorstellung der Deutschen. Als eine Art Bilderbuchgermane, aber nicht als ein Mensch von Fleisch und Blut, der einmal gelebt hat.

Schuld daran ist die unverbesserliche Deutschtümelei, die einen Mann, der am Beginn unserer Geschichte stand, zum Streiter wider welsche Unnatur gemacht hat, zum Schlachtengebieter, der Roms Ketten zerbrach, zur hehren Lichtgestalt. So wie Varus stets die Spottgeburt von Dreck und Feuer blieb, so war dem Arminius ein für allemal der Part des blitzblanken Helden zugefallen. Und man weiß, wie übelnehmerisch das Publikum reagiert, wenn es jemand wagt, altvertraute Rollen umzubesetzen.

»Wenn ich ein Poet wer«, sagte Luther, »so wollt ich den celebrieren. Ich hab in von hertzen lib«, und meinte Arminius.

Die Poeten haben ihn dann ausführlich celebriert. Burckhardt Waldis aus Nürnberg besang ihn 1543 in seinem »Lobspruch der Deutschen« als einen König und Fürsten teutscher Nation. Der barocke David Caspar von Lohenstein (1689) brauchte 9 Bücher mit insgesamt 3 076 Seiten zu seiner Celebration und den schönen Titel »Grossmüthiger Feldherr / Arminius oder Hermann / Als / Ein tapferer Beschirmer der deutschen Freyheit: Nebst seiner / Durchlauchtigsten Thusnelda / In einer sinnreichen / Staats- Liebes- und Heldengeschichte / Dem Vaterlande zu Liebe / Dem deutschen Adel aber zu Ehren und rühmlichen Nachfolge / In zwey Theilen / vorgestellt / Und mit annehmlichen Kupffern gezieret.«

Friedrich Gottlieb Klopstock, Wegbereiter deutscher Klassik, handelte das Thema gleich in drei Dramen ab: Der »Hermannsschlacht« ließ er »Hermann und die Fürsten« und »Hermanns Tod« folgen. Kleist machte ihn zu einem Helden von brennender Aktualität, wodurch seine »Hermannsschlacht« zum Fanal wurde, zum Aufruf wider Napoleon als Unterdrücker Deutschlands. Christian Dietrich Grabbe, unweit des Varusschlachtfeldes in Detmold beheimatet (oder besser, eines der angeblichen Varusschlachtfelder), versuchte, mit seiner »Hermannsschlacht« ein großes Nationaldrama zu schaffen. Auch eine Oper gibt es, sie heißt »Armin«, die Musik schrieb ein Herr Hoffmann, das Libretto der durch seinen »Kampf um Rom« bekanntgewordene Dichter Felix Dahn.

Wer war dieser Mann wirklich, von dem wir nicht einmal wissen, wo er geboren wurde, welches Alter er erreicht hat, ob sein Name römisch war oder germanisch, wie seine Frau Thusnelda endete und sein Sohn Thumelicus?

Auch hier müssen wir uns wieder auf die Berichte römischer oder griechischer Historiker verlassen. Sie sind unzulänglich in mancher Hinsicht, lückenhaft, tendenziös bisweilen, durch die Überlieferung zum Teil entstellt, und doch sind sie ein Glücksfall, denn ohne sie herrschte um die Frühzeit unserer Geschichte absolutes Dunkel. Was Arminius betrifft, so existiert ein Bericht des bereits im Zusammenhang mit Varus erwähnten Reiterobersten Velleius Paterculus, ein auf vielen Kriegsschauplätzen bewährter Haudegen, der nebenbei die Schriftstellerei betrieb.

Er bezeichnete ihn als »einen jungen Mann von vornehmer Abkunft, persönlicher Tapferkeit, rascher Auffassungsgabe und einer genialen Klugheit, die normalerweise jenseits der Begabung eines Barbaren liegt ... Schon sein Gesichtsausdruck und seine Augen verrieten das Feuer seines Geistes.«

Eine Charakterisierung, die schmeichelhaft klingt und doch glaubwürdig erscheint. Sie stammt von einem Mann, der Arminius persönlich gekannt hat, ja sein Kriegsgefährte gewesen war und nach dem Frontwechsel des Germanen keinen Grund gehabt hätte, ihn zu loben.

Arminius kam aus einer vornehmen Cheruskerfamilie, die – wie so manches germanische Adelsgeschlecht – ihre Söhne den Römern zur Ausbildung anvertraute. Auf dem Palatin in Rom gab es eine eigens dafür eingerichtete Schule. Der Cherusker allerdings hat sie, soviel ist jetzt gewiß, nicht besucht, sondern eine andere Schule bevorzugt: die des römischen Heeres.

Dort lernte er Velleius kennen, diente zusammen mit ihm in Germanien und nahm später als Führer eines aus seinen Landsleuten bestehenden Hilfskorps an der Niederwerfung des Aufstandes auf dem Balkan teil. Er wurde mit der Ritterwürde ausgezeichnet und erhielt das römische Bürgerrecht. Eine Tatsache, die in unseren Schulbüchern gern verschleiert wurde und vielen Wissenschaftlern so peinlich war, daß sie nach unwissenschaftlichen Entschuldigungen suchten. Arminius durfte nicht in den Geruch eines »Römlings« kommen, wie sie die Adligen nannten, die mit den Römern gingen, ein Ausdruck, der gleichbedeutend war mit »Verräter«, während die nicht mit den Römern paktierenden »Patrioten« hießen.

Gewiß, eine allzu primitive Einteilung. Es gab Germanen, die ehrlich davon überzeugt waren, daß die Zukunft ihres Volkes nur im Bündnis mit Rom liegen konnte, mit einer Macht, deren militärisches Können ihnen imponierte, deren überlegene Kultur sie anzog. Und es gab andere, die von dieser Macht ausradiert zu werden fürchteten und ihr Heil in absoluter Unabhängigkeit suchten.

Der Tag X wird vorbereitet

Zurück in das Jahr 8 vor Christus, als Arminius vom balkanischen Kriegsschauplatz heimkehrte, wo er einen Aufstand gegen die Römer hatte niederschlagen helfen, und nun einen eigenen Aufstand gegen die Römer organisierte. Ein Vorgang, dem eine gewisse Ironie nicht abzusprechen ist. Aber vielleicht hatten ihm seine Erlebnisse in Pannonien und Dalmatien gezeigt, wie drückend Roms Herrschaft über ein fremdes Volk sein konnte. Über die weiteren Motive seiner Rückkehr ist nichts bekannt. Vermutlich war es der Tod seines Vaters, der seine Anwesenheit als Nachfolger des Fürsten erforderlich machte.

Arminius bereitete den »Tag X« mit diplomatischem Geschick, psychologischem Einfühlungsvermögen und einer Raffinesse vor, die etwas Diabolisches hat. Talente, die man germanischen Führern bisher nicht hatte nachsagen können. Der gerade 24jährige hatte seine Lektion gelernt, die man ihm unter den römischen Adlern erteilt hatte. Daß er die römische Militärtechnik aus dem Effeff verstand, über Taktik und Strategie mehr wußte als seine Lehrer und überdies glänzend Latein sprach, darf bei der ihm bescheinigten »raschen Auffassungsgabe« vorausgesetzt werden.

Er hatte jedoch noch Entscheidenderes erkannt: daß römische Legionen in offener Feldschlacht schwer zu besiegen waren, die Chance aber ungleich größer schien, wenn man sie mit den Mitteln des Partisanenkrieges bekämpfte.

So wie die Illyrier und Pannonier es bei ihrem Aufstand getan hatten, der letztlich zwar gescheitert war, aber einen so hohen Blutzoll gefordert hatte wie kein Feldzug Roms zuvor.

»Immer daran denken, nie davon sprechen«, das Wort, das der französische Politiker Léon Gambetta sprach, als er die Revanche für den gegen Deutschland verlorenen Krieg 1870/71 betrieb, schien auch des Arminius' Parole bei seinen Vorbereitungen. Er hielt den Kreis der Eingeweihten klein, ließ sie Schweigsamkeit schwören, reiste unter Vorwänden durch die Gaue, verhandelte mit Fürsten, um möglichst viele Stämme zur Beteiligung an der Verschwörung zu gewinnen: die Chatten, die Angrivarier, die Chatturarier, die Usipeter, Tubanten, Kalukonen, die Marser und die Brukterer. Gegen die letzteren zwei Stämme sollte sich später die maßlose Wut der geschlagenen Römer richten.

Innerhalb weniger Monate gelang das scheinbar Unmögliche: germanische Völker, die in schlechter alter Tradition untereinander zerstritten waren und miteinander rivalisierten, zu einem Bund zu vereinigen. Wer nicht mitmachen wollte, wurde gefangengesetzt oder beseitigt. Armin war jedes Mittel recht, um sein Ziel zu erreichen. Auch das der bewußten Täuschung.

Und hier gelang ihm sein Meisterstück, nämlich Quintilius Varus derart zu verblenden, daß er den erbittertsten Feind für den besten Freund hielt. Er machte sich dabei die größte menschliche Schwäche zunutze, die Eitelkeit. Varus war eitel auf seine zweifellos bedeutenden juristischen Fähigkeiten, und Arminius beutete diese Schwäche aus. Als Träger der Würde eines römischen Ritters genoß er ohnehin das Vertrauen des Statthalters. Er war häufiger und gerngesehener Gast an seiner Tafel und verstand es dabei immer wieder, den Gastgeber auf sein Lieblingsgebiet zu locken, die Juristerei.

»Die Barbaren«, berichtete Velleius mit spürbarem Befremden, »sind Menschen, die bei aller Wildheit äußerst gerissen sind, ja sie scheinen geradezu geboren zur Verstellung. Man sollte es kaum glauben, wenn man es nicht selbst erlebt hätte. Sie führten eine ganze Kette frei erfundener Rechtstreitigkeiten, verklagten sich gegenseitig, vergaßen aber nie, dem Statthalter zu danken, wie weise er alles mit seinem Gerechtigkeitssinn entscheide, wie sehr ihre Wildheit durch die neue, ihnen bis dahin unbekannte Instanz gebändigt werde, wie wohltuend es sei, daß Streitfälle, die man gewohnt war mit den Waffen auszutragen, nun auf dem Rechtswege geschlichtet würden.«

Schauplatz dieser Camouflage war das Sommerlager des Statthalters irgendwo auf dem linken Ufer der mittleren Weser. Der genaue Platz ist ungewiß. Zwischen Höxter und Minden sind eine ganze Reihe von Orten genannt worden, je nachdem, wo der betreffende Forscher anschließend »sein« Varusschlachtfeld placiert haben wollte. Denn beides steht naturgemäß in engem Zusammenhang.

Den Winter pflegten die Römer vorsichtshalber in den stark befestigten Garnisonen am Rhein zu verbringen. Ein Zeichen, wie wenig sicher sie sich in einem Land fühlten, das sie zwar »Provinz« nannten, ohne daß es bereits eine gewesen wäre. Lediglich einige feste Lager, die von einheimischen Hilfstruppen unter römischem Kommando besetzt waren, sogenannten *Auxilien,* sorgten für die notdürftige Präsenz. Mit dem Beginn der warnen Jahreszeit unternahmen die Legionen dann ihre Sommerfeldzüge. Unternehmungen, auf denen im allgemeinen kein Blut floß, sondern lediglich Macht demonstriert wurde.

6 000 waffenstarrende Legionäre auf dem Marsch, in den Flanken gedeckt von den Bogenschützen und der Reiterei, die Feldzeichen, aus Silber getriebene Adler, funkeln im Licht, Hörner und Tuben dröhnen, in der Mitte die Trainwagen und Lasttiere; die schweren Wurfgeschütze und Belagerungsmaschinen hinterlassen tiefe Räderspuren, der Legionskommandeur hoch zu Roß, umgeben von den ordengeschmückten Stabsoffizieren – ein solches Heer war ein Anblick von erschreckender Großartigkeit, wie Augenzeugen immer wieder berichten, das allein dadurch wirkte, daß es existierte.

Der Verrat

Endstation der Sommerfeldzüge waren die Sommerlager. Ein Mann wie Varus, der den Prunk liebte, eine reichbesetzte Tafel und geistreiche Gespräche, hielt hier Hof. Hier betrieb er sein Steckenpferd, die Rechtsprechung, empfing Delegationen der einzelnen Stämme, ermutigte die römerfreundlichen Parteien unter ihnen und versuchte, die römerfeindlichen abzuschrecken. Das alte Spiel des *divide et impera,* des Zwietrachtsäens, um zu herrschen, das er im Orient so vollendet beherrscht hatte, versuchte er auch hier. Und, wie es anfangs schien, mit Erfolg.

Gerade unter den Cheruskern hatten sich die Fraktionen Contra- und Pro-Rom stärkstens profiliert. Dem Arminius stand Segestes gegenüber, Stammesfürst wie er und von großem Einfluß, auch körperlich ein Hüne, wortgewaltig, ein Mann, der ursprünglich von den besten Absichten getragen schien, auch wenn er seine Römerfreundschaft nicht zuletzt zur Stärkung seiner eigenen Position ausnützen wollte. Aber das tat Arminius umgekehrt auch. Doch hatte es nichts mit »Verrat« zu tun, wenn man ein Unternehmen als Wahnsinn empfand, das sich gegen die größte militärische Macht der Weltgeschichte richtete.

Segestes trägt trotzdem das Kainsmal des Verräters auf der Stirn, ein Ergebnis tragischer Verstrickung von Politik und Privatleben. Arminius hatte ihm die Tochter Thusnelda geraubt, die einem anderen Mann versprochen worden war. Aus politischer Gegnerschaft wurde so persönlicher Haß. Oder, wie es Tacitus in seiner unnachahmlichen Art ausdrückt: »Die verwandtschaftlichen Beziehungen, die unter Einträchtigen Bänder der Liebe sind, waren hier nur Stachel zum Zorn unter Verfeindeten.« Segestes war es, der den eigentlichen Coup der Aufrührer beinah in letzter Minute auffliegen ließ.

Kurz vor dem Verlassen des Sommerlagers hatte Arminius die Empörung eines »entfernter wohnenden« Stammes melden lassen. Varus nahm den Köder sofort an und beschloß, die Insurgenten auf dem Rückmarsch in die Rheinfestungen niederzuschlagen, sozusagen als Abstecher. Damit war für die Germanen eine wichtige Voraussetzung jeder Strategie erfüllt: dem Gegner Zeitpunkt und Gelände einer Schlacht zu diktieren (womit Cäsar so häufig seine Erfolge errungen hatte).

Da erschien Segestes und enthüllte das Komplott bis in die Details. Varus hörte ihn geduldig an, glaubte ihm aber nicht. Das Gehörte erschien ihm zu phantastisch. Es erinnerte ihn in peinlicher Weise an die Kabalen, die während seiner Statthalterschaft in Syrien die Mitglieder des Hauses des Herodes gegeneinander angezettelt hatten.

Als Segestes forderte, ihn und den Arminius in Ketten zu legen und so lange gefangenzuhalten, bis seine Worte sich als wahr erwiesen hätten, stutzte er, lehnte aber schließlich doch ab. Es war einfach unglaubhaft, daß ein römischer Ritter, der hochdekorierte Führer eines Hilfskorps, ein germanischer Fürst, den er wie einen Sohn behandelt hatte, der fast täglich Gast unter seinem Dach gewesen war, daß ein solcher Mann ihn, Varus, verraten könnte.

»Des Varus größter Fehler war«, sagt Friedrich Koepp, und dem ist nichts hinzuzufügen, »daß er verkannte, daß die Germanen keine Syrer waren, aber so verschlagen sein konnten wie Syrer.«

Ein Grabstein als stummer Zeuge

Varus schickte zuerst die Auxilien in ihre überall im Land verteilten Standlager. Dann verließen die drei Legionen unter Zurücklassung einer kleinen Besatzung das Lager durch die *porta praetoria,* das glückbringende Tor, das diesmal kein

Glück bringen sollte. Der Troß, in seiner Schwerfälligkeit ohnehin die Achillesferse jeder marschierenden römischen Einheit, war diesmal besonders groß.

Da die Offiziere im Sommerlager auf keine der Bequemlichkeiten verzichten wollten, die ihnen in den Garnisonen am Rhein zustanden, wimmelte es von Sklaven und Freigelassenen, von Ehefrauen und Prostituierten, von Marketendern und Hasardeuren, von einer Vielzahl von Nichtkombattanten.

Unter den Freigelassenen zwei junge Burschen namens Thiaminus und Privatus, die der Unteroffizier Marcus Caelius aus Bologna als Diener beschäftigte. Ihre Gesichter sind uns, zusammen mit dem ihres Herrn, als einzige aus der Zahl der 25 000 Todgeweihten bekannt.

Publius Caelius, der Bruder des Marcus, hat sie auf einem Grabstein portraitgerecht verewigen lassen, in der Hoffnung, daß es eines Tages möglich sein werde, die sterblichen Überreste aus den germanischen Wäldern heimzuholen.

Cecidit Bello Variano Ossa Inferre Licebit – »Gefallen in der Varusschlacht. Mögen seine Gebeine einst hier bestattet werden«, heißt es am Schluß der Inschrift.

Der Grabstein, den man bei Xanten entdeckt hatte, steht im Rheinischen Landesmuseum in Bonn – als wirklicher Zeuge eines unwirklich anmutenden Geschehens.

Im Troß befand sich außerdem ein Silbergeschirr, bestehend aus etwa 120 Teilen und so schwer, daß es zwei Packtiere gerade tragen konnten.

Im Jahre 1868 machte man am Fuß des Galgenbergs nahe Hildesheim einen aufsehenerregenden Fund.

Bei der Anlage eines Schießstandes war der Spaten eines der zum Arbeitskommando gehörenden Musketiers in etwa zweieinhalb Meter Tiefe auf »eine spiralförmig gewundene Stange« gestoßen. Nach und nach förderte man Schüsseln, Trinkbecher, Schöpfkellen, Teller, Kannen, Platten, Serviertische, Misch- und Kühlgefäße zutage, insgesamt 74 silberne Gefäße und Geräte von erlesener Kostbarkeit. Der Schatz ist unter dem Namen »Hildesheimer Silberfund« weltbekannt geworden, und die Besucher, die ihn an seinem jetzigen Ort, dem Antikenmuseum zu Berlin bewundern, fragen immer wieder, wie viele Millionen Euro er wohl heute wert sei.

Wichtiger als diese Frage ist das Problem, wem das Prunkgeschirr gehörte, und wer es verborgen hat. Hier nun neigt die Wissenschaft bei allem Für und Wider immer mehr zu der Ansicht, daß »wir es hier zu tun haben mit der einen Hälfte des von den Germanen erbeuteten Tafelsilbers des Varus, die bei der Beuteteilung dem Arminius als persönliches Eigentum überlassen worden sei, und Arminius den Schatz dann, während der Kämpfe, die seinem Tod vorausgingen, vergraben habe«.

Der Todesmarsch der Legionäre

Der Marsch der Legionäre in den Tod hat begonnen. Varus ist nach wie vor ahnungslos. Er hat noch nicht einmal Gefechtsbereitschaft befohlen. Die Kolonnen bewegen sich vorwärts in den für den Reisemarsch vorgeschriebenen Abständen, 90 Zentimeter von Mann zu Mann, in Sechsenreihen. Die Reihen lösen sich auf an engen Stellen, vermengen sich mit dem Troß, stauen sich, quellen an den Seiten hervor: Ein Heerwurm kriecht durch die Landschaft, unbeweglich, langsam, jedem plötzlichen Überfall ausgeliefert.

Doch von irgendeinem Hinterhalt kann nicht die Rede sein. Die germanischen Stammesfürsten scheinen dafür zu bürgen. Sie reiten im Gefolge des Statthalters, begleiten den Zug eine lange Strecke Weges, melden sich dann in aller Form ab: Sie wollen, so geben sie vor, ihre Truppen mobilisieren, um dann zum römischen Heer zu stoßen. Zur gemeinsamen

Niederschlagung des Aufstandes. Diese Truppen sind jedoch längst da – wenn auch nicht zur Unterstützung der Römer. Wie eine Geisterarmee sind sie den Legionen seit dem Abmarsch gefolgt, getarnt durch das ihnen genau bekannte Gelände, auf den Befehl zum Zuschlagen wartend. Das Land zwischen Mittelrhein und Mittelweser steht bereits in hellem Aufruhr. Immer mehr Stämme schließen sich an. Der Kampf gegen Rom wird zur Sache des Volkes erklärt, die Führer der romfreundlichen Parteien, wie Segestes, sind nun gezwungen mitzumachen – und bereits mitschuldig geworden: Die bei den einzelnen Stämmen postierten Kommandos der Römer hat man bis auf den letzten Mann niedergemacht.

Die Legionen marschieren weiter. Das Terrain ist unwegsam geworden, waldig, von Schluchten zerrissen. Regen setzt ein, es ist der schwere, tagelang anhaltende Regen des Herbstes, der in diesen Landstrichen fällt, von Arminins ersehnt, ja, in die Pläne einkalkuliert. Dazu ein Sturm, der immer stärker wird, Bäume stürzen und bilden schwer zu beseitigende Hindernisse, ein kleiiger Boden hemmt den Schritt, die Wagen bleiben stecken, der Himmel verfinstert sich, macht den Tag zur Nacht, in das heillose Durcheinander schreiender, fluchender Menschen stoßen urplötzlich die germanischen Kampftrupps.

Es sind Kämpfer zu Fuß, schnell, beweglich, ausgerüstet mit leichten Waffen, die kurze vernichtende Angriffe ausführen, sich sofort wieder in das Dickicht zurückziehen, wenn sie auf Widerstand stoßen. Ihr Ziel ist es, die einzelnen Marschkolonnen zu zerteilen, die Kräfte des Gegners aufzusplittern, ihn von der Straße wegzulocken.

Varus bleibt gelassen, gibt in kluger Erkenntnis der Situation den Befehl, den Feind nicht zu verfolgen, läßt mit Einbruch der Dunkelheit ein Lager errichten.

Das römische Feldlager mit seinem Graben, seinem Wall, seinen Palisaden, bewährt in tausend Feldzügen, soll wieder einmal die schon gesunkene Moral der Legionäre aufrichten. Auch hofft Varus zuversichtlich auf das baldige Eintreffen des treuen Arminius, der mit seinen Auxilien dem Spuk ein Ende bereiten wird.

Blutige Ironie, oder, wie Velleius es mit dem Pathos des römischen Historikers treffend ausdrückte: »... wen die Götter verderben wollen, den schlagen sie mit Blindheit, und bewirken so auf unheilvolle Weise, daß das, was geschieht, mit vollem Recht zu geschehen scheint, und so verwandelt sich tiefes Unglück in tiefste Schuld.«

Der andere Morgen scheint nicht anzubrechen, so dunkel ist der Himmel. Varus beginnt zu ahnen, daß er in eine Falle geraten ist. Er befiehlt, die Trainwagen und das Gepäck zu verbrennen, alles, was nicht unbedingt dem Kampf dient, zurückzulassen, und setzt seinen Weg, nun in Gefechtsordnung, fort, wobei er zu seiner Erleichterung bald freieres Gelände erreicht, das seinen Kohorten die Möglichkeit zur Entfaltung ihrer Kampfkraft bietet. Er erwartet, daß die Germanen in dem für sie typischen Schlachtkeil angreifen.

Diesen Gefallen tut Arminius ihm nicht. Er behält die Taktik des vorangegangenen Tages bei, nur daß die Stoßtrupps jetzt in zehnfacher Zahl auf die Legionäre eindringen. Wieder schlagen sie ein Lager auf, doch es wird nur ein kläglicher Verhau, die Kraft reicht nicht mehr zum Schanzen.

Der dritte Tag bringt das Ende.

Das stark zusammengeschmolzene Heer gerät in ein versumpftes Waldgebiet. Sturzflutartiger Regen bricht aus den Wolken, die Sicht beträgt nur wenige Meter, von allen Seiten tönt jetzt der Schlachtgesang der Germanen, sie haben Zuzug erhalten von jenen, die bisher zögerten, nun aber die Beute wittern. Die Römer wehren sich mit dem Mut, den die Verzweiflung verleiht. Es kommt zu einer Vielzahl von Tragödien, die man auch Heldentaten nennen kann: So stürzt sich einer der Adlerträger mit dem geheiligten Symbol seiner Legion in den Sumpf, um sich nicht in Feindeshand fallen zu lassen; ein anderer tötet sich mit Hilfe der Ketten, mit denen er bereits gefesselt war. Der letzte Widerstand erlischt, als die römische Kavallerie ihr Heil in der Flucht sucht, vergeblich jedoch, sie wird abgefangen und vollkommen aufgerieben.

Über das Schicksal des Varus berichtet Velleius in militärischer Knappheit: »Der Feldherr hatte mehr Mut zum Sterben als zum Kämpfen. Getreu dem Vorbild seines Vaters stürzte er sich in das Schwert.« Die römische Art, Harakiri zu begehen, bevorzugte auch der Lagerpräfekt Lucius Eggius zusammen mit zahlreichen hohen Offizieren.

Tausende von grauenhaft verstümmelten Toten bedecken den Waldboden. Der Sieg der Germanen ist total, nur einigen wenigen Versprengten gelingt es, sich in das Kastell Aliso zu retten. Arminius, der Sieger, erscheint und erlebt, auf einem Hügel stehend, den großen Triumph seines Lebens. Er spricht zu den Kriegern und dankt ihnen für ihren Mut, der den Sieg über die unbesiegbar geglaubten Römer ermöglicht hat.

Man bringt ihm die Leiche des Varus, sie ist halb verkohlt, einige Männer aus seinem Stab hatten versucht, sie zu verbrennen, damit der Feind sie nicht schänden konnte. Arminius befiehlt, den Leichnam zu köpfen, und schickt den Kopf dem Markomannenkönig Marbod nach Böhmen. Er hofft auf diese Weise, den großen Zauderer unter den germanischen Führern durch diese schaurige Siegestrophäe zu gemeinsamen Handeln zu bewegen.

Staatsbegräbnis nach sechs Jahren

Sechs Jahre später suchte der römische Feldherr Germanicus das Schlachtfeld auf, um die Gebeine der Gefallenen zu bestatten. Über diesen sentimentalen Marsch in die Vergangenheit liegt ein Bericht des Tacitus vor, der die Ereignisse unmittelbar nach der Katastrophe in faszinierender Eindringlichkeit wiedergibt. »Sie betraten die düstere Stätte, die mit so schmerzlichen Erinnerungen belastet war. Das erste Lager des Varus war noch deutlich erkennbar an seinem gewaltigen Ausmaß und der Größe des Hauptversammlungsplatzes, eine Anlage, die deutlich von der Schanzarbeit dreier Legionen zeugte. Unweit davon verrieten ein halbfertiger Wall und ein flacher Graben, daß hier das letzte Aufgebot versucht hatte, sich in den Boden zu krallen. Zwischen den beiden Lagern sahen sie die bleichen Knochen der gefallenen Kameraden über den Boden verstreut und zu kleinen Hügeln gehäuft, je nachdem, wie der Tod sie ereilt hatte: fliehend oder kämpfend. Dazwischen die Trümmer der Waffen, die Gerippe der Pferde. Aus dem Gewirr der Äste starrten Totenschädel, die man an die Bäume genagelt hatte. In den Waldlichtungen fanden sie die Altäre, auf denen die vornehmsten Gefangenen den Göttern geopfert wurden.

Die Legionäre, die dem Inferno damals entkommen waren, schauten sich um und erzählten: ›Ja, dort, da sind die Generale gefallen!‹ – ›Und hier, hier haben uns die Barbaren die Adler entrissen!‹ – Dann zeigten sie den Ort, wo Varus verwundet wurde, und jenen anderen unseligen, an dem er sich mit eigener Hand den Tod gab, auch den Erdhügel, von dem herab Arminius zu seinen Kriegern sprach, und sie erzählten, wie viele Galgen er habe errichten, wie viele Opfergruben für die Gefangenen er habe ausheben lassen.

So bestatteten sie, sechs Jahre nach der Katastrophe, die Gebeine der Soldaten von drei Legionen. Da aber niemand mehr erkennen konnte, ob es die sterblichen Überreste seiner Feinde waren oder seiner Kameraden, die er mit Erde bedeckte, so begruben sie alle in dem Glauben, es seien ihre Verwandten, ihre Blutsbrüder, ihre Freunde. All das geschah mit wachsender Erbitterung gegenüber einem solchen Gegner, und sie wurden traurig und zornig zugleich.

Germanicus war es, der eigenhändig das erste Rasenstück zur Errichtung des Grabhügels legte. Den Toten erwies er damit die letzte Ehre, den Hinterbliebenen, die ihn umstanden, seinen Respekt vor ihrem Schmerz.«

Der »falsche Hermann«, Deutschlands populärstes Denkmal

Eintausendachthundertsechsundsechzig Jahre später wurde auf deutschem Boden ein Denkmal eingeweiht, das die Erinnerung an den »germanischen Helden Arminius, den Vorkämpfer für Freiheit und Einheit«, wachzuhalten bestimmt war. Auch sein Erbauer, Ernst von Bandel, hatte sich als Kämpfer bewähren müssen, und es gab nicht wenige, die angesichts seiner zähen, sich über siebenunddreißig Jahre hinziehenden Mühen behaupteten, daß es leichter gewesen sein muß, die Römer zu besiegen, als dem Sieger eine Statue zu errichten. Seine Hauptwidersacher waren, neben der Engstirnigkeit der Behörden und dem Streit der eigens gegründeten »Hermannsvereine« untereinander, die Kleinstaaten mit ihren diversen Serenissimi an der Spitze.

Bandel war von dem Gedanken, der deutschen Zwietracht durch ein Symbol der Eintracht mitten ins Herz zu treffen, derart erfüllt, daß er Vermögen und Gesundheit dafür opferte.

Noch im Alter erlernte er das Schmiedehandwerk, trieb die Figur Stück für Stück aus den Kupferplatten heraus, bezog schließlich eine primitive Hütte auf der Grotenburg, um seinem Werk Tag und Nacht nahe zu sein: ein Besessener, ein Fanatiker, den man bisweilen im Gebet versunken am Fuß des säulengeschmückten Postaments beobachten konnte.

Als Kaiser Wilhelm I. dem Bildhauer bei der Einweihung am 16. August 1875 die Hand reichte und ihm für seine »vaterländische Großtat« einen Ehrensold von 4000 Reichsmark pro Jahr gewährte, war Bandel ein kranker, alter Mann, halbblind, gebrochen, zersorgt. Er starb bereits im Jahr darauf. Die Bandelhütte erinnert heute noch an ihn.

Zwei Millionen Besucher wallfahren Jahr für Jahr auf die Grotenburg, quälen sich die 75 Stufen der Korkenziehertreppe hinauf, um, oben angekommen, enttäuscht festzustellen, daß man dem Helden nicht in den Kopf steigen kann.

Unten blüht der Andenkenkitsch, bietet ein Café mit dem beziehungsreichen Namen »Thusnelda« Käsekuchen aus eigener Konditorei, erfährt man respektvoll, daß Hermann 24,82 Meter groß ist, 1 527,13 Zentner schwer und sein Schwert aus im 70/71er Krieg erbeuteten französischen Kanonen gegossen wurde.

Gekostet hat er 90 000 Taler. »... davon kamen 1 550 Taler, 19 mgr., 4 Pfg. aus dem Ausland: aus New York, Baltimore, Rio de Janeiro, Havanna. Der König von Griechenland hatte 171 Taler, 6 mgr. 1/2 für das Denkmal gestiftet, der Prinz Albert von Großbritannien 100 Taler.«

Die Besucher geniert es nicht, daß das Denkmal einen Namen trägt, der auf einer falschen Verdeutschung des Namens Arminius beruht, und auch nicht, daß es auf einem Boden steht, der als Schauplatz der »Hermannsschlacht« genauso in Frage kommt wie ein gutes Dutzend anderer Schauplätze. Der »falsche Hermann« bleibt die populärste Denkmalsfigur der Deutschen, und als man ihn Anfang der fünfziger Jahre gründlich renovierte, weil der Übermut schießfreudiger Alliierter ihn mit etwa 500 Einschüssen versehen hatte, da verfolgten sie landauf, landab, wie man ihm sein Schwert abnahm und es, gereinigt und ausgebessert, ihm wieder in die erhobene Faust drückte.

XI Die Rache

Der Kampf der Heimatforscher

Die Errichtung des Hermannsdenkmals jährte sich 1975 zum hundertsten Male, ein Jubiläum also, und Jubiläen werden gefeiert, wie sie fallen. Jubelfeiern können nützlich sein, wenn sie der Bestandsaufnahme dienen, dem Blick in die Vergangenheit und dem in die Zukunft. Und doch gibt es eine ganze Anzahl Wissenschaftler, die beim Gedanken daran eine Gänsehaut bekommen, weil sie genau wissen, was ihnen in einem Varus- oder Hermannsjahr blüht: weitere neue Schlachtfelder.

Zyniker meinen, daß es keines solchen Anlasses bedarf, sondern bereits äußerste Alarmstufe herrscht, wenn irgendwo im Westfälischen ein Deutschlehrer pensioniert wird oder ein Pfarrer sich anschickt, in den Ruhestand zu treten. Rekrutiert sich doch das Heer der Heimatforscher aus diesen löblichen Berufsständen. Früher kamen noch die Reserveoffiziere hinzu, die ihr auf den Manövern erworbenes strategisches Wissen verwertet sehen wollten.

Im Grunde macht es nichts, wenn eine neue Hypothese über den »wirklichen« Schauplatz der Varusschlacht erscheint. Es gibt ohnehin inzwischen drei Dutzend »wirklicher« Schauplätze, wenn man nur jene rechnet, die einigen Anspruch auf Seriosität erheben; nimmt man die weniger seriösen hinzu, so kommt man nach einer Schätzung des Bonner Museumsdirektors Harald von Petrikovits auf etwa siebenhundert. Varus hat es den Urenkeln seiner einstigen Bezwinger gründlich heimgezahlt.

Ja, hat sie denn nicht im Teutoburger Wald stattgefunden, die Schlacht? Schließlich steht das Denkmal dort, und in der

Schule haben wir es doch auch so gelernt? Fragt der verwunderte Laie.

Die Antwort lautet:

Selbstverständlich kommt einzig und allein der Teutoburger Wald in Frage. Tacitus hat in seinen »Annalen« einen *saitus Teutoburgiensis* erwähnt, und die Angaben der anderen antiken Autoren stimmen, liest man sie nur genau genug, vollkommen damit überein. Im übrigen spricht eine Fülle von Details wie die Entfernung vom Rhein, der wahrscheinliche Platz des Sommerlagers, Marschdauer und Marschrichtung, die Landschaft, die strategischen Gegebenheiten eine eindeutige Sprache.

Leider ist das lediglich die Antwort der »Teutoburgianer«, wie die Partei jener heißt, für die nur Schauplätze in Betracht kommen, die sich in diesem schönen, sich nördlich des Oberlaufs der Ems hinziehenden Mittelgebirge befinden. Die »Wiehengebirgler«, gestützt durch Koryphäen vom Range eines Mommsen, haben im Prinzip dieselbe Antwort, nur liegen ihre Schauplätze um das Wiehengebirge herum. Wobei sie sogar noch auf einen spektakulären Fund von augusteischen Münzen verweisen können.

Die »Lippianer« argumentierten ähnlich, wenn sie als Schlachtort für die Gegend nördlich und südlich der Lippe eintreten. Von den »Hannoveranern« und »Hildesheimern«, die allerdings nur eine Splittergruppe darstellen, zu schweigen.

Wer eine der Hypothesen liest, wundert sich, wie rasch er die Meinung ihres Verfechters annimmt und sich sagt, daß es tatsächlich nur so und nicht anders gewesen sein könne. Um bei der nächsten Hypothese der alten sogleich abzuschwören. Ein Zeichen für die geradezu missionarische Überzeugungskraft, von der die einzelnen Parteien und ihre Anhänger erfüllt sind, verbunden mit einem Scharfsinn, der einem Sherlock Holmes Ehre gemacht hätte. Die Arbeit, die auf diesem Forschungsgebiet geleistet wurde, ist tatsächlich

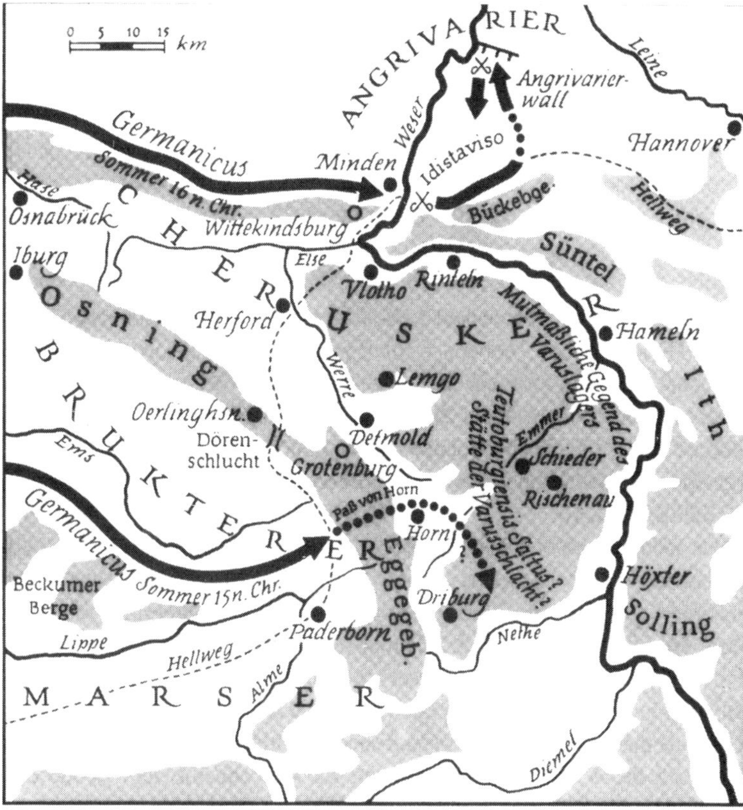

Mutmaßliches Gebiet der Varusschlacht und der Kampf der Heimatforscher um den »wirklichen« Schauplatz.

bewundernswert, und die Fortschritte sind nicht zuletzt deshalb gemacht worden, weil es so viele Kontroversen gegeben hat.

Ehe man sich über diesen Gelehrtenstreit mokiert, sollte man an die Wissenschaftler denken, »die die Freuden des Entdeckers mit dem Fluch lebenslangen Verkanntseins erkaufen« mußten und daran oft zerbrachen. Es gibt jedoch eine ganze Reihe von Untersuchungen, bei denen nach der Methode verfahren wurde, die Goethe in seinen »Zahmen Xenien« anführt: »Im Auslegen seid frisch und munter! Legt ihr's nicht aus, so legt was unter.« Aus Statistiken kann man bekanntlich alles herauslesen, auch das Gegenteil des Gemeinten. Ähnliches gilt für lateinische und griechische Texte. Es kommt nur darauf an, wie man einen Begriff zu übersetzen geneigt ist, und auf welche Art man ihn in das eigene Gedankengebäude einfügt.

Paßt er immer noch nicht, wird er passend gemacht. Man beseitigt einen uralten Fehler (»... der schon ganze Gelehrtengenerationen irregeführt hat«), weist auf eine verderbte Stelle im Text hin (»... die merkwürdigerweise immer noch in den Köpfen einiger anscheinend Unbelehrbarer herumspukt«) oder behauptet, daß der antike Autor sich hier geirrt (»... ist XY in diesem Zusammenhang ein ungeheuerlicher Lapsus unterlaufen«) oder einfach gelogen habe (»... war Z schon in seiner Zeit als übler Lobredner des Kaisers berüchtigt und verdient allein deshalb ...«).

Totenbusch, Mordgrube und Gewinnfeld

Nun liegt das Übel in der Tat darin, daß die Quellen die Szenerie höchst ungenau beschreiben. »In waldigen Bergen zwischen Weser und Rhein«, berichtet Dio Cassius, doch damit läßt sich wenig anfangen. Florus erzählt in seinem Abriß der römischen Geschichte von irgendwelchen »Sümpfen und Wäldern«, in denen das »blutige Gemetzel« stattgefunden habe. Velleius verspricht, die furchtbare Katastrophe »in einem besonderen Werke« ausführlich darzustellen, doch leider scheint er sein Versprechen nicht gehalten zu haben, jedenfalls hat das besondere Werk die Nachwelt nicht erreicht.

Tacitus spricht von besagtem *saltus Teutoburgiensis,* einem Waldgebirge, das seinen Namen von einer »Teutoburg«, einer germanischen Fluchtburg, bezogen haben wird. *Unser* Teutoburger Wald aber trägt diesen Namen erst seit dem 18. Jahrhundert – früher hieß dieser Höhenzug Osning –, womit, was den Schauplatz der Schlacht betrifft, also gar nichts bewiesen ist, denn Tacitus kann auch ein anderes Bergland gemeint haben. Der einzige Autor, der uns detaillierte Auskunft gegeben hätte, wäre der ältere Plinius gewesen. Unglücklicherweise sind seine Bücher, die bereits genannten *Bella Germanica,* verschollen.

Der Spekulation war damit Tür und Tor geöffnet, und eine Literatur begann zu wuchern, »die durch Quantität und Qualität der Schrecken aller Forscher ist, die auf dieses Gebiet verschlagen werden – ohne in einer eigenen Hypothese den Schwimmgürtel zu besitzen, der sie leicht und sicher durch die Fluten des Geredes der anderen trägt. So viel wird nur über Dinge geschrieben, die man nicht wissen kann!« Meinte der Archäologe Friedrich Koepp in einem seiner Vorträge, ein Mann übrigens, der so souverän war, daß er sich sogar Humor leisten konnte.

Und einige Ergebnisse der »Varusforschung« sind tatsächlich so skurril, daß es schwer ist, darüber keine Satire zu schreiben.

Verständlich, daß die Heimatforscher eifrig bemüht waren, die Katastrophe in ihre Gemeinde zu verlegen, wohl wissend, daß sie damit zu Propheten werden würden, die auch im eigenen Lande etwas galten. »Auf Ortsnamen, die sich irgendwie mit dem Ereignis zusammenbringen ließen, wurde Jagd gemacht, und wo nur immer ein ›*Totenbusch*‹ oder eine ›*Mordgrube*‹, ein ›*Römstädt*‹ oder ein ›*Varnholz*‹ sich fand, da war Varus zugrunde gegangen; und wenn die Namen nicht willig waren, so brauchte man wohl sanfte Gewalt und machte aus dem Weinfeld ein Gewinnfeld, aus dem Siekehof einen Sieghof, aus dem Hellbach einen Heldenbach ... Einen nicht zu überbietenden Rekord an etymologischer Kühnheit dürfte ein Dr. Rödder geschaffen haben, der den Namen der Stadt Detmold davon ableitete, daß die Germanen es ›*dütmold*‹, das heißt ›diesmal‹ den Römern ordentlich gezeigt hätten.«

Der Einfallsreichtum der »Varianer« ist durch nichts zu stoppen: Wenn zum Beispiel die Marschdauer überhaupt nicht übereinstimmen will mit dem Ort des ersten Marschlagers, dann nimmt man einfach an, daß der Feldherr wegen eines von allzuviel Falerner Weines herrührenden Katers zu spät abmarschiert ist. Und woher hat der Habichtswald seinen Namen? Weil die Habichte in diesem Wald sich auf die Römerleichen gestürzt haben.

Überhaupt, die Leichen und die Gebeine, nach ihnen wurde mit viel Spürsinn gefahndet.

15 000 Skelette in 5 Schichten

So entdeckte im 19. Jahrhundert F. Hülsenbeck im Arnsberger Wald etliche Hundert ovale Steinhügel von knapp einem Meter Höhe und fünf bis zwölf Meter Länge. Von Mutter Natur schienen sie nicht zu stammen, also waren es Grabhügel. Da er das Gebiet ohnehin für das der Varusschlacht hielt, waren es natürlich die Gräber der gefallenen Legionäre. Tacitus hatte zwar nur von einem Tumulus berichtet, den Germanicus errichtet habe, aber dann hatte er eben falsch berichtet. Denn erstens wäre ein Hügel für so viele Gebeine zu klein gewesen und hätte man sie zweitens deshalb gleich an Ort und Stelle vergraben: in vielen kleinen Hügeln also. Das klang logisch, war es aber wohl nicht, denn mehrere Grabungen stießen in absolutes Nichts. Und ein gefühlloser Kollege erklärte die Hügel als »Steinanhäufungen zum Zwecke der Wegebesserung«.

Daß sich manche Varusforscher, »den Flug der Phantasie durch den Ballast von Funden« nicht beschweren ließen, beweist F. Knoke, der ebenfalls eine varianische Grabanlage fand, diesmal in der Nähe des Städtchens Iburg. Nur war er mit der umgekehrten Hypothek belastet, zu erklären, warum ein Hügel nicht zu klein war. Er bemühte einen Mathematiker, der ihm ausrechnete, daß 15 000 Skelette in 5 Schichten gepackt, abzüglich des Schwunds durch Einsammlung und Transport, in seinen Hügel ohne Schwierigkeiten hineingingen.

Aber auch hier stieß der Spaten weder auf Knochen noch auf Asche, lediglich ein paar Scherben förderte man zutage. Nun ist es ohne weiteres möglich, daß die Gebeine der Toten bereits zu Erde geworden waren. In diesem Falle aber müßte der Boden stark phosphorsäurehaltig sein. Die chemische Analyse verlief jedoch negativ.

Knoke ließ sich nicht entmutigen. Er entsann sich, daß bei Vergil die Leiche eines Helden mit Öl begossen, angezündet und die glühende Asche mit Wein gelöscht wird. Bei dieser Prozedur würde der Wein die Phosphorsäure aufzehren. Warum sollte das mit den 20 000 Varusgefallenen nicht auch so gemacht worden sein? »Öl und Wein führten ja die Heere des Germanicus gewiß in Menge mit sich; waren doch diese Genußmittel, wie noch jetzt für die Südländer, unentbehrlich.«

Diese Klippe war umschifft. Aber da waren noch die Scherben, die so ganz anders aussahen als die bis dahin bekannten Scherben aus römischen Kastellen. Knoke wurde auch damit fertig: Er erfand das römische »Marschgeschirr«, ein Geschirr, das nicht im Lager, sondern nur auf Märschen benutzt wurde. Ein Einfall, der von Morgensterns Herrn Korf stammen könnte.

Irrtümer einzugestehen, die man jahrzehntelang gepflegt hat, ist eine der schwierigsten menschlichen Charakterleistungen, und so ist es verständlich, wenn manche der noch unter uns weilenden Varusexperten nichts mehr fürchten als den Tag, an dem ein glücklicher Ausgräber der Welt sein »Heureka! Ich hab's gefunden!« zuruft.

Wie steht es nun mit den Chancen, eine solche Entdeckung zu machen?

Heureka – das Schlachtfeld ist entdeckt!

Für die Archäologen ist es eine bekannte Tatsache, daß von historischen Schlachtfeldern kaum je Spuren gefunden wurden, selbst wenn Zehntausende von Menschen gemetzelt wurden und noch mehr Waffen zerstört. Bei Cannae, wo Hannibal 216 vor Christus ein römisches Heer von 80 000 Mann vernichtete, suchte man jahrhundertelang vergeblich. Erst 1937 entdeckte man in der Nähe die sterblichen Reste von Gefallenen, die hier begraben worden waren. Auf dem Schlachtfeld selbst fand man nichts, weder eine Speerspitze noch einen Schwertknauf.

Doch gilt das auch für die Varusstätte? Der von Germanicus errichtete Tumulus aus Gebeinen wurde von den Germanen später zerstört und in alle Winde verstreut. Wenn trotzdem Hoffnung besteht, so deshalb, weil das Gelände ringsum sumpfig gewesen ist. Da viele Legionäre in diesen Sümpfen versunken sein müssen, das Moor bekanntlich über Jahrtausende hinweg menschliche Körper genauso konserviert wie verschiedene Materialien, wären Moorleichenfunde denkbar.

Der Prähistoriker Kurt Tackenberg von der Universität Münster nimmt sogar an, daß die »Gruben« noch existieren, welche die Reste der den Göttern geopferten Gefangenen aufgenommen hatten. Derartige Opferschächte, vollgepackt mit den Knochen von Tieren und Menschen, hat man an den verschiedensten Orten in Deutschland und Skandinavien ausgegraben. »Ließen sie sich in großer Anzahl im Bereich eines römischen Lagers aufdecken und zeigten sie sich bei den übrigen Römerlagern nicht, wären sie als untrügliches Zeichen zu werten, daß das Rätselraten um den Ort der römischen Niederlage ein Ende gefunden hätte. Die Situation scheint mir so aussichtslos, wie sie gelegentlich von sogenannter hoher Warte hingestellt wird, nicht zu sein.«

Tackenbergs Zuversicht ist keineswegs von der Hand zu weisen. 1969 wurde wieder ein Römerlager entdeckt; es lag am Oberlauf der Lippe, unweit des heutigen Anreppen (Kreis Neuhaus) und stellt das fünfte Kastell dar, das die Archäologen auf der sogenannten Lippe-Linie im Verlauf der letzten Jahrzehnte aufgespürt haben. Und hatte man nicht auch den Angrivarierwall wiedergefunden, bei dem Dorf Leese, zwischen den Loccumer Sümpfen und der Weser? Es fehlt jedoch immer noch – das Lager der Lager, das Varus am Abend des ersten Marschtages hatte errichten lassen.

Da er drei kriegsstarke Legionen und das Hilfskorps befehligte, mußte es Platz für etwa 25 000 Soldaten geboten haben. Die Größe der *castra* richtete sich nicht nur nach der Belegung, sondern auch nach dem Gelände. Das Grundschema blieb jedoch etwa gleich: ein Quadrat von 666 Meter Seitenlänge, umgeben von einem Graben und dem palisadengespickten Wall.

Das ist eine gewaltige Anlage, eingeteilt in Gassen und Plätze, versehen mit vier breiten Toren, bevölkert von so vielen Menschen wie heute in einer deutschen Kreisstadt wohnen. Eine Anlage aus Holz und Erde allerdings, und die Ausgrabungen bei Haltern haben gezeigt, daß von Wällen, Gräben und Palisaden über der Erde nichts zu sehen war. Unter der Erde jedoch muß ein Dreilegionenlager deutliche Spuren hinterlassen haben. Wenn die Archäologen sagen, daß nichts dauerhafter sei als ein Loch, so gilt das auch für Gräben. Selbst wenn sie von der Natur oder von Menschenhand wieder gefüllt worden sind, die neue Erde ist noch nach Jahrtausenden erkennbar.

Dürfen wir tatsächlich hoffen, daß die Entdeckung des Schauplatzes der ersten Großtat unserer Vorfahren kein Kindertraum bleiben wird, wie noch Mommsen spottete? Nun dieser Traum ist inzwischen Wirklichkeit geworden.

Ein Engländer namens Capt. J.A.S. Clunn fand in der Gemarkung Kalkriese einen »weitgehend zerpflügten Verwahrfund römischer Silbermünzen«, wie es in der Fachsprache heißt. Mit Spaten und Metallsonden gingen die Archäologen in der Kalkrieser-Niewedder-Senke nun systematisch an die Arbeit. Sie fanden: Wurfspieße, Schwerter, Dolche, Helme, Brustpanzer, Schilde, Wehrgehenke, wie sie das römische Fußvolk benutzte. Teile von Trensen, Riemenlaschen, Beschläge, die auf Reitertruppen hinwiesen. Schanzwerkzeuge von Pionieren, Zuggeschirre von Troßwagen. Waagen, Gewichte, Bleilote, Schreibgriffel – alles Dinge, wie sie die nichtkämpfende Truppe mitzuführen pflegte. Dazu Münzen – am wichtigsten: kupferne. Denn mit Kupfermünzern wurden die Legionäre besoldet. Viele von ihnen trugen die Kontermarke VAR, was bewies, daß sie geprägt wurden, als Varus der Statthalter war.

»... die Zusammensetzung des Verbandes ...«, schreibt Wolfgang Schlüter, einer der Archäologen, »spricht dafür, daß in dem Engpasse Kalkriese-Niewedde nicht eine versprengte Gruppe operierte, sondern ein vollständiges römisches Heer.« Das Heer des Varus also. In diesen Engpaß, hatte Armin die Römer gelockt. Wie ihm das gelingen konnte – schließlich handelte es sich bei den Legionen um Eliteverbände, die von kriegserfahrenen Offizieren geführt wurden –, bleibt unerklärlich. Haben die Kundschafter versagt? Hatte man die Barbaren – so das in Rom gängige Wort für die Germanen – unterschätzt?

Arminius jedenfalls war eine strategische Meisterleistung gelungen. Er ließ in jener Senke, die die Legionäre passieren mußten, eine Mauer aus Grassoden und Erde aufwerfen. Von diesem mit Palisaden und Brustwehren bestückten Wall warfen seine Krieger ihre Speere, brachen aus den Durchgängen hervor, zogen sich wieder zurück, griffen aufs neue an. Auch die Überreste dieses Walles fanden die Archäologen – eine weitere Sensation.

»Damit vorerst der Römer keiner, von der Germania heil'gem Grund entschlüpfe«

Die Nachricht vom Untergang dreier stolzer Armeen traf in Rom zu einem Zeitpunkt ein, der zum Feiern vorgesehen war und nicht zum Trauern. Der Aufstand auf dem Balkan, von zweihunderttausend Pannoniern und Illyriern entfesselt, war nach vier Jahre währenden Feldzügen endgültig niedergeschlagen worden. Was die Römer in der Hauptsache ihrem Feldherrn Tiberius, Augustus' Stiefsohn, verdankten, und zu seinem Empfang hatte der Senat alle Vorbereitungen getroffen. Es war mehr als ein Wermutstropfen, der jetzt in den Siegesbecher fiel. Es war eine Hiobsbotschaft, die, wie stets bei solchen Botschaften aus Germanien, vergangene, aber nicht vergessene Schrecken wachrief, die noch gesteigert wurden durch den Kopf des Varus, den der Markomannenkönig Marbod an Augustus weitergereicht hatte.

Der Biograph der Cäsaren, Gaius Suetonius, gibt uns einen Eindruck von der Verwirrung, die in Italien herrschte, wenn er über Augustus schreibt: »Schwere und schimpfliche Niederlagen hat der Kaiser überhaupt nur zwei erlitten während seiner Regierungszeit, und beidesmal waren Germanen schuld daran. Die, welche der Legat Lollius (16 v. Chr. in Gallien) erlitt, brachte eher Schande denn Schaden, die des Varus aber war nahezu vernichtend, denn drei Legionen mit ihrem Feldherrn, den hohen Offizieren und sämtlichen Hilfstruppen fanden den Tod.

Nach dem Eintreffen der Nachricht wurden die Truppen Tag und Nacht in Alarmbereitschaft gehalten, damit kein Aufruhr ausbräche, auch verlängerte er den Statthaltern in den Provinzen ihre Amtszeiten, um die Bundesvölker auch weiterhin von erfahrenen Männern in Schach halten zu lassen. Dem Jupiter Optimus Maximus gelobte er feierlich die glänzendsten Spiele, wenn dem Vaterland geholfen würde.

Man erzählt sich, daß der Kaiser derart verstört gewesen sei, daß er seinen Bart und seine Haare monatelang habe wachsen lassen und bisweilen seinen Kopf gegen die Türpfosten stieß, wobei er laut rief: ›Quintilius Varus, gib mir die Legionen wieder!‹ Noch Jahre danach soll er den Tag der Katastrophe als einen Tag der Trauer und des Unglücks begangen haben.«

Eine Zeitlang fürchtete Augustus ernsthaft, daß die Germanen, einmal entfesselt, nach Italien einfallen würden. Nur so erklären sich die rigorosen Maßnahmen, die er ergriff und die an die Notverordnungen erinnern, mit denen Marius die »Rettung des Vaterlands« gegen die Kimbern und Teutonen vorbereitet hatte. Auch Augustus griff sich seine Soldaten, wo er sie greifen konnte, und es war ihm gleichgültig, ob es Freigelassene waren, Veteranen, Pöbel oder Angehörige der Gesellschaft. Da sich von den Bürgern niemand freiwillig zum Kriegsdienst in Germanien melden wollte, konfiszierte er per Losentscheid das Vermögen jedes Zehnten, entzog ihnen die Rechte eines *civis Romanus*, ließ sogar einige besonders Widerstrebende hinrichten.

Zum Oberbefehlshaber der neu gebildeten Armee wurde Tiberius ernannt, ein Mann ohne Glanz, düster, verschlossen, von den Soldaten geachtet, aber nicht geliebt, doch als Techniker des Krieges absolut zuverlässig und stets erfolgreich. Er mußte auf den ihm zustehenden Triumphzug verzichten und nach Germanien ausrücken. Seine acht Legionen trugen weitgehend dazu bei, daß sich die Lage normalisierte.

Tiberius übte die Strafgewalt, die dem Oberbefehlshaber zur Erhaltung der Disziplin zustand, erbarmungslos aus. Verabfolgung von Gerste statt Weizen, Kampieren außerhalb des Lagers auf freiem Feld, Reduzierung des Soldes, Degradierung waren vergleichsweise milde Strafen gegenüber dem Spießrutenlaufen, das meist tödlich für den Delinquenten endete. Diese Art der Hinrichtung wurde selbst bei so geringen Verstößen angewandt wie dem Schanzen ohne umgehängtes Schwert.

Im übrigen sorgte der Rebstock der Centurionen für den nötigen Gehorsam. Als die Legionen am Rhein nach dem Tode des Augustus meuterten, erschlugen sie einen Unteroffizier, der den Spitznamen trug »Nen-andern-her«: Er pflegte so lange auf einen Soldaten einzuschlagen, bis er »'nen andern« Stock brauchte. Auch im Heer des großen Friedrich gehörte Prügel zum täglichen Brot des Soldaten, und es nimmt – leider – nicht wunder, daß beide Armeen, die römische und die preußische, die diszipliniertesten waren, die die Kriegsgeschichte kennt.

Auf dem rechten Rheinufer blieb es ruhig. Die Germanen hatten ihren Sieg nicht ausnutzen können. Zwar war es ihnen gelungen, alle Kastelle zu nehmen, die Lippe-Festung Aliso jedoch, in die sich die Reste der Varusarmee geflüchtet hatten, berannten sie vergeblich. Für eine regelrechte Belagerung fehlten ihnen die dazu notwendigen Maschinen. Sie beschränkten sich darauf, die Zufahrten zu blockieren, um die Besatzung auszuhungern. Zwischendurch trugen sie auf langen Spießen die Köpfe gefallener Römer an den Wällen vorüber. Die beabsichtigte Schockwirkung blieb jedoch aus.

Der Festungskommandant Caedicius, ein alter Haudegen aus dem Mannschaftsstand, war ihnen ohnehin über: In einer stürmischen Nacht schickte er seine Trompeter durch die Linien, ließ sie Signal blasen, wagte dann mit seiner Truppe den Ausbruch. Die Trompetensignale sollten die Germanen glauben machen, daß von Vetera her (dem heutigen Xanten) Entsatz im Anmarsch sei; sie fielen prompt auf diese Kriegslist herein und Caedicius entkam, wenn auch unter Verlusten.

Der große Plan des Arminius, die Markomannen zum Einfall in die römisch besetzten Donauländer zu veranlassen und selbst in das ebenfalls römische Gallien zu marschieren, so das Imperium an zwei Nahtstellen zu bedrohen, kam nicht zur Ausführung. Marbod machte, trotz der grausigen »Siegesdepesche« in Form des Varuskopfes, nicht mit, und neue Stämme konnten nicht zu gemeinsamem Vorgehen gewonnen werden. Die Vision eines »Endsiegs« zu formulieren, blieb einem Dichter vorbehalten, Heinrich von Kleist, der am Schluß seiner »Hermannsschlacht« Arminius sagen läßt:

Uns bleibt der Rhein noch schleunig zu ereilen,
Damit vorerst der Römer keiner
Von der Germania heil'gem Grund entschlüpfe:
Und dann – nach Rom selbst mutig aufzubrechen!
Wir oder unsre Enkel, meine Brüder!
Denn eh' doch, seh' ich ein, erschwingt der Kreis der Welt
Vor dieser Mordbrut keine Ruhe,
Als bis das Raubnest ganz zerstört,
Und nichts als eine schwarze Fahne
Von seinem öden Trümmerhaufen weht!

Strategie der verbrannten Erde

Tiberius wagte es nicht, trotz seiner acht Legionen, die Germanen in ihrem eigenen Land zu stellen. Seine Feldzüge waren Scheinunternehmen und seine Siege Siegesmeldungen, dazu bestimmt, das Volk Roms einzulullen. Zwar setzte er über den Rhein, begnügte sich aber damit – nach bewährtem Muster – breite Einfallsschneisen in die Wälder zu schlagen, Dörfer in Brand zu stecken, Felder zu verwüsten. Er operierte dabei mit äußerster Vorsicht, ließ die Kolonnen stets in Gefechtsordnung marschieren, verstärkte vor allem die Aufklärung, hielt regelmäßig Kriegsrat, ritt nie ohne einheimische Kundschafter.

Bei den Flußübergängen war er sich nicht zu schade, die Trainwagen persönlich zu kontrollieren, wobei er das private Gepäck und alles, was ihm überflüssig schien, kurzerhand ins Wasser werfen ließ. Den schwerfälligen, jede Bewegung behindernden Troß zu verkleinern, der so manche Niederlage verschuldet hatte, konnte in diesem unwegsamen Operationsgebiet von entscheidender Wichtigkeit sein. Das Trauma jedes Feldherrn in Germanien seit der Varusschlacht war es, in einen Hinterhalt gelockt zu werden.

Germanicus, Neffe und Adoptivsohn des Tiberius, der 13 nach Christus das Kommando übernahm, setzte die Strategie der verbrannten Erde fort. Es war ein langwieriges, schmutziges Geschäft und warf keine Lorbeeren ab für einen ehrgeizigen jungen Mann. Die ehrenvolle Anerkennung, die ihm der Senat für die Vernichtung der Marser hatte zuteil werden lassen, konnte ihm kaum behagen. Es war ein Sieg über einen Stamm, der keine Gegenwehr leisten konnte, weil seine Krieger nach einem Opferfest total betrunken waren. So war es nichts weiter als ein Abschlachten, bei dem weder Greise noch Frauen, noch Kinder geschont wurden.

Derartige Aktionen waren in damaligen Kriegen genauso »normal« wie in heutigen. Was aber dem Vorgehen die schauerliche Pointe verlieh, war dies: Die Legionäre hatten gemeutert, die Meuterei war niedergeschlagen worden, damit sie aber nicht erneut ausbrach, mußten die Soldaten beschäftigt werden. Das wahnwitzige Morden war also nichts anderes als eine Beschäftigungstherapie, um den Geist der Truppe wiederherzustellen.

Mit bloßem Terror ist jedoch, wie das Beispiel des Bombenkriegs aus unserer Zeit beweist, noch kein Gegner bezwungen worden, er führt vielmehr zur Verhärtung des Widerstands, zur Mobilisierung letzter Reserven. So auch bei den Germanen.

»... dass Verräter selbst denen widerwärtig sind, deren Partei sie ergreifen«

Arminius konnte das Bündnis der Stämme, das bedenkliche Risse bekommen hatte, wieder kitten; er bekam Vollmacht, energisch gegen die romfreundliche Fraktion vorzugehen, die besonders in seinem eigenen Stamm immer noch eine starke Position innehatte. Ihr Führer war Segestes, der nach wie vor auf die römische Karte setzte. Er saß jetzt auf seinem burgartig befestigten Hof und hatte ein kostbares Faustpfand: Thusnelda, seine Tochter, die Frau des Arminius.

Durch einen Handstreich hatte er sie in seine Gewalt bekommen und war gewillt, seinen Vorteil zu nutzen. Da erschien Arminius mit einem Trupp ausgesuchter Leute, riegelte die Burg von allen Seiten ab und bereitete sich zum Sturm vor. Ehe er den Befehl dazu geben konnte, sah er sich selbst bedroht. Von einem Gegner, der ihm zahlenmäßig überlegen war, und dem er weichen mußte.

Es war Germanicus. Er hatte durch Boten von der Belagerung gehört und war sofort zum Entsatz aufgebrochen. Er tat das nicht, weil er Segestes besonders gemocht hätte, sondern weil die Freunde Roms erfahren sollten, daß Rom sie niemals im Stich lassen würde. Eine wichtige Voraussetzung für die Politik des *divide et impera.*

Segestes war seinen schlimmsten Gegner los, ohne allerdings genau zu wissen, ob er in Germanicus nicht einen noch schlimmeren fand. Denn er hatte – wenn auch mehr gezwungen als freiwillig – am Aufstand gegen Varus teilgenommen, sich also auf die Seite der Feinde Roms geschlagen.

Wenn der kaiserliche Prinz nicht ohnehin vorgehabt hätte, die Segestes-Sippe mit Nachsicht zu behandeln, die Rede, die Segestes nach seiner Befreiung hielt, hätte genügt, ihn milde zu stimmen. Die Römer bewunderten niemanden mehr als einen Menschen, der die Rhetorik beherrschte. Einem Feind konnte diese Gabe sogar das Leben retten. In ihrer Geschichte gibt es Beispiele, daß sie Gnade vor Recht ergehen ließen, wenn jemand sie durch die Macht des Wortes rührte, selbst wenn er ein Barbar war.

Segestes lieferte ein solch rhetorisches Meisterstück, als er ausführte: »Ich glaube, daß ich heute nicht zum erstenmal meine unbeirrbare Treue gegenüber dem römischen Volk beweise. Seit jenem Tag, da mich der verewigte Augustus mit dem Bürgerrecht beschenkte, habe ich meine Freunde und meine Feinde nur in Eurem Sinne ausgewählt. Das tat ich nicht aus Haß gegen mein Vaterland, denn ich weiß sehr wohl, daß Verräter selbst denen widerwärtig sind, deren Partei sie ergreifen. Ich tat es, weil ich überzeugt bin, daß Römer und Germanen im Grunde dieselben Interessen haben, und daß der Friede besser ist als der Krieg.

Das war der Grund, warum ich Arminius, den Mann, der meine Tochter geraubt hat, der das Bündnis mit Euch brach, bei Varus verklagt habe. Aber die Schwäche des Feldherrn ließ ihn untätig bleiben, auch dann noch, als ich ihm vorschlug, mich, den Arminius und seine Mitverschworenen in Fesseln zu legen. Jene Unheilsnacht ist meine Zeugin, und ich wünschte, sie wäre meine letzte gewesen. Was dann folgte, kann ich nur bedauern, doch nicht entschuldigen.

Nun jedoch, da ich die Möglichkeit habe, Euch Auge in Auge gegenüberzutreten, will ich zeigen, daß meine alte Gesinnung meine wahre Gesinnung ist und nicht mein späteres Verhalten. Ich tue das nicht, um irgendwelchen Lohn zu ernten, ich tue es, um mich von dem Makel der Treulosigkeit zu befreien. Im übrigen fühle ich mich als der berufene Vermittler zwischen Römern und Germanen, wobei ich hoffe, daß mein Volk die Reue dem Verderben vorziehen wird.«

Segestes kam auf seinen Sohn zu sprechen, der sein Amt als Priester des Augustus-Altars in Köln damals verlassen hatte, um zu den Aufständischen zu stoßen, und sagte: »Für die jugendliche Verirrung des Segimund muß ich Euch um Vergebung bitten.«

Er wandte sich Thusnelda zu und sagte: »Was meine Tochter angeht, so muß ich bekennen, daß sie nicht freiwillig hier bei mir ist.«

Germanicus gewährte Segestes und seiner Familie Straffreiheit und wies ihnen einen neuen Wohnsitz an auf dem linken Ufer des Rheins, in Gallien. Auch Thusnelda wurde dort untergebracht, sie allerdings unter strenger Bewachung. Er selbst kehrte in sein Hauptquartier zurück, um einen konzentrierten Vorstoß mit der gesamten Rheinarmee vorzubereiten.

Die Kriegslist des Caecina

Es ging jetzt nicht mehr um »Rache für Varus«, um die Wiederherstellung der Waffenehre und die Zurückgewinnung der Adler, jetzt wollte er den Feind vernichten und die Elbe doch noch zu der angestrebten Grenze machen. Daß er damit kaum im Sinne von Tiberius handelte, der nach dem Tod des Augustus den Kaiserthron bestiegen hatte, störte Germanicus nicht. Er würde beweisen, daß er den Ehrennamen Germanicus nicht zu Unrecht von seinem Vater Drusus ererbt hatte.

Sein Feldzugsplan sah eine Teilung der Streitkräfte vor, getreu dem bewährten römischen Prinzip, nach dem auch ein Moltke handelte: »Getrennt marschieren – vereint schlagen.« Caecina, der in vielen Schlachten ergraute Unterfeldherr, sollte mit den vier niederrheinischen Legionen durch das Land der Usipeter und Brukterer marschieren – ungefähr die Linie Xanten-Bocholt-Rheine verfolgend –, die Kavallerie durch Friesland reiten. Germanicus selbst benutzte den von seinem Vater Drusus angelegten Kanal vom Rhein zur Zuidersee, um seine Truppen über die Nordsee zur Emsmündung zu bringen.

Bei dem heutigen Ort Rheine im Münsterland vermutet man den Treffpunkt der drei Heeresteile.

Arminius war inzwischen nicht müßig gewesen. Mit letztem persönlichem Einsatz versuchte er wieder einmal, die Germanen zu gemeinsamem Kampf zu einen.

»Er, der schon von Natur aus ein jähes Temperament hatte, war jetzt zweifach empört: Der Gedanke an seine Frau und ihren der Sklaverei preisgegebenen Leib ließ ihn wie von Sinnen durch das Land jagen: Er stürmte die Gaue der Cherusker und rief zum Krieg auf. Segestes und Germanicus geißelte er dabei mit scharfen Worten. ›Was für ein Vater! Welch ein großartiger Feldherr! Dieses Heer von Helden! Und das alles nur, um ein einziges schwaches Weib in die Sklaverei zu verschleppen. Ich dagegen habe drei Legionen mit ihren Führern in die Knie gezwungen. Ich brauche keine Verräter, auch führe ich keinen Krieg gegen schwangere Frauen, sondern kämpfe einen fairen Kampf gegen Männer und ihre Waffen. In unseren Hainen hängen noch die eroberten Feldzeichen, die ich den Göttern zur Ehre dort habe aufhängen lassen.

Möge der Verräter Segestes nur auf der geknechteten Seite des Rheinstroms wohnen, mögen sie seinen Sohn wieder zum Priester machen für die Vergötzung von Menschen: Die Germanen werden es nicht verwinden, daß sie in ihrem eigenen Lande den Anblick römischer Machtsymbole haben ertragen müssen.

Es gibt Völker, die Roms Macht nicht kennenlernen mußten und damit auch keine Folter, keine Hinrichtungen, keine Tribute. Wir lernten sie kennen, haben aber unsere Ketten aus eigener Kraft zerbrochen. Wenn es uns gelungen ist, den berühmten Augustus zu bezwingen und seinen Nachfolger, den Tiberius, dann werden wir uns nicht vor einem grünen Jüngling fürchten und seinem Heer von Meuterern.

Wenn euch das Vaterland, die Vorfahren und die alten Sitten teurer sind als die Gewaltherrschaft fremder Eroberer, dann folgt nicht dem Weg des Segestes in die Schmach der Sklaverei, sondern schart euch um Arminius, der euch zu Freiheit und Ruhm führen wird!‹«

Der Cherusker konnte in den folgenden Monaten und Jahren beweisen, daß sein Sieg über Varus nicht nur dem Umstand zuzuschreiben war, daß er hier einen Ahnungslosen übertölpelt hatte. Sein militärisches Genie zeigte sich in jeder Phase der nun ausbrechenden Kämpfe.

Nach wie vor bevorzugte er die Partisanentaktik, vermied, wann immer es ging, sich den Legionären auf freiem Feld zu stellen, sondern zog sich nach überraschenden Überfällen in die Wälder und Sümpfe zurück, wo er jeden Weg, jeden Steg kannte. Er schärfte seinen Leuten ein, immer zuerst die Auxilien zu attackieren, Hilfstruppen, die weniger gut ausgebildet und weniger zuverlässig waren als die Legionäre. Er täuschte Flucht vor, lockte die feindliche Kavallerie hinter sich her, um sie von bereitgestellten Reserven in den Flanken angreifen zu lassen. Wie gekonnt er das Gelände in seine Strategie einbezieht, zeigt der Angriff auf Caecina. Kundschafter haben ihm gemeldet, daß der Unterfeldherr im Begriff sei, sich über die Knüppeldämme eines ausgedehnten Moorgebiets zurückzuziehen (das man später überall dort nachzuweisen versuchte, wo sich Knüppeldämme finden ließen!). Er überholt die Römer auf Seitenwegen, legt ihnen einen Hinterhalt, bricht dann aus den Urwäldern hervor, treibt sie in die Sümpfe, eine neue Katastrophe scheint sich für die Legionäre anzubahnen, Arminius jubelt: »Seht! Wieder ein Varus mit seinen Legionen und wieder durch das gleiche Schicksal wehrlos!« Auch Caecina glaubte, Varus zu sehen. Blutüberströmt stieg der glücklose Feldherr aus den Sümpfen empor, rief Caecina und streckte die Hand aus, um ihn zu sich herabzuziehen. Ein Alptraum, der die psychische Verfassung der Römer anschaulich symbolisiert.

Eine Frau verhindert eine Panik

Doch gleichzeitig zeigt sich das Krebsübel aller Germanenheere: der Mangel an Disziplin. Anstatt dem angeschlagenen Feind den Fangschuß zu geben, stürzen sie sich, diesmal wirklich »wie die Barbaren«, auf den Troß und plündern ihn aus. Arminius ist machtlos, seine Befehle sind in den Wind gesprochen. Caecina kann seine Truppe in einem rasch ausgehobenen Lager sammeln. Und zum zweitenmal gelingt es Arminius nicht, seinen Befehlen Nachdruck zu verleihen. Er weiß aus seiner Dienstzeit bei den Römern, daß ein solches Lager nur unter großen Verlusten zu erstürmen ist, rät deshalb, ruhig abzuwarten, bis die Legionäre wieder auf dem Marsch seien.

»Abwarten« ist jedoch für seine Krieger gleichbedeutend mit »feige sein«: Sie setzen zum Sturm auf die Wälle an, holen sich prompt blutige Köpfe, Caecina kann sich, wenn auch stark dezimiert, mit dem Kern seiner Streitmacht zum Kastell Vetera durchschlagen.

Hier war man, in panischer Reaktion auf wilde Gerüchte, bereits an den Abbruch der großen Rheinbrücke gegangen, denn man erwartete den Ansturm der Barbaren und wollte ihnen zumindest den Übergang über den Fluß erschweren. Dieses »Verbrechen«, wie Tacitus es empört nennt, verhinderte eine junge Frau namens Agrippina. Sie war die Ehefrau des Germanicus und zeigte sich in diesem kritischen Moment männlicher als alle Männer. Wenig später traf Germanicus ein, mit zwei Legionen, deren Soldaten demoralisiert waren. Ihre Schiffe waren an der Küste der Nordsee in eine Springflut geraten.

Das Ergebnis dieses Feldzugs kam für die Römer einer Niederlage gleich. Die Verluste an Menschen und Material waren enorm, Germanicus auf freiwillige Spenden von Waffen und Pferden aus den anderen Provinzen angewiesen. Den Sold bestritt er aus seiner eigenen Tasche, das heißt, er opferte sein gesamtes Vermögen. Ein Zeichen, daß der Krieg nicht zuletzt eine Sache der Finanzen war, wenn er sich auch gelegentlich durch sich selbst ernährte. Kaiser Tiberius belohnte seinen Feldherrn mit einem Triumph, was angesichts des mageren Ergebnisses wie ein Scherz anmutet. Dem Kaiser aber war nicht zum Scherzen zumute, eher wollte er mit der Belohnung zu verstehen geben, daß dem mörderischen Spiel ein Ende gesetzt werden müsse.

Für Germanicus aber war die Auseinandersetzung längst zu einer persönlichen Angelegenheit geworden. Er mußte, komme was da wolle, siegen oder zugrunde gehen. Was war mit diesen Germanen? Warum gaben sie nicht auf? Was stachelte ihren Widerstand an? Zusammen mit den Offizieren seines Stabs besprach er die Lage.

Er kam zu dem Ergebnis: »Zu besiegen sind sie nur in regelrechter Schlacht auf offenem Gelände, während Wälder und Sümpfe sie genauso begünstigen wie der früh hereinbrechende Winter. Am meisten gelitten hatten die Legionäre unter den endlos langen Märschen und dem Verlust ihrer Waffen, auch war der Troß den Überfällen immer besonders ausgesetzt gewesen. Dringe man aber von der See her ein, könne man ungehindert und unbemerkt Fuß fassen, den Krieg außerdem früher beginnen, den Train gefahrlos transportieren, die Kräfte von Roß, Reiter und Infanteristen schonen.«

Und Germanicus bereitete eines der gigantischsten Amphibienunternehmen der antiken Kriegsgeschichte vor.

Er ließ eine Flotte von über tausend Schiffen bauen, darunter Landungsboote mit flachem Kiel und Steuerrudern an Heck und Bug, Spezialtransporter für die Wurfgeschütze, die Artillerie der Antike, dickbäuchige Archen für die Pferde, für das Brückenbaumaterial, für Verpflegung und Munition. Im Frühsommer des Jahres 16 lief die Flotte aus den Rheinhäfen aus, an Bord ein Expeditionskorps von etwa 60 000 Mann. Auf dem alten Schiffahrtsweg über Drususkanal und Nordsee gewann man die Mündung der Weser, fuhr den Strom hinauf bis etwa zur Höhe des Allerzuflusses, wo die großen Seeschiffe die Truppen ausbooteten.

Die Legionen marschierten nun am linken Weserufer stromaufwärts weiter, gefolgt von den kleineren Schiffen, die mühelos den sonst so hinderlichen Troß bis zum vereinbarten Lagerplatz an der heutigen Porta Westfalica trugen. Das schwierige Unternehmen kostete die Römer keinen Mann, kein Roß, keinen Wagen und rechtfertigte die Kalkulation des Feldherrn. Wobei er nicht ahnen konnte, wie wenig sie auf dem Rückweg aufgehen sollte …

Die Gier, die Grausamkeit und der Hochmut

An dem Rencontre, das in den folgenden Tagen stattfand, ist eines bemerkenswert: das enorm gewachsene Selbstbewußtsein der verbündeten Stämme, das sie sogar vor einer offenen Feldschlacht nicht zurückschrecken ließ. Arminius bestimmte sogar den Ort der Schlacht nach seinen Gunsten. Ein Vorgang, der noch vor wenigen Jahrzehnten undenkbar gewesen wäre.

Auch die psychologische Kriegsführung machten sie ihren Zielen dienstbar. Es erinnert geradezu an den Propagandakrieg an der deutsch-russischen Front des Zweiten Weltkriegs, wenn man von dem germanischen Reiter liest, der an die römischen Wälle heranritt und die Römer zum Überlaufen aufforderte.

Die Rede, mit der Arminius seine Truppen scharf auf den Feind machte, gehört in dasselbe Gebiet. Indem er auf die bisher errungenen Erfolge hinwies, versuchte er seinen Leuten einzuhämmern, daß von einer Unbesiegbarkeit der Römer keine Rede mehr sein konnte.

»... Krieger sind es, die in der Varusschlacht als erste Reißaus genommen hatten, Feiglinge, die selbst vor einer Meuterei nicht zurückschreckten, um sich vor dem Kampf zu drücken. Ohne jede Hoffnung treten sie euch entgegen. Einige bieten ihren von Narben entstellten Rücken, die anderen ihre von Wind und Wellen zerschlagenen Glieder erneut eurer Kampfeswut und dem Zorn unserer Götter. Zu Schiff haben sie sich eingeschlichen, aus Angst, wir würden sie beim Anmarsch vernichten oder auf der Flucht. Jetzt aber, wenn es zum Kampf Mann gegen Mann kommt, helfen ihnen weder Segel noch Ruder.

Denkt an ihre Gier, an ihre Grausamkeit, an ihren unerträglichen Hochmut – was bleibt euch da anderes, als die Freiheit zu verteidigen oder zu sterben, ehe ihr Sklaven werdet?!«

Auch Germanicus hielt sich an die Tradition, daß vor den Waffen der Feldherr zu sprechen habe. Sein rhetorisches Aufputschmittel bestand darin, den Gegner als einen schlecht ausgerüsteten Haufen hinzustellen, dessen Moral bei jedem Rückschlag sofort ins Wanken geraten würde. Ein gefährliches Unterfangen, das nur zur Unterschätzung des Gegners führen konnte. Doch die Unruhe unter den Legionären war groß, die Angst vor dem unheimlichen Land und seinen Bewohnern von ihren Gesichtern abzulesen.

»Ihr Anblick«, räumte er ein, »mag euch im ersten Moment erschrecken, aber ihre Kraft reicht nur für einen kurzen Ansturm, und Wunden vermögen sie schon gar nicht zu ertragen. Sie schämen sich dann nicht, einfach die Flucht zu ergreifen und ihre Führer im Stich zu lassen. Wie sie überhaupt im Unglück sofort verzagen, während sie im Glück weder göttliches noch menschliches Recht achten.«

Seine geradezu flehentlichen Schlußworte offenbaren jenes Gefühl aus Trostlosigkeit und verzweifelter Hoffnung, wie sie der Soldat seit eh und je auf fremden Kriegsschauplätzen empfunden hat. »Ihr sehnt euch jetzt, müde vom ewigen

Marschieren, nach dem Ende des Krieges, nun, diese Schlacht kann es euch bringen. Schon stehen wir der Elbe näher als dem Rhein, und jenseits des Elbestroms ist nichts mehr zu befürchten. Helft mir also, der ich den Spuren meines Vaters Drusus und meines Oheims Tiberius folge, in denselben Ländern, die sie bezwangen, den Sieg zu erringen.«

Bei Idistaviso, das man heute in der Gegend von Lerbeck und Nammen vermutet, drei Kilometer östlich der Porta Westfalica, siegte dann, wie so oft, römische Disziplin über germanische Tollkühnheit. Trotz der Geländevorteile, hinter sich Hochwald und Hügel, im Rücken des Feindes die Weser, warteten die Cherusker nicht auf den günstigsten Moment des Zuschlagens, sondern stürzten sich wie die Rasenden auf den Feind.

In dem absoluten Chaos eines solchen Schlachtgetümmels, bei dem keinem Befehl mehr gehorcht wurde, keine Order mehr durchkam, »war Arminius deutlich zu erkennen, wie er mit dem Schwert, anfeuerndem Zuruf und durch den Hinweis auf seine blutenden Wunden die Front zu halten versuchte. Er warf sich mit einigen Todesmutigen auf die Bogenschützen, um sie auszuschalten, es wäre ihm auch fast gelungen, wenn nicht die Kohorten der Räter, Vindeliker und Gallier den Weg verlegt hätten. Von allen Seiten umzingelt, gelang ihm mit seinem schnellen Pferd der Durchbruch, wobei er sich das Gesicht mit seinem Blut beschmierte, um nicht erkannt zu werden.«

Die Leichen der Germanen sollen meilenweit die Erde bedeckt haben, doch scheinen ihre Verluste nicht so hoch gewesen zu sein wie geschildert, denn bereits in den nächsten Tagen griffen sie mit starken Kräften die Legionen erneut an. Diesmal am sogenannten Angrivarierwall, einer Grenzbefestigung zwischen dem Stammesgebiet der Angrivarier und Cherusker. Auf diesen zehn Meter starken Wall aus Baumstämmen und Grassoden wurden die Römer, nachdem man sie von allen Seiten eingeschlossen hatte, zugetrieben, er bildete das Schlußstück einer großen Falle, und sie wäre zweifellos zugeschnappt, wenn Germanicus nicht die Wurfgeschütze eingesetzt hätte.

Die zweiarmigen *catapultae* erhielten ihre Triebkraft durch stark zusammengedrehte Sehnenbündel (auch Frauenhaar wurde genommen), die man mit Hilfe von Flaschenzügen spannte. Zwei Kilo schwere Steinkugeln oder armdicke Lanzen konnten damit 300 Meter weit geschossen werden und hatten, für damalige Verhältnisse, eine verheerende Wirkung. Auf diese Weise gelang die Erstürmung der Schanzen, von einem Sieg aber konnte diesmal schon gar keine Rede sein, allenfalls von einem »siegreichen Rückzug.«

So war das Tropäum, das »Siegesdenkmal«, das man aus den Waffen der erschlagenen Feinde errichtete, mehr Bekundung des Trotzes und des Nicht-wahrhaben-Wollens als eines wirklichen Triumphgefühls. Daran änderte auch die Unterschrift nichts, die der Feldherr in Stein meißeln ließ und die da lautete: »Nach dem Sieg über die Völker zwischen Rhein und Elbe weihte das Heer des Kaisers Tiberius dieses Denkmal dem rächenden Mars und dem Augustus.«

Der bittere Lorbeer des Germanicus

Seinen eigenen Namen ließ Germanicus bewußt weg, aus Furcht, damit Tiberius, seinen Kaiser, zu provozieren. Er hatte allen Grund zu dieser Haltung. Der alte, einsame Mann in Rom, den alle Weit an seinem Vorgänger Augustus maß, war aus anderem Stoff als sein Neffe. Er verabscheute alles, was diesen so beliebt machte: die Popularitätshascherei, das Theatralische, die Sucht nach Ruhm. Schon der Besuch des Varusschlachtfeldes war ihm als ein Akt unerträglicher Sentimentalität erschienen, überflüssig, sinnlos, und schädlich für die Moral der Legionäre dazu.

»Dem Germanicus war er so wenig günstig gesinnt«, schreibt Kaiserbiograph Sueton, »daß er seine herrlichen Taten als überflüssig bezeichnete und seine glorreichen Siege als für den Staat abträglich herabsetzte.« Was waren es auch für Siege, die so teuer erkauft wurden, unter so gewaltigen Verlusten an Menschen und Material? Was nutzte die Gewinnung der Elbelinie, wenn Roms Stolz, die Legionen, dabei verdarben? Und was sollte das Versprechen, Germanien ganz gewiß und endgültig im nächsten Jahr zu unterwerfen?

Es war nicht das Papier wert, auf dem es geschrieben stand. Gerechterweise muß man hinzufügen, daß dem Tiberius die »herrlichen Taten« so lange gefällig gewesen waren, wie sie Aussicht auf die Erreichung der gesteckten Ziele geboten hatten. Sie waren aber nicht erreicht worden, trotz des Einsatzes von acht Legionen. (Varus hatte nur drei!) Der gefährlichste Gegner, Arminius, hatte nicht ausgeschaltet werden können, erfreute sich im Gegenteil steigenden Zulaufs und wachsenden Ruhms.

Spätestens seit dem Jahre 15 war bei Tiberius der Sinneswandel eingetreten. Als nun nach dem 16er-Feldzug die üblichen Siegesnachrichten eintrafen, anschließend aber die Hiobsbotschaft, daß die Transportflotte des Germanicus auf dem Rückweg in einen Orkan geraten und viele Schiffe mit Mann und Maus untergegangen waren, war das Maß voll.

Tiberius beschloß, den Neffen von seinem Posten abzulösen, bevor weitere Hekatomben geopfert wurden. Er tat das mit der gebotenen Vorsicht, denn die Anhängerschaft des Prinzen war groß, besonders in der Armee. Er setzte ihn deshalb nicht ab, er lobte ihn weg, schickte ihn als Oberkommandierenden in den Osten des Imperiums. In einem der großartigsten Triumphzüge, die Rom je erlebt hat, durfte er vorher noch Lorbeeren genießen, die vielen allzu bitter schmeckten ...

Wenn Germanien römisch geworden wäre ...

Für Tiberius war damit das germanische Kapitel abgeschlossen.

In kühler Erkenntnis der Situation empfahl er, die Germanen ihrer eigenen Zwietracht zu überlassen und diese Zwietracht nach Kräften zu schüren. Das wohl sei der einzige Weg, auf dem ihnen beizukommen war. Gleichzeitig konstatierte er, daß es unsinnig sei, unbedingt ein Land erobern zu wollen, das zu erobern sich gar nicht lohne, weil es wegen seiner Unbehaustheit und Unwirtlichkeit dem Imperium keinen wirtschaftlichen Gewinn bringen würde. Was sehr nach den Trauben klingt, die nur deshalb sauer sind, weil sie dem Fuchs zu hoch hängen.

»Was immer die sachlichen und die persönlichen Motive gewesen sein mögen«, schreibt Mommsen, »wir stehen hier an einem Wendepunkt der Völkergeschichte. Auch die Geschichte hat ihre Flut und ihre Ebbe; hier tritt nach der Hochflut des römischen Weltregiments die Ebbe ein. Nordwärts von Italien hatte wenige Jahre die römische Herrschaft bis an die Elbe gereicht; seit der Varusschlacht sind ihre Grenzen der Rhein und die Donau ... Es muß Tiberius nicht leicht angekommen sein, den ... fast vollendeten Bau zusammenstürzen zu sehen ... Wenn dennoch nicht bloß Augustus in Entsagung beharrte, sondern nach dessen Tod er selbst, so ist dafür ein anderer Grund nicht zu finden, als daß sie die durch zwanzig Jahre hindurch verfolgten Pläne zur Veränderung der Nordgrenze als unausführbar erkannten und die Unterwerfung und Behauptung des Gebiets zwischen dem Rhein und der Elbe ihnen die Kräfte des Reiches zu übersteigen schienen.«

Dieser Verzicht war hauptsächlich auf Arminius zurückzuführen, der in der Schlacht im Teutoburger Wald und in den Kämpfen gegen Germanicus den Römern das entscheidende Halt geboten hatte. Er wurde deshalb als der Mann bejubelt, »der den Deutschen ihre Muttersprache vor der Verwelschung gerettet hat«, der »unser Volk vor Verrömerung und Fremdherrschaft bewahrte« ja, der verhinderte, daß »die weit vorgeschrittene Dekadenz Roms in Germanien eindrang«, um wertvolle Kräfte und Lebensformen zu zerstören.

Sieht man es ein wenig nüchterner, so bleibt die Tatsache, daß die Geschichte Europas ohne Arminius und seinen Sieg in der Varusschlacht anders verlaufen wäre. Ganz Germanien wäre, wie Frankreich und Spanien, zu einer römischen Provinz geworden, in dem Land zwischen Rhein und Elbe hätte man eine andere Sprache gesprochen (vielleicht ein mit dem Französischen verwandtes Idiom), unsere ganze Kultur hätte ein anderes Gepräge bekommen. Jedenfalls wären die Deutschen nicht die, die sie heute sind.

Nun gibt es nicht wenige Leute, die es ausgesprochen bedauern, daß Arminius als Sieger die Walstatt verlassen hat.

Es handelt sich dabei keineswegs nur um notorische Anti-Teutonen, sondern um Menschen, die die Meinung vertreten, daß es Europa besser bekommen wäre, wenn Rom damals nicht den Vorhang am Rhein hätte fallen lassen. Germanien wurde, wie der amerikanische Historiker Will Durant meint, der »Barbarei – das heißt einer nichtklassischen Kultur – wieder ausgeliefert«. Die kulturelle Entwicklung wurde abrupt gestoppt, die »ausgestreuten Samen römischer Zivilisation kamen nicht zur Blüte«, ein Handikap entstand, das das vom römischen Joch befreite Land nie mehr in seiner Geschichte hat aufholen können. Mit einem romanisierten Germanien hätte es weniger Auseinandersetzungen gegeben, weil weniger Gegensätze, wäre die Geschichte dieses Kontinents weniger blutig verlaufen und der Traum der Vereinigten Staaten Europas längst Wirklichkeit. Nun ist die Geschichtsbetrachtung à la »Was wäre, wenn …« bestimmt ein interessantes Spiel, dem Scharfsinn brillanter Geister würdig, doch letztlich wird sie Spekulation bleiben.

Ihre Ergebnisse liegen jenseits jeder Erfahrung und Wirklichkeit. In den Weltbegebenheiten hat allein das Faktum eine richtende Stimme, und wenn man in geschichtlichen Ereignissen einen Sinn sieht, so hat die Varusschlacht ihren Stellenwert. Dadurch, daß die Germanen frei blieben, konnten sie ihre eigene Art entwickeln. Daß es eine andere, dem Romanischen entgegengesetzte Art war, ist nicht zu bedauern, sondern zu begrüßen, denn gerade aus der Polarität haben sich häufig große Kulturen entwickelt, und so wäre auch die des Abendlands nicht denkbar ohne den germanischen Beitrag.

Arminius – ein politischer Verbrecher?

Die Gestalt des Arminius war lange Zeit von der Parteien Gunst und Haß verwirrt, und ihr Charakterbild schwankte entsprechend, um Schiller zu bemühen, in der Geschichte. Über die Gunst wurde schon gesprochen, sie stammte – verständlicherweise – von deutscher Seite, was nicht durchweg zum Vorteil des Begünstigten war.

Der Haß kam von den Römern, für die der Cherusker nicht nur Todfeind war, sondern auch Verräter. Wobei Haß – eine Gemütsbewegung, die eine starke Bindung voraussetzt – schon zu hoch gegriffen ist, es war mehr ein mit Widerwillen gemischtes Befremden, das sie ihm entgegenbrachten: Ihre Meinung – oder ihr Vorurteil – wurde wieder einmal bestätigt, wonach man Barbaren nicht trauen dürfe, entstammten sie selbst vornehmsten Geschlechtern. Hinzu kam ein gewisser Respekt, den man dem großen politischen Verbrecher entgegenbringt, wenn er Erfolg gehabt hat.

Aber auch in Deutschland ist darüber diskutiert worden, ob Arminius dem Bild germanischer Treue entsprochen habe. Schließlich besaß er das römische Bürgerrecht, diente in der römischen Armee und war zweifellos den Römern verpflichtet. Er hat dieses Treueverhältnis gebrochen, hat den Varus, der ihm (treu) vertraute, arglistig getäuscht und so die Voraussetzung zu seinem Erfolg geschaffen. Ironie des Schicksals: Arminius, als Fürst der Cherusker die Inkarnation germanischer Treue, siegt nur deshalb, weil er treulos wird.

»So kann man blondes Haar und blaue Augen haben und doch so falsch sein wie ein Punier«, läßt Heinrich von Kleist seinen Varus sagen. Die Dichter haben den Zwiespalt eher gefühlt als die Gelehrten und sich nicht vor der Auseinandersetzung gedrückt. Hutten, Kleist, Klopstock gehen in ihren Werken auf das Problem ein, Grabbe deutet den seelischen Konflikt eines Menschen an, der der fremden Macht genauso verpflichtet ist wie seinem eigenen Volk, und bietet die Lösung, daß man eine betrügerisch agierende Macht mit Betrug bekämpfen dürfe.

Doch Gleiches mit Gleichem zu vergelten heißt nicht, einen Konflikt zu lösen. Auch ist es zu simpel, wenn man die weiße Weste davon abhängig macht, ob Arminius nun ein »beamteter« römischer Offizier gewesen ist oder nur ein in »römischen Diensten« stehender Häuptling. Wie es Ernst Bickel, ein bekannter Altphilologe und Arminiusbiograph, tut.

Was einen anderen Biographen zu der zornigen Replik veranlaßte: »Arminius ... ist ein ›volkstümliches Ideal‹ seiner Deutschen; zu einem solchen paßt nur ein makelloser Charakter; ein makelloser Charakter begeht keinen Treubruch; also hat Arminius keinen Treubruch begangen; da er aber einen Treubruch begangen hätte, wenn er ›beamteter‹ kaiserlich-römischer Offizier gewesen wäre, so ist er eben kein ›beamteter‹ kaiserlich-römischer Offizier gewesen ... « Naiv mutet es an, wenn man die sonst so eherne Tugend der Treue, »Urbesitz germanischen Wesens«, plötzlich in einen dehnbaren Begriff verwandelt. In einem Standardwerk der Germanenkunde heißt es da: »Auf die Klagen über germanische Treulosigkeit, die aus fremden Völkern kommen, brauchen wir dagegen nicht viel zu geben. Sie übertreiben natürlich stark und achten nicht darauf, daß der Germane den Menschen, denen er sich nicht ausdrücklich verpflichtet hatte, keine Ehrlichkeit und Treue schuldig war und daß das Treueverhältnis gegenseitig und lösbar war.«

Eine Antwort auf die Frage nach Treue oder Nicht-Treue liegt in der Tatsache, daß Arminius eben kein Bilderbuchgermane war, den man mit allen guten Tugenden putzen konnte wie einen Weihnachtsbaum. Er dachte in erster Linie politisch und handelte demgemäß. Die Römer hatten ihm anschaulich vorgelebt, wie sehr der Zweck die Mittel heiligt und Perfidie nicht mehr perfid ist, wenn sie zum Erfolg führt. Das allein war seine Maxime. Er hatte erkannt, daß die bestausgerüstete und bestgeführte Armee der Welt nicht mit den Waffen allein zu besiegen war, sondern List, Tarnung, Täuschung hinzukommen mußten.

Vielleicht hat er einen inneren Zwiespalt gefühlt gegenüber seinen ehemaligen Waffengefährten, vielleicht tat ihm der vertrauensselige Varus leid; ja, es ist sogar anzunehmen, denn die Schilderung seines Kriegskameraden Velleius läßt Arminius nicht als Finsterling erscheinen. Er hat dennoch unbeirrt das einmal gestellte Ziel verfolgt. Daß er dabei moralisch schuldig wurde, dieses Manko teilt er mit vielen Großen der Geschichte.

Tod und Verklärung

Der kühle Rat des Kaisers Tiberius, die Germanen in Zukunft ihrer eigenen Zwietracht zu überlassen, sie würden das für Rom Erforderliche schon selber besorgen, stellte sich bald als ein guter Rat heraus. Arminius geriet mit Marbod aneinander, dem Markomannenkönig, den er nach der Varusschlacht zum Losschlagen hatte bewegen wollen. Der Markomanne hatte sich taub gestellt, war aber auch den Römern gegenüber, was militärische Hilfe anbetraf, äußerst zurückhaltend gewesen. Das unentschlossene Lavieren zwischen den beiden Lagern, »diese Politik der Feinheit oder Feigheit in der wildbewegten, von patriotischen Hoffnungen und Erfolgen trunkenen germanischen Welt grub sich ihr eigenes Grab« (Mommsen), die Semnonen und Langobarden kündigten Marbod die Gefolgschaft und gingen zu Arminius über.

Der Cherusker wiederum verlor einen Teil seiner Leute durch die Desertion von Inguiomer, dem fürstlichen Verwandten, der es nicht länger ertrug, im Schatten des Ruhmes seines Neffen zu stehen.

Nichts kennzeichnet die totale Zerstrittenheit der Fürstenhäuser untereinander mehr als die anschließende Schlacht: Hier kämpften nicht nur Germanen gegen Germanen, sondern Cherusker gegen Cherusker, Sweben gegen Sweben.

Der Kampf »hie Arminius – hie Marbod« endete zugunsten des Cheruskers. Marbod mußte das Feld räumen, wandte sich verzweifelt an die Römer, durfte aber nun die Rechnung begleichen, die nach ihrer Meinung seit den Germanicusfeldzügen noch offen war: Sie verweigerten ihm nicht nur ihre Hilfe, sondern finanzierten einen Komplott, ließen ihn von den eigenen Landsleuten aus der Heimat vertreiben und gewährten ihm anschließend großzügig in Ravenna Asyl, was gleichbedeutend war mit seinem politischen Tod. Die meisterliche Hand des alten Tiberius war in jeder Aktion spürbar.

Aber auch Arminius konnte die Früchte seines Sieges nicht genießen. Der Cherusker wollte die errungene Position ausbauen, sich zum Alleinherrscher aufschwingen. Die Vollmachten, die dem Heerführer nur für die Zeit des Krieges zugebilligt wurden, sollten auch für normale Zeiten gelten. Persönlicher Ehrgeiz spielte dabei eine so große Rolle wie die

Faszination, die die Macht ausübt, aber auch das Gefühl, daß seine Landsleute nur durch einen starken Mann zusammenzuschmieden waren, nur so der Kampf gegen Rom erfolgreich fortgesetzt werden konnte.

Die Freiheit aber war den Germanen unteilbar, sie wollten römische Fremdherrschaft nicht gegen germanische Diktatur eintauschen. Es kam zum Krieg jedes gegen jeden, in dessen Verlauf Arminius – er erreichte ein Alter von 37 oder 39 Jahren – umkam. Vermutlich durch den Dolch eines Verwandten, vielleicht aber auch durch Gift.

Tacitus berichtet, daß ein Fürst des germanischen Stammes der Chatten sich angeboten habe, den Cherusker zu beseitigen, wenn man ihm das zur Ausführung des Mordes nötige Gift schicke. Darauf sei ihm die Antwort zuteil geworden: Das römische Volk nehme nicht durch Heimtücke Rache an seinen Feinden, sondern offen vor aller Welt mit der Gewalt der Waffen.

Für den, der die damaligen Praktiken kannte – und nicht nur die römischen! –, klingt so etwas zu schön, als daß es wahr sein könnte, und die Auguren mögen darüber gelächelt haben. Sollte der Bescheid wirklich erteilt worden sein, so darf man annehmen, daß er nichts anderes war als die Tarnung des bereits sorgfältig vorbereiteten Attentats.

Tacitus war es, der dem Arminius eine Huldigung schrieb, wie sie sich nicht eindrucksvoller vorstellen läßt. Er hat in ihm nicht den verräterischen Barbarenhäuptling gesehen, sondern die große historische Persönlichkeit.

»Er war ohne Zweifel der Befreier Germaniens, ein Mann, der Rom nicht, wie es andere Könige und Feldherrn taten, in seinen Anfängen herausgefordert hat, sondern als es auf der Höhe seiner Macht stand. In den Schlachten hat er mit wechselndem Glück gekämpft, im Krieg jedoch blieb er unbesiegt. Seine Taten leben in den Liedern seines Volkes fort ...«

Siegfried *war* Arminius

Das Wort, wonach Arminius in den Liedern seines Volkes weiterlebe, hat einige Forscher auf eine interessante Spur gebracht.

Die Germanen waren ein buchloses Volk. Man besaß zwar Buchstaben, die Runen, aber die Runenschrift war der Magie vorbehalten. Literatur fand dennoch statt, auch Geschichtsschreibung, und zwar in den Heldensagen und Heldenliedern, die Tacitus erwähnt. Hier schlugen sich die großen Taten nieder und wurden so vor der Vergessenheit bewahrt. Die Lieder gingen von Mund zu Mund, verbreitet von den Kriegern, von reisenden Kaufleuten, von den Frauen, die in den Wohngruben die Spinnwirtel drehten, von Heimkehrern, die lange in der Fremde waren, von Gesandten, von friedlosen Wanderern. Ihre Form erhielten sie von den fahrenden Sängern, die sie im Sprechgesang am Langfeuer der Großbauern und des Adels vortrugen.

Überliefert ist kein einziges Lied aus dieser Epoche. Wir können deshalb nur vermuten, wie es geklungen hat, wie sein Versmaß war. Eine ungefähre Vorstellung könnte allenfalls das Hildebrandslied vermitteln. Auch wenn es aus viel späterer Zeit stammt und noch viel später aufgezeichnet wurde. Doch das Thema – der tragisch endende Kampf zwischen dem aus der Fremde heimkehrenden Vater und dem Sohn, der ihn nicht erkennt – ist ein uraltes Thema. Urgermanisch auch der Stabreim, eine Versform, die den gleichen Anlaut wiederholt und so etwas Wuchtiges, Schreitendes bekommt. Das Lied ist nur als Fragment erhalten, und daß wir es überhaupt besitzen, verdanken wir zwei Fuldaer Mönchen, die trotz strengen Verbots das heidnische Relikt auf die Buchdeckel eines lateinischen Kodex schmuggelten.

Die ersten Verse dieses Liedes seien, des Eindrucks wegen, hier zitiert:

Ik gihorta dat seggen,
dat sich urhettun aenon muotin,
Hiltibrant enti Hadubrant, untar herium tuem
sunufatarungo: iro saro rihtun,
garutun se iro gudhamun, gurtun sih iro suert ana,
helidos, ubar hringa, do sie to dero hiltiu ritun.
Hiltibrant gimahalta Heribrantes sunu: her uuas heroro man,
ferahes frotoro; her fragen gistuont
fohem uuortum, hwer sin fater wari
fireo in folche, ...
. . . . eddo hwelihhes cnuosles du sis.
ibu du mi enan sages, ik mi de orde uuet,
chind, in chunincriche: chud ist mir al irmindeot

Hadubrant gimahalta, Hiltibrantes sunu:
dat sagetun mi usere Nute,
alte anti frote, dea erhina warun,
dat Hiltibrant haetti min fater: ih heittu Hadubrant.
forn her ostar giweit, floh her Otachres nid,
hina miti Theotrihhee enti sinero degano filu.
her furlaet in laute luttila sitten
prut in bure barn unwahsan,
arbeo laosa

Ich hörte sagen,
daß sich Kämpfer allein begegneten,
Hildebrand und Hadubrand, zwischen ihren Heeren,
Sohn und Vater. Sie legten Rüstungen an,
gürteten die Schwerter, schlossen ihr Schirmhemd,
die Helden, über den Panzerringen, da sie zum Streit ritten.
Hildebrand sprach, er war älter an Jahren,
der Lebenserfahrenere. Gemessenen Wortes
zu fragen begann er, wer sein Vater sei
im Volke der Menschen . . . .
. . . . »oder wes Geschlechtes du bist?
Wenn du mir einen sagst, kenn ich die anderen,
Jüngling, im Königreich sind mir bekannt alle Edlen.«

Hadubrand, Hildebrands Sohn, sprach:
»Das erzählten mir unsere Leute,
alte und erfahrene, die ehemals waren,
daß Hildebrand hieße mein Vater, ich heiße Hadubrand.
Nach Osten zog er einst, floh Odoakers Haß,
mit Theoderich und vielen seiner Krieger.
Ließ im Lande elend sitzen
die junge Frau auf dem Hof, den unmündigen Knaben,
des Erbes ledig.

Doch zurück zu Arminius. Von ihm und seinen Taten wurde noch Jahrhunderte nach seinem Tod gesungen, und die Forschung fragte sich angesichts der Tacitusstelle, wo dieses Heldenlied geblieben sei? Wenn in der Physik das Gesetz gilt, wonach keine einmal erzeugte Kraft gänzlich verlorengehen könne, so gilt das auch im geistigen Bereich. »Denn nachdem es einmal durch Tacitus feststeht, daß der Sigimersohn Arminius in die altgermanische Heldendichtung einging, ist es schwer zu denken, daß er spurlos daraus wieder verschwunden wäre. Mythengeschichtlich gilt bei der unerschöpflichen Keimkraft zu immer neuen Trieben Goethes ›Dauer im Wechsel: Kein Wesen kann zu nichts zerfallen‹.«

Ein solches Wesen zerfällt nicht, aber es ändert seine Gestalt: Es schlüpft heraus aus dem historischen Gewand, verläßt auch den historischen Ort seiner Taten, nimmt Züge anderer Helden an, seinen Grundcharakter aber wird es immer bewahren. Der Grundcharakter des Arminius besteht aus dem Jünglinghaft Strahlenden, aus den Zügen eines jungen Edlen, der auf der Höhe seines Ruhms heimtückisch ermordet wird.

Nach einer Sagengestalt mit einem derartigen Schicksal galt es zu suchen, und die Forschung glaubte, sie bald gefunden zu haben: in keinem Geringeren nämlich als dem Helden Siegfried.

Hier zeigten sich in der Tat frappante Ähnlichkeiten.

Siegfried wurde von den Verwandten seiner Frau ermordet – wie Arminius, denn mit den *propinqui* des Tacitus kann nur die Sippe des Segestes gemeint sein; Siegfried erschlug einen Drachen – wie Arminius, denn Fafner war das zum Drachen gewordene Heer der Römer; Siegfried wuchs in Xanten am Niederrhein auf – in Xanten lag das antike Castra Vetera, das mächtige Römerkastell, in das sich die Reste des varianischen Heeres geflüchtet hatten; Siegfried wurde von einer Hirschkuh gesäugt und starb wie ein von den Jägern gehetzter Hirsch – Arminius gehörte dem Stamm der Cherusker an, eine Bezeichnung, die auf den germanischen Wortstamm *herut* – »Hirsch« zurückgeht; Siegfried war der Sohn des Königs Sigemund – Arminius' Vater hieß Sigimer; Siegfried kämpfte mit dem Drachen auf der Gnitaheide – Arminius schlug die Römer auf der Gnidderhöi, der Knetterheide (in der Nähe von Schötmar), und das ist einer der mutmaßlichen Schauplätze der Varusschlacht. Das sind eine Reihe von Parallelen, die nicht allein zufällig sein können. Diese Meinung jedenfalls vertritt die neuere Forschung, an ihrer Spitze so renommierte Wissenschaftler wie der Bonner Altphilologe Ernst Bickel und der Wiener Eddaspezialist Otto Höfler. Ihre Beweisführung ist brillant, doch gleichzeitig so kompliziert, daß es unmöglich ist, sie in allen Einzelheiten hier auszubreiten. Wichtig bleibt, daß sie überzeugt, daß mit ihr eine Hypothese zur Tatsache erhärtet wird.

»Es wäre das erhabenste aller Denkmäler«, schrieb der Historiker Hans Delbrück, Nachfolger des legendären Treitschke an der Berliner Universität, noch zu Beginn der zwanziger Jahre, »das je ein Volk seinem Helden gestiftet, wenn Armin Siegfried ist und die Erinnerung an seine Persönlichkeit in der Gestalt dieses untadeligsten aller Männer weitergelebt hat. Ja, für einen historischen Menschen von Fleisch und Blut wäre es wohl zu groß; darum ist es gut, daß wir es nur wie ein Märchen durch den Schleier einer Vermutung sehen.«

Dieser Schleier scheint jetzt gefallen …

XII Die Frauen – Legende und Wirklichkeit

Thusnelda – Schicksal ohne Beispiel

Die erste Frau, die uns aus der Dämmerung der deutschen Geschichte entgegentritt, heißt Thusnelda. Das ist ein Name, den man heute nur noch gelegentlich im Bayerischen trifft, auf den aber kein Vater mehr seine Tochter taufen würde.

Thusnelda heißt man nicht mehr, der Name hat sogar eine Entwicklung zum Negativen durchgemacht – so, wenn jemand von einer Party berichtet und dabei erwähnt, der XY sei auch dagewesen, »samt seiner Thusnelda«, oder wenn Frau Meier erzählt, sie habe jetzt »eine neue Thusnelda«, womit sie ihre Raumpflegerin meint.

Hier ist also ein Bedeutungswandel eingetreten, sicherlich auch eine Reaktion auf die Lobeshymnen, die Thusnelda in deutschen Landen jahrhundertelang gesungen wurden, die inzwischen aber längst verklungen sind. Die antike Statue in der Loggia dei Lanzi zu Florenz, die in der Kunstgeschichte unter der Bezeichnung »sogenannte Thusnelda« figuriert, sagt bundesdeutschen Touristen, die sich die Sehenswürdigkeiten in Florenz ansehen, jedenfalls nichts mehr.

Das aber hat die Cheruskerin nicht verdient. Ihr Leben stellt eines jener exemplarischen Frauenschicksale dar, die von jeher starke Anteilnahme erweckt, die die »Herzen gerührt« haben. Tacitus hat sich für die Frau des Arminius entflammt, und die Passage, die er ihr widmet, hat geradezu poetische Qualität. Uns ist noch in Erinnerung, daß es den Römern gelungen war, Segestes vor seinen eigenen Landsleuten zu retten. In der berühmten Rede, in der der Schwiegervater des Arminius seine Treue zu Rom bekannte, sagte er: »Was meine Tochter angeht, so muß ich bekennen, daß sie nicht freiwillig hier bei mir ist. Bei Euch liegt es zu wägen, was schwerer ins Gewicht fällt: daß ich sie gezeugt habe oder daß sie von Arminius ein Kind empfangen hat.«

Thusnelda stand während dieser Rede mit anderen Frauen des Cheruskeradels zusammen und wartete, wozu die Sieger sich entschlossen. Den Tod hatte sie vorerst nicht zu befürchten, dazu war sie als Geisel zu wertvoll. Daß man sie mit derselben Milde behandeln würde wie ihren Vater, darauf konnte sie als die Frau des erbitterten Römerfeinds Arminius allerdings nicht hoffen.

»Sie hatte mehr vom Geist ihres Mannes als von dem ihres Vaters: Keine Träne netzte ihre Wange, kein Flehen erniedrigte ihren Mund. Sie preßte die Hände in den Bausch ihres Gewandes und blickte stumm auf ihren schwangeren Leib.«

Das Kind, das sie in der Gefangenschaft zur Welt brachte, war ein Sohn und bekam den Namen Thumelicus. Seine Mutter durfte mit ihm den Triumphzug des Germanicus schmükken und wurde so zur vielbegafften Attraktion des Pöbels von Rom. Zusammen mit anderen vornehmen Gefangenen ging sie, den Dreijährigen an der Hand, vor dem Wagen des Triumphators, und es ist anzunehmen, daß sie den Zuschauer bemerkt haben wird, den man eigens aus seinem gallischen Ruhesitz herbeizitiert hatte, damit er als Ehrengast die große Show erleben konnte: Segestes, ihren Vater.

Eine Szene, die Künstler aller Zeiten zur Nachbildung stimulierte. Neben Plastiken entstanden Zeichnungen, Stiche, Gemälde. Das bekannteste Bild stammt von dem deutschen Historienmaler Karl von Piloty und ist in der Münchner Neuen Pinakothek zu besichtigen.

Das weitere Schicksal Thusneldas liegt im dunkeln. Nach römischem Triumphalbrauch pflegte man den vornehmsten

Kriegsgefangenen die Ehre anzutun, sie dem Jupiter zu opfern: Man enthauptete, erdrosselte oder erstach sie. Teutobod, dem König der Teutonen, wird es noch so ergangen sein, doch die Sitten wurden milder, und die Götter immer häufiger mit Tieropfern abgespeist. Auch war es mitunter opportun, die Barbarenfürsten am Leben zu lassen. Man konnte sie als wichtige Figuren in das weltweite politische Schachspiel einsetzen.

Mit Thumelicus hatte man das gewiß vor. Prinzen seines Geblütes pflegte man römisch zu erziehen, um sie dann zurückkehren zu lassen in ein Land, das nicht mehr ihre Heimat sein konnte, so daß sie *nolens, volens* im Sinne Roms handelten. Thumelicus wurde in Ravenna erzogen. Mit dieser Nachricht bricht die Überlieferung ab, und nur noch ein Satz stand im Raum, der dazu angetan war, ganze Gelehrtengenerationen verzweifeln zu lassen.

Seine erste Hälfte lautet im Lateinischen *quo mox ludibrio conflicatus est* und wurde unter anderem übersetzt mit »Wo er bald im Gespött zusammenbrach« oder »Wo er auf schändliche Weise unterging« oder »Wie das Geschick noch einmal mit ihm bitteren Spott getrieben« oder »Wie das Schicksal dort mit ihm umsprang«. Wie man auch übersetzt, irgend etwas Furchtbares scheint mit dem Sohn Thusneldas geschehen zu sein. Doch was?

Eine der häufigsten vorgebrachten Hypothesen fußt auf folgenden Überlegungen: Ravenna war der Sitz einer weitgerühmten Gladiatorenschule; hier wurden die Männer ausgebildet, die später in den Amphitheatern um ihr Leben kämpfen mußten; viele von ihnen entstammten der großen Masse der Sklaven und Kriegsgefangenen; auch Thumelicus wird zu ihnen gehört haben, denn sein Name ist in der Form Thymelicus ein vielgebrauchter Sklavenname. Demnach müsse die Schande, die ihn traf, der ruhmlose Tod des Gladiators in der Arena gewesen sein.

Der Freiherr von Münch-Bellinghausen, in den sechziger Jahren des 19. Jahrhunderts Generalintendant der Wiener Hoftheater, machte aus der Hypothese einen spannenden Roman. Unter dem Pseudonym Friedrich Halm schrieb er den »Fechter von Ravenna«.

Was wirklich mit Thumelicus geschah, werden wir nicht erfahren. Tacitus hat zwar versprochen, »später, zu gegebener Zeit, darüber zu berichten«, aber der entsprechende Text ist nicht überliefert – oder es war ein leeres Versprechen.

Die demontierte Brünhilde

So wie Thusnelda kennen wir auch viele andere germanische Frauen nur aus Kriegszeiten. »Der Krieg war das wichtigste Medium für die Begegnung zwischen Römern und Germanen, der Kriegsbericht eine wichtige Quelle der Ethnographie«, meint Reinhold Bruder, der wohl beste Kenner germanischen Frauenwesens. »Sei es, daß sich die Römer germanischer Wanderzüge zu erwehren hatten, sei es, daß sie auf ihren Eroberungszügen im 1. vorchristlichen und im 1. nachchristlichen Jahrhundert mit den Germanen zusammenstießen – es war stets der Krieg, der die Bekanntschaft mit dem mächtigen nördlichen Nachbarn begründete und erweiterte.

Wo bei den antiken Historiographen germanische Frauen auftauchen, sind sie verständlicherweise sehr oft in kriegerische Zusammenhänge verwickelt: Sie erscheinen als Kämpferinnen in der Schlacht, als Ermahnerinnen der kämpfenden Männer, als Geiseln und Versklavte.«

Die Germanin allein danach zu beurteilen, wäre dasselbe, als wollte man ein Bild der deutschen Frau der vierziger Jahre aus den im Zweiten Weltkrieg eingesetzten Flak- und Nachrichtenhelferinnen gewinnen. Die Worte, die die antiken Autoren wie Plutarch, Orosius, Strabo, Appian, Tacitus finden, haben immer etwas vom Klang eines Helden- oder besser Heldinnenlieds, und wer sie liest, hat das Gefühl, daß im Hintergrund Fanfaren tönen und dumpfer Trommelschlag.

»Manche Schlachtenreihe, die schon ins Wanken geraten war oder zurückflutete, haben die Frauen wieder zum Stehen gebracht. Sie flehten ihre Männer an, hielten ihnen die nackten Brüste entgegen, schrien ihnen zu, ob sie denn nicht wüßten, was ihnen in der Gefangenschaft drohe. Denn Sklaverei fürchteten die Germanen weit weniger für sich selbst als für ihre Gefährtinnen.«

Nun gibt es keinen Zweifel daß die Frauen in der Schlacht ihren Mann gestanden haben – Teutoninnen und Kimberinnen haben es bei Aquae Sextiae und Vercellae grausig demonstriert –, aber doch nur dann, wenn sich eine Katastrophe anzubahnen schien, in der Stunde äußerster Not, wenn die Schlacht verloren schien und der Feind in die Wagenburgen einzudringen drohte.

Als aktive Teilnehmerinnen an der Schlacht waren Germaninnen äußerst selten. Beim Markomannenkrieg fanden sich unter den Leichen der Gefallenen bewaffnete Frauen; Gotinnen in männlicher Rüstung gerieten in römische Kriegsgefangenschaft, das aber sind Ausnahmen, die die Regel bestätigen. Bei den großen Wanderungen war ihr Platz die Wagenburg, die Etappe also, wenn es zu Gefechten kam. Ansonsten blieben sie daheim, mußten daheimbleiben: Wer sollte das Haus besorgen, wenn der Mann in Kriegsgeschäften unterwegs war? Geriet das eigene Dorf in Gefahr, wurden sie auch nicht zu rasenden Megären, sondern zogen sich mit den Kindern, dem Gesinde, dem Vieh in eigens angelegte Fluchtburgen zurück oder in die Tiefe der Wälder.

Brünhild in schimmernder Wehr oder eine waffenklirrende Walküre war die Germanin nicht, dafür aber Samariterin. Einen regulären Sanitätsdienst mit Feldlazarett, Feldarzt, Krankenstube, bei den Legionären eine Selbstverständlichkeit, kannte man nicht in Germanien. Hier sprangen die Frauen ein, wann immer es möglich war. Sie betreuten die Verwundeten, die man ihnen brachte, reinigten die Wunden, stillten das Blut, legten Verbände an.

Die kannten sich aus in der Volksmedizin und wußten von der heilenden Wirkung der Kräuter und Pflanzenextrakte. Da mit der Heilkunst die Magie verbunden war, waren sie ebenso bewandert in den diversen Zauberformeln, die oftmals Wunder gewirkt haben: Ihre Patienten glaubten fest an die überirdischen Mächte, die mit diesen Sprüchen herbeigerufen wurden.

Einen Eindruck von ihrem dunklen, geheimnisvollen Klang vermitteln uns die Zaubersprüche, die man 1841 in der Bibliothek des Domkapitels zu Merseburg entdeckt hat. Sie standen auf dem Vorsatzblatt eines geistlichen Traktats, wo sie sowenig hingehörten wie der Teufel in den Beichtstuhl. Die beiden Sprüche sind im 10. Jahrhundert aufgezeichnet worden, reichen aber weit zurück in germanische Vergangenheit. Ihre Form ist der Stabreim, eine Versform, die wir bereits beim Hildebrandslied kennengelernt haben. Die Sprüche wurden geraunt oder halblaut gesungen, und wer sie in ihrem Klang nachempfinden will, sollte das auch bei der Lektüre tun.

Phol ende Uuodan vuorun zi holza.
du uuart demo Balderes volon sin vuoz birenkit.
thu biguolen Sinthgunt, Sunna era suister,
thu biguolen Friia, Volla era suister,
thu biguolen Uuodan, so he uuola conda:
sose benrenki, sose bluotrenki,
sose lidirenki:
ben zi bena, bluot zi bluoda,
lid zi geliden, sose gelimida sin!

Phol und Wodan fuhren zu Holze.
Da ward dem Fohlen Balders sein Fuß verrenkt.
Da besprach ihn Sinthgunt, dann Sunna, ihre Schwester,
da besprach ihn Frija, dann Volla, ihre Schwester,
da besprach ihn Wodan, wie er's wohl konnte:
So Beinverrenkung wie Blutverrenkung wie Gliedverrenkung:
Bein zu Beine, Blut zu Blute,
Glied zu Gliedern, als wenn sie geleimt wären!

... und weissagten aus dem Blut der Geopferten

Von der Magie zur Sehergabe ist es nur ein kleiner Schritt, und so begegnen uns häufiger Germaninnen, die über solche Kräfte verfügen. Ariovist bemühte sie, als er in der elsässischen Ebene dem entscheidenden Waffengang mit Cäsar entgegensah.

»Als Cäsar die Gefangenen fragte, warum Ariovist die Entscheidungsschlacht noch immer hinauszögere, erhielt er zur Antwort: ›Bei den Germanen sei es Brauch, daß die Familienmütter mit Hilfe von Losorakeln und Wahrsagungen offenbarten, ob und wann es gut sei anzugreifen. Diesmal hätten sie verkündet, nach dem Willen des Schicksals könnten die Krieger nicht siegen, wenn sie vor dem Neumond zum Kampf anträten.‹«

Für das Losorakel schnitt man von einem fruchttragenden Baum einen Zweig ab, zerteilte ihn in einzelne Stäbchen, die mit bestimmten Zeichen versehen wurden, und warf sie auf ein weißes Tuch. Drei Stäbchen wurden dann nacheinander herausgesucht und je nach ihren Zeichen gedeutet. Die *matres familiae* des Ariovist lasen aus ihren Stäbchen das Wort »Abwarten« und entsprachen damit auf zauberische Art den

Intentionen des obersten Kriegsherrn: Der wartete nämlich voller Ungeduld auf die Truppenverstärkungen, die sich bereits auf dem Marsch befanden.

Nun, *Honi soit qui mal y pense* – Verflucht sei der, der Schlechtes dabei denkt –, doch eine gewisse Verwunderung mag gestattet sein angesichts der Harmonie zwischen dem Wunsch der Menschen und dem Willen der Götter.

Auch die Heerführer der Kimbern pflegten vor einer großen Schlacht ihre Frauen zu befragen, ob Wodan ihnen günstig gesinnt sei oder nicht. Die Art, wie das bei ihnen geschah, läßt uns frösteln, und Strabos Schilderung gehört in ihrer Anschaulichkeit zu den grausigsten Passagen antiker Geschichtsschreibung über die Germanen.

»Unter den Frauen in ihrem Gefolge gab es einige, die die Gabe der Weissagung besaßen. Sie waren grauhaarig, trugen weiße Gewänder, die an der Schulter mit einer Spange befestigt waren, und einen Gürtel aus Erz. Nackten Fußes gingen sie den Kriegsgefangenen durch das Lager entgegen, das Schwert in der Hand, bekränzten sie feierlich und führten sie dann zu einem ehernen Mischkessel, der 20 Amphoren [etwa 780 Liter] faßte. Eine der Frauen stieg auf eine Leiter hinauf, ließ sich die Gefangenen einen nach dem anderen hinaufheben, über das Becken beugen und schnitt ihnen die Kehle durch. Aus dem Blut, das in den Kessel sprudelte, weissagten sie und ergründeten die Zukunft. Andere Frauen schlitzten den Gefangenen den Leib auf und prophezeiten aus den herausquellenden Eingeweiden den Sieg ihrer Völker.«

Auch hier war der Glaube des Wunders liebstes Kind, und die Frauen besaßen, wenn nicht die Gabe der Weissagung, so doch Weisheit, sie wußten, daß Soldaten leichter siegen, wenn sie an den Sieg glauben und den Gott auf ihrer Seite wissen. Das mußte nichts mit bewußter Täuschung zu tun haben. Waren die Priesterinnen von ihrem heiligen Amt zutiefst durchdrungen, sprachen sie, zumindest subjektiv, die

Wahrheit. Doch haben sie sich sicher nicht immer den Wünschen der Heerkönige versagen können, wenn eine günstige Prophezeiung erwartet wurde.

Solange es Propheten gibt, hat man versucht, ihre Prophetie in den Dienst der Politik zu stellen. Auch die große Veleda mußte manchmal noch klüger sein als weise, wollte sie überleben.

Der Legionskommandeur als Morgengabe – Veleda rettet Köln

Veleda ist, neben Thusnelda, eine der wenigen germanischen Frauen, die uns namentlich überliefert wurden. Die Cheruskerfürstin war keine Heldin, obwohl man sie dazu gemacht hat, sie zeigte die Tugend makelloser Haltung im Unglück, des Stolzes und der Unbeugsamkeit, doch im Grunde blieb sie Opfer, blieb passiv. Veleda dagegen erscheint als kraftvolle Persönlichkeit, die es mit den Römern genauso aufnahm wie mit den eigenen Landsleuten.

Sie kam aus dem Stamm der Brukterer, einem der wehrhaftesten Völker Germaniens. Am Aufstand gegen Rom unter Arminius waren sie maßgeblich beteiligt, eroberten den Adler der 19. Legion, bildeten ein bevorzugtes Ziel für die Rachefeldzüge des Germanicus, der ihr Land mehrmals verwüstete, ihren Widerstandswillen aber nur beugen, nie brechen konnte. Als sich die Cherusker in ewigen Bruderkämpfen nahezu gegenseitig ausgerottet hatten, spielten die Brukterer bereits wieder die führende Rolle bei einem neuen Aufstand, der im Jahr 69 nach Christus emporloderte.

Dieser Krieg brachte, nächst der Varusschlacht, den Römern die schwersten Verluste, ihre Kastelle gingen in Flammen auf, ihre Legionslager wurden zerstört, ihre Schiffe auf dem Rhein gekapert. Geführt wurde er von den Bataverfürsten Civilis, aber der Bataver hätte kaum solche Erfolge feiern können, wenn er nicht Veleda gehabt hätte.

»Diese, eine Jungfrau aus dem Stamm der Brukterer, verfügte über große Macht und weitreichenden Einfluß, dank einem alten Glauben der Germanen, wonach manche Frauen das Zweite Gesicht besäßen – und überhaupt etwas Göttliches. Ihr Ansehen steigerte sich noch, denn sie hatte den Germanen ihre Siege und die Vernichtung der Legionen prophezeit.«

Veleda war das geistige Oberhaupt des Volksaufstands, eine außerordentliche Frau, an deren medialen Kräften es keinen Zweifel gibt, aber auch keinen daran, daß sie diese Kräfte häufig in den Dienst der Politik stellte. Ihre Prophezeiungen wurden darauf abgestimmt, die einzelnen Stämme einem Ziel unterzuordnen: die Errichtung eines germanischen Königreichs unter Führung von Julius Civilis.

Wie sehr der Bataverfürst ihre Dienste zu schätzen wußte, zeigt ein Geschenk, das in seiner barbarischen Großartigkeit an den Kopf des Varus erinnert, den Arminius dem Marbod übersandte. Diesmal saß der Kopf noch auf den Schultern seines Besitzers, der Munius Lupercus hieß und in seiner Eigenschaft als Legionskommandeur der vornehmste Kriegsgefangene war. Was Veleda mit diesem »Geschenk« anfangen sollte, bleibt unklar, und eventuelle Kombinationen, die in eine bestimmte Richtung zielen, sind auf jeden Fall falsch, denn eine Seherin war Jungfrau und mußte Jungfrau bleiben. Der unglückliche Lupercus wäre ohnehin nicht dazu gekommen, denn der Tod ereilte ihn bereits auf dem Transport.

Für Geschenke schien Veleda empfänglich. Da es mit einem römischen Offizier nicht geklappt hatte, dedizierte man ihr das nächstemal etwas anderes Römisches. Die Bataver, die zu den wenigen germanischen Stämmen gehörten, die den Krieg zur See beherrschten, hatten ein Selbstmordkommando auf die römische Flotte angesetzt. Ihre Kampfschwimmer ließen sich in einer mondlosen Nacht auf die am Rheinufer ankernden Galeeren zutreiben und kaperten das Flaggschiff. Der neue Oberkommandierende Petilius Cerialis, auf den sie es abgesehen hatten, war allerdings kurz zuvor von Bord gegangen: Er lag in einem luxuriösen Zelt am Ufer und vergnügte sich mit einer Agrippinenserin – wie die Kölnerinnen damals noch hießen –, die den schönen Namen Claudia Sacrata trug.

Die Bataver gaben sich mit dem prächtigen Schiff zufrieden, schleppten es rheinabwärts bis zur Lippe und ankerten es unweit des Turmes der Seherin. Veleda bewohnte das oberste Gemach eines Turmes, wohl, um den Sternen näher zu sein, dem gemeinen Volke aber entrückter. Sie ließ durch ihren Vertrauten verkünden – denn in *persona* zeigte sie sich nie, um das Image der Göttlichkeit zu wahren –, daß sie das Präsent anzunehmen bereit sei.

Ihr eigener Stern begann zu sinken, als sich ihre Visionen nicht mehr in Erfolge ummünzen ließen. Die Verbündeten hatten viele Schlachten gewonnen, aber nicht den Krieg. Die Römer begannen, die Oberhand zu gewinnen. Sie waren aber selbst so kriegsmüde, daß sie von sich aus ein Friedensangebot unterbreiteten. Wie hoch sie den Einfluß Veledas immer noch einschätzten, zeigt die Tatsache, daß sie die Seherin um Fürsprache baten.

Cerialis ließ bei dieser Gelegenheit durchblicken, daß er Veleda zwar für eine bedeutende Persönlichkeit halte, ihre Kunst aber für Blendwerk. Er kannte die Praktiken zu genau, mit denen *seine* Leute, die Auguren, aus dem Vogelflug oder dem Freßgebaren der heiligen Hühner die Zukunft zu manipulieren pflegten. So bat er mit sanftem Zynismus, die Barbarin möge doch jetzt einmal den Römern ein paar günstige Vorzeichen zukommen lassen, ihr Schaden würde es gewiß nicht sein.

Ihre Antwort kennen wir nicht, aber am Zustandekommen des Friedens war sie maßgeblich beteiligt. Als Leiterin einer Delegation ging sie nach Rom, um die endgültigen Verträge auszuhandeln. Dort erwies sie sich als eine mit allen Wassern gewaschene Diplomatin: Den Aufständischen ward, wider alle sonstige Gewohnheit, Gnade vor Recht zuteil und der *status quo ante,* die alten Rechts- und Gebietsverhältnisse, wurde wiederhergestellt.

»... wenn man seine Herren frei wählen könne, dann ist es ehrenhafter, die römischen Kaiser zu ertragen als germanische Weiber«, hatten die Krieger gemurrt, bevor der Friede geschlossen war, und damit unzweifelhaft auf Veleda gezielt. Einige Jahre später tönten aus dem Gelegenheitspoem eines römischen Dichters »die Bitten der *gefangenen* Veleda«, anscheinend hatten sich ihre Landsleute von ihr abgewandt und sie den Römern ausgeliefert. Von nun an herrschte völlige Stille, ihre Spur verlor sich im ungewissen ...

1926 fanden Archäologen bei Ausgrabungsarbeiten in der alten latinischen Stadt Ardea, südlich von Rom, ein tafelartiges Marmorbruchstück. Es war sechzehneinhalb Zentimeter lang und mit Buchstaben in griechischer Schrift bedeckt, die ihrer Form nach in das erste Jahrhundert nach Christus gehörten. Ein Fragment, wie es zu Dutzenden gefunden worden war, und da sich niemand sonderlich dafür interessierte, wanderte es zur späteren Auswertung in die Keller der Archive. Erst zwanzig Jahre später wurde es zu einer kleinen Sensation.

Die Inschrift auf dem Marmor erzählte von einer »hochgewachsenen Jungfrau namens Veleda, die verehrt wird bei den Rheinwassertrinkern«. Damit konnte niemand anders gemeint sein als die einst so gefeierte Brukterin: denn als »hochgewachsene Jungfrau« wurde sie überall geschildert und »Rheinwassertrinker« war auch eine gängige Umschreibung für die Germanen. Die weitere Übersetzung machte

Schwierigkeiten, weil einige Wörter verstümmelt waren und die fehlenden Buchstaben ergänzt werden mußten. Das führte zu den verschiedensten Rekonstruktionen und Deutungen. Zwei der am wahrscheinlichsten klingenden haben eines gemeinsam: den gesellschaftlichen Abstieg der großen Zauberin.

»... damit Du [gemeint ist Kaiser Vespasian] sie nicht beschäftigungslos fütterst, soll sie fegen und die Bronzelampe des Tempels schneuzen«, heißt es in der einen Version; in der anderen wird darauf hingewiesen, daß ihre Weissagekunst nur wirken könne, wenn das Geld im Kasten klingt.

Sic transit gloria mundi ... Der Ruhm der Veleda verging so gründlich, daß niemand mehr sie heute kennt. Die Lexika führen sie nicht, Wasserziehers Namensbüchlein, nach dem Generationen von Eltern ihre Kinder tauften, vermeldet Fehlanzeige. Die Schulbücher übergehen sie, ja selbst in Köln weiß man nichts mehr von ihr, wie eine private Umfrage ergab – und das ist bedenklich: Denn Veleda war es, die, zum Schiedsspruch aufgerufen, ob die allzu römerfreundliche Stadt zerstört werden solle oder nicht, für ihre Erhaltung plädierte und ihren Spruch auch durchsetzte. Köln hat zwar einen prächtigen Ring, genannt nach dem germanischen Stamm der Ubier, ein schönes Ufer, das seinen Namen der römischen Kaiserin Agrippina verdankt (die die Ubiersiedlung zur Stadt erhob), für Veleda aber hat es gerade noch zu einem Gäßchen gereicht.

»Die Verpflichtung, an diese Frau und ihr eigenartiges Schicksal zu erinnern«, klagt der Professor Volkmann aus Köln am Rhein, »muß besonders der Historiker empfinden, der in dieser Stadt geboren worden ist ... Veleda, die mit kluger Einsicht in die Lage die Existenz der Stadt durch ihren Spruch rettete, verdiente es, stärker in die Erinnerung unserer Zeitgenossen gebracht zu werden.«

Hier irrte Tacitus

Die Geschichte der Veleda zeigt, daß die als heilige Wesen mit Sehergabe verehrten germanischen Frauen nichts anderes waren als Menschen. Mit all ihren Vorzügen und all ihren Schwächen. Das ist irgendwie beruhigend. Auch wenn damit etwas von der Patina abblättert, es ist angenehmer, mit Menschen zu verkehren als mit Denkmälern.

Gilt das im gleichen Maß für das Heer jener Germaninnen, über die kein Geschichtswerk berichtet? Die ungenannt blieben und unbekannt? Entsprach die Frau aus dem Volke der Vorstellung, die solche Worte in uns wecken:

»So leben die Frauen in Zucht und Keuschheit, nicht verdorben durch aufreizende Schauspiele oder lüsterne Gelage. Heimlicher Briefwechsel ist Männern ebensowenig bekannt wie Frauen. Ehebruch kommt trotz der so zahlreichen Bevölkerung äußerst selten vor. Die Bestrafung erfolgt auf der Stelle und bleibt dem Mann überlassen. In Gegenwart der Verwandten schneidet er der Ehebrecherin das Haar ab, reißt ihr die Kleider herunter und jagt sie mit Peitschenhieben durch das ganze Dorf. Eine Frau, die ihre Keuschheit preisgegeben hat, findet kein Erbarmen: Weder Schönheit noch Jugend, noch Reichtum lassen sie wieder einen Mann finden. Denn in Germanien lacht niemand über Laster, und Verführen und sich Verführen lassen nennt man dort nicht ›modern‹.

Noch besser sind die Verhältnisse bei den Stämmen, in denen nur Jungfrauen heiraten dürfen, und die Chance einer Heirat sich nur ein einziges Mal bietet. Wie die Frau nur einen Leib und nur ein Leben besitzt, so soll sie auch nur einen Mann haben. Kein Gedanke, kein sinnliches Begehren soll sich darüber hinaus in ihr regen. Nicht den Ehemann sollte sie lieben, sondern die Ehe, die er verkörpert.«

Die Worte stammen wieder von Tacitus. Sein Werk, insbesondere die »Germania« bildet die Hauptquelle dessen, was wir über die germanische Frau wissen. Die »Germania«, ist, wie bereits erwähnt, kein bloßer Sittenspiegel gewesen, lediglich dazu bestimmt, den Römern zu zeigen, wie verderbt sie sind und wie rein die Germanen. Doch bei den Frauen scheint ihn das Bestreben, die Wahrheit über dieses geheimnisvolle Volk zu finden und nichts als die Wahrheit, verlassen zu haben. Er lobt überschwenglich, ergeht sich in Hymnen, steigert sich in eine Idealisierung hinein, die das wahre Wesen seines Objekts total zudeckt. Was ist die Ursache dieses geradezu missionarischen Eifers? Gezeigt von einem Mann, den wir sonst als maßvoll kennen, abwägend und um Objektivität bemüht?

Die Antwort liegt im *Cherchez la femme,* und *femme* ist in diesem Fall die römische Frau.

Schon Horaz klagte, daß die Sünde zuerst Ehe, Familie und Haus befleckt habe, und »aus dieser Quelle fließend hat sich das Unheil über Staat und Volk ergossen«. Für das Jahrhundert, das Tacitus schildert, in dem solche Ungeheuer wie Nero und Caligula lebten, gilt das um so mehr. Es war eine Zeit moralischen Tiefstands, woran die Frau selbstverständlich nicht allein schuld war, doch als Bewahrerin der altrömischen Tugenden der *pietas, gravitas, simplicitas,* der Frömmigkeit, der Würde, der Schlichtheit, trat sie auch nicht auf.

Manche Damen zählten ihre Jahre nach der Zahl ihrer Ehemänner. Andere ließen sich bereits wieder scheiden, wenn die grünen Zweige noch nicht verwelkt waren, die bei der Hochzeit die Haustür geschmückt hatten. Es gab Frauen, die sich als Prostituierte einschreiben ließen, um nicht wegen Ehebruchs belangt werden zu können, die Keuschheit mit Häßlichkeit gleichsetzen, jeden Mann bäurisch fanden, der neben seiner Ehefrau nicht mindestens zwei Geliebte aushielt, die den Ehebruch als eine Art Sport betrieben.

»Ich frage schon lange in der ganzen Stadt, ob keine Frau nein sagt«, witzelte Martial, »keine sagt nein. Also keine ist keusch? Tausend sind es. Wie halten es denn nun diese tausend Keuschen? Sie sagen nicht ja, aber nein sagen sie auch nicht.«

Vor diesem Hintergrund wird das Frauenbild des Tacitus verständlich. Es ist ein Kontrast, den er zeichnet, und die Feder führt ihm die Trauer über den Verfall der Sitten und die Sehnsucht nach den guten alten Zeiten. Er ähnelt dem europäischen Forschungsreisenden, der den Daheimgebliebenen Naturvölker schildert, bei denen die Sitten noch unverfälscht sind, die Tugenden noch hochgehalten werden, überhaupt alles reiner, schöner, edler ist.

Das taciteische Frauenbild der Germanin hatte in Deutschland Schreckliches zur Folge. Die Moralapostel aller Schattierungen bemächtigten sich seiner und erklärten es zum Vorbild. Es prangte auf den Bannern der Sittlichkeitsvereine, der Volkswartbünde, der Organisationen à la »Glaube und Schönheit«. Welche Wonne auch, sich auf einen renommierten antiken Geschichtsschreiber berufen zu können, wenn man Moralinsaures anzupreisen hatte.

Und bei unseren Nachbarn findet sich immer noch die unausrottbare Vorstellung der deutschen Frau als einer Mischung aus Wagnersängerin und Germaniadenkmal: flachshaarig, mittelgescheitelt, großfüßig, treuherzig, vollbusig und trostlos langweilig. Daran hat auch die Entdeckung eines sogenannten Fräuleinwunders nur vorübergehend etwas ändern können. Es gibt nichts Zählebigeres als Vorurteile, wenn sie auch nicht ganz von ungefähr kommen: Bei den Durchschnittsmaßen, die die europäischen Damen oben ohne aufweisen und die man jüngst sorgfältig gemessen hat, gingen Deutschlands Frauen um einen Zentimeter Brustbreite vor den Holländerinnen ins Ziel.

»Die Liebe lernt der junge Mann erst spät kennen«, fährt Tacitus in seiner Hymne fort, »deshalb ist ihre Manneskraft auch so stark. Auch die Mädchen haben es nicht eilig, sich zu verheiraten. Bei ihnen findet man die gleiche Jugendfrische und einen ähnlich hohen Wuchs. Den jungen Männern gleich an Gesundheit und Stärke, treten sie in die Ehe, und in ihren Kindern spiegelt sich ihre Kraft ... Gleichwohl halten die Germanen auf die Heiligkeit der Ehe, und in keinem Punkt verdienen ihre Sitten größeres Lob. Sie sind beinah die einzigen unter den Barbaren, die sich mit nur einer Frau begnügen.«

Bauersfrau und Bauerntöchter

Hoch und hehr, keusch und züchtig, kühl und unnahbar, humorlos und langweilig, tugendsam und total unerotisch, eine Frau, die man bewundern kann, aber nicht lieben, respektieren, aber nicht gern haben, so tritt uns die Germanin hier entgegen.

Um einen einigermaßen zuverlässigen Eindruck zu gewinnen, wie es wirklich war, muß man sich – wieder einmal – vergegenwärtigen, daß die Germanen ein Bauernvolk waren und die Frauen demnach Bäuerinnen. Die Mädchen wuchsen auf dem elterlichen Hof auf. Und zwar höchst demokratisch, zusammen mit den Kindern der Sklaven, ohne daß sie ihnen vorgezogen wurden. Jeder Hofbesitzer besaß, je nach seinem Vermögen, eine Anzahl versklavter Kriegsgefangener, die die groben Arbeiten zu leisten hatten – wie zum Beispiel die Bedienung der schweren Mahlsteine. Die Mädchen spielten mit Puppen, die man aus Holz oder Tierknochen schnitzte oder in Ton formte. In den Gräbern hat man auch Pferdchen aus Messing gefunden. Puppentöpfe, Puppenteller, Rasseln, Klappern beweisen, daß es nichts Konservativeres gibt als Spielzeug. Und gewiß gehört es zu den extremen Ausnahmen, wenn ein Bataverfürst seinen lieben Kleinen einen gefangenen Legionär schenkte, damit sie an ihm die Schärfe ihrer Lanzen und die Treffsicherheit ihrer Pfeile ausprobieren konnten.

Die Kindheit war, wie überall auf dem Land, mehr als kurz. Zwar mußten die Mädchen nicht in die Schule, dafür wurden sie sehr bald mit jenen Handreichungen beschäftigt, wie sie auf einem Bauernhof tagtäglich anfallen, noch dazu auf einem, der einem kleinen Industriebetrieb glich und alles produzierte, was zum täglichen Leben gebraucht wurde.

Die meisten Arbeiten wurden Frauen und Mädchen aufgebürdet: Sie verfertigten Schuhe aus Rinderhäuten, webten Kleider, Decken und Wäsche, formten auf der Töpferscheibe das Tongeschirr, sorgten für die Vorratshaltung, bereiteten den Met, backten Brot und – brauten Bier. Die ersten deutschen Bierbrauer waren Bierbrauerinnen, und die Kunst des Brauens stand weit über der Kunst des Kochens. An den anschließenden Gelagen durften die Frauen – Zyniker würden sagen »zur Belohnung« – nicht teilnehmen.

Nur jungen Mädchen wurde es gelegentlich gestattet, den Recken die bis zum Rand gefüllten Trinkhörner zu reichen. Einige mögen dabei gemerkt haben, daß Bier keineswegs nur ein Männergetränk ist. In einem Baumsarg hat man ein junges Germanenmädchen gefunden, zu ihren Füßen einen kleinen Holzeimer mit Bier, als flüssige Wegzehrung für die Reise in das Land ohne Wiederkehr. Das Hüten des Viehs in den Auwäldern zählte zu den beliebtesten Tätigkeiten der Jugend, weil man dabei fern von den Erwachsenen war und ihren lästigen Erziehungsversuchen. Im Winter war der Aufenthalt in den innerhalb des Hofbereichs liegenden Grubenhütten sehr begehrt. In diesen in die Erde eingegrabenen »Stuben« trafen sich die jungen Mädchen und verspannen den Flachs und die Schafwolle zu den dünnen Fäden, aus denen die Stoffe gewebt wurden. Man konnte Lieder dabei singen, sich Gruselgeschichten erzählen, Märchen, Sagen, von den Heldentaten der Ahnen berichten und – sich ausführlich über Vorzüge und Nachteile der heiratsfähigen jungen Männer unterhalten. Der Klatsch blühte dabei, und gekichert wurde soviel wie heute.

Sexuelle Probleme hat es gewiß wenige gegeben. Verdrängung, Verklemmung, Frustration konnten kaum aufkommen in einer Gesellschaft, in der das Geschlechtliche seinen selbstverständlichen Platz einnahm. Die Mädchen schliefen zusammen mit den Erwachsenen auf der großen Bank längs der Feuerstätte, durch keine Wand von ihnen getrennt. Sie badeten zusammen mit den jungen Männern in den Flüssen und machten, wie Cäsar glaubte ausdrücklich bemerken zu müssen, »aus den Verschiedenheiten des Geschlechts überhaupt kein Geheimnis«.

Was ist er, was bringt sie mit? Die Ehe, ein Vertrag

Die jungen Mädchen verliebten sich in die jungen Männer wie eh und je, aber die Verliebtheit spielte keine Rolle, wenn es um das Verheiratetwerden ging. Auf die Wahl ihres Partners hatten sie keinen Einfluß, bisweilen hatten sie ihn vorher noch nicht einmal gesehen. Ehen wurden nicht im Himmel geschlossen, sondern auf dem Boden harter Tatsachen, und die lauteten wie bei allen Bauernvölkern: Was hat er, was bringt sie mit, wie angesehen ist er, ist sie eine geborene oder nur eine gewisse.

Ja, und die Liebe?

Die war bestimmt eine schöne Sache, aber nötig war sie nicht zur Gründung einer Ehe. Zuneigung genügte, und die stellte sich im Laufe der Jahre erfahrungsgemäß ein. Man war der Meinung, daß die Heirat eine viel zu ernste Sache sei, um sie den jungen Leuten zu überlassen, und so kamen die Familienoberhäupter zusammen, den Ehevertrag abzuschließen. Es war ein Vertrag, vor dessen Abschluß zäh gefeilscht wurde.

Seine Paragraphen ähnelten versteinerten Resten aus jener Zeit, da man die Braut noch kaufen mußte. Die Zahlung erfolgte in Form von Kühen. Bei den Germanen erhielt die Kaufsumme allmählich den Charakter eines Geschenks. Es konnte ebenfalls aus Rindern bestehen oder aus Pferden, aus Waffen, aus Hausrat, wichtig war, daß es »etwas hermachte«, daß es wertvoll war und vor den Augen der kritischen Verwandtschaft bestehen konnte. Die Familie der Braut profitierte nicht unbedingt davon, sondern gab einen Teil der Präsente der Jungvermählten wieder mit oder reservierte ihn für den Fall einer Scheidung oder Verwitwung. Hinzu kam die dem Vermögen angemessene Aussteuer. Erst durch diese gegenseitigen Sachleistungen war ein Eheversprechen bindend, gewann ein Ehevertrag Rechtskraft, wurden die beiden Familien miteinander verbunden.

Die Ehen, die auf diese Art zustande kamen, waren nicht schlechter als die Liebesheiraten unserer Tage. Sicher ist es in manchen Fällen zu privaten Tragödien gekommen: Wenn die Frau den ungeliebten Mann nehmen, dem geliebten aber entsagen mußte. Hier gab es allerdings einen Ausweg, mit dem das Muß umgangen werden konnte. Thusnelda selbst ist das beste Beispiel für diese sehr germanische Lösung. Um dem Mann nicht folgen zu müssen, mit dem man sie gegen ihren Willen verlobt hatte, ließ sie sich bei Nacht und Nebel von Arminius entführen. Eine höchst romantisch erscheinende Art der Eheschließung, doch gehörte zu einem solchen Entschluß die Erkenntnis, daß damit alle Brücken zur eigenen Familie für immer abgebrochen waren. Deshalb ist anzunehmen, daß die Raubehen selten gewesen sind.

Die Lebenserwartung der germanischen Frau lag noch niedriger als die des Mannes. Das scheint eine erstaunliche Feststellung, denn schließlich waren es die Männer, von denen die Kriege ihren Blutzoll forderten. Doch darf man nicht vergessen, daß keineswegs immer Krieg war, sondern auch lange Perioden des Friedens herrschten, immer aber wurden Kinder geboren, und so war es denn das Kindbett, das die meisten Opfer forderte. Die Schwangerschaft war bei der Germanin der normale Zustand. So wie man es noch von unseren Bäuerinnen kennt, bis weit in das zwanzigste Jahrhundert hinein, daß sie sich im Zustand der »Hoffnung«, befanden, solange sie fruchtbar waren. Die Zahl der Schwangerschaften erhöhte naturgemäß das Überlebensrisiko. Jede dritte germanische Mutter, so schätzt man, ereilte irgendwann der Tod im Kindbett: Bei der zweiten Schwangerschaft oder bei der fünften, bei der neunten oder bei der vierzehnten.

Empfängnisverhütung war verpönt, wenn auch nicht gänzlich unbekannt, doch ist nicht anzunehmen, daß Kondome aus Fischblasen in Gebrauch waren, wie man es von den Römern weiß. Dasselbe gilt für die Praktiken, Fehlgeburten auf künstlichem Wege herbeizuführen.

Geburtshilfe dagegen war durchaus üblich, wenn auch mehr im Stil des Dr. Eisenbart: Man zog die bedauernswerten Frauen durch sogenannte Schmieglöcher, die aus Baumspalten bestanden, oder setzte sie in Hockstellung über stark rauchende Wacholderfeuer. Wenn gar nichts zu helfen schien, half vielleicht der bannende Spruch zauberkräftiger Runen.

War das Kind auf der Welt, so begann der Kampf, es am Leben zu erhalten. »Es kann als Faustregel gelten«, hat der Saarbrücker Vorgeschichtler Rolf Hachmann ausgerechnet, »daß bis in die Wikingerzeit hinein in Germanien von drei Neugeborenen eines schon als Säugling, ein zweites als Kind starb. Nur jedes dritte Kind hatte die Chance, heranzuwachsen, zu heiraten und seinerseits Kinder zu bekommen.« Und: »Nicht jedes Neugeborene, das gesund schien, wurde zur Aufzucht bestimmt. Kinder, die unerwünscht waren, wurden ausgesetzt. Die Sitte der Aussetzung traf nicht nur die Schwachen und Mißgebildeten; sie traf die neugeborenen Knaben, wenn der Vater ihnen ansehen zu können glaubte, daß sie später Übeltäter werden würden; sie traf aber vor allen Dingen die neugeborenen Mädchen, wenn schon ein Mädchen in der Familie vorhanden war oder wenn die Frau nur Mädchen, aber nicht die erwarteten Knaben geboren hatte.«

Als die Friesen ihre Frauen verkauften

Im Jahre 28 nach Christus erschien der römische Tribun Olennius im Gebiet der an der Nordseeküste zwischen Zuidersee und Weser siedelnden Friesen, um mit den Stammesfürsten zu verhandeln. Friesland stand zum römischen Imperium in einem Klientelverhältnis: Es war seinem Schutz anbefohlen und zahlte dafür mit Kriegsdiensten und einem jährlichen Tribut. Der Tribut bestand aus einer bestimmten Menge Ochsenhäuten. Olennius, ein alter Soldat, aber kein Verwaltungsfachmann, befahl, daß die zu liefernden Häute in Zukunft der Größe von Auerochsen entsprechen müßten.

Das war eine mehr als harte Forderung. Die wilden Auerochsen waren wesentlich größer als die auf den Weiden grasenden Ochsen, die einem kleinen, ziemlich unansehnlichen Schlag entstammten. Nach und nach mußten die Friesen ihren gesamten Viehbestand opfern, denn es war unmöglich, so viele Auerochsen zu erlegen. Da die Forderung auch damit nicht erfüllt war, gaben sie ihre Äcker und Wiesen in Zahlung. Olennius aber sprach immer noch sein erbarmungsloses »Es genügt nicht!«.

Eine Delegation, die ihm vorhielt, daß die Friesen einmal die römische Flotte vor dem Untergang gerettet, sich auch nicht am Aufstand unter Arminius beteiligt und überhaupt ihre Freundschaft zu Rom oft bewiesen hätten, entließ er mit barschen Worten und Drohungen. Seine Soldaten wies er an, den Zins unter Anwendung brutalster Mittel einzutreiben. Was die Friesen nun tun, scheint unfaßbar: Sie empören sich nicht, stehen nicht auf wie ein Mann, um die Römer zu vertreiben – sie ziehen mit ihren Frauen und Kindern zur nächsten Handelsniederlassung und verkaufen sie in die Sklaverei. Der Erlös soll endlich die Norm erfüllen, die man ihnen gesetzt hat. Und erst jetzt, nachdem die Römer sich noch immer nicht zufrieden zeigen, kommt es zum Aufstand.

Man hat versucht, diese Handlungsweise zu bagatellisieren, indem man sie als »aus der Not geboren« hinstellte. Derartige Notverkäufe sind auch bei anderen Völkern vorgekommen, doch bei den Germanen müssen sie wie ein Schock wirken. Sie wollen nicht zu einem Volk passen, das sich auf seine Hochachtung vor den Frauen soviel zugute hielt und in ihnen so etwas wie »höhere Wesen« zu sehen glaubte.

Eine Ausnahme also? Kaum. In der Nacht vor der Schlacht von Idistaviso schickte Arminius einen Reiter bis auf Rufweite an das Lager des Germanicus und forderte die Legionäre zum Überlaufen auf. »Er versprach mit lauter Stimme allen, die zu den Germanen überlaufen würden, ein Stück Land, 100 Sesterzen täglich [etwa 120 Euro] – und eine Frau.«

In beiden Fällen wußten die Germanen, was ihre Frauen erwartete.

Reinhold Bruder zieht daraus das kühle Fazit des unvoreingenommenen Wissenschaftlers, wenn er schreibt: »Es scheint mir im Hinblick auf die genannten Stellen nicht mehr möglich zu sein, die von Tacitus und seinen germanistischen Interpreten geäußerte Ansicht von der hohen Achtung der Frauen ... aufrechtzuerhalten. Freilich gibt der Germane Frauen und Kinder ungern aus seinen Händen, aber nicht wegen ihrer hohen Gaben und ihrer Persönlichkeit, sondern weil er mit ihnen sein kostbarstes und gehütetstes Besitztum verliert.«

Die doppelte Moral des Mannes

Die Hochachtung vor der Frau hat man auch daraus ableiten wollen, daß ihre Ehre vom Gesetz strenger geschützt wurde als die des Mannes. Die Sühnegelder für Verstöße gegen weibliche Zucht und Schamhaftigkeit waren außerordentlich hoch angesetzt. »Wer einer Frau oder Jungfrau in unehrbarer Weise die Hand streichelt, muß das mit der Zahlung von 15 Kühen büßen; versteigt er sich bis zum Oberarm, erhöht sich die Buße auf 35 Kühe; wagt er gar ihre Brust zu betasten, hat er dem Mann oder dem Vater der Frau eine Entschädigung in Höhe von 45 Kühen zu leisten.«

Der Respekt vor der weiblichen Persönlichkeit war jedoch nicht die Triebfeder zu solchem Rechtsbrauch: Es war das eitle Männchen, das seinen »Besitz« gefährdet sah. Vielleicht waren es nicht nur Zyniker, die darauf hinwiesen, daß das Wort »Weib« im Deutschen den sächlichen Artikel hat (das auf seine Eigenschaft als »Sache« hindeutet) und es kein Zufall sei, wenn Deutschlands Ehemänner ihre Frauen so gern »ihr bestes Stück« nennen.

Hatten die Germaninnen keine Möglichkeit, gegen ihr Schicksal anzugehen und sich nicht wie einen Gegenstand behandeln zu lassen?

Sie hatten keine ...

Das ungeschriebene Gesetz war gegen sie, benachteiligte sie auf allen Gebieten. Frauen besaßen weder Sitz noch Stimme im Thing, der Volksversammlung, sie durften sich den Ehepartner nicht selbst wählen, sie waren nicht erbberechtigt, sie mußten sich dem Spruch des Mannes beugen, ob die von ihr geborenen Kinder aufgezogen oder ausgesetzt wurden.

Erst wenn der Vater das Kind vom Boden aufgenommen hatte, war es seines Lebens sicher. Aufhebung war gleichbedeutend mit Anerkennung. Bei manchen Stämmen trat dieser Zeitpunkt erst ein nach Empfang der ersten Nahrung. Wichtig war auch die Namengebung, denn *nomen* war hier wirklich noch *omen*, hatte Vorbedeutung.

»Mit der Namengebung flößte der Vater dem Kinde sozusagen die Seele ein, von diesem Zeitpunkt an war es ein Mitglied der Familie. Was an Kraft, Mut, Begeisterung, Wehrhaftigkeit und Glück in dem Namen steckte, das sollte in das neue Wesen eingehen. Der Name schritt dem Menschen ohne Furcht vor Leben und Tod voraus und ging von den Ahnen auf die Enkel über. Darum lebte ein Mensch auch nach seinem Tode im Nachruhm seines Namens weiter bis in die ferne Zukunft. Daher wählte man solche Namen, in deren Wortsinn sich der Zug zum Hohen und Wagemutigen offenbarte ...«

Das germanische Namengut hat sich über die Jahrtausende erhalten und erlebte zu gewissen Zeiten Wiederauferstehung. In den dreißiger und vierziger Jahren bekam manch neuer Erdenbürger in Deutschland einen Namen, mit dem er im späteren Leben nicht gerade glücklich war.

Siegfried, Sigmar, Sigrid (von *sigu* – »Sieg« abgeleitet) ging noch an, mit Helmbrecht, Ortwin, Gernot (von *helm, ort, ger* – »Schwertspitze«) ließ es sich auch noch leben, dasselbe gilt für Wolf (von *wulf* – »Wolf«), Gunter (von *gunt* – »Kampf«), Dietlinde (von *diet* – »Volk«), arg wurde es jedoch mit Vornamen wie Notburga (von *burg* – »Schutz, Geborgenheit«), Ernfriede (von *ern* »Adler«), Bodomar (von *boto* – »Bote«), Heilmar (von *hail* – »gesund, voll Kraft«) und Arbogast (von *gast* – »Fremdling«).

Das Jahr der Geburt konnte, bei der Art der germanischen Zeitrechnung, nicht festgehalten werden. Man rechnete zwar nach Nächten, Wochen und Monden und ließ das Jahr im Frühling beginnen, die Jahre selbst aber zählte man nicht, und so wußte niemand genau, wie alt er eigentlich war. »Sie wird wohl an die sechzig, siebzig alt gewesen sein«, hieß es noch im 6. Jahrhundert, als die Frankenkönigin Ingoberga das Zeitliche segnete. Germaniens Frauen waren demnach in der glücklichen Lage, auf die Frage nach ihrem Alter guten Gewissens mit den Achseln zucken zu können.

Geradezu grotesk zeigt sich die untergeordnete Stellung der Germanin bei der Regelung der Ehescheidung. Die Frau konnte durch einen einseitigen Willensakt ihres Mannes verstoßen werden. Als Grund genügte eine »schimpfliche Verfehlung« – was darunter zu verstehen war, blieb seiner Beurteilung überlassen. Ließ sie sich mit einem anderen Mann ein, wurde sie automatisch ehrlos. Der Ehre des Mannes dagegen schadete es nichts, wenn er sich außerehelich sexuell betätigte. Es war gern geübter Brauch, sich Kebsen zu halten. »Kebse« kommt von *kebisa* – »Magd«, und die Mägde waren es, aus denen der Germane seine Gespielinnen wählte. Die vielzitierte Keuschheit der ersten Deutschen ist beim Mann jedenfalls nicht zu beobachten.

Das alles klingt so, als sei die Frau eine bessere Sklavin gewesen, ohne Rechte, ohne Selbstbestimmung, der Willkür derart ausgeliefert, daß man sie sogar beim Würfelspiel in Zahlung geben konnte.

Nun, die Germanin wäre baß erstaunt gewesen, hätte ihr jemand ihre gesellschaftliche Position in dieser Form geschildert. Denn zwischen dem, was Recht war, und dem, was Sitte, hat in der Geschichte der Menschheit schon immer eine Diskrepanz geklafft. Gerade die Frauen haben es stets verstanden, sich gegen Gesetze durchzusetzen, die ihnen zutiefst ungerecht erscheinen mußten. Nichts ist bezeichnender dafür als das Bonmot des älteren Cato, wonach der Römer die Welt beherrsche, »den Römer aber die Frau«. Für die Germanin lautet der entsprechende Satz: »Mag das Gesetz die Frau noch stark bevatern: Die Sitte hat dies überholt; in Tat und Wahrheit steht das Weib geachtet, selbständig, ja eigenmächtig da.« In unserem Jahrhundert hat noch immer keine Frau das Recht, die Geburt eines von ihr nicht gewünschten Kindes zu verhindern. Was aber Usus ist, weiß jeder.

Sitte also brach Recht, konnte es brechen, immer dann nämlich, wenn die Frau genügend Persönlichkeit hatte. Die Germaninnen, die auf der Markussäule im Reliefbild erscheinen, sehen nicht so aus, als seien sie die Sklavinnen ihrer Männer gewesen. Auch die Frauen von Aquae Sextiae, die ihre Männer in die Schlacht zurückprügelten, machen nicht diesen Eindruck. Thusnelda und Veleda sind weitere Beispiele dafür, was eine Frau in einer reinen Männerwelt aus sich machen konnte.

Die Erotik oder: Lava unter Gletschereis

Als »höheres Wesen« wurde die Bäuerin Svanvith nicht angesehen und etwas »Gottähnliches« war ihr absolut fremd, niemand hätte dem Bauern Segimund damit kommen dürfen, aber daß sie innerhalb ihres Bereiches, des Hauses, die Herrin war, lag für ihn außerhalb jeden Zweifels. Sie hatte die Schlüsselgewalt, kannte sich aus in Küche, Keller und Stall, wußte besser umzugehen mit Knechten und Mägden, hatte ein feineres Ohr für die Wünsche der Kinder, ein schärferes Auge für die Notwendigkeiten des bäuerlichen Haushalts.

Auf diese Weise bekam sie naturgemäß ein Übergewicht und wurde zur Instanz, an die sich letztlich jeder wandte, der Rat suchte oder Auskunft. Wobei es vorkommen konnte, daß sich die Instanz zur Tyrannei auswuchs, die Hausfrau damit einen Typ verkörperte, der bereits den seligen Sokrates hatte resignieren lassen.

Müde, verarbeitet, durch ständige Schwangerschaften geschwächt, am Morgen einen Arbeitstag vor sich, der bei Sonnenuntergang nicht zu Ende war, in Sorge um den Mann, um die Söhne, wenn ein Krieg ausgebrochen war oder eine blutige Fehde, dabei unsentimental, anspruchslos, von praktischer Klugheit, immer bereit, das eigene Wohl hinter dem der Familie zurückzustellen, ausgerüstet mit der Tapferkeit des Herzens – so haben wir uns die Germanin vorzustellen, und diese Eigenschaften waren es, die ihr die allgemeine Achtung eintrugen. Die Gleichberechtigung, die ihr das Gesetz nicht zubilligte, hat sie sich tagtäglich erringen müssen: Daß es ihr gelungen ist, stellt ihrer Persönlichkeit das beste Zeugnis aus.

Die Gretchenfrage nach der Sexualität ist selten gestellt worden, und wenn, dann fiel die Antwort negativ aus. Wer in den einschlägigen Büchern blättert, hat das Gefühl, daß die Germanin eine Frau ohne Unterleib gewesen sein muß. Sex, ja Erotik, werden ihr nicht nur von den männlichen Autoren verweigert, sondern auch von den weiblichen.

Sie war »erotisch träge«, heißt es, in der Geschlechtsliebe »so kühl wie nicht bei einem zweiten Volk«; im Höchstfall kam es zu einer Art »erotischer Kameradschaftlichkeit«; beim gemeinsamen Nacktbaden »trübte angesichts der entblößten Männerkörper nicht der Hauch eines ungebührlichen Gedankens den Spiegel der Keuschheit« wie überhaupt die geschlechtliche Ruhe der Germanen »ein Hauptwahrzeichen durch die Jahrhunderte gegenüber den Nachbarn im Westen wie im Süden wie im Osten« ist.

Die Germanin war eben, weiter im Text, »kein Spielzeug der sinnlichen Leidenschaften ihres Mannes, jedes Spielerische war ihr fremd, denn die germanische Ehe, von einem freien und ganzen Manne und einer freien und ganzen Frau geschlossen, wird als Aufgabe und Erfüllung an Sippe und Volk verstanden, nicht aber als Gemeinsamkeit persönlichen Genusses«. Also: »Volle Schicksalsgemeinschaft zwischen Mann und Frau, wobei der Nachdruck auf dem liegt, was nicht erotisch ist. Die Frau ist nicht Weibchen, sondern Mensch.«

Nun, daß Germanien kein Land für Romeo und Julia war, kein Land der Liebe, wie man bei Gustav Neckel lesen kann, ist eine nicht bewiesene Behauptung. Über das Intimleben der germanischen Frau ist aber so wenig bekannt, daß sich ein schlüssiger Gegenbeweis nur schwer führen ließe. Es sei denn, man glaubt dem französischen Germanisten, der, ausgehend von der Volksweisheit, wonach die Blonden halten, was die Schwarzen versprechen, die Germanin mit einem Gletscher verglich, unter dessen Eis die Lava schlummerte.

XIII Die Gladiatoren proben den Aufstand

Mit Ruten schlagen, mit Feuer brennen, mit Eisen töten

In der Fechterschule der Stadt Capua proben die Gladiatoren den Aufstand. Zweihundert zum letzten entschlossene Männer überfallen die Rüstkammer, wo ihre Waffen, wie stets in den Kampfpausen, unter strengem Verschluß liegen. Diesmal wollen sie die Schwerter, Dolche, Lanzen und Dreizacke nicht gegeneinander kehren, sondern gegen ihre Peiniger: Sie wollen die Freiheit. Man schreibt das Jahr 73 vor Christus.

In dem verzweifelten Handgemenge, das sich in den engen schlauchartigen Gängen abspielt, kommen die meisten von ihnen um – achtundsiebzig Männern aber gelingt der Ausbruch aus einer Kaserne, über deren Tor in unsichtbaren Lettern der Gladiatoreneid geschrieben steht: »Ich will mich mit Ruten schlagen, mit Feuer brennen, mit Eisen töten lassen.« Die achtundsiebzig sind Kriegsgefangene – Gallier, Germanen, Thraker – die man *ad gladium* verurteilt hat, »zum Schwert der Gladiatoren«, was früher oder später zum Tod in der Arena führt. Ein erbarmungsloses, aber probates Mittel, mit dem sich die Römer eines großen Teils der Gefangenen entledigen, die auf den Kriegsschauplätzen des Imperiums gemacht werden.

Die Todgeweihten schlagen sich zum Vesuv durch, wählen Spartacus, den Mann aus Thrakien, zum Anführer und unternehmen von ihrem Schlupfwinkel aus Raubzüge, bei denen es ihnen um Waffen und Lebensmittel geht. Ihr Ruf verbreitet sich wie ein Lauffeuer, von allen Teilen des Landes strömen ihnen Sklaven zu, die das Leben in Knechtschaft nicht mehr zu ertragen glauben. Daß sie zu einer ernsthaften Bedrohung des öffentlichen Lebens werden, ist nicht mehr abzustreiten – konstatieren die Behörden.

Eine halbe Legion wird aufgeboten, um dem Spuk ein rasches Ende zu bereiten. Die Soldaten sperren den einzigen Weg zum Vesuv, einen schmalen Saumpfad, und bereiten sich gemächlich darauf vor, die Aufrührer auszuhungern. Irgendwann werden sie herauskriechen aus ihren Rattenlöchern, und dann wird man sie totschlagen.

Totgeschlagen aber wird der größte Teil der Legionäre, als im Morgengrauen ihr befestigtes Lager von einer Richtung angegriffen wird, von der die Belagerten gar nicht hätten kommen können, weil dort kein Weg, kein Steg existiert. Sie konnten trotzdem: Mit aus Weinreben geflochtenen Strickleitern haben sie sich die steilen Felswände heruntergehangelt. An den Hängen des Vulkans wuchs damals noch Wein, der gewaltige Krater galt als erloschen (eine Ansicht, die anderthalb Jahrhunderte später die Einwohner der Stadt Pompeji büßen mußten).

Weitere gegen Spartacus ausgesandte Truppen erleiden ähnlich schimpfliche Niederlagen. Da sich nichts rascher herumspricht als der Erfolg, strömen den Aufrührern immer neue Scharen zu, 40 000 Mann sind es schließlich, die Spartacus führt, später wächst ihre Zahl auf 100 000, schließlich auf fast 200 000.

Es ist ein buntes Völkergemisch, gebildet aus Spaniern, Britanniern, Arabern, Syrern, Ägyptern, Griechen, Illyriern, Persern, Armeniern, Juden, Sarden, Äthiopiern.

Aus ihnen heben sich lediglich Gallier und Germanen als Sonderformation unter eigenem Kommando ab.

So verschieden die Anhänger des Spartacus sind, eines schmiedet sie zusammen: der Haß gegen alles, was römisch ist. Spartacus ist klug genug zu wissen, daß Haß allein nicht genügt, um gegen die einmal in Gang gesetzte Maschinerie eines Weltreichs anzukommen. Er beschließt, die Sklaven über die Alpen zu führen in das noch freie Germanien und Gallien, von wo aus sie in ihre Heimatländer zurückkehren könnten.

Ein edles Unterfangen, aber undurchführbar, da die Sklaven nichts anderes im Sinn haben, als ihren Rachedurst bei denen zu löschen, die sie jahrzehntelang geschunden haben. Wohin sie auf ihren planlosen Zügen wandern, der Schrecken eilt ihnen voraus, und wenn sie abziehen, verfinstert sich der Himmel vom Rauch verbrannter Dörfer und in Trümmer gesunkener Städte. Spartacus hat nicht die Macht – Tragik aller Condottieri –, seine Leute daran zu hindern.

Spartacus und die letzten Kimbern

Mit den Germanen und Galliern kommt es bald zu Auseinandersetzungen. Sie wollen nach Rom, wollen in die Höhle des Löwen, mit dem Ziel, den Löwen zu töten. Ein wahnwitziger Plan, von dem sie jedoch nicht abzubringen sind, und das Unheil nimmt seinen Lauf. Getrennt von der Hauptmacht, des Kommandos des genialen Spartacus beraubt, unzureichend bewaffnet mit selbst fabrizierten Weidenschilden und im Feuer gehärteten Holzlanzen, werden sie am Monte Gargano, dem Sporn des italienischen Stiefels, von römischen Elitetruppen gestellt.

Unter den Germanen sind viele Kimbern und Teutonen, die als Kinder und Jünglinge bei Vercellae und Aquae Sextiae in Kriegsgefangenschaft geraten waren. So kommt es noch einmal zu einem gespenstischen Abglanz dessen, was einst als *furor Teutonicus* ganz Italien in Panik versetzt hatte. Die Germanen gehen in den Kampf mit dem Schwur, nie wieder in die Sklaverei zurückzukehren, und ihre Anführer mahnen sie, sich ihrer Ahnen würdig zu erweisen. Wie gewohnt, ordnen sie sich zum Schlachtkeil, die einen Kreis bildende Wagenburg hinter sich. Am Abend der Schlacht findet man sie zu Tausenden erschlagen auf dem Schlachtfeld. Die tödliche Wunde tragen nur zwei von ihnen, wie die antiken Chronisten ausdrücklich erwähnen, auf dem Rücken.

Obwohl Spartacus allen Grund gehabt hatte, die Eigenmächtigkeit des germanisch-gallischen Haufens zu verdammen, läßt er es sich nicht nehmen, den Gefallenen eine würdige Feier zu bereiten. Er zelebriert sie auf geradezu diabolische Weise. Er läßt, wie es im frühen Rom bei Leichenbegängnissen üblich war, Gladiatoren auftreten. Diesmal sind es jedoch nicht zum Schwerte verurteilte Sklaven, die sich gegenseitig umbringen müssen, es sind 300 vornehme römische Gefangene. Die in Reih und Glied angetretenen Sklaven als begeisterte Zuschauer, die Römer als Stars der blutigen Show, ein Anblick, wie er sich grotesker nicht denken läßt, und eine ungeheure Demütigung, die in Rom zähneknirschend registriert wird.

Ein Jahr später sterben die letzten Kimbern (und Teutonen, obwohl sie nicht ausdrücklich erwähnt werden) bei Paestum, einem Ort, der durch seine Tempelruinen weltbekannt ist. Wieder haben sie sich, »aus Eigensinn und unbändigem Stolze«, von den Heerhaufen des Spartacus getrennt.

Auch den Thraker ereilt das Schicksal in Lukanien in Unteritalien. Vor dem letzten Gang tut er das, was Cäsar im Gallischen Krieg bei Bibrakte getan hatte: Er tötet sein Pferd und demonstriert so, daß er zusammen mit seinen Leuten untergehen will, wenn das Schlachtenglück gegen ihn ist. Er wird mehrfach verwundet, versucht zu Crassus vorzudringen, den Oberkommandierenden der Legionen, um ihn zu töten, stürzt, kämpft auf den Knien weiter, wird derart verstümmelt, daß sein Leichnam nicht identifiziert werden kann.

Der Sklavenaufstand war zusammengebrochen und damit, nach Voltaire, der einzige Krieg der Weltgeschichte, der ein gerechter Krieg war. An der Via Appia zwischen Capua und Rom wurden 6 000 Kreuze errichtet, an die man die Gefangenen schlug. Ihre Leichen ließ man monatelang hängen, der Verwesungsgeruch verpestete die Luft, Geier kreisten am Himmel, in der Nacht kamen Wölfe und wilde Hunde – ein Schrekkensmal für alle, die es in Zukunft wagen sollten, die Hand gegen ihren Herrn zu erheben.

Sänftenträger und Gorillas

Der Aufstand des Spartacus wirft ein grelles Licht auf einen Staat, der den größten Teil seiner Industrie, seiner Landwirtschaft, seines Handels, seines Handwerks und seiner Haushalte von Menschen bestreiten ließ, die nicht frei waren. In der späten Republik wohnten allein in Rom 250 000 bis 300 000 Sklaven; das war ein Drittel der Bevölkerung. Zu Cäsars Zeiten waren es sogar zwei Drittel. Sklaven bedienten in den Läden, fegten die Straßen, pflügten kettenbeschwert auf den Gütern, starben in den Arenen der Amphitheater, lehrten die Kinder, pflegten die Gärten, nährten die Säuglinge, heilten die Kranken, beerdigten die Toten, massierten, musizierten, arbeiteten als Schneider, Schuster, Schmiede, lasen vor, schrieben ab.

Wer gesellschaftsfähig sein wollte, mußte sich Sklaven halten. Der gewöhnliche Bürger kam nicht ohne ein Dutzend aus, besser gestellte Leute beschäftigten einige Hundert, die Reichen und Superreichen Tausende. Der römische Dichter Horaz berichtet von einem gewissen Tigellius, einem schrecklich unbeständigen Menschen, der nie wisse, was er wolle, mal hielt er sich zehn Sklaven, mal zweihundert. Über den Dichter selbst waren schreckliche Gerüchte im Umlauf, genierte er sich doch nicht, auf seinem Landsitz mit ganzen acht Bediensteten auszukommen. Wer sich gar nichts leisten konnte, leistete sich wenigstens einen einzigen Sklaven. So hatte der Rentner seinen Laufburschen, die Witwe ihren Lebensmitteleinkäufer, und von einem Bettler ist überliefert, daß er einen Unterbettler beschäftigte.

Ja, selbst Sklaven hatten Sklaven! Innerhalb ihrer entrechteten und geknechteten Schicht gab es weniger Entrechtete und Geknechtete, das waren die Luxus- und die Obersklaven. Als ein Finanzbeamter aus Lyon, selber ein hochgestellter Sklave, während einer Dienstreise in Rom von einer Seuche hinweggerafft wurde, mußten sich seine Bediensteten das Geld für die Rückreise pumpen: Es waren ihrer sechzehn, darunter der Koch, der Pastetenbäcker, der Garderobendiener, der Leibarzt. Auch der Chef des Hofstaates – ebenfalls Sklave –, mit dem Tiberius zu reisen pflegte, versorgte sich vorher mit dem nötigen Personal: mit zwei Lakaien, zwei Silberputzern, drei Kammerdienern, einem Vorleser, einem Kassierer, einem Geschäftsführer, drei Sekretären und dem unumgänglichen Arzt.

Der Arzt war selbstverständlich ein Grieche, wie überhaupt die Griechen unter den Sklaven den Intellekt und die Bildung vertraten. »Die Fruchtbarkeit vieler berühmter Schriftsteller des Altertums hängt möglicherweise damit zusammen, daß sie sich in ihren Büros ihre Werke von gelehrten Sklaven ausarbeiten ließen. Auch Cicero wird nicht anders gearbeitet haben. Es fehlt da auch nicht der Humor. Seneca erzählt die Geschichte des reichen Protzen Calvisius Sabinus, der dumm und ungebildet war, aber um jeden Preis für einen gelehrten und geistreichen Mann gelten wollte. Er hielt sich nun Sklaven, von denen der eine den Homer, ein anderer den Hesiod, wieder andere sonstige bekannte Werke der Literatur auswendig kannten.

Diese Sklaven mußten bei Gastmählern als Leibdiener hinter ihrem Herrn stehen und ihm bei der Unterhaltung jeweils passende Zitate und Bonmots soufflieren. Jeder dieser Gedächtniskünstler repräsentierte einen Wert von 100 000 Sesterzen [etwa 120 000 Euro]. Ein Freund spottete eines Tages über Calvisius und bemerkte, eine ganze Bibliothek würde weniger kosten als die klugen Sklaven. Auch fragte er, warum Calvisius noch keine Sklaven hätte, die für ihn krank werden mußten!«

Die verschiedenen Volksstämme wurden je nach ihrer Begabung eingesetzt. Gallier konnten am besten mit Pferden umgehen, Syrer waren die idealen Gärtner, die Leute aus Illyrien, dem heutigen Jugoslawien, verstanden sich auf die Viehzucht, die Lyder aus Kleinasien stellten das beste Hauspersonal, Köche kamen von dorther, woher die Kunst des Kochens gekommen war, aus dem Orient. Und die Germanen?

Sie waren, merkwürdig genug, äußerst begehrt als Sänftenträger. Dazu muß man wissen, daß die Sänfte des vornehmen Römers dem Straßenkreuzer des Millionärs von heute entsprach. Sie war kein bloßes Fortbewegungsmittel, mit dem man von einem Ort zu einem anderen gelangte, sie war ein Renommiervehikel, gefertigt aus kostbaren afrikanischen Hölzern, die Vorhänge aus chinesischer Seide, Kissen und Polster gefüllt mit Pfauenfedern, das Dach gespannt mit Tigerfellen.

Hinter der Erlesenheit der Materialien durfte die Qualität der Träger nicht zurückstehen, und so gehörte es zum guten Ton der Upperten, sich von blonden riesenwüchsigen Söhnen aus Germanien durch die Straßen tragen zu lassen, begleitet vom bewundernden Geschrei des Pöbels, beargwöhnt vom Neid des Gastgebers, vor dessen Tür man »vorfuhr«. Die germanischen *lecticarii,* wie die Sänftenträger hießen, trugen schwarze Pantherfelle über dem Oberkörper, und die Kraft, die sich dahinter verbarg, wurde nicht nur zum Tragen genutzt. Rom war eine unsichere Stadt, die Kriminalität höher als im heutigen New York, und so wenig wie sich ein New Yorker nachts in den Central Park wagen kann, so undenkbar war es für den römischen Bürger, ohne Waffe abends das Haus zu verlassen. Das Gros jedoch war nicht waffenkundig genug, um sich selbst verteidigen zu können. Es war deshalb üblich, sich Sklaven anzuschaffen, die die Verteidigung übernahmen.

Unter diesen privaten Leibwächtern spielten die Germanen eine führende Rolle. Sie brachten all das mit, was zu einem Leibwächter gehörte, vor allem die Bereitschaft, sich für ihren Herrn in Stücke reißen zu lassen. Sie waren perfekt in der Kunst der Selbstverteidigung, wußten mit Dolch und Schwert umzugehen und nahmen es mit jedem Gegner auf, mit dem Straßenräuber genauso wie mit dem bezahlten Killer, zwei Gattungen Krimineller, von denen es in der Tiberstadt wimmelte.

Diese Leibwachen wurden nicht nur zum eigenen Schutz gebraucht, sondern auch zu Aggressionen mißbraucht: zur »Schlichtung« eines Streits mit dem Nachbarn, zur Verabreichung einer Tracht Prügel an einen unverschämten Wirt oder einen Wucherer, zur Erledigung einer privaten Fehde, zum Ausschalten eines politischen Gegners, was bisweilen gleichbedeutend war mit Mord. Die Leibwächter standen hier unter Befehlsnotstand. Taten sie nicht das, was ihr Herr befahl, konnte er sie auf entsetzliche Weise foltern und töten lassen, oder, was noch schlimmer war, ins Bergwerk oder auf eine Galeere schicken. Die Galeerensklaven hatten das schwerste Los, angekettet an ihr Ruder, gequält von den Peitschenhieben der Bewacher, in unerträglich stickiger Luft, überlebten nur ganz wenige die Hölle unter Deck.

Barbaren – in Freiheit dressiert

Der Tod in der Arena schien den Römern ein den nordischen Barbaren angemessenes Ende. Es war eine Delikatesse für die von Grausamkeiten jeder nur erdenklichen Art abgestumpften Besucher der Amphitheater, die unheimlichen Nordmenschen in der Arena zu erleben, gewissermaßen in Freiheit dressiert. Das also waren sie, von denen die Fama immer wieder so Bedrohliches zu berichten wußte: Menschen, die die braven Legionäre in ihre Sümpfe lockten, um sie dort abzuschlachten, die, wie beim Untergang des Varus, den Rechtsgelehrten die Zunge herausgeschnitten hatten, die die Legionsoffiziere an den Bäumen kreuzigten, die die Gefangenen über ihren Opferkesseln verbluten ließen, Menschen, von denen man Jahr für Jahr Zehntausende umbrachte, ohne daß ihre Volkskraft zu versiegen schien.

Ein Gefühl, gemischt aus Schauder, Bewunderung und Haß, erfüllte die Menge, wenn germanische Gladiatoren dem Kaiser ihr *Ave, Imperator! Morituri te salutant* – »Heil dir, Imperator, die dem Tod Geweihten grüßen dich! « entboten.

Die Gladiatorenspiele unterstanden einem strengen Reglement. Die Angehörigen der einzelnen Nationen mußten mit den Waffen kämpfen, die in ihrer Heimat üblich waren: Die Parther, ein iranisches Volk, trugen Schuppenpanzer, die Britannier aus England fuhren von schnellen Pferden gezogene Streitwagen, die Samniten deckten sich mit riesigen viereckigen Schilden, die Thraker griffen mit gebogenen Säbeln an, und die Germanen kämpften mit der Frame, einem zum Stoß und Wurf geeigneten Speer, und dem Langschwert.

Vorbereitet auf ihre Aufgabe wurden die Kämpfer in den Gladiatorenschulen. Die bekanntesten befanden sich in Capua, aus der Spartacus ausbrach, in Ravenna, in der Thumelicus, der Sohn des Arminius, abgerichtet wurde, und in Rom. Die Kämpfer wohnten zu zweit in vier Quadratmeter großen lichtlosen Kammern, wurden tagtäglich erbarmungslos gedrillt und bei den geringsten Verstößen gegen die Disziplin in Eisen gelegt – bei Ausgrabung einer dieser Kasernen fanden die Archäologen noch die an den Blöcken festgeschmiedeten Gebeine.

Im übrigen tat man alles, um ihre Kampfkraft zu stärken. Ärzte überwachten die Gesundheit, verschrieben Massagen, Einreibungen, stellten eine spezielle »Muskeldiät« zusammen, merkwürdigerweise eine Kost aus Bohnenbrei und Gerstengraupen, die heute kein Sportarzt seinen Fußballspielern oder Profiboxern bieten dürfte. Wie im Boxcamp ging es auch am Abend vor den Spielen zu: Die Zuschauer durften ihre Favoriten beim Training begutachten und bei der abschließenden *libera cena,* einer Mahlzeit, die für viele die Henkersmahlzeit war.

Am Kampftag erfolgte der feierliche Einmarsch, die Aufstellung vor der Kaiserloge und die Prüfung der Waffen auf ihre Schärfe. Nach einem Scheingefecht ertönte der dumpfe Schall der Tuben, es wurde totenstill im Rund, die Kämpfer traten, einzeln oder paarweise, gegeneinander an, später auch in ganzen Gruppen, jeweils sorgfältig auf die einzelnen Waffengattungen abgestimmt, so daß leichtbewaffnete schnelle Kämpfer auf schwergerüstete trafen. Die raffiniertesten Kombinationen wurden von den Veranstaltern ausgetüftelt, und in den Thermen und auf den Foren diskutierte man heiß, ob zum Beispiel die mit nacktem Oberkörper und ungeschütztem Kopf kämpfenden Germanen Chancen hätten gegen die lanzenschwingenden numidischen Reiter.

Wer kampfunfähig in den Staub mußte (Schrei des Publikums: »Er hat's!«), konnte um Gnade bitten, indem er einen Finger der linken Hand emporstreckte. Die Entscheidung über Sein oder Nichtsein war den Zuschauern überlassen. Schwenkten sie Tücher, durfte der Besiegte am Leben bleiben, streckten sie die Daumen nach unten, bekam er den Fangstoß. Die Erregung der Menge war ungeheuer. Der Anblick der Sterbenden, der Geruch des Blutes, die Schreie der tödlich Getroffenen entfesselten die Instinkte, und das »Peitsche! Brenne! Töte!« ertönte tausendstimmig von den Rängen.

In den Pausen erschienen Männer in den Masken der Götter der Unterwelt, drückten Brandeisen auf die Gefallenen, um festzustellen, ob sie den Tod etwa nur markierten, und trugen sie durch das Tor der Todesgöttin in die Leichenkammern, wo Ärzte bereit standen, um an den mannigfaltigen Wunden ihre Kenntnisse zu vervollständigen. Mohrenknaben harkten inzwischen den blutgetränkten Boden der Arena und schütteten frischen Sand auf.

Wisent gegen Tiger, Germanen gegen Äthiopier

Ein grausiges Spektakel, für das uns die Vorstellungskraft fehlt. Allenfalls die Stierkämpfe in Spanien bieten den, der sie erlebt hat, einen wenn auch schwachen Abglanz. Der angeblich »religiöse Charakter« der Gladiatorenkämpfe und die Annahme, daß sich in ihnen »das Streben nach dem Unmöglichen, dem Wunderbaren« ausdrückte, mag für die italische Frühzeit gelten, für den Pöbel Roms waren sie nichts anderes als ein Genuß der Grausamkeit.

Immer gewaltiger, immer phantastischer gestaltete man den Mord in der Arena. Nero stellte Hunderte von Kämpfern gegeneinander, Claudius ließ die Eroberung und Plünderung einer Stadt originalgetreu »nachspielen«, Augustus rekonstruierte auf einem künstlichen See die Seeschlacht von Salamis, wobei auf beiden Seiten Hunderte getötet, Tausende schwer verwundet wurden.

Immer waren germanische Gladiatoren beteiligt am mörderischen Spiel. Denn der Krieg war es, der das Menschenmaterial – ein Wort, das an dieser Stelle in deprimierender Weise zutrifft – für Roms Amphitheater lieferte. Weil kriegerische Auseinandersetzungen zwischen den beiden Völkern häufig vorkamen, waren die Lieferungen von Kriegsgefangenen, und nicht anders pflegten die berufsmäßigen Händler sich auszudrücken, entsprechend groß. Die Spiele erfüllten einen doppelten Zweck: Sie narkotisierten das Volk *(panem et circenses)* und lösten das Problem, die so unbequemen wie gefährlichen Gefangenen loszuwerden.

So verbluteten Sweben bei den im August 29 abgehaltenen Triumphfestspielen im Kampf gegen gefangene Bewohner aus Dakien (dem heutigen Siebenbürgen). Teutonen und Kimbern waren nach den Schlachten von Aquae Sextiae und Vercellae lange Jahre die Attraktion der Arenen. Die Sachsen, die man an den Küsten Galliens gefangen hatte, verärgerten das Publikum zutiefst: Trotz sorgfältigster Überwachung gelang es ihnen, sich vor ihrem Auftritt gegenseitig mit den Händen zu erwürgen. Die Brukterer verbluteten im Amphitheater zu Trier beim Kampf gegen wilde Tiere. Unter dem Kaiser Probus traten Germanen gegen Äthiopier an. Der Kampf zwischen Mensch und Bestie schien das letzte Mittel, um die abgestumpften Nerven des Publikums zu reizen. Claudius ließ seine Prätorianer gegen schwarze Panther kämpfen, Nero hetzte 400 Bären und 300 Löwen auf einen Trupp germanischer Reiter, andere Gladiatoren mußten mit dem Speer gegen Flußpferde antreten, gegen Nashörner, gegen afrikanische Elefanten.

Der gefährlichste Gegner schienen der Wisent und der Auerochse gewesen zu sein. Diese Wildrinder waren äußerst bösartig und von ungeheurer Kraft. Sie wurden in den Urwäldern zwischen Rhein und Elbe gefangen und in fahrbaren Käfigen nach Rom transportiert. Man stellte sie mit Vorliebe den Gefangenen gegenüber, in deren Heimat sie lebten, den Germanen. Die wildesten unter den Stieren nahmen es selbst mit den aus Indien importierten Königstigern auf (es gab nämlich auch Kämpfe zwischen einzelnen Tierarten wie Elefant gegen Löwe, Wasserbüffel gegen Nashorn), und sie blieben in vielen Fällen Sieger.

Für die Tierkämpfer gab es eigene Schulen, und die erfolgreichsten unter ihnen waren so populär wie heute die Fußballstars. Der Jäger Carpophorus erlegte während eines Kampftages 20 Raubtiere, und germanische Jäger waren dafür bekannt, daß sie den gefährlichen Braunbären mit einem einzigen Fausthieb töten konnten.

Hohe Notierungen für blonde Ware

Die für die Gladiatorenspiele notwendigen Kriegsgefangenen wurden entweder an Ort und Stelle eingekauft oder auf einem der großen Sklavenmärkte. Eine der am besten beschickten Auktionen fand 57 vor Christus in Aduatuca statt, dem heutigen Tongern im flämischen Haspengau.

Die Aduatuker waren Nachkommen der 6 000 Kimbern und Teutonen, die vor dem großen Marsch in den Süden zwischen Maas und Schelde zurückgelassen worden waren, um den Troß und die in Gallien gemachte Beute zu bewachen. Sie hatten sich dort, nachdem sie vom Untergang ihrer Landsleute erfahren, eine neue Heimat erkämpft und im Laufe der Jahrzehnte mit den keltischen Bewohnern der Region vermischt. Im Gallischen Krieg kapitulierten sie vor Cäsars Truppen, die ihre Stadt mit Belagerungsmaschinen berannten, unternahmen dann aber mit heimlich zurückgehaltenen Waffen einen Ausbruch.

Cäsar zögerte nicht, für diesen Vertrauensbruch ein abschreckendes Beispiel zu statuieren. Um »den Barbaren die Heiligkeit dessen, was man Recht nennt, ein für allemal einzuprägen«, ließ er 53 000 Männer, Frauen und Kinder in die Sklaverei verkaufen.

Abnehmer waren die Menschenhändler, die dem Troß jedes römischen Heeres folgten wie die Geier dem Aas. Bisweilen übernahmen sie ihre Ware en gros vom Feldherrn, oder, wenn sie vorher zur Belohnung an besonders tapfere Kämpfer stückweise verteilt worden waren, en détail von den Soldaten. Brauchten die Landser gerade kein Geld, behielten sie die ihnen geschenkten Sklaven und beschäftigten sie als Putzer. Im Sommerlager des Varus wimmelte es von solchen »Legionärsburschen«, die der militärischen Schlagkraft nicht gerade förderlich waren, aber die Kommandeure konnten wenig dagegen machen, ohne ihre Leute zu verärgern.

Allein in Gallien wurden innerhalb von zehn Jahren fast eine Million Menschen gefangen und als Sklaven exportiert. Der Markt in Aquileia, im Nordwinkel der Adria, über den auch die aus Germanien kommenden Sklaven gingen, florierte entsprechend und setzte an guten Tagen einige tausend Menschen um. Die Kursnotierungen kamen von der griechischen Insel Delos, deren Großhandelsplatz als eine Art Börse funktionierte.

Der Preis der Ware Mensch richtete sich, wie bei allen Waren, nach der Qualität sowie nach Angebot und Nachfrage. Ungelernte Arbeiter waren am billigsten, Handwerker hatten ihren festen Preis, für gesuchte Fachkräfte wie Goldschmiede, Kosmetikerinnen, Köche mußte man tiefer in die Tasche greifen, desgleichen für Tänzer, Musiker, Schauspieler. Höchstpreise galten durchweg für Ärzte, Wissenschaftler, Schriftsteller, aber auch für Zwerge, Hermaphroditen, Kretins, Riesinnen. Sogenannte Prunksklaven, zu denen Athleten gehörten, Mundschenke, Knaben, auch die erwähnten germanischen Sänftenträger, waren nur für ganz reiche Leute erschwinglich.

»Für das erste Jahrhundert sind uns Preise bekannt, wie 700 000 Sesterzen [etwa 770 000 Euro], die bezahlt wurden für den Grammatiker Lutatius Daphnis, was die höchste Summe war, die für einen Sklaven während der Republik beglichen wurde. 200 000 Sesterzen bezahlte Antonius für zwei schöne Jünglinge, die sich durch außergewöhnliche Ähnlichkeit auszeichneten. 150 000 Sesterzen wurden gerichtlich als Entschädigung festgesetzt für die Ermordung des Panurgus, eines Sklaven und Schülers des berühmten Schauspielers Roscius.«

Wahre Liebhaberpreise – im echten Sinne des Wortes – erzielten schöne junge Mädchen und ebensolche Männer. Die Farbe der Haare schlug sich dabei preisbestimmend nieder: Für »blond« wurde mehr ausgegeben als für »schwarz«. Der blonde Liebhaber und die blondgelockte Geliebte waren »in«. Frauen, die mit einem solchen Gespielen in der Loge des Amphitheaters erschienen, konnten sicher sein, Furore zu machen. Das gleiche galt für den Mann von Welt, wenn er mit einer Blondine aufkreuzte. Die vom Weizengold bis zum Rotblond spielende Haarfarbe der Germanen hat von jeher eine Faszination auf die Römer ausgeübt, die schwer erklärbar ist.

Der verkappten Prostitution leistete die Sklaverei auf jede Weise Vorschub. Wer es sich leisten konnte, brauchte nur auf den Sklavenmarkt zu gehen und sich entsprechend einzudecken. Die Mädchen wurden dann unter der Bezeichnung »Zofe« oder »Küchenmagd« im Haushalt eingeführt. Die Emanzipation der Römerin war in der Kaiserzeit so weit fortgeschritten, daß sie für sich dieselben Rechte beanspruchte.

»Deine Frau«, verspottete der Dichter Martial einen vornehmen Römer, »nennt dich einen Beglücker aller Küchenmägde, dabei ist sie selbst ein Sänftenträgerliebchen ...«

Um einen Eindruck von einem Sklavenmarkt zu bekommen, würde es genügen, einen der noch überall existierenden ländlichen Viehmärkte zu besuchen.

»Die lebende Ware stand auf hölzernen Gerüsten in langen Reihen, die Füße bis über die Knöchel weiß gestrichen – eine bis vor kurzem noch in Südarabien auf den Sklavenmärkten geübte Sitte. Um den Hals der Feilgeboten hingen Tafeln mit Herkunft, Alter, körperlichen und geistigen Vorzügen, Fertigkeiten und dem Preis. Luxussklaven waren besonders schön hergerichtet und geschmückt, um das Gefallen der Agenten zu finden. Man musterte die zur Schau Gestellten auf das genaueste, ließ sie sich entkleiden, bewegen, ihr Können vorführen. Die Käufer versäumten nicht, sie herabzusetzen, zu feilschen und zu schachern. Der Händler hatte für seine Ware zu garantieren. Wertvolle Objekte wurden natürlich an zahlungsfähige Kundschaft unter der Hand und in dezenterer Form abgesetzt.«

Waren die Feldherrn besonders erfolgreich, kam es zu Baissen am Markt, die Preise sanken zur Verzweiflung der Händler rapide. Nach dem Sieg über König Tigranes wurde der Markt derart mit Armeniern überschwemmt, daß sie zu Schleuderpreisen weggingen – 7,50 Euro pro Stück, und Sardinier waren eine Zeitlang geradezu sprichwörtlich billig *(Sardes venales)*. Die Preise für Germanen blieben stabil oder zeigten steigende Tendenz. Es kamen, von den erwähnten Ausnahmen abgesehen, bei ihnen selten größere Lieferungen zustande. Sie bewohnten keine Städte, die, einmal erobert, zu Menschenfallen hätten werden können (wie bei den Völkern Kleinasiens und Griechenlands). Außerdem zogen sie sich nach einer Niederlage in ihre Wälder zurück oder entzogen sich, sofern es Frauen waren, der Gefangennahme durch Selbstmord.

Der Sklavenhändler Aiacius starb am Rhein

Zur Deckung des Bedarfs war man deshalb weitgehend von den Germanen selbst abhängig. Wenn die Ubier mit den Sweben eine Fehde austrugen, brachten die Ubier und die Sweben ihre Gefangenen zur nächsten römischen Handelsniederlassung, um sie dort buchstäblich zu versilbern, denn als Tauschobjekt war silbernes Tafelgeschirr begehrt.

So machten es die Hermunduren mit den Chatten, die Cherusker mit den Markomannen, die Quaden mit den Usipetern, die Chauken mit den Ampsivariern. Der Gedanke, daß sie ihre eigenen Landsleute verhökerten, scheint ihnen nicht gekommen zu sein. Feind blieb Feind, und das Bewußtsein, vom selben Schlag zu sein, konnte nur vorübergehend hergestellt werden: Dann nämlich, wenn es um ein gemeinsames Ziel unter Führung starker Persönlichkeiten ging, wie Arminius und Civilis sie verkörperten.

Am Rhein unterhielten die führenden Handelshäuser des Imperiums ihre Niederlassungen, um Einkäufe zu tätigen und den komplizierten Transport zu organisieren. Während der Kaufmann durchaus angesehen war, begegnete man dem Skla-venhändler mit einiger Reserve. Zwar gefiel das, was er verkaufte, aber er selbst gefiel weniger, ein deutliches Zeichen, daß man den Sklaven gegenüber kein blütenreines Gewissen hatte.

Grabsteine, auf denen der Beruf »Sklavenhändler« angegeben ist, sind deshalb sehr selten. Eine solche Rarität fand man bei Köln. Der Stein ist im dortigen Römisch-Germanischen Museum zu besichtigen. Der Händler starb auf einer Geschäftsreise und fand somit in germanischem Boden seinen ewigen Frieden. Wobei es mit dem Frieden nicht weit her sein wird, denkt man an die vielen Menschen, die ihn zu seinen Lebzeiten zu ewiger Verdammnis in den Orkus gewünscht haben.

»Gaius Aiacius, Sohn des Publius«, lautet die Inschrift, »Sklavenhändler aus dem Stimmbezirk Stellatina, liegt hier begraben. Lebe wohl, Aiacius!«

Römer in germanischer Sklaverei

Auch in der germanischen Gesellschaft hatte der Sklave, der Unfreie, seinen festen Platz. Doch vermied man es mehr aus praktischen Gründen denn aus Skrupel, die gefangenen Landsleute in Haus und Hof zu beschäftigen. Die eigenen Vettern waren zu widerspenstig, als daß sie gute Arbeitskräfte abgegeben hätten. Angehörige slawischer Völker, die man sich jenseits der Weichsel fing, schienen geeigneter gewesen zu sein, jedenfalls bildeten sie neben den Galliern das Gros der Unfreien. Die Gefangenen, die man unter den römischen Legionären machte, wurden ebenfalls versklavt. Sie waren aber zu kostbar, um als Ackerknechte verbraucht zu werden, konnte man doch mit ihnen ein Lösegeld kassieren, das um so höher war, je vornehmer der Gefangene.

»Als die Legionen des Varus geschlagen wurden«, klagte der römische Philosoph Seneca, »haben die Götter viele, die aus den edelsten Geschlechtern kamen und davon geträumt hatten, durch ihren Militärdienst in Germanien Karriere zu machen, in das tiefste Elend gestürzt: So endete der künftige Senator als Schweinehirt, und der künftige Imperator tat Wachdienst vor einer jämmerlichen Hütte.« Und Seneca fügte mahnend hinzu: »Da verachte du nur einen Menschen, den du deinen Sklaven nennst, in dessen Lage du aber bereits geraten kannst, während du ihn noch verachtest.«

Solche Stimmen, die zur Toleranz rieten, waren nicht allzu häufig, und der juristische Ausdruck »sprechendes Inventar« für diese Menschen sagt viel. Gewiß gab es Ausnahmen. In den städtischen Haushalten kamen sich Herr und Sklave näher, bedingt durch den täglichen Umgang miteinander, der zwangsläufig die Erkenntnis vermittelte, daß »der andere« nicht so bösartig war, wie man vermutet hatte.

Der Begriff des über den Tod hinaus »treuen Sklaven« taucht nicht umsonst in den Komödien des Plautus und Terenz (der selbst nach Herkunft Sklave war) immer wieder auf. Außerdem blieb die Hoffnung, eines Tages freigelassen zu werden. Frei werden konnte man, indem man eine bestimmte Summe ansparte, mit der man sich loskaufte, oder durch einen testamentarischen Gnadenakt des Besitzers oder durch eine Tat, die der Allgemeinheit nutzte. Unter diesen Freigelassenen finden sich Leute mit erstaunlichen Karrieren und Reichtümern, die die ihrer ehemaligen Herren weit übertrafen.

Das aber waren Ausnahmen, im ganzen gesehen ähnelte die Sklaverei einem irdischen Jammertal, erfüllt mit der Bitternis zerstörter Leben. Viele Germanen haben versucht zu fliehen und sich in ihre Heimat durchzuschlagen. Wenn es ihnen gelang, waren sie frei, denn ihre Heimat war nicht römisch besetzt wie die Heimatländer der meisten ihrer Mitgefangenen. Trotzdem standen die Chancen eins zu hundert. Die Jagd nach den Entflohenen wurde mit Mitteln aufgenommen, die an die des modernen Polizeistaats erinnern: Man setzte hohe Belohnungen aus, bestrafte Fluchthelfer auf das härteste, ließ überall Steckbriefe anschlagen, beauftragte berufsmäßige Kopfjäger mit der Aufspürung der Geflüchteten. Hatte man einen flüchtigen Sklaven wieder eingefangen, drohten ihm grausame Strafen: Er wurde ausgepeitscht, eine Nacht ans Kreuz gehängt, Mit 20 Pfund schweren Ketten gefesselt, für den Rest seines Lebens auf eine Galeere geschickt oder in die Getreidemühlen, versehen mit einem eisernen »Halsband«, damit er beim Drehen der schweren Mühlsteine nicht mit dem Mund an das Mehl herankam. Vielen Flüchtigen verunstaltete man die Stirn mit einem Brandmal, dem *stigma,* das sie für den Rest ihres Lebens als »unzuverlässig« kennzeichnete.

XIV Die »blonden Löwen«

Des Kaisers stolze Reiter

Den unter elenden Bedingungen in Rom vegetierenden germanischen Sklaven wurde bisweilen die Gelegenheit geboten, sich an dem Anblick von Landsleuten aufzurichten (oder sich darüber zu empören), die gleich ihnen in »römischen Diensten« standen, doch unter weitaus günstigeren Bedingungen. Das waren die Angehörigen der kaiserlichen Leibwache, wenn sie hoch zu Roß ihre Kaserne verließen, um den Imperator durch die Stadt zu geleiten.

Augustus hatte die seit den Bürgerkriegen übliche Leibwache der Heer und Parteiführer ausschließlich mit Germanen besetzt. Die guten Erfahrungen, die man im Gallischen Krieg mit ihnen gemacht hatte, schienen ihm imponiert zu haben. Damals hatte Cäsar in seiner Verzweiflung, eine Waffe gegen die überlegene Kavallerie der Gallier zu finden, seine Werber in das rechtsrheinische Gebiet geschickt und 400 germanische Reiter anheuern lassen. Am Schluß des Feldzugs hätte er ihnen am liebsten ein Denkmal errichtet. Mit ihren unscheinbaren struppigen Gäulen, über die die Römer anfangs spotteten, waren sie zum Schrecken der Gallier geworden.

Für Augustus hatten die Germanen neben der kriegerischen Tüchtigkeit noch einen anderen unschätzbaren Vorteil: Den politischen Parteien innerhalb Roms standen sie fern und beschäftigten sich nicht damit, darüber nachzudenken, welche Partei mehr und welche weniger recht hatte. Dazu hätte ihnen auch das Urteilsvermögen gefehlt in einer Welt, die ihnen total fremd sein mußte. Sie hatten Leib und Leben des Kaisers zu schützen, an jedem Ort und gegen jedermann:

in Rom, auf den Feldzügen, gegen Feind und Freund. Für diese Aufgabe lebten sie und starben sie. Die Inschriften ihrer Gräber verraten, daß keiner von ihnen den »Strohtod« starb, den Tod auf der strohbedeckten Pritsche. Ihr Durchschnittsalter ist selbst für die damalige Zeit auffallend niedrig.

Augustus, Kaiser der Kaiser, hat seine blonde Garde sehr geschätzt und ihr in jeder Situation vertraut – bis auf eine Ausnahme:

Als der Bote mit der Nachricht vom Untergang des Varus eintraf, verlor er seine sonstige kühle Gelassenheit, befahl, die Leibwächter zu entwaffnen und auf unbewohnte Inseln zu verbringen. Er fürchtete, daß sie unter dem Eindruck des Triumphes ihrer Landsleute rebellisch werden könnten. Eine grundlose Furcht, geboren aus der Panik des Augenblicks, was Augustus auch bald eingesehen zu haben schien, denn noch vor dem Regierungsantritt seines Nachfolgers fanden sich die *Germani* wieder auf ihren Posten.

Die Leibwächter waren eine ausgesprochene Elite, sorgfältig ausgesucht, dutzendfach gesiebt, auf ihre Ergebenheit zu Rom abgeklopft. Sie kamen aus Stämmen, die dem Imperium zu Dienstleistungen verpflichtet waren, wie die Ubier, die Bataver, die Friesen, aber auch Kriegsgefangene waren darunter, die sich im Kampf gegen Rom durch besondere Kühnheit ausgezeichnet hatten. Mit dem Eintritt in die Garde erlosch alles, was früher für sie von Bedeutung gewesen war: Name, Herkunft, Heimat, Familie. »Der Kaiser ist ihnen Vater und Herr zugleich. Ihm gehört ihr Dasein, und erst durch ihn erhält dieses Dasein seinen Sinn: den der völligen Hingabe an seine Person.«

Eine Hingabe, die nicht schwer zu erreichen war. Sie unterschied sich nicht von der bei den Germanen üblichen Gefolgschaftstreue, die es als größte Schande erscheinen ließ, ohne den Gefolgsherrn aus der Schlacht zurückzukehren. Auf dieser von Tacitus so gerühmten Tugend brauchte man nur aufzubauen.

Man nahm deshalb mit Vorliebe junge Leute. Welchen Status sie hatten, ist nicht genau ersichtlich. Lange Zeit hat man geglaubt, sie seien nichts anderes gewesen als Sklaven, doch versklavte, ihres freien Willens und ihres Stolzes beraubte Menschen wären kaum das richtige Material gewesen, aus denen die Kaiser ihre Wächter fertigten. Soldaten im eigentlichen Sinne aber waren sie auch nicht. Sie nahmen eher eine Zwitterstellung ein: »Sie waren Hausgardisten, freie Leute, aber durch ihre Stellung unlöslich an den Dienstherrn und sein Haus gefesselt.«

Die völlige Hingabe an die Person des Kaisers, mag man sie »Treue«, mag man sie »blinden Gehorsam« nennen, läßt die Garde bisweilen im Zwielicht erscheinen. Dann nämlich, wenn sie auch Herrschern bedingungslos ergeben war, unter deren Terror die Völker entsetzlich zu leiden hatten. Gemeint ist Caligula, und gemeint ist Nero, zwei Monstren auf dem Thron der Cäsaren.

Caracalla und der germanische Tick

Für Caligula war die Garde nicht nur Leibwache, sondern stellte auch das Personal für die Inszenierung abenteuerlich anmutender Schauspiele. Auf einem Feldzug an den Rhein hatte er es nicht gewagt, sich mit den Bewohnern des Landes anzulegen, wollte aber unbedingt als siegreicher Imperator heimkehren. Seine Leibgardisten mußten über den Fluß setzen und sich in den Wäldern verstecken. Caligula folgte ihnen nach geraumer Zeit, bezwang sie in »erbitterten Gefechten« und führte sie als »Kriegsgefangene« nach Rom.

Während der Zeit seiner Regierung versäumte er keine Gelegenheit, seinem Sadismus, seiner Brutalität und seiner Grausamkeit freien Lauf zu lassen. Er ließ Tausende von unschuldigen Menschen ins Gefängnis werfen, foltern und umbringen. Den Henker pflegte er mit den Worten zu warnen: »Triff so, daß sie das Sterben fühlen.« Er schickte ehrwürdige Familienväter in die Arena zum Todeskampf, fütterte seine Löwen mit Sklavenfleisch und wünschte sich inständig, daß das römische Volk nur einen Hals habe.

Als die Nachricht von seinem gewaltsamen Tod umlief, atmete jedermann befreit auf und lief auf die Straße, halb hoffnungsvoll, halb mißtrauisch noch. Nur die *Germani* ließ die allgemeine Stimmung kalt.

»Wie sie von der Ermordung des Kaisers hörten«, berichtet der Chronist Josephus, »schmerzte sie das sehr, weil sie überhaupt nicht den Maßstab der Tugend anlegen, sondern nur nach dem urteilen, was ihnen nützlich ist. Caligula war sehr beliebt bei ihnen, was unter anderem auf großzügige Geldspenden zurückzuführen war.

Mit gezogenen Schwertern durcheilen sie den Palast, um die Mörder ihres Herrn zu stellen ... in blinder Wut ermorden sie die ihnen Begegnenden und stürzen zum Theater, wo er noch kurz vor seiner Ermordung geweilt hatte. Das Flehen der Zuschauer bricht ihre Wut, und ihre Tribunen bringen sie zur Ruhe, vor allem wirkt die Bestätigung der Nachricht besänftigend, daß Caligula wirklich tot ist. Solange noch Hoffnung war, daß er lebte, hatten sie vor nichts zurückgeschreckt. So übermächtig war ihre Liebe zu ihm, daß sie gern ihr eigenes Leben hingegeben hätten, um ihn vor solchem Geschick zu bewahren.«

Und Josephus fügt hinzu: »So sind sie nun einmal, daß sie jeder Zornesregung sofort nachgeben, weil sie nichts davon halten, bei dem, was sie tun, die Vernunft walten zu lassen ...« Das klingt, als handelte es sich hier um eine Schar ungebärdiger Kinder. Bestimmt kein falscher Eindruck, denn das Trotzige war bei ihnen so häufig zu beobachten wie das Unbedenkliche.

Sie waren auch die einzigen, denen Nero wirklich vertraute. Bei der Verschwörung des Scaevinus hetzte er sie los wie eine Meute, ließ Haus für Haus durchsuchen, die Parks, die benachbarten Städte auf der Jagd nach den Verschwörern. Sie erfüllten ihren Auftrag mit der gewohnten Zuverlässigkeit und »brachten endlose Scharen von Gefesselten angeschleppt, die sie am Tor des Serviliusparks [Neros Wohnsitz] ablieferten«. (Tacitus)

Nach dem Tod Neros, 68 nach Christus, kam es zu den chaotischen Wirren, die vier Kaiser im Kampf um die Thronfolge sahen: Galba, Otho, Vitellius, Vespasian, alle von den jeweiligen Truppenteilen auf den Schild gehoben und zum Kaiser proklamiert. Vespasian siegte schließlich, vorher aber hatte Galba, vom Mißtrauen gegen alle und jeden zerfressen, die Leibwache aufgelöst. Ohne Dank, ohne Entschädigung – zumindest hätte ihnen die bei der Entlassung fällige Prämie zugestanden – setzte er sie auf die Straße und überließ sie ihrem Schicksal.

Es dauerte anderthalb Jahrhunderte, bis wieder ein Kaiser auf den bewährten Brauch zurückkam, sich Germanen zu halten. Er hieß Marcus Aurelius Antonius Caracalla und war berüchtigt durch seine Bauwut (die Rom die gigantischen Badeanstalten, die Thermen des Caracalla, bescherte) und durch seine Vernarrtheit in alles, was germanisch war. Seine Gardisten mußten ihre heimische Tracht tragen und ihre Waffen, er selbst kleidete sich so, setzte sich blonde Perücken auf, aß germanisch, sprach ihre Sprache. Er verhätschelte sie, verdoppelte ihren Sold, beförderte sie außer der Reihe, was den Neid der übrigen Soldaten erregen mußte, und war immer dann am glücklichsten, wenn er mit seinen »blonden Löwen«, wie er sie nannte, zusammen war.

Doch auch die Löwen konnten es nicht verhindern, daß man ihn, auf einem Feldzug gegen die Parther, ermordete. Nur rächen konnten sie die Tat, indem sie den Mörder jagten und niederstießen. Mit dem Tod ihres Herrn war auch ihr Schicksal besiegelt. Die Spur der letzten Leibwächter verliert sich irgendwo im Nordwesten Kleinasiens.

Gräber in der Wüste

Es gibt kaum eine Region im Weltreich der Römer, in der die Archäologen nicht auf Grabsteine gefallener Germanen gestoßen wären. Sie starben in den Wüsten Ägyptens, in den Karstgebieten Syriens, in den Wäldern Galliens, bei der Belagerung griechischer und italischer Städte, an den Küsten Spaniens, selbst im Gefolge des Königs Herodes von Judäa begegnen wir ihnen. Sie kämpften Seite an Seite mit ihren Landsleuten in eigenen Verbänden, doch stets unter der Führung römischer Offiziere. Meist sind es jene Doppelkämpfer Reiter, begleitet von Kämpfern zu Fuß-, die schon Cäsar in Gallien das Gruseln gelehrt hatten.

Die Frage nach ihren Motiven ist leicht beantwortet. Landsknechte waren sie in der Mehrzahl, die für den kämpften, der sie bezahlte. Wes Brot ich ess', des Lied ich sing' – das war es, und die Aussicht auf Beute, die Freude am Abenteuer kamen hinzu. Niemand wird es ihnen verargen, daß sie den Werbern folgten, die in ihre Dörfer kamen und ihnen goldene Berge versprachen: in einem Land, das ihnen nach den Schilderungen wie ein Märchenland vorkommen mußte.

Von den Einheiten dieser Berufskrieger zu trennen sind die Hilfsverbände, die die von den Römern unterworfenen Stämme vertragsgemäß stellen mußten. Sie wurden zum Teil von ihren eigenen Leuten befehligt und vornehmlich in der Heimatprovinz eingesetzt. Dabei kam es jedoch immer wieder zu folgenschweren Pannen. Dann nämlich, wenn bei den Aufständen die »römischen« Germanen plötzlich mit den »germanischen« Germanen gemeinsame Sache machten. Wie beim

Volkskrieg des Bataverfürsten Civilis, in dessen Verlauf sie ihre Offiziere und Unteroffiziere ermordeten oder mitten in der Schlacht zum Feind, sprich zu ihren Landsleuten, übergingen.

Als Arminius bei Idistaviso umzingelt war, gelang ihm der Durchbruch und die Flucht nur, weil ihn die auf römischer Seite kämpfenden Chauken durchließen, obwohl sie ihn erkannt hatten. Solche Pannen gehörten jedoch zu den Ausnahmen. Im allgemeinen konnten die Römer ihren Germanen vertrauen und unter den vielen Völkern, die Rom dienstpflichtig waren, standen sie, was die Zuverlässigkeit betraf, absolut an der Spitze. Die Römer beuteten diese Eigenschaft konsequent aus.

Für sie war der beste Germane nicht der tote Germane, sondern der, der vorher noch einen anderen Germanen totschlug. Deutlich genug wird Tacitus, wenn er von den Batavern berichtet, als handelte es sich bei ihnen nicht um Menschen, sondern um lebende Waffen. »... keine Tributzahlung erniedrigt sie, kein Steuerpächter saugt sie aus. Sie sind frei von jeder Art von Steuern und nur zum Gebrauch in der Schlacht zurückgestellt. So werden sie wie Speere und Schilde für den Krieg aufbewahrt ...«

Bei den Batavern kam der Verlust an Tributen hundertfach wieder herein. Der auf der *insula Batavorum,* dem Rheindelta, ansässige Stamm stellte jahrhundertelang die besten Kavalleristen des römischen Heeres. Sie waren wild, zügellos, anmaßend, ungemein selbstbewußt, und immer wieder kam es zu Reibereien, ja zu blutigen Auseinandersetzungen mit den Legionären, die ihnen ihre Sonderstellung als Elitekorps neideten. Dieselben Legionäre jedoch waren nahe daran zu meutern, als man bei den Kämpfen zum Ende der neronischen Herrschaft die Bataverkohorten abkommandieren wollte. Sie klagten, daß man sie »der Hilfe der tapfersten aller Männer beraube. Jene im Feuer gestählten und in so vielen

Schlachten siegreichen Soldaten ziehe man jetzt, nachdem der Feind anmarschiere, von der Front ab.«

Die Bataver schienen auf dem Pferderücken geboren zu sein. Was für glänzende Reiter sie waren, zeigt die Tatsache, daß sie so mächtige Flüsse wie den Rhein und die Donau in voller Waffenrüstung zu Pferd durchschwammen. Eine Leistung, die ihnen niemand sonst nachmachte. Bei dem Feldzug gegen die Cherusker im Frühsommer 16 stürzten sie sich tollkühn in die stark angeschwollene Weser und nahmen, kaum daß sie das andere Ufer erreicht hatten, den Kampf auf.

Damals ist es zu jenem Zwischenfall gekommen, an dem die vielen kleinen und großen menschlichen Tragödien offenbar wurden, die der Einsatz von Germanen gegen Germanen bisweilen zeitigte. Gemeint ist die legendäre Begegnung zwischen Arminius und seinem Bruder Flavus.

Römling und Patriot – ein Bruderzwist

Beide Brüder waren in die römische Armee eingetreten, hatten dieselbe Ausbildung durchgemacht, die lateinische Sprache gelernt, die fremden Sitten angenommen und sich im Felddienst ihre ersten Sporen verdient. Während es Arminius wieder in die Heimat zog, verfolgte Flavus den einmal eingeschlagenen Weg. So konnte es geschehen, daß die Brüder zu erbitterten Feinden wurden. Der eine organisierte den Aufstand und wurde zum Sieger der Varusschlacht, der andere nahm an den Rachefeldzügen teil, mit denen die Schmach des Varus getilgt werden sollte. Am Ende stand die Unterredung über die Wasser der Weser hinweg, bei dem die beiden Cheruskerfürsten sich ihr »Hier stehe ich, ich konnte nicht anders« entboten.

Man hat eingewandt, eine derartige Unterhaltung sei wegen der Breite des Stromes gar nicht möglich gewesen, es sich deshalb bei Tacitus, von dem die Schilderung stammt, um eine »poetische Fiktion« handele. Nun hat Tacitus sehr viel Sinn für dramatische Gegenüberstellungen, aber reine Erfindung ist bei ihm kaum anzunehmen.

»Zwischen den Römern und den Cheruskern floß die Weser. An ihr östliches Ufer trat Arminius, umgeben von seinem Stab, und ließ hinüberrufen, ob Germanicus [der römische Oberbefehlshaber] anwesend sei. Als das bejaht wurde, bat er den Feldherrn, seinen Bruder sprechen zu dürfen. Der Bruder, Flavus mit Namen, diente im römischen Heer und war bekannt als ein Mann, der treu zu Rom stand. Unter dem Kommando des Tiberius hatte er vor ein paar Jahren im Kampf ein Auge eingebüßt. Flavus trat, nachdem es ihm Germanicus erlaubt hatte, an den Rand des von den Römern besetzten Ufers. Arminius begrüßte ihn durch Zuruf, entließ sein Gefolge und forderte, daß die am römischen Ufer postierten Bogenschützen zurückgezogen würden.

Nachdem sie verschwunden waren, fragte er seinen Bruder, was mit seinem Gesicht geschehen sei.

Flavus erzählte ihm, in welcher Schlacht er sich die schreckliche Verwundung geholt habe.

Darauf Arminius: ›Was für einen Lohn, Bruder, pflegt so etwas bei den Römern einzubringen?‹

Flavus antwortete ernsthaft, daß er doppelten Sold bekommen habe, den Ehrenkranz, die Halskette und andere militärische Auszeichnungen.

Arminius meinte geringschätzig: ›So billig also sind deine Ketten.‹

Die Unterredung wurde zum Wortgefecht, zum bitteren Streit. Flavus sprach von der Größe Roms, von der Erhabenheit des Kaisers, der seine Macht nicht mißbrauche, indem er nur strafe, er lasse auch Milde walten. ›Deine Frau und dein Sohn sind in römischer Hand, aber niemand dürfte es wagen, sie unwürdig zu behandeln!‹ betonte er.

Arminius wies darauf hin, wie sehr jeder Mensch seinem Vaterland verpflichtet sei. Die von den Ahnen ererbte Freiheit und die die Heimat schützenden Götter beanspruchten ihre heiligen Rechte. Er sprach von ihrer Mutter und erwähnte, daß sie nichts sehnlicheres wünsche, als daß er, Flavus, zurückkehren möge. ›Du darfst dein Haus, deine Familie, ja dein Volk nicht im Stich lassen und zum Verräter werden ...‹

Sie begannen, sich gegenseitig zu beschimpfen und wären nicht einmal durch den sie trennenden Fluß daran gehindert worden, handgreiflich zu werden, hätte man nicht Flavus, der nach seinen Waffen und seinem Pferd schrie, mit Gewalt zurückgehalten. Auf dem anderen Ufer sah man Arminius, wie er vor Wut raste und damit drohte, sie alle zu vernichten.«

Die Erkenntnis, daß das beste Mittel gegen den Teufel der Beelzebub ist, wurde von Rom auch in Zukunft angewandt. Ein Meister auf diesem Gebiet war Kaiser Marc Aurel (161 bis 180).

Der Limes – Roms »Chinesische Mauer«

Die Völker zwischen Rhein, Elbe und Donau waren um die Mitte des zweiten Jahrhunderts in Bewegung geraten, ausgelöst durch den Druck des von der Danziger Bucht zum Schwarzen Meer wandernden Gotenvolkes. Ihre Scharen brandeten überall gegen die Grenzdämme. An der Donau traten zwei Dutzend germanischer Stämme unter Führung der Markomannen zum Sturm an und durchbrachen den Limes auf breiter Front.

Der Limes gehört zu den gigantischen Befestigungsanlagen, wie sie sich Völker zu Zeiten errichteten, um ihr Reich gegen einen ständig aggressiven Gegner zu sichern. Er verlief zwischen Rhein (bei Rheinbrohl) und Donau (bei Eining), war 548 Kilometer lang und bestand aus mehr als 100 Kastellen und über 1 000 Wachtürmen, die durch ein kunstvoll angelegtes System von Gräben, Wällen und Zäunen miteinander verbunden waren. Seine Erbauung dauerte über 70 Jahre, und die dazu notwendige Schanzarbeit gehörte zur unbeliebtesten Freizeitbeschäftigung der Legionäre.

Hinter den Palisaden des Limes fühlten die Römer sich so sicher wie die Franzosen hinter den Panzersperren der Maginot-Linie. Die Sicherheit war trügerisch, wie die Geschichte in beiden Fällen bewies, und der militärische Wert der Anlagen mehr symbolisch als praktisch. Die ehrwürdigen Reste des Limes sind heute noch überall in Deutschland zu besichtigen. In den Ruinen der Kastelle nisten Wohnhäuser, Kirchen, Hotels; Wachttürme lieferten ihre Quadern zum Bau von Stadtmauern, Scheunen, Klöstern; Wälle dienen als Promenaden.

Die Markomannen (aus denen sich später das Volk der Bayern entwickelte) waren von jeher ein machtvoller Stamm mit eigenem Königssitz und werden wiederholt genannt als führende Macht bei verschiedenen Stammesbünden. Sie fegten den Grenzwall hinweg, zusammen mit den römischen Garnisonstruppen und Hilfsverbänden, überfluteten das heutige Gebiet Rumäniens, Ungarns, Österreichs, Norditaliens, belagerten Aquileia (das unweit von Venedig lag) und standen schließlich vor Verona.

Seit Hannibal hatten sich keine feindlichen Truppen mehr so weit der Stadt Rom genähert. Zu den Barbaren gesellte sich ein zweiter furchtbarer Feind: die Pest. Eingeschleppt von den aus Syrien heimkehrenden Legionären, fiel die Seuche über die Menschen her und bedeckte ihre Körper mit todbringenden schwarzen Pusteln. Die apokalyptischen Reiter – Krieg, Hunger, Pest und Tod – stürmten über das Land, verödeten ganze Landstriche, entvölkerten die Städte.

Marc Aurel, der Philosoph auf dem Kaiserthron, der den Krieg immer verdammt hatte, wurde gezwungen, das blutige Geschäft des Feldherrn zu betreiben. In drei verlustreichen Feldzügen, die sich über 14 Jahre erstreckten, lernte er die Bitternis des Besiegten häufiger kennen als den Rausch des Siegers. Wenn es ihm dennoch gelang, die Grenzen wieder zu befrieden, so war das der konsequenten Anwendung einer Politik zu verdanken, die der Chronist mit den dürren Worten charakterisierte: *... emit et Germanorum auxilia contra Germanos* – »Er kaufte auch die Hilfe von Germanen gegen Germanen.«

Er kaufte ganze Stämme, und da er sie nicht immer mit Geld bezahlen konnte, denn die Staatskasse war so leer, daß er bereits den Kronschatz hatte versteigern müssen, versprach er ihnen Land im Grenzgebiet. Er hielt sein Versprechen, war aber klug genug, dieses Land nicht ganz kostenlos herzugeben. Die Siedler bekamen den Status halbfreier Bauern, sogenannter Kolonen. Das bedeutete, daß sie im Frieden frei waren, im Krieg aber mit der Waffe in der Hand ihren Mann stehen mußten. Er siedelte auch ganze Völker an in den verödeten Gebieten Norditaliens, aus Vorsicht allerdings nur kleinere Stämme, weil man ihnen bei eventueller Unbotmäßigkeit besser beikommen konnte als den großen. Die Siedler stellten der Armee die besten Rekruten und verteidigten die Grenzen besser, als es die römischen Bürger vermocht hätten, deren Zahl ohnehin immer stärker abnahm.

Ein Germane auf dem Kaiserthron

Der germanische Einfluß verbreitete sich rasch und gründlich. Erst wurden die Posten der Unterführer von ihnen besetzt, dann die Ränge der Offiziere, das Wort »germanisch« wurde ein Synonym für »soldatisch«, und der Makel, von einem Germanen abzustammen, einem Barbaren, wurde zur Auszeichnung. Es kam vor, daß sich jemand als Germane ausgab, obwohl er gar keiner war, in der Hoffnung, dadurch eine schnellere Karriere zu machen. Im vierten Jahrhundert waren viele Unteroffiziers- und über die Hälfte aller Offiziersstellen mit Germanen besetzt.

Aus den Inschriften, besonders der Grabsteine und Votivgaben, sind einige von ihnen für die Ewigkeit festgehalten: der aus Köln stammende Centurio Julius Maritimus; Mellonius Blandus, der ebenfalls aus der *Colonia Agrippinensis* stammte, wie Köln am Rhein damals hieß; Augustus Januarius, der es sogar bis zum Kommandanten der Militärbesatzung einer Provinz brachte. Germanen waren entscheidend beteiligt, wenn es darum ging, »Kaiser zu machen«, sie erreichten als Heeresmeister den höchsten militärischen Rang überhaupt, und Männer wie Arbogast, Stilicho, Merobaudes führten praktisch ein Selbstregiment.

Kaiser Constantius vergab die höchsten Ämter nur an Alemannen, was den Geschichtsschreiber Ammianus Marcellinus zu der sarkastischen Bemerkung veranlaßte: »... und halten die Barbaren das Reich fest in ihrer Rechten.«

Was längst fällig gewesen war, glückte dem Sohn eines in Gallien angesiedelten germanischen Kriegsgefangenen. Er hieß Flavius Magnus Magnentius und zeichnete sich durch zwei Eigenschaften aus, die nicht häufig zusammen vorkommen: Beredsamkeit und Körperkraft. Für eine Karriere in römischen Diensten waren sie nützlich. Eloquenz wurde von den rhetorikbesessenen Römern so geschätzt, wie ein außergewöhnlicher Bizeps bewundert wurde. Magnentius konnte als Offizier jeden Soldaten allein durch die Macht des Wortes begeistern und seinen Vorgesetzten imponieren, indem er schwere Eisenspeere wie Spielzeuge verbog. Als drittes Plus hatte er eine Römerin zur Frau, die noch dazu schön war und aus guter Familie. Die Art, wie er Kaiser wurde, ähnelt einem Satyrspiel und zeigt die Zustände in einem Imperium, in dem bereits zwei Kaiser regierten, einer in Rom, der andere in Konstantinopel. Bei einem Gastmahl mit den Offizieren seines Stabs in *Augustodunum,* dem heutigen Antun in Burgund – Magnentius war der Kommandant zweier berühmter Legionen –, ging er hinaus, zog sich ein anderes Gewand an und trat wieder vor die Festgesellschaft. Das andere Gewand war die nur dem Imperator vorbehaltene purpurfarbene Toga. Magnentius rechnete damit, daß man ihn daraufhin zum Kaiser proklamieren würde, denn die Unzufriedenheit mit Constans, der in Rom regierte, war allgemein. Tat man es nicht, so konnte er vorgeben, es habe sich nur um einen Scherz gehandelt. Doch der Ruf *Magnentius Augustus!* ertönte, und ein neuer Kaiser war geboren (350 bis 353 nach Christus).

Wie bei allen Usurpatoren war es seine erste Aufgabe, den rechtmäßigen Kaiser zu stellen und umzubringen. Was bei einem Jagdausflug geschah. Wenn seine Landsleute gehofft hatten, daß er sie von nun an bevorzugt behandeln würde, so wurden sie enttäuscht. Magnus Magnentius fühlte sich durchaus als Römer und unterschied sich in seiner Politik wenig von seinen römischen Vorgängern. Seine Zeit war bemessen. Bereits nach drei Jahren ereilte ihn das Schicksal des Thronräubers.

Constantius, der Beherrscher Ostroms, schlug ihn in der Schlacht von Mursa an der Drau, Magnentius hielt sich noch eine Weile in Italien, mußte dann nach Gallien ausweichen, wo er ein neues Heer aufzustellen hoffte. Doch die Legionäre, die ihn vorher auf den Schild gehoben hatten, wollten ihn jetzt dem Feind ausliefern. In *Lugdunum* (Lyon) fiel der Vorhang. Als sie in das Praetorium des Kastells eindrangen, fanden sie ihn sterbend, neben ihm seine Mutter und den jüngsten Bruder, die er mit sich in den Tod genommen hatte. Man schlug ihm den Kopf ab und schickte ihn in den Provinzen umher, um Neugierige zu warnen. So endete die erste Herrschaft eines Germanen auf dem Kaiserthron, die als Farce begonnen hatte, als blutiges Schauerstück.

Marc Aurel hatte damit angefangen, die Germanen nicht nur zu bekämpfen, sondern sie in großem Maße für die Ziele des Reichs einzuspannen. Er hat damit seinen Nachfolgern ein Beispiel gegeben. Sie handelten so wie er, und wenn das Reich wieder gefestigt wurde, so war es dieser Politik zu verdanken. Doch was so vernünftig wie weise erschien, hatte auch eine Kehrseite: Die Geister, die man gerufen, wurde man nicht mehr los. »Es war die Unfähigkeit Roms, die Provinzen südlich der Donau zu zivilisieren, die ihm den Untergang brachte. Die Aufgabe war zu gewaltig für ein Volk, das bereits an Alterserscheinungen kränkte; die Lebenskraft der stolzen Rasse verebbte in fruchtlosen Bequemlichkeiten, während die Völkerschaften des Nordens in unerschüttertem Lebensschwung vordrangen.

»... als Marc Aurel die Germanen zu Tausenden im Römischen Reich ansiedelte, waren die Dämme geborsten. Germanische Krieger wurden mit Vorliebe in die Armee aufgenommen und besetzten die führenden Stellen. Germanische Familien vermehrten sich in Italien, während italische Familien ausstarben ... Die Stämme, die nunmehr Norditalien bevölkerten, waren der einheimischen Bevölkerung, die jetzt noch am Leben war, überlegen. Wäre die Zeit einer allmählichen Verschmelzung entgegengekommen, hätten diese Germanen vielleicht die klassische Kultur angenommen und das italische Blut erneuert. Die Zeit aber erwies sich als nicht so großzügig.«

Es kam zu jenem unausweichlichen Prozeß, an dessen Ende die Götterdämmerung eines Staates stand, der zur Zeit des Augustus eine größere Ausdehnung hatte als die USA heute. Der gewaltige Bau erzitterte unter den Schlägen der Westgoten, der Wandalen, der Ostgoten, der Langobarden, der Burgunder, der Franken, die auf dem Boden des Imperiums ihre eigenen Reiche gründeten. Nicht mehr die Cäsaren schrieben die Geschichte, sondern Männer wie Alarich, Stilicho, Geiserich, Theoderich.

Roma aeterna, die Ewige Stadt, erlitt die tiefste Demütigung ihrer Geschichte, als sie zweimal von Germanen erobert wurde, und ein Imperium, das sich gerühmt hatte, zwar manche Schlacht verloren zu haben, aber nie einen Krieg, verlor nun auch die Kriege.

»Laßt zu diesen krafterfüllten Leibern«, hatte warnend der römische Philosoph Seneca geschrieben, »zu diesen Seelen, die von Vergnügen, Wohlleben und Reichtum nichts wissen, nur noch mehr Klugheit treten und eine bessere Disziplin – mehr will ich nicht sagen. Ihr Römer werdet euch gegen sie nur behaupten können, wenn ihr zu den Tugenden eurer Ahnen zurückfindet.«

Eine Warnung, die in den Wind gesprochen war …

Zeittafel

4500–2000 v. Chr.	Jungsteinzeit (Neolithikum).
2500 v. Chr.	Auflösung der Indogermanen in Einzelvölker,
um 2000 v. Chr.	Beginn der Bronzezeit in Nordeuropa, Eindringen indogermanischer Gruppen (Schnurkeramiker-Streitaxtleute) in das im Norden Mitteleuropas gelegene Siedlungsgebiet der Großsteingräberleute (Megalithbauern).
um 1400 v. Chr.	Der Verschmelzungsprozeß zwischen Indogermanen und Großsteingräberleuten ist vollzogen. Die ältere Bronzezeit geht zu Ende. Der Germanen dehnen ihren Siedlungsraum nur langsam aus.
um 1000 v. Chr.	Die Germanen erreichen die untere Weichsel, im Süden den Harz, die Havel und die Mittelelbe, im Westen den Rhein. Herausbildung der drei großen Gruppen der Nord-, Ost- und Westgermanen.
um 800 v. Chr.	Ende der Bronzezeit, Beginn der Eisenzeit.
um 750 v. Chr.	Durch Klimaverschlechterung geraten die germanischen Stämme in Bewegung und dringen in keltisches Gebiet ein. Das westliche Niedersachsen wird besiedelt, Schlesien, das gesamte Weichselgebiet. In Mitteldeutschland nur langsames Vordringen wegen heftigen keltischen Widerstands.
um 500 v. Chr.	Die Germanen siedeln auf linksrheinischem Gebiet.
325 v. Chr.	Der griechische Entdeckungsreisende Pytheas befährt die Nordsee und berichtet von einem Volksstamm namens »Teutonen«.

um 120 v. Chr.	Die Kimbern und Teutonen, westgermanische Stämme, verlassen ihre Heimat Jütland und ziehen südwärts.
13 v. Chr.	Die Kimbern und Teutonen besiegen bei Noreia in Kärnten ein römisches Heer unter Papirius Carbo.
6.10.105 v. Chr.	Vernichtende Niederlage der Römer unter Mallius Maximus und Servilius Caepio bei Arausio (Orange).
102 v. Chr.	Gaius Marius vernichtet die Teutonen und Ambronen bei Aquae Sextiae (Aix-en-Provence).
30.7.101 v. Chr.	Die Kimbern von Marius auf den Raudischen Feldern bei Vercellae (Vercelli in Piemont) vernichtet.
etwa 75 v. Chr.	Ariovist, germanischer König aus dem westgermanischen Stamm der Sweben, mit seinen Kriegern am oberen Rhein.
73–71 v. Chr.	Sklavenaufstand unter Führung des Spartacus.
etwa 70 v. Chr.	Ariovist hilft den keltischen Sequanern gegen die Häduer.
61 v. Chr.	Ariovist besiegt die Häduer bei Magetobriga (Lage unbekannt).
58 v. Chr.	Gaius Julius Cäsar besiegt Ariovist im Elsaß. Ariovist rettet sich auf das rechtsrheinische Ufer und stirbt vier Jahre später.
55 v. Chr.	Cäsar vernichtet die über den Rhein vorgedrungenen germanischen Usipeter und Tenkterer.
12–9 v. Chr.	Drusus Oberbefehlshaber in Germanien, Vorstoß bis zur Elbe.
9 n. Chr.	Drei römische Legionen unter P. Quintilius Varus von Germanen unter Führung des Cheruskers Arminius im Teutoburger Wald vernichtet.
13–16 n. Chr.	Rachefeldzüge des Germanicus.
16 n. Chr.	Germanicus schlägt Arminius bei Idistaviso und am Angrivarierwall. Abberufung des römischen Feldherrn durch Kaiser Tiberius und Aufgabe der Eroberung Germaniens.
19 n. Chr.	Arminius von Verwandten ermordet.

69–71 n. Chr.	Germanenaufstand unter Führung des Batavers Julius Civilis. Erhebung aller Rheingermanen unter Einfluß der Seherin Veleda aus dem Stamm der Brukterer.
77 n. Chr.	Aufstand der Brukterer.
ab 83 n. Chr.	Unter Kaiser Domitian Baubeginn des Limes zwischen Rhein und Donau als Grenzsicherung gegen die Germanen.
gegen 90 n. Chr.	Einrichtung der Provinzen Germania superior und Germania inferior.
98 n. Chr.	Cornelius Tacitus veröffentlicht die »Germania« (De origine, situ, moribus et populis Germanorum).
167–175 n. Chr.	Kaiser Marc Aurel besiegt die bis nach Italien vorgedrungenen Markomannen. Seine Siege über die Germanen werden nach dem Vorbild Traians auf der Markussäule dargestellt (176 n. Chr.).
258 n. Chr.	Nach Vordringen der Alemannen Aufgabe des Limes unter Kaiser Gallienus.
350–353 n. Chr.	Flavius Magnus Magnentius, ein Germane, auf dem römischen Kaiserthron.
ab 375 n. Chr.	Der Vorstoß der mongolischen Hunnen löst die große germanische Völkerwanderung aus (Ost- und Westgoten, Wandalen, Burgunder etc.)

Zitierte Literatur

1. Kapitel

Th. Mommsen, Römische Geschichte. Berlin 1919
W. Capelle, Die Germanen im Frühlicht der Geschichte. Leipzig 1928
E. Norden, Alt-Germanien. Leipzig 1934
H. Schilling, Germanische Geschichte. Leipzig 1934
W. Capelle, Das alte Germanien. Jena 1937

3. Kapitel

S. Lefmann, Franz Bopp, sein Leben und seine Wissenschaft. Berlin 1891
H. Krahe, Sprache und Vorzeit. Heidelberg 1954
A. Bach, Geschichte der deutschen Sprache. Heidelberg 1965
V. Hehn, Kulturpflanzen und Haustiere in ihrem Übergang aus Asien nach Griechenland und Italien sowie in das übrige Europa. 1870. 8. Aufl., hrsg. von O. Schrader, 1911
O. Schrader, Die Indogermanen. 1911. Neubearb. von H. Krahe, 1935

4. Kapitel

E. Sprockhoff in: Germanen und Indogermanen, Festschrift für Hermann Hirt. Heidelberg 1936
H. Dannenbauer, Vom Werden des Deutschen Volkes. Tübingen
E. Sprockhoff in: Festschrift für H. Hirt
G. Schwantes, Deutschlands Urgeschichte. 1. Aufl. 1908. 7. Aufl. Stuttgart 1952
Caesar, Bellum Gallicum II, 3
Tacitus, Germania 2
Tacitus, ebd. 2

5. Kapitel

G. Brandes, Gaius Julius Cäsar. Berlin 1925
L. Schmidt, Die Westgermanen. München 1940
L. v. Ranke, Weltgeschichte. Bd. 1. Berlin 1881

6. Kapitel

P. V. Glob, Die Schläfer im Moor. München 1966
H. Hayen, Möglichkeiten und Forderungen der Moorarchäologie, in: TELMA, 1971
P. Lauring, Ein 2000jähriges Antlitz, in: Dänische Rundschau, Heft 4, 1953
S. Löher, Über angebliche Menschenopfer bei den Germanen, in: Sitzungsberichte d. philos.-philolog. und histor. Classe d. königlich bayrischen Akademie d. Wissenschaften zu München, Jahrgang 1882. München 1882 in: Nordische Stimmen, 6, 1936
P. V. Glob, a.a.0.
H. Schneider, Germanische Altertumskunde, München 1938
R. Hachmann, Die Germanen. Genf 1971
P. Lauring, a.a.0.
E. Graf Oxenstierna, Die Nordgermanen. Stuttgart 1957

7. Kapitel

K. Schumacher, Aussehen und Tracht der Germanen in römischer Zeit. Mainz 1922
W. Petersen, Von Urväter Art und Tat. Stuttgart 1934
M. Schaper-Haeckel, Die Germanin. Berlin 1943
H. E. Sigerist, A History of Medicine. Zürich 1963
P. V. Glob, Die Schläfer im Moor. München 1966
H. Güntert, Der Ursprung der Germanen. Heidelberg 1934
K. Saller, Die Rassenlehre des Nationalsozialismus in Wissenschaft und Propaganda. Darmstadt 1961. Diesem Buch entstammen auch alle anderen in diesem Zusammenhang angeführten und nicht extra bezeichneten Zitate.
G. Neckel, Altgermanische Kultur. Leipzig 1934

8. Kapitel

E. Schwarz, Germanische Stammeskunde. Heidelberg 1956
W. Capelle, Das alte Germanien. Jena 1937
K. Büchner in: Geschichte der Textüberlieferung der antiken und mittelalterlichen Literatur, Band 1. Zürich 1961
F. Leo, Tacitus (1896), in: Tacitus, hrsg. von Viktor Pöschl. Darmstadt 1969
E. Wolf, Das geschichtliche Verstehen in Tacitus' Germania (1934), ebd.
G. Wilke, Archäologische Erläuterungen zur Germania des Tacitus. Leipzig 1921

9. Kapitel

J. Coles, Archaeology by Experiment. London 1973
J. Hoops, Waldbäume und Kulturpflanzen im germanischen Altertum. Straßburg 1905
Caesar, Bellum Gallicum VI., 28
R. Pörtner, Die Wikingersaga. Düsseldorf 1971
J. Hoops, Reallexikon der Germanischen Altertumskunde. Straßburg
E. Graf Oxenstierna, Die Nordgermanen. Stuttgart 1957
R. Knoblauch, Den Menschen freut der Mensch. Berlin 1937
Tacitus, Annalen 1, 50
E. Nack, Germanien. Heidelberg 1968
W. Fischer, Spezialitäten des Restaurants Ritz. Stuttgart 1963
Tacitus, Germania 22
Tacitus, ebd. 21

10. Kapitel

V. Gardthausen, Augustus und seine Zeit. Leipzig 1909
F. Koepp, Die Römer in Deutschland. Leipzig 1912
W. John, P. Quintilius Varus und die Schlacht im Teutoburger Wald. Stuttgart 1963
Tacitus, Annalen I, 62, 61
H. Kesting, Der Befreier Arminius. Detmold 1965

11. KAPITEL

F. Koepp, Varusschlacht und Aliso. Münster 1940
F. Koepp, ebd.
E. Wilisch, Der Kampf um das Schlachtfeld im Teutoburger Wald, in: Neue Jahrbücher für das Klassische Altertum, 23, 1909
K. Tackenberg in: Arminius und die Varusschlacht, hrsg. von H. Kesting, Detmold 1961
Tacitus, Annalen 1, 57, 58
Th. Mommsen, Römische Geschichte. Berlin 1919
E. Bickel, Arminiusbiographie und Sagensigfrid. Bonn 1949
E. Hohl, Um Arminius, in: Sitzungsberichte d. Deutschen Akademie d. Wissenschaften. Berlin 1952
H. Kuhn, Sitte und Sittlichkeit, in: Germanische Altertumskunde, hrsg. von H. Schneider, München 1938
E. Bickel, a.a.0.
O. Höfler, Siegfried Arminius und die Symbolik. Heidelberg 1961
H. Delbrück, Geschichte der Kriegskunst, Band 2 Berlin 1921

12. KAPITEL

R. Bruder, Die Gestalt der germanischen Frau im Lichte der Runeninschriften und der antiken Historiographie. Berlin 1974
Tacitus, Germania 8
Caesar, Bellum Gallicum 1, 50
Tacitus, Historien
H. Volkmann, Germanische Seherinnen in römischen Diensten. Krefeld 1964
R. Hachmann in: Westermanns Monatshefte, 10, 1974
R. Bruder, a.a.0.
E. Nack, Germanien. Heidelberg 1968
A. Heusler, Germanentum. Heidelberg o. J.
Die Zitate stammen aus: A. Heusler, ebd.; G. Neckel, Kultur der alten Germanen. Potsdam 1939; M. Schaper-Haeckel, Die Germanen. Berlin 1943; Bernhard Kummer, Midgards Untergang. Leipzig 1935

13. Kapitel

R. Pfaff-Giesberg, Geschichte der Sklaverei. Meisenheim 1955
E. M. Staermann, Die Blütezeit der Sklavenwirtschaft in der römischen Republik. Wiesbaden 1969
R. Pfaff-Giesberg, a.a.0.

14. Kapitel

M. Bang, Die Germanen im römischen Dienst. Berlin 1906
Tacitus, Germania 29; Historien 11, 28
Tacitus, Annalen II, 9, 10
W. Durant, Caesar and Christ. New York 1944

Verzeichnis der Abbildungen

Die Ziffern verweisen auf Bildnummern.

Antikvarisk-Topografiska Arkivet, Stockholm, S. 5
Archiv für Kunst u. Geschichte, Berlin, S. 6
Bildarchiv, Preußischer Kulturbesitz (Staatsbibliothek), Berlin, S. 1, 2, 3, 4, 7, 8
Historia-Photo, Charlotte Fremke, Bad Sachsa, S. 7
Nationalmuseum, Kopenhagen, S. 2, 4, 6

Register